Eugen Prager

Geschichte der USPD

EHV
HISTORY

Eugen Prager

Geschichte der USPD

ISBN/EAN: 9783955644123

Auflage: 1

Erscheinungsjahr: 2013

Erscheinungsort: Bremen, Deutschland

EHV
HISTORY

GESCHICHTE

DER

U · S · P · D

Entstehung und Entwicklung
der Unabhängigen Sozialdemokratischen Partei
Deutschlands

Von

Eugen Prager

1921

VERLAGSGENOSSENSCHAFT „FREIHEIT" e. G. m. b. H.
ABTEILUNG BUCHHANDLUNG / BERLIN C. 2 / BREITE STRASSE 8-9

INHALT

Das Entstehen und die Entwicklung der Unabhängigen Sozialdemokratie Deutschlands ist so eng mit Krieg und Revolution verknüpft,
daß eine erschöpfende Geschichte der Partei schreiben zugleich eine
Darstellung der Ereignisse während des Weltkriegs und des Zusammenbruchs erfordern würde. Das wäre nicht möglich gewesen,
ohne den zur Verfügung stehenden Raum ganz ungebührlich zu
überschreiten. Ich mußte mir daher außerordentliche Beschränkungen
auferlegen, manche Ereignisse konnte ich nur streifen, andere nur kurz
darstellen. Die Auswirkungen des Krieges auf die Gewerkschaftsbewegung zu schildern, mußte ich ganz unterlassen. Die Zusammenhänge der Entwicklung in Deutschland mit der internationalen Bewegung konnte ich nur gelegentlich erwähnen. Die Schilderung
lokaler Begebenheiten, die den daran beteiligt gewesenen Parteigenossen von erheblicher Bedeutung erscheinen mögen, mußte
unterbleiben, soweit sie nicht für das Ganze von besonderem Interesse
waren.

Mancher Leser, der die Zeit des Krieges und der Jahre danach
kämpfend mit durchlebt hat, wird noch andere Mängel entdecken.
Es kam mir aber vor allem darauf an, eine im Leben der Partei und
der gesamten Arbeiterbewegung schmerzlich empfundene Lücke aus-
zufüllen und besonders den Parteigenossen eine geschichtliche Darstellung von dem Werden der USP. in die Hand zu geben, die erst
in den letztvergangenen Jahren zu uns gestoßen sind. Und daneben,
so hoffe ich, wird sie späteren berufeneren Geschichtsschreibern
manches Material bieten, das sonst wenig bekannt oder inzwischen
verloren gegangen ist.

Schließlich möge noch die Bemerkung gestattet sein, daß dieses
Buch mitten im Kampfe geschrieben wurde, neben der sonstigen
Tagesarbeit, die dem Verfasser als Redakteur einer Parteizeitung
obliegt. Wenn es dazu beiträgt, das Ringen der Arbeiterklasse um
ihre Befreiung zu fördern, so wird es seinen Zweck erfüllt haben.

Berlin, Oktober 1921.   E u g e n   P r a g e r .

Deutschland bis zum Weltkrieg.

Die zwei Epochen in der wirtschaftlichen Entwicklung Deutschlands. — Der Ausdehnungsdrang des deutschen Kapitals. — Die Veränderungen in der deutschen Aufzenpolitik. — Die Gefahren des Imperialismus. — Der Aufzenhandel der kapitalistischen Weltmächte. — Die letzten Ursachen des Weltkriegs.

Viel später als den anderen westeuropäischen Staaten haben sich Deutschland die Tore des kapitalistischen Zeitalters geöffnet. England und Frankreich hatten schon längst ihre bürgerlichen Revolutionen hinter sich, sie waren zu Nationalstaaten geworden und konnten miteinander um die Beherrschung des Weltmarktes, um die Ausbeutung der noch nicht erschlossenen Erdteile ringen, als Deutschland noch mit der Beseitigung der innerwirtschaftlichen und innerpolitischen Schranken und mit der Schaffung eines einheitlichen wirtschaftlichen und politischen Gebiets zu tun hatte. Auch Deutschland erlebte schliesslich seine bürgerliche Revolution; aber sie kam nicht von unten, aus der Bourgeoisie selbst, sondern sie wurde von oben geboren. Blut und Eisen waren ihre Zeichen, Militarismus und Junkertum ihre Gevatter. So musste denn die bürgerliche Revolution in Deutschland ein zwiespältiges Ergebnis haben: die Ueberreste der vergangenen Epochen ragten in die neue Zeit hinein, neben den Ritterburgen auf den Höhen standen die Fabriken in den Tälern. Und so teilten sich denn auch Vergangenheit und Gegenwart in die Macht; Monarchie und Junkertum übten die politische Gewalt aus, die Bourgeoisie aber übernahm die Ausbeutung des Proletariats.

In der wirtschaftlichen Entwicklung Deutschlands seit dem deutsch-französischen Kriege lassen sich deutlich zwei Epochen unterscheiden. In den ersten zwei Jahrzehnten die Verdrängung des Handwerks durch die Industrie, der Kampf des werdenden Grofzkapitals gegen die rückständigen Produktionsmethoden, die Eroberung des inneren Marktes durch das Kapital. Von etwa 1890 nimmt diese Entwicklung schärfere Formen und ein eiligeres Tempo an. Das Grofzkapital zieht gegen das mittlere und kleinere Kapital zu Felde, die Konzentration der Betriebe vollzieht sich mit wachsender Schnelligkeit, die Aktiengesellschaft tritt an die Stelle des Einzelunternehmers, die Führung in der Wirtschaft geht von den Produktionszweigen, die für den unmittelbaren Lebensbedarf arbeiten, an die Schwerindustrie, an die Erzeuger der Rohstoffe und der Produktionsmittel über. Der innerdeutsche Markt wird zu klein, das Grofzkapital will an der Eroberung und Aufteilung der Welt teilhaben.

9

Am deutlichsten erkennen wir den Ausdehnungsdrang des Kapitals, wenn wir die Entwicklung in der Urproduktion Deutschlands verfolgen und sie mit der Entwicklung der Urproduktion in England und Amerika vergleichen. Die K o h l e n p r o d u k t i o n betrug in 1000 Tonnen:

Im Jahre 1890	1900	1910
Deutschland 89 281	149 788	222 302
England 184 529	228 795 ·	268 007 (1909)
Vereinigte Staaten . 143 127	244 653	397 000 (1909)

Die R o h e i s e n p r o d u k t i o n betrug in 1000 Tonnen:

Im Jahre 1890	1900	1910
Deutschland . . 4 658	8 521	14 794
England 8 031	9 103	10 547
Vereinigte Staaten . 9 350	14 011	27 737

Wir sehen hier, wie es dem deutschen Kapital gelingt, in der Kohlenproduktion England fast einzuholen, in der Roheisenproduktion England sogar zu übertreffen. Nur die Schwerindustrie der Vereinigten Staaten hat eine noch schnellere Entwicklung durchgemacht. Aus diesen Zahlen darf aber nicht geschlossen werden, daß England sich durch die Entwicklung der deutschen Wirtschaft besonders bedroht gefühlt und deshalb zum Weltkrieg gedrängt hat, um die deutsche Wirtschaft niederzuwerfen. Vielmehr hat sich der englische Kapitalismus immer mehr der Fertig- und Verfeinerungsindustrie zugewendet; er fand seine Absatzgebiete vornehmlich in ganz anderen Gebieten als Deutschland und hatte deshalb die deutsche Konkurrenz nicht zu fürchten. Zudem hat England bis zum Kriege in ständig steigendem Maße Kapital an Stelle von Waren ausgeführt. Ein viel stärkerer wirtschaftlicher Gegner als Deutschland waren für England die Vereinigten Staaten und doch haben England und Amerika den Weltkrieg gemeinsam durchgeführt.

Hat die Entwicklung zum Großkapitalismus in England viele Jahrzehnte gebraucht, so drängte sie sich in Deutschland in eine viel kürzere Zeit zusammen. Und so mußte sie hier eine besondere Erscheinungsform annehmen. In keinem anderen Lande der Welt hat die K a r t e l l i e r u n g d e r I n d u s t r i e so schnelle Fortschritte gemacht wie in Deutschland, nirgends konnte sich das Bankwesen so konzentrieren, wie bei uns. Die Schwerindustrie und das Finanzkapital wurden zum wahren Beherrscher der deutschen Wirtschaft. Von diesen beiden Mächten war alles abhängig: der Staat und die Industrie, das öffentliche, das privatwirtschaftliche und das gesellschaftliche Leben. Unnötig zu sagen, daß sie die Politik des Landes nicht nur beeinflußt, sondern entscheidend bestimmt haben.

Gleichlaufend mit der wirtschaftlichen Entwicklung verlief d i e L i n i e d e r d e u t s c h e n P o l i t i k. Bismarcks Regierung beschränkte sich auf die Sicherung der Kriegserrungenschaften von 1871, die vor allem die Konsolidierung des norddeutschen Wirtschaftsgebiets gebracht, die Vorherrschaft Preußens im neuen Deutschen Reich sichergestellt und Oesterreich nach Südost-Europa abgedrängt hatte. Deutschland war zur stärksten Militärmacht geworden und sein Interesse richtete sich vorläufig darauf, auf dem europäischen Kontinent die Führung zu behalten. Nur mit innerem Widerstreben erwarb Bismarcks Regierung die ersten Kolonien für

Deutschland und gegenüber dem Expansionsstreben Oesterreichs nach dem Balkan prägte er das Wort, daß ihm Bosnien nicht die Knochen eines pommerschen Grenadiers wert sei. Noch im Jahre 1891 versuchte Bismarcks Nachfolger, General Caprivi, durch den englisch-deutschen Vertrag, der durch die Abtretung von Sansibar das damals noch geringen militärischen und maritimen Wert vorstellende Helgoland zu Deutschland brachte, gute Beziehungen zu England zu sichern. Auch die ostelbischen Junker wollten lange Zeit von der Weltpolitik nichts wissen; als die uferlosen Marinepläne Wilhelms II. auftauchten, fiel aus ihrem Munde das Wort von der „gräßlichen Flotte".

Trotzdem war es klar, daß der Krieg von 1870/71 noch auf Jahrzehnte hinaus auf die Beziehungen zwischen Frankreich und Deutschland in ungünstigem Sinne nachwirken mußte. Frankreich war wirtschaftlich und politisch außerordentlich geschwächt worden, Deutschland dagegen erlebte eine Periode stürmischer Aufwärtsbewegung. Bismarck schloß als Gegengewicht gegen die Revanchepläne der französischen Nationalisten mit Oesterreich und Italien den Dreibundsvertrag, der die stärkste Sicherung für den europäischen Frieden darstellen sollte, in Wirklichkeit aber Rußland, das seine südwestliche Flanke von Oesterreich bedroht fühlte, in die Arme von Frankreich trieb. Als Folge der agressiven Flottenpolitik Deutschlands mußte schließlich auch England zum Teilhaber dieser frankorussischen Allianz werden.

Es ist freilich nicht so, daß es erst des Auftretens Wilhelms II. bedurfte, um Deutschland in den weltpolitischen Strudel hineinzujagen. Dieser Herrscher von Gottesgnaden hatte nur gerade das Zeug dazu, um zum Diener des sich gewaltig regenden Großkapitals zu werden. Nicht Wilhelm II. hat Deutschland auf den Weg des Imperialismus gedrängt, sondern die die innerwirtschaftlichen Schranken sprengende deutsche Großindustrie hat den Kaiser zum Werkzeug ihrer Pläne gemacht.

Die d e u t s c h e B e v ö l k e r u n g war von 1870 bis 1890 um 8,6 Millionen, von 1890 bis 1910 um 15,3 Millionen, gestiegen. Mußten früher jahraus, jahrein Hunderttausende von Deutschen in fremden Ländern ihr Glück versuchen, so sank die Ziffer der Auswanderer aus Deutschland mit dem Erstarken der kapitalistischen Wirtschaft auf ein ganz bescheidenes Maß herab. Von 1882 bis 1892 blieb der deutsche Außenhandel fast stabil; er erhöhte sich nur von 6,4 auf 6,9 Milliarden. Im Jahre 1910 war er auf 16,4 und im Jahre 1913 auf über 20 Milliarden Mark gestiegen. Alle diese Ziffern zeigen, daß Deutschland in die großkapitalistische Aera eingetreten war. Auch das deutsche Großkapital suchte nun seinen Betätigungsdrang auf dem Weltmarkt zu befriedigen. An die Stelle des kleinbürgerlichen Staatswesens, das seine Landeskinder nicht ernähren konnte, war das großindustrielle Imperium getreten, das nur den einen Wunsch hatte, die Ausbeutungsmöglichkeiten ständig zu erweitern.

Den deutschen Weltmachtpolitikern war es nunmehr nicht genug, daß Deutschland die stärkste Landmacht besaß, es sollte auch zur See die stärksten Trümpfe ausspielen können. Die d e u t s c h e n K o l o n i e n waren bisher nicht viel mehr als eine kostspielige Liebhaberei gewesen; nunmehr sollte Deutschland überall dabei sein, wo es überhaupt noch Land aufzuteilen gab. Am 14. November 1897 pachtete Deutschland den Hafen von Kiautschou, durch den man wertvolle Teile von China zu beherrschen und auszubeuten hoffte. Die Flottenvorlage von 1899 erklärte kurz und bündig: Deutschlands Schlachtflotte müsse so stark sein, daß ein Krieg auch für den seemächtigsten Gegner mit derartigen Gefahren verbunden sei, daß dessen eigene Machtstellung in Frage gestellt werde.

Nach allen Gesetzen der imperialistischen Entwicklung mußte diese Politik des „Hansdampf in allen Gassen" England zum Feinde Deutschlands machen. In der Tat verschärfte sich der politische Gegensatz zwischen England und Deutschland immer mehr, je schneller die deutsche Regierung ihre Seerüstungspläne zu verwirklichen trachtete. Freilich bestand längere Zeit selbst in den imperialistischen Kreisen Englands die Neigung, mit Deutschland zu einer Verständigung zu gelangen. Sowohl die Konservativen um Chamberlain, wie die Liberalen um Grey haben mancherlei in dieser Richtung unternommen.

Dreimal wurde Europa durch die agressive Weltpolitik der deutschen Regierung an den Rand des Weltkrieges gedrängt: in den Marokkokrisen von 1905 und 1911 und nach der Annexion Bosniens durch Oesterreich 1909. Es kam in diesen drei Fällen noch nicht zum Ausbruch des Völkergemetzels, weil die eine oder die andere Macht zum Losschlagen noch nicht fertig war; aber gerade durch die Verhinderung des Kriegsausbruchs glaubte der deutsche Imperialismus an der Durchführung seiner maßlosen Weltherrschaftspläne weiter arbeiten zu können.

Der deutsch-englische Gegensatz begann, aber er hatte seine Wurzeln nicht etwa in gegeneinander gerichteten w i r t s c h a f t l i c h e n Interessen der beiden Länder, sondern in der unausgesetzt wachsenden militärischen Bedrohung Englands und der ganzen Welt durch den deutschen Imperialismus. Vor dem Kriege hatte der A u ß e n - h a n d e l d e r v i e r w i c h t i g s t e n k a p i t a l i s t i s c h e n L ä n - d e r d e r W e l t folgende Entwicklung genommen. Der Anteil am Gesamtaußenhandel der Erde betrug in Prozenten in

	1900	1902	1904	1906	1908	1910
Deutschland	12,1	11,4	11,7	12,5	12,3	12,0
Frankreich .	10,0	9,4	8,7	8,9	8,9	9,4
Großbritannien .	19,5	18,6	17,9	17,5	17,2	16,9
Vereinigte Staaten . .	10,3	10,0	9,8	10,4	10,3	9,5

Es ergibt sich aus dieser Aufstellung, daß Englands Monopolstellung auf dem Weltmarkt nicht allein von Deutschland bedroht worden war; man erkennt daraus aber auch die noch viel wichtigere Tatsache, daß alle kapitalistischen Länder von demselben Schicksal ereilt werden: es kommt einmal der Tag, wo sie nicht mehr Waren, sondern Kapital exportieren und wo die Industrealisierung der jungfräulichen Länder der Erde die Ausdehnung des eigenen Handels einschränkt. England hat seine Ausfuhr von Fertigwaren in den letzten Jahren vor dem Kriege wesentlich mehr zu steigern vermocht als Deutschland, es hat also seine Industrie- und Handels-

interessen gegenüber Deutschland und den anderen hochkapitalisti-
schen Staaten in anderer Beziehung zu wahren verstanden. Wesentlich aber ist, daß Deutschland und England g a n z v e r s c h i e d e n e
A b s a t z g e b i e t e für ihren Handel hatten. Im Jahre 1911 gingen
von der deutschen Ausfuhr im Betrage von 8106,1 Millionen Mark
6069,6 Millionen Mark oder 75 Prozent in europäische Länder, allein
nach Rußland, Oesterreich, Ungarn und in die Schweiz 2025,5 Millionen Mark oder 25 Prozent, die sich selbstverwaltenden englischen
Kolonien Kanada, Australien, Neuseeland und Südafrika erhielten
damals von der deutschen Ausfuhr nur 178,8 Millionen Mark oder
2,2 Prozent. Von der e n g l i s c h e n A u s f u h r im Betrage von
454 Millionen Pfund Sterling gingen im Jahre 1911 nach europäischen Ländern 163,6 Millionen Pfund oder 36 Prozent, nach Rußland, Oesterreich und der Schweiz 22,2 Millionen Pfund oder
5 Prozent. Die Kolonien Kanada, Australien, Neuseeland und Südafrika erhielten von der englischen Ausfuhr 82,5 Millionen Pfund
oder 18 Prozent. Wir sehen also, daß England und Deutschland ihre
Absatzmärkte schon so unter sich aufgeteilt hatten, daß von einer
Konkurrenz auf Leben und Tod keine Rede mehr sein konnte.

Aber der Weltkrieg m u ß t e kommen, weil die deutschen Imperialisten ihn haben wollten. Die Ermordung des Erzherzogs Franz
Ferdinand in Serajewo bot nur den äußeren Anlaß dazu; in Wirklichkeit war der deutsche Militarismus zum Losschlagen längst bereit und im Juli und August 1914 sorgte er sich nur noch darum,
daß die Anstrengungen, den Ausbruch des Weltenbrandes auch
diesmal noch zu verhindern, durchkreuzt wurden.

Die Sozialdemokratie vor dem Weltkrieg.

Die Formen der Agitation. — Die praktische Arbeit und der Reformismus. — Umwandlung aus einer revolutionären zur reformistischen Partei. — Die Vermehrung der Wahlstimmen. — Wachsende Bedeutung der Gewerkschaften. — Die Parteibureaukratie. — Der letzte Parteitag vor dem Kriege. — Die Stellung zur äußeren Politik.

Die deutsche Sozialdemokratie, wie sie sich uns beim Ausbruch des Weltkrieges darstellte, war ein Kind ihres Zeitalters. Wir mögen rückschauend noch so viele Fehler und Flecken an ihr entdecken, so hat sie doch ein unendliches Stück Arbeit für den Befreiungskampf des Proletariats geleistet. Die revolutionären Luftmenschen von heute haben gut über die Parteibureaukraten, über die Funktionäre und Bonzen von damals spotten; aber es war doch eine große Leistung des einzelnen wie der Gesamtorganisation, in nie ermüdender Wirksamkeit um die Seele jedes Proletariers zu ringen, ihn in die Kaders der Arbeiterbewegung einzuordnen, aus dem klassenfühlenden den klassenbewußten Arbeiter, aus dem Mitläufer den Klassenkämpfer zu formen. Wie leicht ist es heute, sich als Sozialist und als Revolutionär zu bekennen, wo selbst der anarchistelnde Kommunismus sozusagen zur Salonmode geworden ist; aber unendlich schwerer war es noch bis zum Kriegsausbruch, sozialdemokratische Flugblätter in weltabgelegenen Dörfern zu verbreiten, stets in Gefahr, mit Knüppeln und Hunden wieder hinausgehetzt zu werden, oder in den Hinterhäusern der Großstädte vier, fünf Stockwerke hinauf und herab einen Sonntag um den anderen Abonnenten für die Parteizeitungen zu werben. Achtung vor den Hunderttausenden von Sozialdemokraten, die jahre- und jahrzehntelang ihre Arbeit unverdrossen taten, namenlos und ohne äußere Anerkennung, trotzdem die Früchte ihrer Tätigkeit erst kommenden Generationen reifen zu sollen schienen!

Gehen wir nicht leichthin über diese Periode mit der Behauptung hinweg, sie sei eine Periode der Versumpfung, der Verbürgerlichung der Partei gewesen. Wer erinnert sich nicht, was ihm die Partei in den längeren oder kürzeren Zeiten seiner Mitgliedschaft bedeutet hat? Nicht nur die Hoffnung auf eine glücklichere Zukunft, sondern schon die Erfüllung der Gegenwart: die Rettung aus der politischen Trübsal jener Tage, der Glaube an die Schöpferkraft des Proletariats, die Erkenntnis von dem Werden einer neuen Welt. An allem hatten wir gemeinschaftlichen Anteil: an der Arbeit im Kleinen, wie an dem Kampf im Großen; die Parteizeitung war ein Stück unseres Ichs, die Organisation bis zum kleinsten Bezirk und Zahlabend hinab eine lebendig gewordene Gemeinschaft. Bebel, Singer, die großen und kleinen Männer, die für die Partei sprachen: das waren keine Führer, das waren die Massen, das waren wir selbst. Ob es sich um ein Zuchthausurteil gegen streikende Arbeiter, ob um eine Aussperrung, ob um eine parlamentarische Aktion, ob um eine Wahl handelte: immer waren wir mit Herz und Seele dabei, denn es war doch un - s e r e Sache, die Sache der Partei, um die es hier ging. Eine Spaltung wäre damals unausdenkbar gewesen. Wohl hat die Partei oft genug die heftigsten inneren Kämpfe führen müssen, um Krankheitsstoffe wieder auszuscheiden; aber es waren nur Splitter und Fremdkörper, die entfernt werden mußten, es schien, als ob das stolze Gebäude der Partei niemals zerfallen konnte. Der K r i e g erst mußte kommen, um die Organisation der deutschen Arbeiter zu spalten und damit die Aktionskraft der deutschen Arbeiterklasse zu lähmen.

In seiner „Geschichte der deutschen Sozialdemokratie" wirft F r a n z M e h r i n g die Frage auf, wieso der Reformismus in der deutschen Sozialdemokratie habe entstehen können. Und er sagt dazu: „Diese Frage beantwortet sich durch die Ueberlastung der Partei mit praktischer Arbeit, die ihre Kraft im hohen Maße verzehrte, durch ihr schnelles Wachstum, das die verschiedenartigsten Elemente aus den verschiedensten Schichten der Bevölkerung zuführte, durch die Bekehrung der bürgerlichen Intelligenz, die immer lange zu ringen hat, ehe ihr die sozialistische Denkweise in alle Hirnfasern übergegangen ist, genug, aus einer Reihe von Umständen, die zeitweise den großen theoretischen Sinn verdunkelt haben, den einst Marx an dem deutschen Arbeiter rühmte." In der Tat trägt die „praktische Arbeit" die Hauptschuld daran, daß aus der Partei der proletarischen Revolution immer mehr eine Partei des sich radikal gebärdenden Reformismus wurde. In der Theorie war die deutsche Sozialdemokratie revolutionär, sie verlangte den Sturz der bisherigen Gesellschaftsordnung und die Verwirklichung des Sozialismus; in der Praxis der täglichen Kleinarbeit aber nahm sie immer regeren Anteil an der Verbesserung der augenblicklichen Zustände, an der Erleichterung der Lage der Arbeiter schon im Rahmen des kapitalistischen Staatswesens. Da die Zeit der gewaltsamen Revolutionen vorüber zu sein schien, so war es erklärlich, daß diese Kleinarbeit, diese reformierende Tätigkeit immer mehr den alleinigen Inhalt des sozialdemokratischen Kampfes ausmachte, und daß die Erwartung, der Sozialismus könnte auf revolutionärem Wege verwirklicht werden, nur noch bei feierlichen Gelegenheiten geäußert wurde. Der badische Reformistenführer K o l b konnte denn auch in einer während des Krieges erschienenen Schrift „Die Sozialdemokratie am Scheidewege" sagen:

„Die Situation ist für die Sozialdemokratie und für die von ihr künftig zu betreibende Politik also völlig klar. Sie darf vor dem letzten Schritt ihrer Entwicklung von der sozialrevolutionären Sekte zur politischen Partei nicht zurückschrecken, sie muß wagen, das zu scheinen, was sie ist: Eine s o z i a l i s t i s c h - d e m o k r a t i s c h e R e f o r m p a r t e i, deren politische Mission es ist, die Geburtswehen der werdenden sozialistischen Gesellschaft nach Möglichkeit zu mildern und abzukürzen."

Daß es dahin kommen konnte, daß sich die alte Sozialdemokratie aus einer revolutionären, den Klassenkampf gegen die Bourgeoisie führenden Partei zu einer r e f o r m i s t i s c h e n P a r t e i, in eine die Arbeitsgemeinschaft mit dem Kapitalismus anstrebende Bewegung wandeln konnte, das lag nicht an ihren Führern, sondern an der Gestaltung der wirtschaftlichen und politischen Verhältnisse vor dem Kriege. Auch in der Geschichte der deutschen Sozialdemokratie können wir z w e i P e r i o d e n unterscheiden. Die erste Periode, die bis zum Jahre 1890, dem Falle des Sozialistengesetzes reicht, fällt zusammen mit dem Kampf der erstarkenden Industrie gegen die rückständigen Produktionsmethoden. Bismarck glaubte durch die Anwendung brutaler Gewalt die zugleich mit dem Kapitalismus emporkommende Sozialdemokratie so niederschlagen zu können, daß sie unfähig würde, an der bisherigen Staatsverfassung zu rütteln. Das war für die Sozialdemokratie die Zeit der bloßen P r o p a - g a n d a. Die Partei war schwach sowohl an Mitgliedern, wie an Vertretungen in den parlamentarischen Körperschaften. Die Organisationen bildeten vorerst nur Stoßtrupps, die Massen des Proletariats waren entweder politisch indifferent, oder sie segelten im Gefolge des Liberalismus. Die Parteizeitungen waren damals nicht viel mehr als periodisch erscheinende erweiterte Flugblätter. Im Reichstag wurden Reden zum Fenster hinaus gehalten, an die „praktische Arbeit" traute man sich noch nicht so recht heran. Aber die wirtschaftliche Entwicklung, die ein immer stärker und selbstbewußter auftretendes Proletariat schuf, sprengte die Fesseln des Sozialistengesetzes und stellte die Sozialdemokratie vor neue, sofort zu lösende Aufgaben. Je größer die Macht des Unternehmertums wurde, desto schneller mußte die G e w e r k s c h a f t s b e w e g u n g sich ausbreiten. Das Z i e l, die Verwirklichung des Sozialismus, trat in den Hintergrund, die B e w e g u n g, der Kampf um solche Forderungen, die schon der Gegenwartsstaat erfüllen konnte, beanspruchte die größte Aufmerksamkeit. Die Stunde des Revisionismus, des Reformismus hatte geschlagen.

Die Sozialdemokratie vermehrte sich unausgesetzt an Wählerstimmen und an Mitgliedern; von Legislaturperiode zu Legislaturperiode wuchs die Zahl ihrer Reichtagsabgeordneten und schließlich, bei Beginn des Weltkrieges, zählte die Partei im Reichstag 110 Mandate, fast ein Drittel der ganzen Volksvertretung. Auch in den einzelstaatlichen Landtagen wuchs der Einfluß der Partei trotz Dreiklassenwahl und Pluralstimmensystem; in die Stadtverordnetenversammlungen und Gemeindevertretungen, selbst in die versteinerten Provinziallandtage drang immer stürmischer der Wellenschlag unserer Bewegung. Noch viel schneller ging das Wachstum der G e w e r k - s c h a f t e n voran; die Zeit war vorüber, wo die Arbeiter im Guerillakrieg, bald hier, bald da vorstoßend, Teilerfolge zur Verbesserung ihrer wirtschaftlichen Lage erringen konnten. Auch die Unternehmer hatten sich gesammelt; die Arbeitgeberorganisationen schossen wie Pilze aus dem Boden und an ihre Seite stellten sich noch besondere Antistreikversicherungen. So mußte von selbst den Arbeitern die Erkenntnis von der Notwendigkeit großer, zentralisierter, vermögensstarker, jederzeit kampffähiger, aber auch verhandlungsbereiter Organisationen eingehämmert werden. Schließlich kam noch die K o n s u m v e r e i n s b e w e g u n g hinzu, die dem Arbeiter als Verbraucher beistehen und ihn durch die Errichtung eigener Produktionsstätten für wichtige Lebensbedürfnisse vom Kapitalismus vollständig unabhängig machen wollte. Diesen drei Hauptströmungen der deutschen Arbeiterbewegung reihten sich noch jene mannigfachen Organisationen an, die den Arbeiter auch auf den Gebieten der K u l t u r, der Körperbildung, der Erholung selbständig machen wollten.

So mußte sich denn das Wesen der Sozialdemokratie im letzten Vierteljahrhundert vor dem Weltkriege vollständig verändern. Die F o r m bestimmte immer mehr den I n h a l t des Parteigefäßes, die praktische Arbeit für den Alltag verdrängte den Kampf für die Zukunft. In den Organisationen der Partei, der Gewerkschaften, der Konsumvereine, der Volksfürsorge, der Krankenkassen, all der anderen Vereinigungen der Arbeiterbewegung saßen Tausende von Angestellten, „Beamten", deren Sinn darauf gerichtet sein mußte, das ihnen anvertraute Gut an Kassen und Sachen zu wahren und zu mehren. Es mag unter ihnen manchen gegeben haben, der aus Angst um die eigene Existenz jede sprunghafte Veränderung, jedes Abweichen von dem Boden des einmal Gegebenen zu verhindern suchte. Aber das waren doch nur Ausnahmen; in der Regel waren und sind diese Angestellten, die die Partei- und Gewerkschaftsbureaukratie vorstellen, lautere Charaktere, die sich im Laufe der Zeit trotz kärglicher Entlohnung ein ganz respektables Wissen auf ihren Spezialgebieten angeeignet haben. Um so schädlicher mußte es aber auf die ganze Bewegung wirken, daß diese Angestellten zum großen Teil infolge ihrer Arbeitsbeschränkung in ihren besonderen Wissensgebieten verknöcherten oder von ihrer beruflichen Tätigkeit so in Anspruch genommen wurden, daß sie den Blick für die großen Zusammenhänge verlieren mußten. Sie sorgten sich um die Bewältigung ihres Tagespensums, vergaßen darüber aber den revolutionären Kampf um die Verwirklichung des Sozialismus. Die ihrer Leitung unterstellten Organisationen mußten naturgemäß aus einem Mittel zum Zweck zum Selbstzweck werden. Aus den Verwaltern der Organisationen wurden Leiter und schwer kontrollierbare Führer.

Erkennt man die Zwangsläufigkeit dieser Entwicklung an, so wird man die Schuld daran, daß der Ausbruch des Weltkrieges keine revolutionäre, sondern eine reformistische Sozialdemokratie vorfand, nicht bei den Führern und bei der Parteibureaukratie suchen, sondern sie aus der Gestaltung der allgemeinen wirtschaftlichen und politischen Verhältnisse erklären. Revisionismus, Reformismus, Opportunismus sind eben keine Kunstprodukte, sondern die Ergebnisse der jeweiligen Zustände der kapitalistischen Gesellschaft. Wenn seit 1918 der Glaube, n u r durch brutale Mittel könne dem Sozialismus verwirklicht werden, wieder stärkeren Widerhall bei den Arbeitern fand, so ist das nicht das Ergebnis der Gedankenarbeit von Einzelmenschen, sondern eine Folge des Weltkrieges. Es handelt sich also auch heute nur um den geistigen Ausdruck gegebener wirtschaftlicher und politischer Verhältnisse. Dem durch die Schule des wissenschaftlichen Sozialismus geschrittenen Arbeiter aber ziemt es, nicht vom Wind und den Wellen der Zeit sich umherschleudern zu lassen, heute nur an die mildere, morgen nur an die brutale Form der Revolution zu glauben, sondern von dem immer gegebenen Boden des Klassenkampfes ausgehend alle Mittel zu benützen, um das Ziel, die Beseitigung der Lohnknechtschaft und die Umwälzung der kapitalistischen Produktionsweise in die sozialistische Bedarfswirtschaft, zu erreichen.

Die weltwirtschaftliche Prosperität, an der seit 1890 auch Deutschland erheblichen Anteil nahm, hatte die deutsche Arbeiterklasse zahlenmäßig gewaltig vermehrt, und trotz aller Verfolgungen wuchsen unausgesetzt ihre Organisationen. Karl Radek hat im Februar 1919 in einem Artikel zum Gedächtnis von Karl Liebknecht in der Moskauer „Iswestija" zutreffend folgendes über diese Zeit geschrieben:

> „Es begann der „neue Kurs", der Versuch, die Arbeiterklasse durch soziale Zugeständnisse zu gewinnen, und obwohl er äußerlich bald einem neuen scharfen Kurs wich, so war doch der Sinn dieser Epoche der, daß, während der erstarkende Kapitalismus den Massen der qualifizierten Arbeiter erträglichere Lebensbedingungen gewährte, er sie dadurch vom scharfen revolutionären Kampfe zurückhielt. Nach außen hin bekam der Sozialismus „rote Backen". Die Parteiorganisationen wuchsen, die Gewerkschaften blühten auf. In den Zahlabenden und auf den Parteitagen wurden revolutionäre Resolutionen angenommen. In der Praxis aber wurde der Kampf nur für kleine Verbesserungen der materiellen Lage der Arbeiter, nicht für die revolutionären Umwälzungen geführt. Und da Taten für den Charakter einer Partei ebenso maßgebend sind, wie sie den Charakter eines Menschen bestimmen, so wurde die Sozialdemokratie eine Partei der Reform und nicht der Revolution, mochte sie noch so revolutionäre Worte gebrauchen."

Den letzten Parteitag vor dem Kriege hielt die Sozialdemokratie 1913 in Jena ab. Aeußerlich gewährte die Partei ein eindrucksvolles Bild. Die letzte Reichstagswahl hatte ihr 4¼ Millionen Stimmen eingebracht, sie musterte eine Million Parteimitglieder, sie verfügte über 90 Tageszeitungen, 110 Abgeordnete saßen im Reichstag. Aber dieser Parteitag zeigte auch deutlich, daß der Reformismus in der Sozialdemokratie gesiegt hatte. In der inneren Politik hatte die Sozialdemokratie sich vollständig den gegebenen Verhältnissen angepaßt. Sie war zu einem auch von den Gegnern schon vielfach anerkannten Teil des Staatsganzen geworden. Sie beteiligte sich lebhaft an dem Ausbau der Sozialgesetzgebung, sie förderte die Reform im Schulwesen, sie bewilligte in einigen Einzelstaaten die Budgets, auch wenn diese arbeiterfeindlichen Charakter trugen, ja, es wurden schon Steuern auch für volksfeindliche Zwecke bewilligt, wenn dadurch scheinbar eine Belastung des Besitzes erzielt werden konnte. Die Fragen des Staatsrechts spielten in der Agitation fast keine Rolle mehr. In dem zuletzt im Jahre 1911 erschienenen „Handbuch für sozialdemokratische Wähler" heißt es über „Revolution und Umsturz":

> „Die Sozialdemokratie steht auf dem Boden der Entwicklung; sie geht von der Ansicht aus, daß kein neuer politischer oder sozialer Zustand dauernd geschaffen werden kann, wenn nicht alle Bedingungen für seine Existenz vorhanden sind und zugleich der neue Zustand einem allgemeinen Bedürfnis großer Gesellschaftsschichten entspricht."

Das Handbuch beruft sich dann auf Aussprüche von Lassalle, Marx, Engels und Bluntschli, um zu folgendem Schluß zu kommen:

„Die Sozialdemokratie weiß, daß sie ihren Feinden den größten Gefallen erwiese, w o l l t e s i e z u r G e w a l t a u f r e i z e n ; sie wird aber ihren Feinden diesen Gefallen nicht tun. Ihr Ziel ist nicht, die Fäuste auf ihre Seite zu bekommen, sondern die Köpfe, und gegen eine Mehrheit einsichtiger Köpfe, die ein klares Ziel vor Augen haben, kann auf die Dauer keine Macht der Welt aufkommen."

So mußten die Arbeiter immer mehr der Auffassung zuneigen, daß n u r n o c h f r i e d l i c h e V e r ä n d e r u n g e n m ö g l i c h seien, daß gewaltsame Umwälzungen nicht mehr kommen würden. Mit dem Stimmzettel würde man die politische Macht erobern; daher sei es nur notwendig, sich an den Wahlen zu beteiligen und die Zahl der sozialdemokratischen Wähler unausgesetzt zu steigern, um von selbst in den sozialistischen Staat hineinzuwachsen.

Nur in der ä u ß e r e n P o l i t i k trat die Partei radikaler auf. Auf den Parteitagen und in den großen Versammlungen wurden regelmäßig Resolutionen gegen den Militarismus, gegen den Imperialismus und die Kriegsgefahr angenommen. Die Partei zeigte der herrschenden Klasse, was ihrer harre, wenn sie die die ganze Welt bedrohenden Heeresrüstungen unaufhörlich fortsetze. Wie prophetisch klingen doch die Worte, die A u g u s t B e b e l im Reichstag in der Marokko-Debatte des Jahres 1911 in die Welt geschleudert hat! Er zeigte erst, wie das Wettrüsten dem unausbleiblichen Ende, dem Zusammenprall der kapitalistischen Mächte zutreibe, und dann rief er aus:

„Dann kommt die K a t a s t r o p h e. Alsdann wird in Europa der g r o ß e G e n e r a l m a r s c h geschlagen, auf den hin 16 bis 18 Millionen Männer, die Blüte der verschiedenen Nationen, ausgerüstet mit den besten Mordwerkzeugen, gegeneinander als Feind ins Feld rücken. Aber nach meiner Ueberzeugung steht hinter dem großen Generalmarsch der g r o ß e K l a d d e r a d a t s c h. Er kommt nicht durch uns, er kommt durch Sie selber. Sie treiben die Dinge auf die Spitze, Sie führen es zu einer Katastrophe, Sie werden erleben, was wir heute nur im allerkleinsten Maßstabe erlebt haben. D i e G ö t t e r d ä m m e r u n g d e r b ü r g e r l i c h e n W e l t i s t i m A n z u g e. Seien Sie sicher: sie ist im Anzug! Sie stehen heute auf dem Punkte, Ihre eigene Staats- und Gesellschaftsordnung zu untergraben, Ihrer eigenen Staats- und Gesellschaftsordnung das Totenglöcklein zu läuten. Was wird die Folge sein? H i n t e r d i e s e m K r i e g e s t e h t d e r M a s s e n b a n k e r o t t, s t e h t d a s M a s s e n e l e n d, s t e h t d i e M a s s e n a r b e i t s l o s i g k e i t, d i e g r o ß e H u n g e r s n o t. Das wollen Sie bestreiten? Jeder, der die Dinge objektiv übersieht, kann sich der Richtigkeit dessen nicht entziehen, was ich hier ausführe. Was hat denn schon das bißchen Marokkofrage in diesem Sommer erzeugt? Den bekannten Run auf die Sparkassen, den Sturz aller Papiere, die Aufregung in den Banken! Das war erst ein kleiner Anfang, es war gegen die Wirklichkeit nichts! Wie wird das erst werden, wenn der Ernstfall eintritt? Dann werden Zustände hervorgerufen werden, die Sie allerdings nicht haben wollen, die aber mit Notwendigkeit kommen — ich wiederhole: nicht durch unsere Schuld, durch Ihre Schuld. Lernt, Ihr seid gewarnt!"

Was Bebel hier vorausgesagt hat, ist wörtlich eingetroffen. Aber nicht erfüllt hat sich seine Ueberzeugung, daß die Sozialdemokratie

sich dem Sturm gewachsen zeigen werde. Freilich, die vom Parteivorstand noch im Jahre 1912 herausgegebene Broschüre „I m p e -
r i a l i s m u s   o d e r   S o z i a l i s m u s ?" schloß mit folgenden
Worten:

> „So wächst sich der Kampf gegen den Imperialismus immer mehr zum
> Entscheidungskampf zwischen Kapital und Arbeit aus. Kriegsgefahr,
> Teurung und Kapitalismus — Friede, Wohlstand für alle, Sozialismus!
> So ist die Frage gestellt. Großen Entscheidungen geht die Geschichte
> entgegen. Unablässig muß das Proletariat an seiner welthistorischen
> Aufgabe arbeiten, die Macht seiner Organisation, die Klarheit seiner Er-
> kenntnis schärfen. Möge dann kommen, was da will, mag es seiner Kraft
> gelingen, die fürchterlichen Greuel eines Weltkriegs der Menschheit zu
> ersparen, oder mag die kapitalistische Welt nicht anders in die Ge-
> schichte versinken, wie sie aus ihr geboren war, in Blut und in Gewalt:
> d i e h i s t o r i s c h e S t u n d e w i r d d i e A r b e i t e r k l a s s e b e r e i t
> f i n d e n und bereit sein, ist alles."

Wir müssen heute bekennen: die historische Stunde hat die
deutsche Arbeiterklasse und ihre Organisation, die Sozialdemokratische Partei, n i c h t b e r e i t g e f u n d e n. Wie sie auf den Gebieten der inneren Politik sich mit den bestehenden Verhältnissen
ausgesöhnt hatte und nur noch die „Auswüchse" des Kapitalismus
bekämpfte, so dankte sie bei Kriegsausbruch auch in der äußeren
Politik an die herrschenden Gewalten ab. Die reformistische Richtung hatte auf der ganzen Linie gesiegt. Die kapitalistisch-imperiali-
stische Entwicklung schien auf ihrem Höhepunkt angekommen zu
sein, indem die Sozialdemokratie sich in den allgemeinen Burgfrieden einfügte, den Klassenkampf aufsagte und sich als wahrhaft
„nationale" Partei dem Heerbann der Bourgeoisie anschloß.

Der 4. August 1914.

Der Kriegsvorwand der österreichischen und deutschen Kriegstreiber. — Aufruf des Parteivorstands gegen den Krieg. — Zusammentritt des internationalen sozialistischen Bureaus. — Schwenkung in der Partei. — Bewilligung der Kriegskredite. — Die Erklärung der sozialdemokratischen Reichstagsfraktion. — Die ersten Gegensätze.

Im September 1914 sollte der internationale Sozialistenkongreß in Wien, etwas später der Parteitag der deutschen Sozialdemokratie in Würzburg stattfinden. Die friedlichen Vorbereitungen für diese Tagungen wurden durch den wilden Kriegslärm unterbrochen. Der österreichischen Militärclique war der Thronfolgermord sehr gelegen gekommen. Sie wollte den Krieg und verhinderte durch ihr hinterhältiges diplomatisches Trugspiel eine schiedliche Beilegung des neuen österreichisch-serbischen Konfliktes. Die Wiener Regierung richtete am 23. Juli ihr Ultimatum an Serbien, das nichts anderes als die Niederknüppelung jeden Versuchs war, den Kriegsausbruch zu verhindern. Selbst das Blatt der Zechenbarone, die „Rheinisch - Westfälische Zeitung", erklärte:

„Das österreichisch-ungarische Ultimatum ist nichts als ein Kriegsvorwand, aber diesmal ein gefährlicher. Wie es scheint, stehen wir dicht vor einem österreichisch-serbischen Kriege. Es ist möglich, daß wir osteuropäische Brände mit Gewehren löschen aus Verträgen oder aus dem Zwange des Tages. Aber es ist ein Skandal, wenn die Reichsregierung nicht in Wien verlangt hätte, daß solche Endgebote ihr vorher vorgelegt werden. Heute bleibt nur eines übrig, zu erklären: Für Kriege der habsburgischen Eroberungspolitik sind wir nicht verpflichtet."

Auch die sozialdemokratische Presse durchschaute selbstverständlich die Absichten der österreichischen Kriegstreiber und sie machte gleichfalls die deutsche Regierung für alle künftigen Schritte Oesterreichs mitverantwortlich. Am 25. Juli erließ der Parteivorstand folgenden Aufruf:

„Noch dampfen die Aecker auf dem Balkan von dem Blute der zu Tausenden Hingemordeten, noch rauchen die Trümmer verheerter Städte, verwüsteter Dörfer, noch irren hungernd arbeitslose Männer, verwitwete Frauen und verwaiste Kinder durchs Land und schon wieder schickt sich die vom österreichischen Imperialismus entfesselte Kriegsfurie an, Tod und Verderben über ganz Europa zu bringen. Verurteilen wir auch das Treiben der groß-serbischen Nationalisten, so fordert doch die frivole Kriegsprovokation der österreichisch-ungarischen Regierung den schärfsten Protest heraus. Sind doch die Forderungen dieser Regierung so brutal, wie sie in der Weltgeschichte noch nie an einen selbständigen Staat gestellt sind und können sie doch nur darauf berechnet sein, den Krieg geradezu zu provozieren. Das klassenbewußte Proletariat Deutschlands erhebt im Namen der Menschlichkeit und der Kultur flammenden Protest gegen dieses verbrecherische Treiben der Kriegshetzer. Es fordert gebieterisch von der deutschen Regierung, daß sie ihren Einfluß auf die österreichische Regierung zur Aufrechterhaltung des Friedens ausübe, und, falls der schändliche Krieg nicht zu verhindern sein sollte, sich jeder kriegerischen Einmischung enthalte. Kein Tropfen Blut eines deutschen Soldaten darf dem Machtkitzel der österreichischen Gewalthaber, den imperialistischen Profitinteressen geopfert werden. Parteigenossen, wir fordern euch auf, sofort in Massenversammlungen den unerschütterlichen Friedenswillen des klassenbewußten Proletariats zum Ausdruck zu bringen. Eine ernste Stunde ist gekommen, ernster als irgendeine der letzten Jahrzehnte. Gefahr ist im Verzuge! Der Weltkrieg droht! Die herrschenden Klassen, die euch im Frieden knebeln, verachten, ausnutzen, wollen euch als Kanonenfutter mißbrauchen. Ueberall muß den Gewalthabern in den Ohren klingen: Wir wollen keinen Krieg! Nieder mit dem Krieg! Hoch die internationale Völkerverbrüderung!"

Am 29. Juli trat in Brüssel noch einmal, zum letzten Male, das internationale sozialistische Bureau zusammen, um von den Vertretern aller durch den Weltkrieg bedrohten Nationen Erklärungen über die politische Lage in ihren Ländern entgegenzunehmen. In einem einstimmig gefaßten Beschluß forderte es die Proletarier aller beteiligten Nationen auf, die Kundgebungen für den Frieden nicht nur fortzusetzen, sondern zu verstärken. Das deutsche und französische Proletariat sollte kraftvoller als je auf seine Regierungen in dem Sinne einwirken, daß Deutschland auf Oesterreich einen mäßigenden Einfluß ausübe und daß Frankreich bei Rußland bewirke, daß es sich nicht in den Konflikt einmenge. Die Proletarier Großbritanniens und Italiens sollten diese Bestrebungen aufs energischste unterstützen. Die Sitzung des Bureaus beschloß, sofort einen internationalen Kongreß nach Paris einzuberufen, der den entschlossenen Friedenswillen des gesamten Proletariats der Welt zum entschiedenen Ausdruck bringen sollte. Wenige Tage später brach der Krieg aus, der Kongreß konnte nicht mehr abgehalten werden. Aber im Anschluß an die Sitzung des internationalen Bureaus wurde in Brüssel eine gewaltige Friedenskundgebung veranstaltet, an der viele Tausende von Arbeitern teilnahmen und den Rednern der Internationale stürmische Ovationen bereiteten.

Der Kriegsausbruch aber war nicht mehr aufzuhalten. So unfähig sich die deutsche Regierung zu ernster Friedensarbeit zeigte, so geschickt verstand sie es jetzt, den patriotischen Taumel zu wecken und auch die proletarischen Massen in den Wirbel zu ziehen. Die Regie der Kriegstreiber siegte über den Friedenswillen der Arbeiterschaft. Und in den letzten Tagen des Juli schon waren die reformistischen Staatsmänner aus den Reihen der Sozialdemokratie bereit, der Regierung des Krieges durch den Ozean von Blut und Tränen zu folgen. Während die Arbeiter noch Riesenkundgebungen gegen den Krieg veranstalteten, schrieb Friedrich Stampfer, der spätere Chefredakteur des „Vorwärts", in einem Korrespondenzartikel in der Parteipresse der Provinz: „Wenn die verhängnisvolle Stunde schlägt, werden die Arbeiter das Wort einlösen, das von ihren Vertretern für sie abgegeben worden ist. Die vaterlandslosen Gesellen werden ihre Pflicht erfüllen und sich darin von den Patrioten in keiner Weise übertreffen lassen."

Nach den bisherigen öffentlichen Kundgebungen der Partei bestand für die Genossen im Lande kein Zweifel darüber, daß die sozialdemokratische Reichstagsfraktion die Kriegskredite ablehnen würde. Am 31. Juli war der Kriegszustand erklärt worden, die Presse durfte nicht mehr frei reden, Versammlungen konnten nicht mehr veranstaltet werden, die brutale Faust der militärischen Machthaber hatte sich auf das öffentliche Leben Deutschlands gelegt. Am 1. August kam die Meldung, daß J a u r è s , der Führer der französischen Sozialisten, der große Friedensfreund, von einem Mordbuben m e u c h - l i n g s g e t ö t e t worden war. Eine Zeit der ungeheuersten Spannung und der tiefsten seelischen Depression! Alles blickt nach Berlin, wo am 3. August die e n t s c h e i d e n d e F r a k t i o n s - s i t z u n g stattfand. Die Verweigerung der Kredite für den Krieg war nunmehr die einzige Gelegenheit, den herrschenden Klassen zu zeigen, daß das Proletariat auch in dieser Stunde nichts mit ihrer Politik zu tun haben wolle. Aber es kam anders. Die Reichstagsfraktion beschloß mit großer Mehrheit, d i e K r e d i t e z u b e - w i l l i g e n. Es war, wie der Kriegspatriot K o n r a d H a e n i s c h zwei Jahre später schrieb, ein „in seiner Art schlechterdings beispielloser Frontwechsel". In dem Vorwort zu seinem Buch über die Reichstagsreden gegen die deutsche Kriegspolitik sagte H u g o H a a s e von jenen Stunden: „Verwirrt und enttäuscht schauten die Wurzelfesten auf die Führer, diese schwammen mit dem Strom." Die Arbeiter in dem Lande wußten in der Tat zuerst nicht, was sie mit diesem Ereignis beginnen sollten. Hatten unsere Reichstagsabgeordneten besondere Informationen von der Regierung erhalten, die sie davon überzeugen mußten, daß die unbedingte Unterstützung der deutschen Kriegspolitik zur Verteidigung des von allen Seiten angegriffenen Vaterlandes geboten sei? Ach nein, die Fraktion in ihrer Gesamtheit hätte schon damals erkennen können, daß es sich um den B e g i n n e i n e s E r o b e r u n g s k r i e g e s handelte, für dessen Ausbruch die deutsche Regierung in vollem Umfange verantwortlich zu machen war. Am 4. August legte die deutsche Regierung dem Reichstag ein Weißbuch vor, aus dem für jeden, der sehen w o l l t e, die Kriegsschuld der deutschen Regierung klar vor Augen trat. Aber die Mehrheit der Fraktion w o l l t e nicht sehen, sie glaubte an das Märchen von dem ruchlos überfallenen Deutschland. Mit vollem Recht stellte R o s a L u x e m b u r g in ihrer Juniusbroschüre folgendes fest:

„Das Weißbuch erklärt uns klipp und klar: 1. daß die österreichische Regierung vor ihrem Schritt gegen Serbien Deutschlands Einverständnis eingeholt hatte; 2. daß die deutsche Regierung sich vollkommen bewußt war, daß das Vorgehen Oesterreichs zum Kriege mit Serbien und im weiteren Verfolg z u m e u r o p ä i s c h e n K r i e g e führen würde; 3. daß die deutsche Regierung Oesterreich nicht zur Nachgiebigkeit riet, sondern umgekehrt erklärte, daß ein nachgiebiges, geschwächtes Oesterreich kein würdiger Bundesgenosse mehr für Deutschland sein könnte; 4. daß die deutsche Regierung Oesterreich vor dessen Vorgehen gegen Serbien auf alle Fälle den Beistand im Kriege fest zugesichert hatte, und endlich 5., daß die deutsche Regierung sich bei all dem die Kontrolle über das entscheidende Ultimatum Oesterreichs an Serbien, an dem der Weltkrieg hing, nicht vorbehalte, sondern Oesterreich völlig freie Hand gelassen hatte."

Das alles erfuhr unsere Reichstagsfraktion am 4. August. Und noch eine neue Tatsache erfuhr sie aus dem Munde der Regierung am gleichen Tage: daß die deutschen Heere bereits in Belgien einmarschiert waren. Aus alledem aber schloß die Mehrheit der Fraktion, daß es sich um einen Verteidigungskrieg Deutschlands gegen eine fremde Invasion, um die Existenz des Vaterlandes, um Kultur und einen Freiheitskrieg gegen den russischen Despotismus handele! Konnte der wirkliche Hintergrund des Krieges und die ihn notdürftig verdeckende Kulisse, konnte das ganze diplomatische Spiel, das den Kriegsausbruch umrankte, das Geschrei von der Welt von Feinden, die alle Deutschland nach dem Leben trachteten, es schwächen, erniedrigen, unterjochen wollten, konnte das alles für die deutsche Sozialdemokratie eine Ueberraschung sein, an ihr Urteilsvermögen zu hohe Anforderungen stellen? Aber nur eine Minderheit von 14 Abgeordneten erkannte den wirklichen Sinn des Krieges und stimmte in der Fraktion gegen die Bewilligung der Kredite. In der Sitzung des Reichstages vom 4. August gab dann Hugo Haase im Auftrage der Fraktion folgende Erklärung ab:

„Wir stehen vor einer Schicksalsstunde. Die Folgen der imperialistischen Politik, durch die eine Aera des Wettrüstens herbeigeführt wurde, und die Gegensätze zwischen den Völkern sich verschärften, sind wie eine Sturmflut über Europa hereingebrochen. Die Verantwortung hierfür fällt den Trägern dieser Politik zu, die wir ablehnen. Die Sozialdemokratie hat diese verhängnisvolle Entwicklung mit allen Kräften bekämpft und noch bis in die letzten Stunden hinein hat sie durch machtvolle Kundgebungen in allen Ländern, namentlich in innigem Einvernehmen mit den französischen Brüdern, für die Aufrechterhaltung des Friedens gewirkt. Ihre Anstrengungen sind vergeblich gewesen. Jetzt stehen wir vor der ehernen Tatsache des Krieges. Uns drohen die Schrecknisse feindlicher Invasionen. Nicht für oder gegen den Krieg haben wir heute zu entscheiden, sondern über die Frage der für die Verteidigung des Landes erforderlichen Mittel. Nun haben wir zu denken an die Millionen Volksgenossen, die ohne ihre Schuld in dieses Verhängnis hineingerissen worden sind. Sie werden von den Verheerungen des Krieges am schwersten getroffen. Unsere heißen Wünsche begleiten unsere zu den Fahnen gerufenen Brüder ohne Unterschied der Partei. Wir denken auch an die Mütter, die ihre Söhne hergeben müssen, an die Frauen und Kinder, die ihres Ernährers beraubt sind, denen zu der Angst um ihre Lieben die Schrecken des Hungers drohen. Zu ihnen werden sich bald Zehntausende verwundeter und verstümmelter Kämpfer gesellen. Ihnen allen beizustehen, ihr Schicksal zu erleichtern, diese unermeßliche Not zu lindern, erachten wir als zwingende Pflicht. Für unser Volk und seine freiheitliche Zukunft steht bei einem Sieg des russischen Despotismus, der sich mit dem Blute der Besten des eigenen Volkes befleckt hat, viel, wenn nicht alles auf dem Spiel. Es gilt diese Gefahr abzuwehren, die Kultur und die Unabhängigkeit des eigenen Landes sicherzustellen. Da machen wir wahr, was wir immer betont haben: Wir lassen in der Stunde der Gefahr das Vaterland nicht im Stich. Wir fühlen uns dabei im Einklang mit der Internationale, die das Recht jedes Volkes auf nationale Selbständigkeit und Selbstverteidigung jederzeit anerkannt hat, wie wir in Uebereinstimmung mit ihr jeden Eroberungskrieg verurteilen. Wir hoffen, daß die grausame Schule der Kriegsleiden in neuen Millionen den Abscheu vor dem Kriege wecken und sie für das Ideal des Sozialismus und des Völkerfriedens gewinnen wird. Wir fordern, daß dem Kriege, sobald das Ziel der Sicherung erreicht ist und die Gegner zum Frieden geneigt sind, ein Ende gemacht wird durch einen Frieden, der die Freundschaft mit den Nachbarvölkern ermöglicht. Wir fordern dies im Interesse nicht nur der von uns stets verfochtenen Solidarität, sondern auch in dem Interesse des deutschen Volkes. Von diesen Grundsätzen geleitet, b e w i l l i g e n   w i r   d i e   g e f o r d e r t e n   K r e d i t e."

In dieser Sitzung des Reichstages unterwarfen sich bis auf Genossen F r i t z   K u n e r t, der sich an der Abstimmung nicht beteiligte, alle Abgeordneten der Sozialdemokratie dem bisher üblichen Fraktionszwang, so daß nach außen der Eindruck der einstimmigen Zustimmung der sozialdemokratischen Fraktion zu den Kriegskrediten hervorgerufen wurde. H u g o   H a a s e, der in der F r a k t i o n s s i t z u n g vom 3. August die Bewilligung der Kredite am heftigsten bekämpfte, ließ sich aus Parteidisziplin dazu bewegen, in der Sitzung des Reichstages die Erklärung der Fraktion als ihr Vorsitzender und als Vorsitzender der Partei vorzulesen.

In seinem schon erwähnten Buch schreibt Haase über jene Tage:

„Die wenigen unter ihnen, (den Führern) die den alten Grundsätzen der Treue bewahrten, trennten sich aus S o l i d a r i t ä t s g e f ü h l nicht von ihren Kampfgenossen. So entstand das Bild einer einzigen burgfriedlichen Sozialdemokratie. In Wahrheit offenbarten sich s c h o n   b e i m   A u s b r u c h   d e s   K r i e g e s   s t a r k e   G e g e n s ä t z e   i n n e r h a l b   d e r   S o z i a l d e m o k r a t i e, die bis dahin latent geblieben waren. Mit 13 Fraktionsgenossen forderte ich am 4. August 1914 in der Fraktion die Ablehnung der Kriegskredite als Konsequenz unserer prinzipiellen Gegnerschaft gegen das herrschende System, dem die Verantwortung für den imperialistischen Krieg zuzuschreiben sei. Die Mehrheit der Fraktion bestritt, daß die deutsche Regierung auf Eroberungen ausgehe und stimmte für die Bewilligung der Kriegskredite, bekundete aber den Entschluß, daß „falls der Krieg den Charakter eines Eroberungskrieges annehmen sollte", der entschiedenste Widerstand geleistet werden müsse. Da nach einer festen Tradition die Fraktion im Reichstage stets geschlossen auftrat, die Minderheit sich der Mehrheit fügte, so wurde in der Reichstagssitzung vom 4. August für die gesamte Fraktion eine einheitliche Erklärung abgegeben."

K a r l   L i e b k n e c h t hat die Tage um den 4. August 1914 in einer während des Krieges verbreiteten Schrift „Klassenkampf gegen den Krieg", folgendermaßen geschildert:

„In der Fraktionssitzung ergriff D a v i d als erster das Wort. Er meinte, der Augenblick gebiete, sich von überkommenen Vorstellungen loszusagen und u m z u l e r n e n; die Sozialdemokratie werde in dieser Zeit noch in vielen Dingen umlernen müssen. Er beantragte im Namen der Mehrheit des Fraktionsvorstandes die Bewilligung der Kredite; sie möge mit einer Erklärung motiviert werden — aber mit einer Erklärung, die alle Polemik vermeide, die sich ohne Vorbehalt schlechthin m i t   d e r   R e g i e r u n g   u n d   a l l e n   b ü r g e r l i c h e n   P a r t e i e n   s o l i d a r i s c h   e r k l ä r e — was dem Gros der Bewilligungsfreunde immerhin zu weit ging. Für die Bewilligung wurden u. a. die angeblichen feindlichen Invasionen von Ost und West ins Feld geführt, Grenzgeplänkel, denen wichtige deutsche Angriffshandlungen gegenüberstanden (z. B. Besetzung des neutralen Luxemburg, Beschießung von Libau, die Vorbereitung zum Ueberfall auf Belgien, die freilich damals dem deutschen Volk noch verschwiegen wurde). Man hörte die Parole: „Gegen den Zarismus", Bebels Flintenrede, die stereotyp gewordenen literarischen „Beweise". Es hieß weiter u. a.: „Der Volksstimmung dürfen und können wir uns nicht entgegenwerfen; Jaurès Ermordung und die (damals lügenhaft gemeldete!) Ermordung Caillaux' zeigen den Hitzegrad der Kriegsstimmung in Frankreich; durch diesen Krieg wird Deutschland Frankreich vom Bündnis mit Rußland befreien; die russische Niederlage bedeutet den Sturz des Zarismus; die deutsche Sozialdemokratie kann sich in einem solchen Moment nicht ausschalten lassen; unsere Organisationen werden vernichtet, zertrümmert, wenn wir die Kredite verweigern — das „Ja" aber wird die Stellung der Sozialdemokratie gewaltig stärken — die Regierung wird nicht mehr in der Lage sein, diese Partei als außerhalb der Gesetze stehend zu behandeln; eine starke demokratische Welle wird nach dem Kriege kommen." Kautsky, der die Konstruktion der Notstandskredite anregte, schlug vor: der Regierung die Zusicherung abzufordern, daß sie keine Eroberungen wolle und bei Abgabe der Zusicherung zu bewilligen, bei Verweigerung abzulehnen; der Vorschlag fand allgemeine Zurückweisung.

Die Mehrheit hörte nur mit Ungeduld und Unruhe die Vertreter der Minderheit an. Ein Schlußantrag machte der sehr erregten Debatte ein ziemlich frühes Ende.

Nur 14 Genossen (außer dem fehlenden Emmel, der sich später in gleichem Sinne aussprach) stimmten gegen die Kreditbewilligung (Albrecht, Antrick, Bock, Geyer, Haase, Henke, Herzfeld, Ledebour, Lensch, Liebknecht, Peirotes, Rühle, Vogtherr). 78 stimmten dafür. Einige sollen sich der Stimme enthalten haben.

Haase beantragte, die Erklärung durch Scheidemann verlesen zu lassen. Hoch und andere widersprachen und forderten die Verlesung durch Haase, der nicht nur wie Scheidemann Vorsitzender der Fraktion, sondern auch des Parteivorstandes sei. Haase weigerte sich nachdrücklich, ließ sich aber, von zahlreichen Fraktionsmitgliedern bestürmt, schließlich dazu bewegen.

Der Antrag, bei dem Hoch auf „Kaiser, Volk und Vaterland" mit aufzustehen, wurde bekämpft, aber unter Hinweis auf die in der Erwähnung von Volk und Vaterland liegende Konzession mit großer Mehrheit angenommen.

Eine Kommission zur Ausarbeitung der Erklärung wurde eingesetzt. Sie legte am Morgen des 4. August das Produkt ihres Schweißes vor, das mit einigen kleinen Aenderungen Annahme fand. Stadthagen forderte vergeblich eine scharfe Wendung zur Kennzeichnung der innerpolitischen Zustände Deutschlands. Liebknechts Antrag, unseren französischen Freunden wenigstens noch ein Wort der Sympathie und Brüderlichkeit zuzurufen, führte — nachdem er von Frank bekämpft war — zur Einführung einer nichtssagenden Floskel. Sein weiterer Antrag, auch für Oesterreich jede Eroberungspolitik abzulehnen, fiel; David bemerkte hierbei, daß die Frage österreichischer Eroberungen viel zu kompliziert liege, als daß sie kurzweg schlechthin verneint werden könnte.

In der ersten Plenarsitzung klatschten mehrere sozialdemokratische Abgeordnete (Südekum, Heine, Frank, Wendel und andere) beifallrufend einigen Stellen der Reichskanzlerrede zu. Unmittelbar nach dieser und vor der zweiten, kurz danach eröffneten Plenarsitzung, fand eine kurze Fraktionssitzung statt, in der es zunächst wegen dieser „patriotischen" Kundgebungen zu heftigen Zusammenstößen kam; für die zweite Sitzung wurden derartige Kundgebungen durch besonderen Fraktionsbeschluß verboten — um am 2. Dezember doch wiederholt und in der Fraktion von Heine gerühmt zu werden. Es wurde weiter mitgeteilt, daß die Regierung eine Abschwächung des gegen Eroberungen gerichteten Passus der Erklärung wünsche, weil die drohende Gefahr des englischen Eingreifens durch diesen Passus verschärft werden könne. Dem Wunsche der Regierung wurde entsprochen.

Versuche, eine abweichende Abstimmung der Vierzehn im Plenum zu erzielen, waren in der Ueberstürzung der wenigen Stunden mißlungen. Haase, selbst ein Vertreter der Kreditverweigerung, hatte sich zur Abgabe der Erklärung bestimmen lassen; auch die Minderheit rechnete noch damit, daß die Partei im übrigen dennoch eine oppositionelle Politik, eine Politik des Klassenkampfes auch während des Krieges treiben werde, daß die Kreditbewilligungen vom größten Teil der Mehrheit nur in dem revolutionären Sinn des viel mißbrauchten Engels-Artikels gemeint sei und schroffste Konflikte zwischen Partei und Staatsgewalt nicht ausbleiben würden; man trug Bedenken, sich in dieser gefahrvollen Lage, in der man die Partei trotz alledem vermeinte, von der Mehrheit der Fraktion öffentlich zu trennen. Aus diesen und zahlreichen anderen Gründen kam k e i n ö f f e n t l i c h e s M i n d e r h e i t s v o t u m zustande.

Alsbald nach dem 4. August zeigten sich in der Partei, besonders in ihrer Presse, d i e b e d e n k l i c h s t e n E r s c h e i n u n g e n — Chauvinismus, Annexionssucht, Harmonieduselei; besinnungslose Solidarisierung mit den Todfeinden des Proletariats von gestern und von morgen, die plötzlich in einer trüben Einigkeitsphrasen-Hochflut zu Busenfreunden von heute umgewaschen wurden." |

Aber es dauerte nicht lange, so begann sich im Lande die O p p o s i t i o n g e g e n d i e K r i e g s p o l i t i k der leitenden Parteiinstanzen zu regen. Erst tastend, vereinzelt und zerstreut erhoben sich im Proletariat Stimmen, die die Abkehr von dem verderblichen Wege forderten; immer stärker wuchs der Chor an, vergeblich waren alle Unterdrückungsversuche. Weder die Gewaltstreiche des Parteivorstandes, noch die Brutalitäten der militärischen und zivilen Machthaber haben zu verhindern vermocht, daß die Opposition in der Partei von Monat zu Monat wuchs und schließlich den Boden ebnete, auf dem drei Jahre später die U n a b h ä n g i g e S o z i a l - d e m o k r a t i s c h e P a r t e i D e u t s c h l a n d s sich bilden konnte.

Die beginnende Opposition.

Die Beschlüsse der Internationalen Sozialistenkongresse und der deutschen Parteitage. — Urteile des sozialistischen Auslandes über die Kreditbewilligung. — Der erste Widerstand gegen die Kriegspolitik. — Erklärungen der „Vorwärts"-Redakteure. — Gegen den parteigenössischen Kadavergehorsam. — Der Umfall der Pseudo-Marxisten. — Leichenschändung an den Altmeistern des Sozialismus.

Die Regie hatte glänzend gearbeitet; fast das ganze deutsche Volk war der Kriegspsychose verfallen und auch die Mehrheit der sozialdemokratischen Parteiführer wurde von dem patriotischen Taumel ergriffen. Selbst solche Leute, von denen man sich nach ihrer Vergangenheit in der Arbeiterbewegung einer ernsteren Einsicht hätte versehen können, nahmen das unsinnigste Zeug gläubig hin. Man erinnere sich, welche Rolle selbst in amtlichen Dokumenten neben den Tausenden von Spionen, den durch Deutschland rasenden Geldautomobilen, den Brunnenvergiftungen im Elsaß besonders die Fliegerbomben spielten, die auf bayerische Eisenbahnen und Städte noch vor dem Kriegsausbruch abgeworfen worden sein sollen. In dieser Stimmung erregte es kaum Aufsehen, daß die deutschen Heere in das neutrale Belgien einmarschierten, bevor noch der Krieg erklärt war. Es verschlug bei der Mehrheit der Reichstagsfraktion auch nichts, daß ihre Haltung in W i d e r s p r u c h m i t d e n B e s c h l ü s s e n d e r d e u t s c h e n P a r t e i t a g e u n d d e r i n t e r n a t i o n a l e n S o z i a l i s t e n k o n g r e s s e stand. Noch der Friedenskongreß von Basel vom 24. und 25. November 1912 hatte an die Entschließungen der internationalen Kongresse von Kopenhagen erinnert, worin es hieß:

„Droht der Ausbruch eines Krieges, so sind die arbeitenden Klassen und deren parlamentarische Vertretungen in den beteiligten Ländern verpflichtet, unterstützt durch die zusammenfassende Tätigkeit des Internationalen Bureaus, alles aufzubieten, um durch die Anwendung der ihnen am wirksamsten erscheinenden Mittel d e n A u s b r u c h d e s K r i e g e s z u v e r h i n d e r n, die sich je nach Verschärfung des Klassenkampfes und der Verschärfung der allgemeinen politischen Situation naturgemäß ändern.

Falls der Krieg dennoch ausbrechen sollte, ist es die Pflicht, f ü r d e s s e n r a s c h e B e e n d i g u n g einzutreten und mit allen Kräften dahin zu streben, die durch den Krieg herbeigeführte wirtschaftliche und politische Krise zur Aufrüttelung des Volkes auszunutzen und dadurch d i e B e s e i t i g u n g d e r k a p i t a l i s t i s c h e n K l a s s e n h e r r s c h a f t zu beschleunigen.

Der Baseler Kongreß erinnerte an diese Resolution und verlangte insbesondere von der Arbeiterklasse Deutschlands, Frankreichs und Englands, sich jeder Einmischung in die Balkanwirren zu enthalten und es zu verhindern, daß es wegen eines serbisch-österreichischen Streits zum Kriege zwischen den Kulturvölkern komme. Dem kapitalistischen Imperialismus müsse die Kraft der internationalen Solidarität des Proletariats entgegengestellt werden. Kurz zuvor noch hatte der deutsche P a r t e i t a g i n C h e m n i t z eine Entschließung angenommen, worin es hieß, daß die Sozialdemokratie aufs Nachdrücklichste alle imperialistischen und chauvinistischen Bestrebungen bekämpfe und alles daran setzen werde, um eine Verständigung zwischen den Nationen herbeizuführen.

Alle diese Beschlüsse und Kundgebungen waren am 4. August 1914 vergessen. Im A u s l a n d aber hatte man sie noch im Gedächtnis und man erwartete auch ganz allgemein, daß die deutsche Sozialdemokratie sich aufs heftigste gegen die Regierung des Krieges wenden und selbstverständlich die Kriegskredite ablehnen würde. Deshalb stießen die alarmierenden Meldungen, die über die Vorgänge in dem nach Ausbruch des Krieges von der Außenwelt abgesperrten Deutschen Reich im Auslande umliefen, überall auf Glauben. Man erzählt sich dort, daß die deutsche Militärbehörde Dutzende von sozialdemokratischen Abgeordneten und andere Führer der Arbeiterbewegung, an der Spitze Ledebour, Karl Liebknecht, Rosa Luxemburg und Hugo Haase, füsiliert habe, und daß gegen die Partei die wüstesten Verfolgungen eingesetzt hätten. Umso größer war dort die Enttäuschung, als man von dem hurrapatriotischen Umfall der Parteiinstanzen erfuhr. So schrieb die „N e w Y o r k e r V o l k s - z e i t u n g " am 19. August 1914:

„Nach den heute von uns an anderer Stelle veröffentlichten Nachrichten unterliegt es leider keinem Zweifel mehr, daß die sozialdemokratische Fraktion des deutschen Reichstages die fünf Millionen Kriegskredit bewilligte; die Regierung Wilhelms II. hatte also wirklich die ganze Volksvertretung hinter sich, als sie zu einem Kriege aufrief, dessen Konsequenzen heute noch garnicht abzusehen sind.

Wir haben bereits am 6. August — als die ersten Kabelmeldungen das Zustimmungsvotum unserer deutschen Genossen ankündigten — erklärt, d a ß w i r d i e s e S t e l l u n g n a h m e n i c h t v e r s t e h e n k ö n n e n, und nun verleiht unser holländisches Bruderblatt „Het Volk" genau der gleichen Ansicht Ausdruck. Ja, wir müssen gestehen, daß uns der Wortlaut der Haaseschen Rede diese Abstimmung der deutschen Reichstagsabgeordneten nur noch unverständlicher macht, weil sie auch nicht das geringste Motiv für die G e s i n n u n g s ä n d e r u n g, welche unzweifelhaft seit dem 25. und 29. Juli — den Tagen der letzten Kriegsproteste — eingetreten war, erkennen läßt.

Denn es ist einfach undenkbar, daß sich unsere Genossen durch den Bugabo des russischen Despotismus in ihre unbegreifliche Haltung hineinjagen ließen. Wußten sie doch nur zu genau, wie geschickt diese deutsche Regierung noch immer ihre Vogelscheuchen aufzustellen verstand, wenn es sich darum handelte, das dumme Volk in nationale Begeisterung zu versetzen. Die Septennatswahl von 1887, die Hottentottenwahl, der Chinafeldzug und nicht zu vergessen die „Emser Depeschen-Redigierung" sind einige der Beispiele, die nicht so leicht zu vergessen sind. Ein Krieg gegen Frankreich oder England wäre im höchsten Maße unpopulär gewesen, darum mußte der U m w e g ü b e r R u ß l a n d genommen werden."

Fritz Adler hat den Eindruck, den die Haltung der Parteimehrheit damals im Auslande machte, in der österreichischen Zeitschrift
„Der Kampf" vom Januar 1915 in folgender Weise geschildert:

> „Nur wenn man ganz erfaßt, wie teuer die deutsche Sozialdemokratie
> den Genossen des Auslandes war, wie sie geradezu für jeden einzelnen
> den h ö c h s t e n S t o l z u n d d e n Q u e l l d e r S i e g e s z u v e r s i c h t
> bildete, kann man die psychologische Wirkung der Ereignisse seit Kriegs-
> ausbruch verstehen. Schon allein die Tatsache, daß die deutsche Sozial-
> demokratie Halt machen muß, daß nicht mehr ihr Klassenkampf, sondern
> der Krieg die Weltbühne beherrscht, wirkte — so wenig vorher jemand
> theoretisch diese Möglichkeit bestritten hätte — plötzlich real geworden,
> e r s c h ü t t e r n d. Daß die deutschen Proletarier als Soldaten ihre
> Pflicht tun werden, konnte man voraussehen, daß aber die deutsche Ar-
> beiterklasse als Partei plötzlich und in aller Form mit den herrschenden
> Klassen Waffenstillstand schließen, sich mit ihnen zu gemeinsamer
> Aktion vereinigen werde, war für F r e u n d w i e G e g n e r e i n e
> U e b e r r a s c h u n g. Wir haben an dieser Stelle nicht zu untersuchen,
> ob oder inwieweit dieser Schritt unausweichlich war, sondern nur seine
> psychologische Wirkung festzustellen. Sie ergriff die Sozialisten des
> Auslandes mit gleicher Wucht wie die Deutschlands, obwohl in fast allen
> Ländern die Partei des Proletariats oder wenigstens Teile von ihr den
> gleichen Weg gegangen waren. Doch daß dies auch in Deutschland ge-
> schehen konnte, daß auch diese große unbeugsame Sozialdemokratie sich
> beugen mußte, daß auch die stolze Vorhut der Internationale dem Schick-
> sal nicht entging, das wurde für die Arbeiter der ganzen Welt zum wahren
> experimentum crucis ihrer Kraft und zum Symbol der historischen
> Situation."

Nicht die g a n z e Partei hatte in diesen Tagen die Besinnung verloren. Von Anfang an fanden sich Männer, die sich entschlossen
dem Kriegstaumel entgegenstemmten. Auch außerhalb der Reichstagsfraktion regte sich sofort der W i d e r s t a n d g e g e n d i e
K r i e g s p o l i t i k d e r I n s t a n z e n. Besonders die württembergischen Parteigenossen, an deren Spitze C r i s p i e n, W e s t -
m e y e r und C l a r a Z e t k i n standen, wandten sich von Anfang
an scharf gegen die Bewilligung der Kriegskredite und verlangten,
daß die Reichstagsfraktion die Beschlüsse der internationalen Kongresse und der deutschen Parteitage respektiere. Während man aber
den Verfechtern der Kreditbewilligung die weiteste Meinungsäußerung zugestand, hinderte der Kriegszustand die Gegner der sozialdemokratischen Kriegspolitik an der öffentlichen Begründung ihrer
Auffassungen.

Nachdem die Reichstagsfraktion am 3. August ihren Beschluß gefaßt hatte, gaben die R e d a k t e u r e d e s „V o r w ä r t s", des
Zentralorgans der Partei dem Parteivorstand folgende E r k l ä r u n -
g e n ab, die während des Krieges freilich niemals veröffentlicht
worden sind:

> „Die sozialdemokratische Reichstagsfraktion hat heute, nachdem gestern
> in einer Fraktionssitzung gegen 14 Stimmen der Beschluß gefaßt worden
> war, der Regierung die geforderten Kriegskredite zu bewilligen, nicht nur
> für die Gesetzentwürfe betreffend die Aenderung des Bank- und Münz-
> gesetzes, das Darlehnskassengesetz, die Zahlungsfristverlängerung für
> Wechsel und Schecks gestimmt, s o n d e r n a u c h f ü r d i e v o n d e r
> R e g i e r u n g z u m Z w e c k e d e r K r i e g s f ü h r u n g v e r l a n g t e n
> 5 Milliarden Kredite. Begründet wird diese Haltung damit, daß jetzt,

nachdem nun einmal der Krieg erklärt sei, es sich nicht mehr um die Entscheidung f ü r oder g e g e n den Krieg handele, sondern um die Frage der für die Verteidigung des Landes erforderlichen Mittel."

Ausschließlich die Rücksicht auf die jetzige gefährliche Lage unserer Partei und die Erhaltung unserer Presse hindert uns, diese Bewilligung der Kriegskreditforderungen im „Vorwärts" einer öffentlichen Kritik zu unterziehen; doch können wir nicht darauf verzichten, dem Parteivorstand und der Presskommission wissen zu lassen, daß wir die Haltung der Fraktion für inkonsequent und in ihren Folgen für parteischädigend halten.

Mit derselben Argumentation, mit der die Fraktionserklärung die Zustimmung zu den 5 Milliardenkrediten motiviert, können fast alle Militärforderungen begründet werden. Fast immer kann gesagt werden, daß, nachdem nun einmal von den anderen Parteien neue Heeres- und Flottenverstärkungen bewilligt sind, also nichts mehr an der Vermehrung zu ändern sei, unbedingt die Sicherheit des Vaterlandes und das Eigeninteresse der Mannschaften erfordere, daß sie möglichst gut ausgerüstet und nicht mit unzulänglichen Monturen, Gewehren, Kanonen usw. gegen den Feind geschickt würden. Damit kommt, daß die Zustimmung e i n e n s c h w e r e n S c h l a g f ü r d i e I n t e r n a t i o n a l e bedeutet, daß er eine Lockerung des Zusammenhanges zwischen den verschiedenen Zweigen der internationalen Arbeiterbewegung bewirken muß, und daß er die Stellung der deutschen Sozialdemokratie innerhalb dieser Bewegung schädigt; vor allem aber, daß mit der Bewilligung der Kriegskredite die deutsche Sozialdemokratie trotz der Ablehnung solcher Folgerung in der Fraktionserklärung eine gewisse Mitverantwortlichkeit für den Krieg und die sich aus ihm ergebenden Folgen übernimmt; eine Verantwortlichkeit, die sich in Zukunft schwer rächen kann.

B e r l i n , den 4. August 1914.

Die Redaktion des „Vorwärts".

C u n o w , H i l f e r d i n g , L e i d , J o h n , D ä u m i g , S t r ö b e l , W e b e r , W e r m u t h , S c h o l z .

Die unterzeichneten Redakteure des „Vorwärts" können sich der Erklärung ihrer Kollegen nicht anschließen, da sie eine Ablehnung der Kriegskredite nicht hätten gutheißen können. Dagegen finden sie, daß durch die bedingungslose Zustimmung die Interessen des Proletariats nicht genügend gewahrt wurden. Mindestens hätte in der begleitenden Erklärung der sozialistische Standpunkt viel stärker hervortreten müssen.

N e s t r i e p k e , D o e s c h e r .

S t a d t h a g e n bemerkte hierzu: Richtiger als eine Ablehnung hielt und halte ich noch heute eine Bewilligung, falls die Begründung derselben klar betont, daß die Arbeiter aller Länder sich nicht bekriegen, daß die Entscheidungen über Krieg und Frieden in Rußland wie in Deutschland nicht dem Volk, sondern einigen Personen zusteht, die auf die Dauer dem Einfluß kapitalistischer Interessenkliquen und der Militärkamarilla nicht widerstehen können, daß ferner die russischen Kriegshetzer dem russischen Volk gegenüber dieselben Ziele der Vorenthaltung der politischen Gleichberechtigung und der dauernden wirtschaftlichen Unterdrückung verfolgen wie die Kriegshetzer in Deutschland. Ferner müßte in der Erklärung scharf hervorgehoben werden, daß wir die Verantwortung für den Krieg ablehnen, aber uns in einer Zwangslage befinden, weil der Zarismus mit einer Invasion droht. Wir stimmen deshalb für die Kredite, um gegen den Zarismus, nicht aber gegen die Arbeiter und um für die

Freiheit in Deutschland und Rußland, sowie für eine Annäherung und Verbrüderung der Völker, insbesondere des französischen zu wirken, dessen Vertreter Jaurès wegen seines Eintretens für den Frieden ermordet ist.

In der Fraktionssitzung erklärte ich, da ich und andere durch Diskussionsschluß an der Darlegung meines Standpunktes gehindert war, zur Geschäftsordnung im eigenen Namen und für eine Anzahl Fraktionskollegen: wir könnten nur dann für eine Annahme stimmen, wenn diesen Gesichtspunkten Rechnung getragen würde. Dementsprechend e n t - h i e l t i c h m i c h d e r S t i m m e. Als am folgenden Tage ein Erklärungsentwurf von einer Kommission vorgelegt wurde, setzte ich mit großer Mühe durch, daß über Abänderungsvorschläge gestimmt würde. Für mich und eine Reihe anderer Kollegen erklärte ich die Erklärung für unannehmbar, wenn nicht mindestens 1. ausgesprochen wird, wir lehnen die Verantwortung ab, 2. Absatz 4 und 5 gestrichen würden, 3. im Absatz 6 nach „befleckt hat" eingeschaltet wird: „und dieselben politischen Ziele dem eigenen Volke gegenüber verfolgt, wie die Kriegshetzer bei uns unserem Volke gegenüber." Es wurde aber nur der erste Antrag angenommen, die beiden anderen abgelehnt. In der Fraktion stimmte ich g e g e n die so gestaltete im Plenum abgegebene Erklärung. Im Plenum stimmte ich trotzdem f ü r die Bewilligung, weil Fraktionszwang ausgesprochen war und unter den obwaltenden Umständen eine Durchbrechung dieses Zwanges die Partei schwer geschädigt hätte."

Der Redaktion des „ H a m b u r g e r E c h o ", das früher an der Spitze des radikalen Flügels der Partei gestanden hatte, aber schon vor Kriegsausbruch in eine wahre nationalistische Raserei verfallen war, wurde am 13. August folgende Erklärung unterbreitet:

„Der jetzige Weltkrieg ist nicht ein Krieg der Völker wider die Völker und nicht im Interesse der Völker, sondern ein Krieg im Interesse des internationalen Finanzkapitals. Er ist seiner Grundlage nach ein Krieg zwischen dem jungen, nach Ausdehnung drängenden deutschen und dem gefestigten, sich bedroht fühlenden englischen Imperialismus. Die Vorgänge, die unmittelbar den Kriegsausbruch veranlaßt haben, sind nur äußere Erscheinungsformen, die über das Wesen dieser Gegensätze nicht hinwegtäuschen dürfen. Ebensowenig darf die Tatsache, daß die von den führenden Schichten der Großstaaten betriebene Politik zur Bedrohung unserer nationalen Existenz geführt hat, zur Verkennung der imperialistischen Ursachen und der imperialistischen Ziele dieses Krieges führen.

Von diesen Gesichtspunkten ausgehend, legen wir Verwahrung ein gegen die Haltung des „Hamburger Echo", dessen Bewertung der Ereignisse sich von der bürgerlichen Auffassung kaum unterscheidet.

H a m b u r g , am Todestage August Bebels.

Dr. L a u f e n b e r g , Dr. H e r z - A l t o n a, W o l f f h e i m."

Die Wortführer der Instanzenmehrheit haben später gegen die oppositionellen Kreise den Vorwurf erhoben, daß sie durch ihre Disziplinlosigkeit die Grundlage der Arbeiterbewegung zerstört hätten. Allen Ernstes ist zuerst von allen Parteigenossen verlangt worden, daß sie selbst in diesen grundsätzlichen Fragen den Mund halten und bedenkenlos alles hinnehmen sollten, was die auf unerreichbaren und unerforschlichen Höhen thronenden Parteigötter beschlossen hatten. Gegenüber dieser Theorie des parteigenössischen Kadavergehorsams hat G u s t a v E c k s t e i n am 8. Januar 1915 in der „Neuen Zeit" folgendes ausgeführt:

„Sicherlich muß jeder von uns danach streben, sich in einer Frage, die unsere Lebensinteressen so entscheidend berührt, ein eigenes Urteil zu bilden, und vielen ist das gewiß nach schwereren und leichteren inneren Kämpfen gelungen. Sie haben nun n i c h t n u r d a s R e c h t , s o n d e r n a u c h d i e P f l i c h t , f ü r i h r e U e b e r z e u g u n g e i n z u s t e h e n und sie nach Kräften in der Partei zur Geltung zu bringen. Wird doch diese Ueberzeugung nicht durch Rücksicht auf die eigene Person diktiert, sondern, sofern es eben Sozialdemokraten sind, durch das Interesse der Partei, d. h. das Interesse der proletarischen Gesamtbewegung. Wollen sie diesem dienen, dann müssen sie bestrebt sein, die Masse der Parteigenossen von der Richtigkeit ihrer Ansichten zu überzeugen. Das kann und darf aber nicht dadurch geschehen, daß man den Verfechter anderer Auffassungen innerhalb der Partei m u n d t o t macht. Gewiß liegt es gerade in so schwierigen Zeiten nicht im Interesse der Partei, daß alle Meinungsverschiedenheiten vor der breitesten Oeffentlichkeit ausgetragen werden, und ebenso erfordert es gerade der Ernst der Zeit, daß an der Einheitlichkeit der Aktion festgehalten werde, soweit es irgend geht. Aber das ist ja eben einer der Hauptvorteile der straffen Organisation, auf die die deutsche Sozialdemokratie mit Recht so stolz ist, daß unseren Parteigenossen Gelegenheit geboten ist, auch in kleinem und geschlossenem Kreis zu beraten und zu besprechen, was für die Partei von Wichtigkeit ist; und diese Besprechung zu verhindern oder auch nur zu beschränken, das wäre der schwerste, der verhängnisvollste Fehler, den eine Parteileitung begehen könnte.

Sind solche Methoden schon in ruhigen Zeiten verwerflich, so würde derjenige, der sie heute zur Anwendung bringen wollte, e i n e g a n z u n g e h e u e r l i c h e V e r a n t w o r t u n g a u f s i c h l a d e n . Er würde gerade in der Zeit der schwersten und verantwortungsvollsten Entschlüsse die Partei das Proletariat entmündigen und ihnen seinen eigenen Willen, seine eigene Erkenntnis gewaltsam aufnötigen."

Der Parteivorstand in seiner Mehrheit hat diese Schuld auf sich genommen. Er versuchte, dem Proletariat den eigenen Willen zu rauben und die ganze Partei in den Schraubstock einer von oben diktierten Meinung zu pressen. Das ist freilich nicht gelungen. Aber die Mehrheit des Parteivorstandes hat damit die Verantwortung vor der Geschichte zu tragen, daß sie d i e d e u t s c h e S o z i a l d e m o k r a t i e a u s e i n a n d e r g e r i s s e n , die Arbeiterbewegung zerrüttet und auf Jahre hinaus aktionsunfähig gemacht hat.

In der Provinz behielten nur wenige Blätter, wie die „L e i p z i g e r V o l k s z e i t u n g ", die „B r e m e r B ü r g e r z e i t u n g ", das „V o l k s b l a t t " in H a l l e , die „S c h w ä b i s c h e T a g w a c h t " in S t u t t g a r t ihren kritischen Kopf auch den Kriegsereignissen gegenüber. Im allgemeinen aber tat die von der Regierung ausgegebene und von den Parteiinstanzen willig übernommene Parole „Gegen den Zarismus" ihre Wirkung. In seinem zwei Jahre danach erschienenen Buche „Die deutsche Sozialdemokratie in und nach dem Weltkriege" konnte K o n r a d H a e n i s c h darüber schreiben:

„Und all der Hass, und all der Abscheu, den wir seit Jahrzehnten gegen dies Rußland des fluchwürdigsten Despotismus in uns aufgespeichert hatten und der immer von neuem genährt worden war durch die grauenvollen Schilderungen, die aus den Grüften der Peter-Paul-Festung, der Schlüsselburg, der Warschauer Zitadelle, aus den Eiswüsten Sibiriens, aus der Katorga, zu uns gedrungen waren, all die wilde Empörung, die immer wieder aufgepeitscht worden war durch die zahllosen Nachrichten über

die Herrschaft des weißen Schreckens im Zarenreiche, der nur noch mit
Standrecht und Galgen, mit Meuchelmord und mit den Schurkereien seiner
agents provocateurs sich seiner lieben Untertanen zu erwehren gewußt
hatte: alles das machte sich nun gewaltsam Luft, als in den ersten Augusttagen 1914 vielmillionenstimmig der Ruf durch die deutschen Lande
brauste: Es geht gegen Rußland! Nieder mit dem Zarismus!"

Eine besondere Rolle spielten in jenen Tagen einige Leute, die
sich bisher als waschechte „Marxisten" ausgegeben hatten, jetzt aber
ihre Vergangenheit vergaßen und nach einigem Zögern den Anschluß
an die kriegsbegeisterte Mehrheit fanden. Da war H e i n r i c h
C u n o w, der selbst noch die Erklärung der „Vorwärts"-Redaktion
verfaßt hatte, bald danach aber zu den Sozialpatrioten überging und
einer ihrer eifrigsten Wortführer wurde. Dann der „Marxist" P a u l
L e n s c h, der am 3. August gegen die Kriegskreditbewilligung
gestimmt und wehklagend ausgerufen hatte, daß die Fraktion die
Eingeweide der Internationale bloßgelegt habe. An dem Busen Rosa
Luxemburgs hat er am Abend jenes Tages seinen bitteren Schmerz
über die klägliche Haltung der Fraktionsmehrheit ausgeweint. Nicht
lange aber dauerte es, so schrieb er zahllose kriegsbegeisterte Artikel
für die Parteipresse und wälzte dicke Bücher, worin er „marxistisch"
nachwies, daß die Fraktion gar nicht anders habe handeln können.
Und schließlich der Radikalsten einer, K o n r a d H a e n i s c h,
früher Flugblattfabrikant des Parteivorstandes und späterer preußi-
scher Kultusminister. Einige Zeit schwankte er noch, um sich dann
mit der ganzen Inbrunst eines „Umlerners" der durch die augenblicklichen Mehrheitsverhältnisse bestimmten Erkenntnis in die Arme zu
werfen. H a e n i s c h hat in seinem obenerwähnten Buch seine
Seelenkämpfe in der damaligen Zeit in folgender Weise geschildert:

„Leicht ist dies Ringen z w e i e r S e e l e n in der einen Brust wohl
keinem von uns geworden. Darf der Autor hier einmal eine gewisse
innere Scheu zu überwinden suchen und einen Augenblick von sich selbst
reden, und darf er dabei von dem unpersönlichen „Wir" übergehen in
das unmittelbare, von Herzen kommende Ich? Nun, dann möchte ich nur
sagen: um alles in der Welt möchte ich jene Tage inneren Kampfes nicht
noch einmal durchleben! Dieses drängend heiße Sehnen, sich hineinzu-
stürzen in den g e w a l t i g e n S t r o m d e r a l l g e m e i n e n n a t i o -
n a l e n H o c h f l u t und von der anderen Seite her die furchtbare
seelische Angst, diesem Sehnen rückhaltlos zu folgen, der Stimmung ganz
sich hinzugeben, die rings um Einen herum brauste und brandete, und die,
sah man sich ganz tief ins Herz hinein, auch vom eigenen Innern ja längst
schon Besitz ergriffen hatte! Diese Angst: wirst du auch nicht zum Ha-
lunken an dir selbst und deiner Sache — darfst du auch s o fühlen, wie
es dir ums Herz ist? Bis dann — ich vergesse den Tag und die Stunde
nicht — plötzlich die furchtbare Spannung sich löste, bis man wagte,
das zu sein, was man doch war, bis man — allen erstarrten Prinzipien und
hölzernen Theorien zum Trotz — zum ersten Male (zum ersten Male seit
fast einem Viertel Jahrhundert wieder!) aus v o l l e m H e r z e n, mit
gutem Gewissen und ohne jede Angst, dadurch zum Verräter zu werden,
einstimmen durfte in den b r a u s e n d e n S t u r m g e s a n g:
D e u t s c h l a n d, D e u t s c h l a n d ü b e r a l l e s!"

Die gleiche patriotische Stimmung kam in der Mehrzahl der sozialdemokratischen Blätter zum Ausdruck. Hemmungslos warfen sie sich
der Kriegspolitik in die Arme, die Kriegsbegeisterung tobte sich in
ihren Spalten fast noch schlimmer aus als in der bürgerlichen Presse.

Der „Wahre Jakob", das Familienblatt der Partei, brachte am 28. August eine Illustration zu dem Ausspruch Wilhelms II.: „Nun wollen wir sie aber dreschen!", auf der man mehrere Arbeiter sah, die mit Dreschflegeln auf die „Feinde" losschlugen. Haufenweise kamen Arbeiterdichter an die Oberfläche, um das Lob des Krieges zu singen. Die deutsche Sozialdemokratie und ihre Presse war auf das denkbar tiefste Niveau gesunken. Es nutzte nichts, daß auf einer Redakteurkonferenz im September die Presse ersucht wurde, eine würdigere Haltung zu bewahren; noch bis ins Jahr 1918 hinein hat die Mehrheit der sozialdemokratischen Blätter den Parolen der Obersten Heeresleitung und der deutschen Regierung willig Folge geleistet.

Und was wurde nicht alles an L e i c h e n s c h ä n d u n g verübt, um diese unerhörte Verleumdung aller sozialdemokratischen Grundsätze zu beschönigen und zu verteidigen! Marx, Engels, Lassalle, Wilhelm Liebknecht, August Bebel wurden als Schwurzeugen für die Kreditbewilliger aus den Gräbern gerufen. Ihre Schriften wurden bis in das letzte Eckchen durchstöbert, um aus ihnen Beweise dafür zu holen, daß dieser Krieg ein gerechter Krieg sei, und daß eigentlich nicht die Bourgeoisie, sondern die Arbeiterklasse ihre heiligsten Güter zu verteidigen habe. Es wäre Zeitverschwendung, wollte man nachprüfen, für welche politischen Situationen die von den Sozialpatrioten haufenweise herangeschleppten Zitate verfaßt worden sind, und ob sie auch auf das von den Imperialisten entfesselte Weltmorden paßten; statt dessen mag daran erinnert werden, was A u g u s t   B e b e l auf dem Parteitag in M a g d e b u r g in der Voraussicht des kommenden Weltkrieges ausgeführt hat:

„Wir sind jetzt in einer Zeit, wo wir uns auf faule Kompromisse nicht mehr einlassen. Die Klassengegensätze werden immer schärfer, wir marschieren ernsten Zeiten entgegen. Wenn es gar dazu kommt, daß 1912 ein europäisches Kriegsgewitter losbricht, dann sollt ihr sehen, was wir erleben und wo wir zu stehen haben: s i c h e r l i c h g a n z w o a n d e r s, a l s m a n j e t z t i n B a d e n s t e h t."

August Bebel hat sich getäuscht. Die Mehrheit der Parteiinstanzen ging im Jahre 1914 „nach Baden", sie verließ die Fahne des Klassenkampfes und folgte dem Kriegsbanner Wilhelms II.; sie vergaß alle Lehren des revolutionären Sozialismus und marschierte unter der Führung der preußischen Generale in den Burgfrieden hinein.

Das wahre Gesicht des Krieges.

Nicht mehr gegen die Kosakenknute, sondern gegen die englische Weltherrschaft. — Ist es noch derselbe Krieg? — Die Annexionisten enthüllen ihre Pläne. — Kriegsgewinne und Preissteigerungen. — Südekum und Richard Fischer auf Reisen. — Karl Liebknecht in Belgien. — Die ersten Zusammenkünfte der Opposition. — Angriffe auf den „Vorwärts". — Die Bewilligung der zweiten Kriegskredite.

Das Bild der ersten Kriegstage hatte sich bald geändert. Aus dem „gerechten Verteidigungskrieg" gegen die Kosakenknute wurde ein heiliger Krieg g e g e n d i e e n g l i s c h e W e l t h e r r s c h a f t. Die Stimmung war so weit patriotisch entflammt, daß man nunmehr die wahren Beweggründe für die Entfesselung des Krieges nicht mehr zu verschweigen brauchte. Selbst sozialdemokratische Führer sprachen von einem Präventivkrieg, den Deutschland zu führen gezwungen sei. Die alldeutschen Kriegsparolen wurden zum Gemeingut fast der gesamten Oeffentlichkeit, und der bekannte liberale Pastor und imperialistische Herold P a u l R o h r b a c h konnte ganz offen schreiben:

„Für uns, d. h. für Deutschland und Oesterreich-Ungarn, bestand die H a u p t s o r g e diesmal darin, daß wir durch eine vorübergehende und scheinbare Nachgiebigkeit Rußlands moralisch g e z w u n g e n w e r d e n k o n n t e n, zu warten, bis Rußland und Frankreich wirklich bereit waren. Für unsere Gegner wäre der Anfang des übernächsten Jahres günstig gewesen, zumal wir gegen Ende des Winters unsere Vorräte zum größten Teil verzehrt hätten und die Schlagfertigkeit der Flotte durch die unfertige Ausbildung des im Oktober eingestellten dritten Jahrgangs beeinträchtigt gewesen wäre."

Weil also Deutschland seine militärischen Rüstungen fertig hatte, mußte es sofort losschlagen und durfte sich auf keine Verständigung mit den anderen Nationen einlassen. Dabei hat Rohrbach selbst feststellen müssen, daß England bis kurz vor dem Kriegsausbruch Deutschland außerordentlich weit entgegengekommen war. Er schreibt darüber:

„Jetzt, wo sich alles gewandelt hat, kann man ja ruhig sagen, daß die V e r t r ä g e m i t E n g l a n d über die Abgrenzung unserer Interessengebiete im Orient und in Afrika f e r t i g u n d u n t e r s c h r i e b e n w a r e n, und daß nur noch um ihre Veröffentlichung verhandelt wurde. In Afrika war uns die englische Politik überraschend weit entgegengekommen. In der Türkei war nicht nur in der Bagdadbahnfrage dem deutschen Standpunkt weitgehend Rechnung getragen, sondern auch die damit zusammenhängenden Angelegenheiten, die Ausbeutung der mesopotamischen Petroleumfelder und die Tigrisschiffahrt, die England schon ganz allein in Besitz gehabt hatte, war unter deutscher Beteiligung geregelt. Danach hatte es den Anschein, als ob E n g l a n d s i c h m i t d e m G e d a n k e n a b g e f u n d e n h a t t e, sowohl in den afrikanischen Tropen, als auch im türkischen Orient den a l l g e m e i n e n W e t t - b e w e r b D e u t s c h l a n d s a u f b r e i t e r e r G r u n d l a g e a l s b i s h e r n e b e n s i c h a n z u e r k e n n e n."

Die deutschen Militaristen und Imperialisten aber wollten keine Verständigung, s i e w o l l t e n d e n K r i e g.

Inzwischen aber mehrte sich die Zahl der Zweifler in den Reihen der Sozialdemokratie. E d u a r d B e r n s t e i n fragte in der „Leipziger Volkszeitung" vorsichtig an, ob es noch d e r s e l b e K r i e g wie am 4. August sei. Damals hatte es doch den Anschein, als ob es vor allem ein Krieg gegen den Deutschland bedrohenden Osten sein werde. Es sei aber bald ein Krieg mit dem Osten und Westen geworden. Und allmählich hätten sich die Dinge so verschoben, daß es zurzeit ein Krieg mehr noch gegen den Westen als ein solcher gegen den Osten sei. Worauf E d u a r d D a v i d, einer der berüchtigsten sozialimperialistischen Kriegsschürer, antwortete, daß es noch derselbe Krieg sei; einen faulen Separatfrieden mit Rußland müsse man für ein schweres politisches Verhängnis ansehen, d e r e n g - l i s c h e n K r i e g s m a c h t mit ihren weißen und farbigen Verbündeten im Westen müßten jetzt g r ü n d l i c h d i e Z ä h n e g e z e i g t w e r d e n. Die Mehrheit der Parteiinstanzen stimmte David und nicht Bernstein zu. Sie bewilligte auch weiterhin alle Kriegskredite.

An den Fronten wurde das Blut von Millionen von Proletariern vergossen: sie starben den „Heldentod fürs Vaterland", das sie bisher als Aussätzige behandelt hatte und auch jetzt nicht gewillt war, ihre Ansprüche auf politische Gleichberechtigung, ihre Forderung nach Schaffung einer höheren Wirtschaftsordnung als die kapitalistische zu befriedigen. Sie sanken dahin im Kampfe gegen den „Erbfeind", der bald Frankreich, bald Rußland, bald England hieß. Und währenddem prustete und blähte sich der wirkliche Erbfeind der Arbeiterklasse, der deutsche und der internationale Kapitalismus, immer mehr auf. Je länger die Verlustlisten wurden, desto höher stiegen die Gewinne des Kapitals.

Nicht alle sozialdemokratischen Führer, die in den Parlamenten und an den Schreibtischen kriegerische Hymnen sangen, ließen sich von der Militärverwaltung für ihre wichtigen Aufgaben in der Heimat reklamieren. Es gab unter ihnen auch Leute, die mit ehrlicher, wenn auch falscher Begeisterung ihre Haut zu Markte trugen. So L u d w i g F r a n k, einer der hoffnungsvollsten Männer aus der jüngeren Generation, der freilich nach den ersten radikalen Parteijahren neben Kolb zum Hauptvertreter des badischen Reformismus geworden war. Frank war dem Kriegsrausch verfallen und hatte sich freiwillig zum Frontdienst gemeldet. Er kam nicht mehr zurück. Die französische Kugel, die ihn niederstreckte, war stärker als seine Siegeszuversicht.

Die Ereignisse sorgten bald dafür, daß dem Proletariat die Augen geöffnet wurden. Der B u r g f r i e d e war verkündet. „Die Not der Zeit hat uns zusammengeführt. Die Parteikämpfe ruhen jetzt. Nach

dem Kriege wird es sie wieder geben", so verkündete es L a n d s -
b e r g in Magdeburg, so lehrten es hundert andere seiner
Gesinnungsgenossen. Aber während sie sich voller Begeisterung
für die Harmonie zwischen den Klassen einsetzten, beurteilten die
wirklich „nationalen" Kreise die Lage doch etwas anders. So schrieb
der Jungdeutschlandbund in seiner Nummer vom 1. September über
den auch von manchen Führern der freien Jugendbewegung
gewünschten Zusammenschluß aller J u g e n d o r g a n i s a t i o n e n:

> „Gewiß verdient die Haltung des Bevölkerungsteiles, der sich vor dem
> Kriegsausbruch sozialdemokratisch nannte, volle Anerkennung. Sie ist
> ihr durch verschiedene Erlasse der Zivil- und Militärbehörden verdienter-
> maßen zuteil geworden. Aber werden die Führer der sozialdemokra-
> tischen Jugendbewegung geneigt sein, ihre Mitglieder in die neue Organi-
> sation hineinzugeben? Daß sie die i h r i g e d a d u r c h s p r e n g e n —
> die Befürchtung m u ß ihnen kommen. Wollen wir nicht Vogelstrauß-
> politik treiben, so haben wir trotz der herrlichen geschlossenen Einigkeit
> des ganzen Volkes mit Widerständen zu rechnen. Auf jeden Fall ist es
> wünschenswert, daß sofort Klarheit geschaffen wird."

Die Klarheit wurde schneller geschaffen, als es den Nationalisten
in allen Parteilagern erwünscht war. Schon die Frontveränderung
in der Kriegsführung mußte d e n Teil der Arbeiter stutzig machen,
der das selbständige Denken noch nicht aufgegeben hatte. Dazu
kam, daß nach den militärischen Erfolgen der ersten Wochen die
Annexionisten nunmehr offen ihre Pläne enthüllten. Die bürgerliche
Presse verlangte stürmisch die Annexion Belgiens, der „Wiege des
Deutschtums". Die französisch-lothringischen Minenfelder insbesondere sollten im Interesse der deutschen Schwerindustrie, deren
Hauptvertreter Röchling, Stumm, Krupp, Kirdorf und Stinnes ihre
Ausbeutung bereits übernommen hatten, nach Deutschland einver-
leibt werden. Man richtete sich in Belgien und in Nordfrankreich
häuslich ein. Die Wünsche der Annexionisten schienen um so eher
reifen zu sollen, als die T ü r k e i zu jener Zeit in den Weltkrieg ver-
strickt wurde und Deutschland auf der Höhe seiner militärischen
Erfolge stand. K a r l L i e b k n e c h t verlangte in einem Brief an
den Vorstand der Sozialdemokratischen Partei vom 31. Oktober, daß
die Sozialdemokratie sofort S t e l l u n g g e g e n d i e A n n e x i o n s -
p o l i t i k nehmen solle. „Es ist höchste Zeit! Hinter dem Wagen
der Politik polternd herlaufen, wenn er bereits abgefahren ist, ist
gewiß ein Vergnügen eigener Art; ich meine aber, wir müssen
mindestens versuchen, uns auf den Kutschbock zu setzen", so schrieb
er. Der Parteivorstand und die Mehrheit der Reichstagsfraktion ließen
sich von ihrer bisherigen Haltung nicht abbringen.

Auch in der inneren Politik enthüllte sich immer deutlicher das
wahre G e s i c h t d e s K r i e g e s. Die Zeichnung der Kriegsanleihen wurde zu einem glänzenden Geschäft für die Kapitalisten
ausgestattet, und da damals die militärischen Bäume noch in den
Himmel zu wachsen schienen, so strömten die Geldbesitzer herbei,
um bei niedrigem Kurs und hoher Verzinsung ihren Patriotismus zu
betätigen. Weniger eifrig folgten sie dem Ruf der Reichsbank, ihr
Gold auf dem Altar des Vaterlandes zu opfern; denn sicherer als die
Reichsbanknoten und die Kriegsanleihen schien ihnen immer noch
der eigene Besitz des roten Metalls. Noch unverschämter trieben

es die Erzeuger und die Händler mit Lebensmitteln. Sofort mit Kriegsbeginn hatte eine maßlose **P r e i s s t e i g e r u n g** für alle Waren eingesetzt. Und während die ärmere Bevölkerung an Unterernährung litt, wußten die Agrarier, die Schlotbarone und die Händler nicht, wie sie den reichen Kriegssegen bergen sollten. Zwar mußte die Regierung, wenn sie nicht die vollständige Verelendung des Volkes in kürzester Zeit herbeiführen wollte, für einige der wichtigsten Lebensmittel Höchstpreise festsetzen, was von dem „Marxisten" Lensch als Kriegssozialismus etikettiert wurde und den biederen Reichel, zweiten Vorsitzenden des Metallarbeiterverbandes, zu dem begeisterten Ausruf hinriß: „Sozialismus, wohin wir blicken!" Diese Höchstpreispolitik war aber in Wirklichkeit nur dazu bestimmt, der kapitalistischen Welt eine gesicherte Grundlage für ihre Profitinteressen zu schaffen. Ohne diesen „Kriegssozialismus" wäre die deutsche Kriegspolitik wahrscheinlich schon nach wenigen Monaten, und nicht erst im Herbst 1918, zusammengebrochen.

Die Militärs sorgten auf ihre Art dafür, daß der Burgfriede erhalten blieb. Je windiger es um die Kriegsberichte bestellt war, desto eifriger drängte die Zensur darauf, daß die Wahrheit über den Krieg nicht an den Tag komme. Der „Vorwärts" erlebte Ende September in schneller Folge zwei **V e r b o t e**. Auch in der Provinz legte man den oppositionellen sozialdemokratischen Blättern einen engen Maulkorb um. Ausländische Parteizeitungen, wie unsere schweizerische Parteipresse und das holländische Parteiblatt „Het Volk", wurden in Deutschland verboten. Der Briefverkehr verdächtiger Personen mit dem Ausland wurde scharf kontrolliert. Eifrig stellten sich führende Mitglieder der Sozialdemokratie in den Dienst der deutschen Kriegspropaganda. Der Sekretär Legiens, des Vorsitzenden der Generalkommission der Gewerkschaften Deutschlands, **A l b e r t   B a u - m e i s t e r**, gründete mit Hilfe eines dunklen Fonds die „Internationale Korrespondenz", aus der sich wie eine Schlammflut die Hetze gegen die sozialistischen Parteien des Auslandes über die Provinzpresse ergoß. Gekrönt wurde diese Tätigkeit durch die von einzelnen Parteiinstanzen schon damals geübte **G e w a l t p o l i t i k** gegen unbotmäßige Redakteure.

Die geschichtliche Wahrheit gebietet festzustellen, daß die brutalen Methoden zur Unterdrückung der oppositionellen Strömungen in der Partei nicht vom Parteivorstand erfunden worden sind, sondern daß sie zuerst in **S t u t t g a r t** vom Württembergischen Landesvorstand geübt wurden.

Die „**S c h w ä b i s c h e   T a g w a c h t**", die damals unter der Leitung von **A r t u r   C r i s p i e n** stand, hatte sich von Anfang an dem Kriegswahn entgegengestemmt. Ohne die Redaktion zu befragen, verfügte der Württembergische Landesvorstand am 4. November, daß sein Vorstandsmitglied **W i l h e l m   K e i l**, einer der ungestümsten Patrioten, die Leitung des Blattes übernehmen solle. Vergebens war der Protest der Redakteure Crispien, Hörnle und Walcher, vergebens auch der Protest der Preßkommission. Dem Württembergischen Landesvorstand standen die materielle Macht und die bürgerlichen Gesetzesparagraphen zur Seite, und das hatte alles ein größeres Gewicht, als die Berufung unserer Parteigenossen auf die sozialdemokratischen Grundsätze. Der sozialdemokratische Verein Stuttgart und eine große Anzahl von Ortsvereinen im Lande nahmen sofort Stellung gegen den Landesvorstand. Da dieser darauf nichts gab, so blieb nichts anderes übrig als die Herausgabe eines eigenen Mitteilungsblattes. In Württemberg hatte sich also die S p a l t u n g d e r S o z i a l d e m o k r a t i e z u m e r s t e n M a l e i n D e u t s c h l a n d v o l l z o g e n , durch die alleinige Schuld des Württembergischen Landesvorstandes.

Als Zwischenspiel sei bemerkt, daß die Abgeordneten S ü d e k u m und R i c h a r d F i s c h e r , teils im offiziellen Auftrage des Parteivorstandes, teils aus eigenem patriotischen Antriebe, im August und September Italien, Schweden und die Schweiz bereisten, um unter unseren dortigen Parteigenossen Stimmung für die deutsche Sache zu machen. Das hat den deutschen Sozialpatrioten allerdings nicht viel genützt. Denn die schwedischen Sozialpatrioten unter Brantings Führung vertrauten sich mit vollen Segeln den Ententewinden an, und die sozialdemokratischen Parteien der anderen neutralen Länder ließen sich in ihrer kritischen Haltung gegenüber der deutschen Kriegspolitik durchaus nicht beeinflussen.

Nach der Reise Südekums nach Italien veröffentlichte die i t a l i e n i s c h e P a r t e i l e i t u n g ein Manifest, in dem es hieß:

„Der deutsche Sozialismus, der bis jetzt die Führerschaft unserer Partei in Europa in Anspruch nahm, im Hinblick auf seine Mitgliederzahl, seine wunderbaren Fortschritte, seinen festen Zusammenhang für uns ein beneidenswertes Vorbild, e r i s t d e r e r s t e g e w e s e n , d e r z u s a m m e n b r a c h und sich heute in seinen Ueberzeugungen und seinen Handlungen v o n d e r d e u t s c h e n B o u r g e o i s i e n i c h t m e h r u n t e r s c h e i d e t . Und nicht besser ist es der österreichischen Partei ergangen. Und die Sozialisten Frankreichs, die einen Jaurès sterben sahen auf dem Felde der Internationalen, auch sie, vom Kriegstaumel gepackt, machen nun gemeinsame Sache mit dem Bürgertum. Nur die russischen Genossen haben inmitten von Gefahr und Schrecken den Mut gehabt, gegen die Kriegskredite zu stimmen und in Serbien hat der einzige sozialistische Deputierte es gewagt, der furchtbaren Agitation, dem Haß und Zorn der bürgerlichen Partei seines kleinen Landes zum Trotz, die Kriegskredite zu bekämpfen und laut und mutig die Losung unseres sozialistischen Gewissens zu bekennen: Nieder mit dem Kriege!

Genossen, Arbeiter! Es ist nicht zu wundern, daß inmitten dieser unerhörten menschlichen Tragödie unser Herz zittert vor der Zukunft und der Kriegsfurie, die auch in unserem Lande erwachen könnte. Aber gerade deshalb müssen wir, liebe Genossen, offen zu euch reden. Wir wollen uns selbst die furchtbaren Gefahren der gegenwärtigen unsicheren Lage nicht verhehlen, dieser Lage, welche der Bourgeoisie nicht behagt, weil sie aus ihr keinen Nutzen ziehen kann, der Bourgeoisie, die gegen das Proletariat in Krieg und Frieden nie abrüstet, sondern, auch wenn sie euch Proletariern schmeichelt, nur beabsichtigt, über euer Leben zu verfügen und euch zu um so gefügigeren Instrumenten ihrer Herrschsucht zu machen. Gewiß ist heute unsere Partei nicht so stark, um den Krieg zu verhindern. Aber wir wollen nicht noch a n d e r e N a t i o n e n a u f d e m S c h l a c h t f e l d e s e h e n . Wir wollen keinen Schritt abweichen von den Prinzipien, die wir uns vorgezeichnet. Wir wollen mit diesem Manifest allen Genossen, von Mann zu Mann, von Herz zu Herzen versichern, daß wohl keiner in dem gegenwärtigen Moment den Gefühlen wird wehren können, den Gefühlen unwillkürlicher Sympathie, die für diese oder jene Partei unter den Kriegführenden aus seinem Herzen steigen, aber dafz dessen ungeachtet wir mit aller Klarheit und Treue zu unserem einzigen Banner halten. Und auf dem steht geschrieben: S o - z i a l i s t e n a l l e r L ä n d e r , e i n i g t e u c h! Mitten unter Waffen- schreck und Kriegswut sollen wir italienischen Sozialisten noch den Ruf ertönen lassen: Die sozialistische Partei ist gegen den Krieg und für die Neutralität. „G e g e n d e n K r i e g u n d f ü r d i e N e u t r a l i t ä t", das ist das Losungswort des Sozialismus, der heute für uns lebt und für den die zusammengebrochene Internationale von neuem in aller Kraft wieder- auferstehen soll."

Schlecht erging es K a r l L i e b k n e c h t , als er im September 1914 eine private R e i s e n a c h B e l g i e n unternahm. Er konnte bei dieser Gelegenheit die besten Beobachtungen darüber sammeln, wie der deutsche Militarismus in dem eroberten Lande, das doch immer noch ein neutrales Land war, hauste. Und in Unterredungen mit belgischen und holländischen Parteigenossen machte Liebknecht kein Hehl aus seiner Meinung über die Kriegspolitik der Partei- mehrheit. Nach seiner Rückkehr kanzelten ihn dafür Parteivorstand und Parteiausschufz in heftigster Weise ab. Denn wohl durften die Südekum und Richard Fischer als freiwillige Agenten der deutschen Militaristen im Auslande herumreisen, wenn aber ein Sozialdemokrat ausländischen Parteigenossen gegenüber die Wahrheit über den Krieg aussprach, dann war das nach der Meinung der Mehrheit des Parteivorstandes ein Verbrechen.

Am 22. Oktober hatte auch das p r e u fz i s c h e A b g e o r d - n e t e n h a u s eine Kriegssitzung. Es sollte anderthalb Milliarden für Ausgaben bewilligen, die durch den Krieg verursacht wurden. Die Regierung versuchte die Vorlage ohne jegliche Debatte durch- zupeitschen. Die bürgerlichen Parteien waren damit einverstanden, die kleine s o z i a l d e m o k r a t i s c h e F r a k t i o n wollte das verhindern und eine gründliche Beratung der Vorlage herbeiführen. Die Fraktion gab eine E r k l ä r u n g ab, deren Inhalt sich in den bescheidensten Grenzen der Kritik hielt, aber trotzdem das Un- behagen der Regierung und der bürgerlichen Parteien erweckte. Als die Erklärung der Sozialdemokraten verlesen wurde, fand sie an einigen Stellen auch den Beifall der bürgerlichen Parteien. Bei der Forderung auf Einführung des demokratischen Wahlrechts dagegen erhob sich bei den konservativen Parteien ein deutliches Gemurmel des Unwillens. Bei der Schlufzrede des Präsidenten verliefzen die Genossen Hofer, Adolf Hoffmann, Paul Hoffmann, Liebknecht und Ströbel den Saal. Die anderen fünf sozialdemokratischen Abgeord- neten blieben darin und erhoben sich bei dem Hoch auf die Armee und auf den obersten Kriegsherrn.

Um die Gegner der Kriegspolitik im Reichstag und Abgeordneten- haus sammelte sich nun ein von Woche zu Woche gröfzer werdender Kreis von Parteigenossen. Da öffentliche Aussprachen untersagt waren und auch in Parteiversammlungen eine klare Stellungnahme sich nicht immer ermöglichen liefz, mufzte sich die Opposition zu b e s o n d e r e n Z u s a m m e n k ü n f t e n v e r e i n i g e n . Durch Flugblätter und Broschüren versuchte die Opposition Einflufz auf die Masse der ununterrichteten Parteigenossen zu gewinnen. Allerdings kam es bald zu einer T e i l u n g d e r A n s i c h t e n darüber, welche

Taktik gegen die offizielle Kriegspolitik der Partei anzuwenden sei. Diese Differenzen haben später zur Absplitterung der S p a r t a k u s - k r e i s e von der übrigen Opposition geführt. Karl Liebknecht und seine Freunde wollten sofort losschlagen, trotzdem vorerst nur geringe Kräfte zur Verfügung standen und man Gefahr lief, durch diese Voreiligkeit jede Opposition unmöglich zu machen. Wie die Nachfahren der Spartakusanhänger, die Kommunisten der verschiedenen Spielarten, ohne jede Rücksicht auf die tatsächlichen Machtverhältnisse ihre Parolen hinausschleudern und dadurch die Aktionskraft der Arbeiterklasse schwächen, so wollte Liebknecht damals schon den offenen Kampf gegen den Krieg und die Kriegspolitik der Parteimehrheit aufnehmen, trotzdem jeder Kenner der Verhältnisse sich darüber klar sein mußte, daß solche Putschpolitik die Sache der Opposition nur aufs schwerste geschädigt hätte.

In einem Artikel des Kopenhagener „Sozialdemokraten" vom 1. November wurde über die S t i m m u n g i n D e u t s c h l a n d festgestellt: „Die Arbeiter fangen an, den Frieden herbeizusehnen, und sie verstehen schon, daß aus diesem Frieden durch Siege auf dem Schlachtfeld nichts werden wird, sondern allein durch den Sieg der Demokratie und des Sozialismus." Soweit es unter dem Zwang der Zensur überhaupt möglich war, kam diese Stimmung im „V o r - w ä r t s", dem Zentralorgan der Partei, zum Ausdruck. Das war nun den patriotischen Kreisen, die neben der Mehrheit des Parteivorstandes auch die G e n e r a l k o m m i s s i o n d e r G e w e r k - s c h a f t e n D e u t s c h l a n d s bildete, gar nicht recht. Zwar hatten die Gewerkschaften bis zum Kriegsausbruch den Schein zu wahren gesucht, als ob sie parteipolitisch neutral seien. Aber jetzt schworen die Generalkommission und die Mehrzahl der Gewerkschaftsvorstände feierlich den Klassenkampf ab und ergaben sich mit Herz und Hand der glorreichen Führung Wilhelms und seiner Paladine. Und deshalb war ihnen die Haltung des „Vorwärts" ein Scheuel und ein Greuel. Es kam zu scharfen Auseinandersetzungen in internen Sitzungen. Im Anschluß daran veröffentlichte die P r e ß - k o m m i s s i o n des „V o r w ä r t s" am 24. November folgende Erklärung:

Die Generalkommission der Gewerkschaften Deutschlands hat in Nr. 47 des Korrespondenzblattes Vorgänge aus einer internen Besprechung, die zwischen dem Parteivorstand, der Generalkommission und der Redaktion des „Vorwärts" stattgefunden hat, der Oeffentlichkeit übergeben. Wir sehen von einer ausführlichen Erörterung der Angelegenheit unter den gegenwärtigen Verhältnissen ab und wollen nur Folgendes bemerken:

Die Generalkommission gibt als H a u p t p u n k t e der vorgetragenen Beschwerden Folgendes an:

1. Der „Vorwärts" soll die Interessen der deutschen Partei gegen Angriffe sozialistischer Parteien des Auslandes vertreten.

2. Der „Vorwärts" soll sich in seinen Berichten über Greuel, Verwundeten- und Gefangenenbehandlung der größten Objektivität befleißigen.

3. Der „Vorwärts" soll mehr wie bisher den sozialen und wirtschaftlichen Fragen seine Aufmerksamkeit widmen.

4. Der „Vorwärts" soll dem Chauvinismus, dem Hurrapatriotismus und allen Annexionsgelüsten entgegenarbeiten, wie es auch der Partei-

vorstand durch sein Zirkular an die gesamte Parteipresse schon in den ersten Kriegswochen verlangte.

Zu Punkt 4 wurde noch besonders festgestellt, daß die Generalkommision in dieser Auffassung durchaus mit dem Parteivorstand einig sei. Dem wurde allseitig zugestimmt."

Demgegenüber wollen wir zu der Mitteilung der Generalkommission bemerken, daß die Presskommission nach ausführlichen Beratungen sich mit der H a l t u n g d e s „V o r w ä r t s" durch Annahme folgender Resolution vollständig e i n v e r s t a n d e n e r k l ä r t hat:

Nach gründlicher Prüfung der gegen die politische Haltung des „Vorwärts" in der jetzigen Kriegszeit erhobenen Beschwerden erklärt die Presskommission:

Die gegen die Redaktion des „Vorwärts" erhobenen V o r w ü r f e können als b e r e c h t i g t n i c h t a n e r k a n n t werden. Die Presskommission ist vielmehr der Auffassung, daß der „Vorwärts", soweit es ihm unter den heutigen außerordentlich schweren Bedingungen möglich war, nach besten Kräften seine Pflicht und Schuldigkeit gegenüber der Partei erfüllt.

Getreu den sozialdemokratischen Prinzipien und gemäß den Beschlüssen der internationalen Kongresse, hat der „Vorwärts" auch im Kriege den Geboten der Menschlichkeit Rechnung zu tragen und sich gegen den Chauvinismus zu wenden.

Die Presskommission erwartet von der Redaktion des „Vorwärts", daß auch in der Zukunft die Haltung des „Vorwärts" von diesen Grundsätzen bestimmt wird.

Die Presskommission ist der Ueberzeugung, daß sie sich in ihren Entschlüssen in Uebereinstimmung befindet mit der großen Mehrheit ihrer Auftraggeber, die bisher vom „Vorwärts" stets eine prinzipielle sozialdemokratsiche Haltung verlangt haben.

Dieser Resolution ist der Z e n t r a l v o r s t a n d d e s V e r b a n d e s d e r W a h l v e r e i n e G r o ß - B e r l i n s beigetreten.

Anfang November 1914 wurde in einer Sitzung der B e r l i n e r P a r t e i f u n k t i o n ä r e heftig über die Kreditbewilligung gestritten. S t r ö b e l machte dort einstündige Ausführungen über die Kriegsereignisse und wies nach, daß nur in schleunigem Friedensschluß das Heil liege. Der günstigste Fall für Deutschland sei eine Remispartie; nicht nur sozialdemokratische, sondern auch im bürgerlichen Sinne vaterländische Pflicht sei es daher, die Regierung mit aller Kraft z u e i n e m V e r s t ä n d i g u n g s f r i e d e n z u d r ä n g e n, den man jetzt noch haben könne, später vielleicht nicht mehr. Auf die Berliner Organisationsvertreter blieben diese Ausführungen nicht ohne Eindruck, die anwesenden Mehrheitler dagegen schlugen sie in den Wind; sie glaubten unerschütterlich an den Endsieg, an Kriegsentschädigung und Beuteteilung.

Auch in anderen Orten, wie in B r e m e n, S t u t t g a r t, D r e s d e n, L e i p z i g, H a m b u r g, war es zu lebhaften Auseinandersetzungen gekommen. Darüber rückte der Tag immer näher, an dem der Reichstag die z w e i t e n M i l l i a r d e n k r e d i t e für den Krieg bewilligen sollte. Wie würde sich die sozialdemokratische Fraktion diesmal entscheiden? In der Broschüre „Klassenkampf gegen den Krieg" finden wir darüber längere Mitteilungen, denen wir folgendes entnehmen:

Am 29. November 1914 trat die Fraktion zur Vorbereitung der Reichstagssitzung vom 2. Dezember 1914 zusammen, in der über den zweiten Fünfmilliarden-Kredit zu entscheiden war. Die Kredit-Debatte gestaltete sich sehr lebhaft und beanspruchte fast zwei Tage. Die Anhänger der Kreditbewilligung entwarfen nach angeblichen authentischen Informationen ein düsteres Bild von der militärischen Lage Deutschlands, die Gründe, die für die Bewilligung vom 4. August maßgebend gewesen seien, beständen verstärkt fort. Die Anregung von bürgerlicher Seite (Erzberger), eine Erklärung, die u. a. der tapferen Helden der „Emden" und von Tsingtau rühmend gedenken sollte, gemeinsam mit allen anderen Parteien abzugeben oder ohne jede Erklärung zu votieren, wurde zwar von verschiedenen Seiten durch Zurufe sympathisch begrüßt, aber nicht zur Abstimmung gestellt, da sie der Auffassung der großen Mehrheit offensichtlich zuwiderlief. Die Vertreter der Kreditverweigerer meinten, die seit dem 4. August verflossenen Monate hätten die Richtigkeit ihres Standpunktes doppelt bestätigt.

Als Haase die Kreditbewilligung eine Zertrümmerung unserer Parteigrundsätze nannte, entgegnete David: dann hätten sich ja auch die Vierzehn der Fraktionsminderheit, die sich am 4. August im Plenum der Mehrheit unterworfen hätten, an der Zertrümmerung der Parteigrundsätze beteiligt. Ein Zwischenruf Liebknechts: die Konsequenz dieser Bemerkung Davids führe zur öffentlichen Abgabe eines Minderheitsvotums im Plenum, löste lebhafte Bewegung aus. Cohen, der für die Bewilligung eintrat, richtete Vorwürfe gegen Haase, weil er, der am 4. August die Fraktionserklärung verlesen habe, die Mehrheit so heftig angreife; bei diesem Standpunkte habe Haase die Erklärung nicht verlesen dürfen. Es entwickelte sich eine stürmische Szene; auf erregte Zurufe, daß die Fraktion Haase zur Abgabe der Erklärung genötigt habe, bemerkte Cohen: Haase habe sich durch nichts zwingen lassen dürfen; in einem solchen Falle gebe es keinen Zwang! Ein Genosse schlug vor, die Aufhebung des Belagerungszustandes und eine Zusicherung der Regierung zu verlangen, daß sie den Krieg nur zur Verteidigung Deutschlands, zur Niederwerfung des Zarismus und zur Befreiung der vom Zarismus unterdrückten Völker führe; nur bei Erfüllung dieser und einiger anderer Forderungen komme die Kreditbewilligung für ihn in Frage; es handle sich um keine prinzipielle, sondern um eine Zweckmäßigkeitsfrage. Dieser Vorschlag wurde als utopisch und inkonsequent bekämpft; die etwaige — aber ausgeschlossene — Aufhebung des Belagerungszustandes würde seine Wiederverhängung nicht verhindern; eine etwaige — aber ausgeschlossene — Zusicherung der verlangten Art würde vollkommen wertlos sein; der Regierung, die am 3. und 4. August die Fraktion, den Reichstag und das ganze Volk im Punkt des belgischen Neutralitätsbruchs so schnöde getäuscht habe, der Regierung des verfassungswidrigen Belagerungszustandes, könne kein Vertrauen geschenkt werden; wer sei übrigens jetzt die Regierung? Der Reichskanzler schwerlich! Vor allem aber sei es widersinnig, den Charakter des Krieges in die Disposition der Regierung stellen zu wollen; der objektive geschichtliche Charakter des Krieges dürfe allein die Haltung zu ihm bestimmen, nicht eine Zusicherung oder eine Auffassung der Regierung über diesen Charakter.

Liebknecht, der wegen seiner angeblichen Wühlereien in der Partei schwer angegriffen wurde, aber diese Vorwürfe als haltlos zurückwies, legte dar, daß die Kreditbewilligung gegen das Programm, die Beschlüsse der Parteitage, besonders der von Lübeck, Hamburg und Magdeburg und die Beschlüsse der internationalen Kongresse von Stuttgart und

Basel verstoße; das Parteiprogramm schließe es aus, für kriegerische Eroberungen einzutreten, der imperialistische Zweck des jetzigen Krieges aber sei militärische Vergewaltigung und Annexion anderer Länder, und zwar ganz unabhängig von der jeweiligen militärischen Lage; Bewilligung der Kredite heiße Bewilligung der Mittel zur Unterdrückung Belgiens und Nordostfrankreichs. Daß Wehrvorlagen nach Programm und Parteibeschlüssen abzulehnen sind, wagte bisher niemand zu bezweifeln; die Kreditvorlage aber ist nichts anderes als eine riesenhafte Wehrvorlage, nur eine durch den Blankocharakter des Kredits und die Aktualität des Mordzweckes besonders bösartige. Die internationalen Kongreßbeschlüsse schreiben nicht nur die Ablehnung aller Militärausgaben ausdrücklich vor, sondern auch die A n w e n d u n g a l l e r w i r k s a m e n M i t t e l z u r V e r h i n d e r u n g d e s K r i e g e s; nach Kriegsausbruch die Kredite bewilligen, heißt aber: den Kampf gegen den Krieg vor Kriegsausbruch zu einer Farce machen, seine Kraft von vornherein zerbrechen, ja geradezu zum Kriege einladen und für die Zukunft jede Opposition gegen Kriegshetzereien der Wirkungslosigkeit und berechtigten Nichtachtung überliefern. Die Kongreßbeschlüsse geben weiter auf: nach Kriegsausbruch alles für s c h l e u n i g e B e e n d i g u n g d e s K r i e g e s e i n z u s e t z e n; zugleich die Kriegskredite bewilligen und für den Frieden reden, das heiße aber: mit der Linken die Friedenspalme schwingen, während man mit der Rechten dem Militarismus das Schwert in die Hand drückt. Die Kongreßbeschlüsse fordern schließlich Ausnützung der durch den Krieg hervorgerufenen Lage zur A u f r ü t t e l u n g d e r M a s s e n, d. h. zum Klassenkampf. Der internationale Klassenkampf gegen den Krieg sei damit als die einzigmögliche Politik des Proletariats gegen den jetzt ausgebrochenen imperialistischen Krieg erkannt, da jede andere Politik eine positive Unterstützung der Massenmetzelei zu Ehr und Nutz des Imperialismus bedeute. Wer aber wage zu behaupten, daß die in der Partei jetzt zumeist betriebene Politik dieser Parole des verschärften Klassenkampfes entspreche? Und daß die Kreditbewilligung mit einem solchen Klassenkampf vereinbar sei? Liebknecht beantragte, die Fraktion möge am 2. Dezember eine E r k l ä r u n g im Sinne dieser Ausführungen abgeben.

G e g e n 1 7 S t i m m e n (den Vierzehn vom 3. August — außer Lensch, der sich diesmal zur Mehrheit schlug — und weiter Emmel, Stadthagen, Stolle, Baudert) wurde d i e B e w i l l i g u n g b e s c h l o s s e n. Die Ausarbeitung der Erklärung wurde wieder einer Kommission übertragen, deren Werk am 30. November mit unerheblicher Aenderung angenommen wurde. Ein zur Verlesung gebrachter B r i e f V i k t o r A d l e r s, der die Fraktion beschwor, eine energische Kundgebung für den Frieden und gegen den Bruch der belgischen Neutralität zu erlassen, blieb ohne Erfolg. Die Mehrheit erachtete jedes öffentliche Eintreten für den Frieden als eine Gefährdung der Interessen Deutschlands, und begnügte sich mit der Wiederholung eines Satzes aus der Erklärung vom 4. August. Ein Protest gegen die Verletzung der belgischen Neutralität wurde abgelehnt und nur beschlossen, falls der Reichskanzler am 2. Dezember nach dem Willen der Kriegspartei eine Rechtfertigung dieses Völkerrechtsbruches unternehmen sollte, den Standpunkt des Reichskanzlers vom 4. August kurz aufrecht zu erhalten.

H e n k e beantragte, d e r M i n d e r h e i t a u s d r ü c k l i c h z u g e s t a t t e n, i h r e a b w e i c h e n d e A u f f a s s u n g ö f f e n t l i c h i m P l e n u m z u v e r t r e t e n und zu begründen. Dagegen wandte sich u. a. H a a s e und M o l k e n b u h r. Letzterer berief sich auf einen Beschluß des Gothaer Parteitages von 1876, der einheitliche Fraktionsabstimmung vorschreibe. Der Antrag wurde darauf von Henke zurückge-

zogen, aber von L i e b k n e c h t aufgenommen und verteidigt. Er verfiel gegen 7 Stimmen der Ablehnung.

Wie am 3. August s o w e i g e r t e s i c h H a a s e a u c h a m 30. N o -
v e m b e r hartnäckig gegen die Verlesung der Mehrheitserklärung. Nach
langem Drängen ließ er sich jedoch a u c h d i e s m a l u m s t i m m e n.
Wie die am 3. August beschlossene Erklärung, so wurde auch die jetzige
den bürgerlichen Parteien und der Regierung alsbald unterbreitet. Während die Regierung zunächst keine Einwendung erhob, drängten die bürgerlichen Parteien und schließlich auch die Regierung am 1. Dezember,
an dem die Verhandlungen der glorreichen freien Kommission begannen,
auf Streichung oder Abänderung der Sätze über den Belagerungszustand,
die Annexionspolitik und die belgische Frage. Staatssekretär D e l b r ü c k
bemerkte dabei zu den Fraktionsvertretern: ihm hätten Fraktionsmitglieder gesagt, sie seien bereit, ohne jede Erklärung der Fraktion für die
Kredite zu stimmen; und der Volksparteiler P a y e r : er wisse aus dem
Munde von sozialdemokratischen Abgeordneten, daß sie k e i n e s w e g s
g r u n d s ä t z l i c h G e g n e r v o n E r o b e r u n g e n seien. Eine in der
Fraktionssitzung vom 2. Dezember ergangene Aufforderung, die betreffenden Genossen möchten sich melden, blieb erfolglos.

Als die auf Aenderung der Erklärung gerichteten Machenschaften am
Abend des 1. Dezember in der Fraktion bekannt wurden, versammelten
sich auf Veranlassung Hochs e t w a 2 0 — 3 0 F r a k t i o n s m i t g l i e d e r
und beschlossen feierlich, falls die Fraktionsmehrheit dem Willen der
bürgerlichen Parteien und der Regierung nachgebe, sich dem ö f f e n t -
l i c h z u w i d e r s e t z e n und die am 30. November abgefaßte Erklärung
in der Plenarsitzung vom 2. Dezember als Minderheitsvotum vorzutragen.
Es sollte jedoch beim guten Willen bleiben. Die Drohung genügte; die
heroische Tat blieb der Weltgeschichte erspart.

Im Plenum stimmte Liebknecht als einziger Abgeordneter gegen
die Kriegskredite. Er versuchte eine Erklärung zu Protokoll zu
geben, was vom Präsidenten aber verhindert wurde. Am nächsten
Tage schrieb er dem Fraktionsvorstand, daß er sich in einer Zwangslage befunden habe. Er habe sich bemüht, von der Fraktion die
Erlaubnis zu einer abweichenden Abstimmung zu erwirken. Die
Fraktion habe sie versagt, obwohl der jetzige Fall, sowohl seiner
Bedeutung wie seinen inneren Schwierigkeiten nach, ein ganz einzig-
artiger gewesen sei. In diesem Gewissenskonflikt habe Liebknecht
die Pflicht der F r a k t i o n s d i s z i p l i n, so hoch er sie schätze,
der Pflicht zur Vertretung des P a r t e i programms unterzuordnen.
Er hoffe, dafür bei den Genossen in- und außerhalb der Fraktion
Verständnis zu finden. Dieses Verständnis fand Liebknecht nicht.
Am 3. Dezember veröffentlichte der „Vorwärts" folgende Erklärung
des F r a k t i o n s v o r s t a n d e s, die mit sechs gegen eine Stimme
beschlossen worden war:

„Der Vorstand der sozialdemokratischen Reichstagsfraktion stellt fest,
daß der Genosse Karl Liebknecht entgegen dem alten Brauch der Fraktion, der durch einen ausdrücklichen Beschluß für den vorliegenden Fall
erneuert wurde, gegen die Kriegskreditvorlage gestimmt hat. Der Vorstand bedauert diesen B r u c h d e r D i s z i p l i n, der die Fraktion noch
beschäftigen wird, aufs tiefste."

Die Situation in der Partei schien sich äußerlich noch nicht erheb-
lich geändert zu haben; aber doch hatte sich seit dem 4. August i m
I n n e r n der Partei eine e r h e b l i c h e W a n d l u n g vollzogen.

Jansson, ein Mitglied der Generalkommission, mochte damals freilich in einem skandinavischen Blatt noch frohlocken:

„Die kleine Minorität, die für Demonstrationen und Skandale mehr schwärmt als für eine ergebnisreiche Arbeiterpolitik im Lande, hat wirklich keine Bedeutung. Ihre ganze Haltung steht — und zwar nicht nur jetzt — in einer so absoluten Opposition gegen die nüchterne Realpolitik, die die skandinavische Arbeiterpartei bis jetzt getrieben hat, daß sie in Skandinavien keinen Anklang finden sollte und auch nicht finden würde, wenn nicht der Weltkrieg so viele sonst klare Gehirne verwirrt hätte. Nach dem Schlusse des Krieges werden wir sehen, ob nicht dieser Umsturz in der kapitalistischen Gesellschaft auch ein großes Kulturwerk vollbracht hat, man muß wohl wenigstens hoffen, daß solch große Opfer nicht vergeblich gebracht werden."

Bald zeigte es sich, daß die Opposition doch nicht mehr so schwach war, und je weiter der Krieg fortschritt, je mehr „Kulturwerke" der deutsche Militarismus vollbrachte, desto schneller vollzog sich der Umschwung in der deutschen Sozialdemokratie.

Die erste Budgetbewilligung.

Unterdrückungsmaßnahmen gegen die Opposition. — Sozialdemokra-
tische Neujahrsgrüße nach England. — Scheidemanns Neujahrswunsch.
— Die Versammlung der Berliner Gewerkschaftsfunktionäre. — Der
Fall Liebknecht. — Rücktritt Ledebours aus dem Fraktionsvorstand. —
Protest gegen barbarische Kriegführung. — Die Zustimmung zum Etat.

Der Feldzug war für Deutschland von Anfang an p o l i t i s c h verloren. Je mehr sich der Krieg gerade infolge der ersten deutschen
Siege in die Länge zog, desto mehr Zeit gewannen die Gegner
Deutschlands, ihre ungeheuren wirtschaftlichen, politischen und militärischen Kräfte zu organisieren. Der Krieg war politisch entschieden, als England sich an die Seite Frankreichs und Rußlands
stellte, als sich Italien für neutral erklärte, als fast die ganze übrige
Welt sich gegen die Mittelmächte wandte. Militärisch war der Weltkrieg mit der d e u t s c h e n N i e d e r l a g e a n d e r M a r n e
entschieden. Je deutlicher aber das alles wurde, desto eifriger
bemühten sich die deutschen Kriegstreiber, das Volk über die Wahrheit zu täuschen. Nunmehr wurde die Parole des D u r c h h a l t e n s
ausgegeben. Die militärische Faust senkte sich auf alles, was die
Durchhaltestimmung gefährden konnte. Bald regnete es von Verboten gegen diejenigen Blätter der Sozialdemokratie, die nicht ganz
im Gleichmarsch der Kriegstreiber einherschritten. Wo es nicht zu
Verboten kam, dort verhängte man wenigstens die Präventivzensur.
Eine besonders unrühmliche Rolle spielten dabei einige Parteiblätter,
wie das „Volksblatt" in Cassel und die „Volksstimme" in Chemnitz,
die sogar noch die Militärbehörde zu Verbotmaßnahmen gegen
andere Parteiblätter anregten. Die Partei durfte im allgemeinen ihre
Mitgliederversammlungen abhalten, allerdings unter sorgsamer poli-
zeilicher Beobachtung. In einigen Orten verbot man aber auch diese
Mitgliederversammlungen, so besonders in H a m b u r g, trotzdem
an der patriotischen Haltung des „Hamburger Echos" und der Hamburger Parteiinstanzen kein Zweifel erlaubt war. Selbst dem „Hamburger Echo" entrang sich der Seufzer: „Was hilft alle Aufklärungsarbeit im Ausland, was hilft das Bemühen der deutschen Sozialdemokratie, die Einmütigkeit des deutschen Volkes zu bezeugen,
wenn Polizeistreiche dieser Art das Reich in den Augen der Außenwelt als e i n e n S t a a t r e i n e r W i l l k ü r e r s c h e i n e n
l a s s e n." Im Dezember wurde die Genossin R o s a L u x e m b u r g
aufgefordert, sich bis zum 15. Januar im Berliner Frauengefängnis
zum Antritt einer einjährigen Gefängnisstrafe zu melden, die ihr fast
ein Jahr vorher von der Frankfurter Strafkammer wegen aufrühre-

rischer Reden gegen den Militarismus zudiktiert worden war, und kaum gelang es, für die kranke Frau einen Aufschub zu erwirken.

Die leitenden Instanzen ließen es von ihrer Seite aus an nichts fehlen, um die Parteigenossen im Lande für die Durchhalteparole zu gewinnen. Am 22. Dezember erließen Parteivorstand und Reichstagsfraktion eine Erklärung gegen den Reichstagsabgeordneten G e o r g e s W e i l l, einen gebürtigen Elsässer, der in die französische Armee eingetreten war, also dieselbe Sünde begangen hatte, wegen der L u d w i g F r a n k von allen deutschen Sozialpatrioten stürmisch gefeiert worden war. Weill habe sich mit dieser unpatriotischen Haltung, so wurde verkündet, „außerhalb der Partei gestellt", und so hat man schon damals die Formel gefunden, die später gegen die Opposition massenhaft angewendet worden ist. In einer anderen Erklärung wandte sich der Parteivorstand gegen einige Berichte von Parabellum (Karl Radek) und Homo (Grumbach) über die Vorgänge in Deutschland, die in auswärtigen Parteiblättern erschienen waren.

Von dieser hurrapatriotischen Betätigung stachen die Zuschriften einiger Parteigenossen für die Neujahrsnummer des „Labour Leader", des Organs der Unabhängigen Arbeiterpartei Englands, angenehm ab. F r a n z M e h r i n g schrieb, das ungünstige Licht, worin die deutsche Sozialdemokratie den Schwesterparteien des Auslandes erscheine, täusche. Was sich heute in ihr abspielt, habe sein Vorbild in dem ersten Jahre des Sozialistengesetzes, wo die Führer auch kopflos wurden, aber die Massen sich bald sammelten unter der Parole: M i t den Führern, wenn diese wollen, o h n e die Führer, wenn sie untätig bleiben, t r o t z den Führern, wenn sie widerstreben. R o s a L u x e m b u r g führte aus, es sei nötig, die bittere Wahrheit auszusprechen, daß die Internationale der Arbeiterklasse schmachvoll zusammengebrochen war, und am schmachvollsten die deutsche Sektion der Internationale, die an der Spitze des Weltproletariats zu marschieren berufen war. Es wäre das verhängnisvollste für die Zukunft des Sozialismus, wenn sich die Arbeiterparteien verschiedener Länder entschließen würden, die bürgerliche Theorie und Praxis völlig anzunehmen, wonach es als natürlich und unvermeidlich gelten solle, daß sich die Proletarier verschiedener Nationen im Kriege auf Kommando ihrer herrschenden Klassen gegenseitig die Gurgeln abschneiden, nach dem Kriege aber miteinander wieder brüderliche Umarmungen austauschen, wie wenn nichts geschehen wäre. K a r l L i e b k n e c h t rief, daß nicht unsere sozialistischen Grundsätze versagt hätten, sondern deren Vertreter. Es gelte, unsere Lehre nicht zu ändern, sondern sie lebendig zu machen. Jede sozialistische Partei habe ihren Feind, den Feind des internationalen Proletariats im eigenen Lande, dort habe sie ihn zu bekämpfen. Das Wohlergehen aller Völker sei untrennbar miteinander verknüpft; der Klassenkampf des Proletariats könne nur international geführt werden.

Auch der P a r t e i v o r s t a n d ließ es sich nicht nehmen, dem „Labour Leader" als Weihnachtsgruß eine Erklärung zu übermitteln, worin er seine Treue für den internationalen Sozialismus, für seine Sehnsucht nach dem Frieden betonte. Wie es bei den Führern der Mehrheit aber in Wirklichkeit damit bestellt war, dafür bietet der Neujahrswunsch von Philipp Scheidemann an seine Solinger Wähler ein wahrhaft klassisches Beispiel. Nicht wegen der Person seines Verfassers, sondern weil der Brief die Auffassungen weiter Parteikreise so deutlich kennzeichnet, möge er hier einen Platz finden:

Die besten Wünsche zum neuen Jahre!

Schwere Sorge lastet auf uns allen ... Quälend sind die schlaflosen Nächte, in denen wir unserer Lieben gedenken, die im Felde stehen. Grausam wühlt der Schmerz im Herzen derer, die das Liebste schon haben hergeben müssen ...

Hut ab vor den Helden, die für unser Vaterland gefallen sind!

Größer als die Sorgen und Schmerzen müssen unser unbeugsamer Wille, unsere unerschütterliche Entschlossenheit sein. Wir wollen die furchtbare Zeit nicht nur in klarem Bewußtsein mit offenen Augen durchleben, wir wollen auch die Absichten unserer Feinde zuschanden machen: w i r w o l l e n s i e g e n !

Und so wünsche ich zum Jahreswechsel a l l e n d i e K r a f t, Kummer und Schmerzen niederkämpfen zu können. Ich wünsche allen den u n e r - s c h ü t t e r l i c h e n W i l l e n z u m D u r c h h a l t e n b i s z u m S i e g e!

Unseren verwundeten und kranken Soldaten wünsche ich baldige und vollkommene Genesung. Ihnen und ihren Kameraden, die in den Schützengräben hausen, zur See oder auf der Wacht dem Vaterlande dienen — ihnen drücke ich herzhaft die Hand!

Ihnen ganz besonders rufe ich zu: H a l t e t a u s! Von Euch hängt es ab, was aus unserem L a n d e und was a u s d e r d e u t s c h e n A r b e i t e r s c h a f t w i r d.

Möge uns das neue Jahr b a l d i g e n S i e g und dauernden Frieden bringen!

B e r l i n , Ende 1914.

P h i l i p p S c h e i d e m a n n .

Die Leitung der „Bergischen Arbeiterstimme" in Solingen hatte zwar diesen Glückwunsch in den Anzeigenteil gesteckt, dorthin also, wo die Gastwirte, Bäcker und Fleischer ihre Gratulationen an die geehrte Kundschaft abzuladen pflegen; nichtsdestoweniger entsprach der Inhalt dieses Scheidemannschen Neujahrsgrußes der allgemein üblichen sozial-patriotischen Auffassung. Von Verständigung war damals noch keine Rede; der Feind müsse niedergeworfen, der Friede diktiert werden. Später, als der Katzenjammer über sie kam, haben die Scheidemänner tausendfach beteuert, sie hätten von Anfang an nichts anderes als den Verständigungsfrieden im Sinne gehabt. Dieser Glückwunsch zeugt für eine ganz andere Gesinnung. Es war dieselbe Gesinnung, die in Tausenden von Reden, Aufsätzen, Broschüren und Zeitungsartikeln der Konrad Haenisch, Heinrich Schulz, Scheidemann, Cunow, Cohen, Heilmann, Winnig, Legien in der „C h e m n i t z e r V o l k s s t i m m e", der „S c h l e s w i g - H o l s t e i n i s c h e n V o l k s z e i t u n g" in Kiel, im „V o l k s f r e u n d" zu Karlsruhe, in vielen anderen sozialdemokratischen Blättern zum Ausdruck kam.

Was d i e w i r k l i c h e P f l i c h t jedes Sozialdemokraten in dieser Situation war, das hat die Mehrheit der Parteiinstanzen damals ebensowenig wie während des ganzen Krieges erkannt. Die deutsche Sozialdemokratie mußte die Kriegsschuld der eigenen Regierung feststellen, bevor sie das Recht hatte, die Schuld bei den anderen Regierungen zu suchen. Die deutsche Sozialdemokratie mußte sich wieder auf den granitnen Boden des Klassenkampfes stellen, den sie am 4. August verlassen hatte, und von hier aus die Verbindung mit dem Proletariat der anderen Länder wiederherzustellen suchen. Gewiß waren auch die Arbeiterparteien in Frankreich, in Belgien, in England dem Kriegstaumel verfallen, aber die deutschen Heere standen auf belgischem und französischem Boden, die belgischen und französischen Sozialisten konnten also immerhin noch behaupten, daß ihr Land das Opfer eines Angriffskrieges geworden sei, und daß sie deshalb nach den internationalen Beschlüssen die Pflicht hätten, die Kriegspolitik ihrer Regierungen solange zu unterstützen, bis der Feind aus den Grenzen wieder hinausgedrängt sei.

Wie dem aber auch sei, die deutsche Sozialdemokratie hatte bis zum Kriegsausbruch an der Spitze der internationalen Arbeiterbewegung gestanden, und das legte ihr die Verpflichtung auf, führend und wegweisend auch im Kriege voranzugehen. Sie durfte nicht warten, bis die Sozialisten in anderen Ländern sich wieder auf sich selbst besonnen hatten. Wenn die deutsche Sozialdemokratie damals, noch im ersten Abschnitt des Krieges, wieder das Banner des Sozialismus und des Klassenkampfes erhoben, die Gemeinschaft mit Kapitalismus und Nationalismus aufgegeben hätte, es wäre ein Fanfarenstoß für die gesamte proletarische Welt geworden, es hätte die Arbeiterklasse zum bestimmenden Faktor in der Weltpolitik gemacht. Selbst wenn der deutsche Militarismus den Krieg vorzeitig hätte abbrechen müssen, weil er ihn ohne die Unterstützung des Proletariats auch nicht eine Stunde weiterführen konnte: glaubt heute noch jemand, daß der Friede nach einem halben Jahre Krieg ungünstiger ausgefallen wäre, als vier Jahre später, nachdem Europa zu einer Wüste und zu einem Leichenfeld geworden war?

Aber immer stärker regten sich die Kräfte im deutschen Proletariat, die den K a m p f g e g e n d i e K r i e g s p o l i t i k aufnahmen. Offene Worte ließen sich allerdings nur auf illegalem Wege sagen, und so entstand bald eine Fülle von Broschüren, Flugblättern und Korrespondenzen, die im Geheimen hergestellt und von Hand zu Hand verbreitet wurden. Statt nun die Möglichkeit einer freien Meinungsäußerung wenigstens innerhalb der Partei zu erweitern, versuchten auch die Parteiinstanzen die Opposition, die „Quertreiberei", mundtot zu machen. Kennzeichnend für diese Art der Bekämpfung unbequemer Meinungen war, was der „ K a r l s r u h e r V o l k s - f r e u n d " am 22. Januar im Anschluß an die Erklärungen des deutschen Parteivorstandes über die Information der ausländischen Parteipresse durch deutsche Genossen schrieb:

„Wären nicht einige b i s h e r einflußreiche Literaten die Wortführer dieser Opposition, so würde es überhaupt nicht zweckmäßig sein, 'sich mit ihr zu beschäftigen. Nur der Umstand, daß diese Literaten V e r - d ä c h t i g u n g e n und U n w a h r h e i t e n in die ausländische Presse lancieren, zwingt uns, dagegen Stellung zu nehmen . . . Den Leuten, die sich zu solchen Treibereien hergeben, mangelt es nicht nur an partei-genössischem, sondern auch sehr an n a t i o n a l e m Empfinden, denn sonst müßten sie begreifen, daß in der Situation, in der Deutschland sich augenblicklich befindet, ein solches Treiben im höchsten Grade verwerflich ist, z u m a l w e n n e s j e d e r tatsächlichen G r u n d l a g e e n t b e h r t. Offenbar hofften sie, auf dem Umweg über das Ausland größere Erfolge zu erzielen, als es ihnen bisher in Deutschland selbst möglich war.

Einstweilen muß man sich mit dem Protest gegen die Quertreibereien begnügen . . . N a c h dem Krieg aber muß mit diesen Elementen Fraktur gesprochen werden, wenn die deutsche Sozialdemokratie den gewaltigen Aufgaben, die ihrer harren, gewachsen sein soll. . . . hier handelt es sich n i c h t m e h r um bloße Meinungsverschiedenheiten, sondern darum, ob die Sozialdemokratie eine g r o ß e p o l i t i s c h e P a r t e i. mit entsprechenden A u f g a b e n und entsprechender V e r a n t w o r - t u n g oder eine S e k t e politischer Fanatiker sein soll, die von der W i r k l i c h k e i t abstrahiert und fatalistisch den Dingen ihren Lauf läßt. Wir stehen an einem W e n d e p u n k t der geschichtlichen Entwicklung. Die politische Aufgabe der Sozialdemokratie kann und darf künftig nicht darin bestehen, die durch den Weltkrieg a b g e r i s s e - n e n Fäden fortzuspinnen, sondern auf den durch ihn geschaffenen neuen Fundamenten aufzubauen."

Aehnliche Töne schlug S c h e i d e m a n n am 25. Januar 1915 in einer Rede in Hamburg an. Es wurde darüber in der Parteipresse berichtet:

Soweit es geeignet ist, falsche Meinungen über die Stimmung des deutschen Volkes zu verbreiten, müssen wir es energisch zurückweisen. Unter dem Sozialistengesetz haben wir Leute, die sich in ähnlicher Weise gegen unsere Sache versündigten, S p i t z e l genannt. Was heute von einzelnen getrieben wird, ist nichts anderes als S p i t z e l a r b e i t. Die Partei wird sich dagegen zu wehren wissen. Wir müssen es aber auch ablehnen, uns in Zukunft über unsere praktische Tätigkeit belehren zu lassen von Leuten, die vor lauter T h e o r i e den Blick für die Bedürfnisse unseres eigenen Volkes verloren haben. Der deutsche Arbeiter hat große Achtung vor hoher Gelehrsamkeit, gleichviel woher sie kommt. Wenn aber die Gelehrten uns nur Knüppel zwischen die Beine werfen wollen, pfeifen wir auf sie . . .

D u r c h h a l t e n ! D a s m u ß j e t z t d i e P a r o l e s e i n. Wenn der Reichskanzler das gleiche Wort gebrauchte, so brauchen wir daran keinen Anstoß zu nehmen. Es gibt keinen besseren Ausdruck für das, was jetzt notwendig und allein möglich ist . . . Wir können nicht wünschen, daß das Opfer unserer kämpfenden Brüder umsonst gebracht, daß das Blut so vieler Söhne unseres Landes vergebens geflossen sein soll. Wir dürfen nichts tun, was ihren Mut, ihre Widerstandskraft lähmen könnte. Das deutsche Volk hat bis jetzt in seiner Ernährung durch diesen fürchterlichen Krieg noch nicht zu leiden gehabt, wie andere Völker. Wenn es jetzt mit der Ernährungsfrage infolge der Aushungerungspläne Englands auch für uns ernster wird, so wollen wir u n s o h n e M u r r e n i n d i e h a r t e N o t w e n d i g k e i t f ü g e n.

Das war die Stimmung in den maßgebenden Parteikreisen. Durchhalten bis zum Siege, Niederwerfung der äußeren Feinde. Niederwerfung aber auch der Gegner im Innern, nämlich desjenigen Teiles der deutschen Arbeiterschaft, der sich in Opposition gegen die sozialdemokratische Kriegspolitik befand. In W ü r t t e m b e r g ging man wie bisher schon führend darin voran. Nachdem der dortige Landesvorstand die „Schwäbische Tagwacht" gewaltsam an sich gerissen und eine neue Organisation gegründet hatte, stieß er die nicht nach seiner Pfeife tanzenden Genossen rücksichtslos aus der Partei aus. Oder man machte es einfacher, indem man wie bei

Genossen Westmeyer berichtete, daß ein Ausschlußverfahren sich erübrigt habe, „weil Westmeyer sich durch sein Verhalten selbst außerhalb der Partei gestellt hat". Auch von anderer Seite wurde versucht, die Spaltung der Partei schon jetzt vorzunehmen und alle oppositionellen Elemente hinauszudrängen. Die Berliner Gewerkschaftskommission veranstaltete am 27. Januar eine Versammlung der Gewerkschaftsfunktionäre, in der Karl Legien, der Vorsitzende der Generalkommission, einen Vortrag über die Frage hielt: „Warum müssen sich die Gewerkschaftsfunktionäre mehr am inneren Parteileben beteiligen?" Bis dahin hatte die Generalkommission ängstlich darauf gehalten, daß die Gewerkschaften in die Auseinandersetzungen der Sozialdemokratischen Partei nicht hineingezogen wurden. Jetzt aber entdeckte sie, daß die Gewerkschaftsfunktionäre die entgegengesetzte Pflicht hätten. Den Hauptteil des Vortrages von Legien bildeten Vorwürfe gegen den „Vorwärts". Da die Redaktion vorher nicht verständigt worden war, so konnte sie ihren Standpunkt in der Versammlung nicht vertreten. Der Vortrag von Legien ist später als Broschüre herausgegeben worden. Was in der Diskussion gegen Legien gesagt wurde, konnte aus leicht erklärlichen Gründen nicht veröffentlicht werden.

Inzwischen wuchs die Gärung in den großen Zentren der Arbeiterbewegung. In einer Reihe von Versammlungen wurden Resolutionen angenommen, die den Krieg als imperialistisch kennzeichneten und feststellten, daß die Bewilligung der Kredite eine Unterstützung dieses Krieges bedeute. Eine Kreiskonferenz des 6. Berliner Reichstagswahlkreises verlangte vom Parteivorstand, daß er bei der Regierung die Aufhebung des Belagerungszustandes durchsetze. Eine andere Versammlung in Berlin protestierte gegen den Bruch der luxemburgischen und belgischen Neutralität und forderte den schleunigen Abschluß eines Friedens ohne Eroberungen, ohne Demütigung der beteiligten Völker, eines Friedens im Geiste der internationalen sozialistischen Brüderlichkeit. Für den 2. Februar war eine Sitzung der Sozialdemokratischen Reichstagsfraktion einberufen worden. Sie fand auf Betreiben Ledebours statt, der sein Amt als Mitglied des Fraktionsvorstandes niedergelegt hatte, weil er dessen Politik nicht länger mitmachen wollte. Die Sitzung sollte sich insbesondere mit dem Verhalten von Südekum befassen. Südekum war neuerdings im Auftrage der deutschen Regierung in Rumänien und in den Kriegsgefangenenlagern herumgereist, um für die deutsche Sache Stimmung zu machen. Das ging sogar dem Parteivorstand gegen den Strich und er erteilte Südekum dafür eine leise Rüge. Aus der Anklage gegen Südekum machten jedoch die Durchhalter schleunigst eine Anklage gegen Liebknecht, weil er im Reichstage gegen die Kriegskredite gestimmt hatte und dadurch die Fraktionsdisziplin gebrochen haben sollte.

Zwei Tage lang wurde über den Fall Liebknecht diskutiert. Es lagen folgende drei Anträge vor:

1. Der Fraktionsvorstand schlug vor: Die Abstimmung der Fraktion im Plenum des Reichstages hat geschlossen zu erfolgen, soweit nicht für den einzelnen Fall die Abstimmung ausdrücklich freigegeben ist.

Glaubt ein Fraktionsvorstand nach seiner Ueberzeugung an der geschlossenen Abstimmung der Fraktion nicht teilnehmen zu können, so steht ihm das Recht zu, der Abstimmung fernzubleiben, ohne daß dies einen demonstrativen Charakter tragen darf.

Dazu beantragte S t a d t h a g e n den Zusatz, daß nur solche Fraktionsbeschlüsse bindend sind, die dem Parteiprogramm und den Parteitagsbeschlüssen entsprechen; B e r n s t e i n beantragte den Zusatz, daß denjenigen Fraktionsmitgliedern, die versicherten, den Fraktionsbeschluß nach ihrem Gewissen nicht befolgen zu können, die Befugnis zur abweichenden Abstimmung gewährt werden müsse; L e d e b o u r beantragte zu Absatz 2, daß das Fernbleiben nur gestattet sein solle, wenn es die Abstimmung der Fraktion im Plenum nicht gefährde.

2. L e g i e n forderte den A u s s c h l u ß L i e b k n e c h t s aus der Fraktion.

3. F r o h m e beantragte: Die Fraktion schließt sich der über die Abstimmung Liebknechts abgegebenen Erklärung des Fraktionsvorstandes vom 2. Dezember 1914 an. Sie verurteilt den von Liebknecht begangenen Disziplinbruch aufs schärfste.

Sie weist die von ihm verbreitete Begründung seiner Abstimmung als unvereinbar mit den Interessen der deutschen Sozialdemokratie entschieden zurück.

Ebenso verurteilt sie die von Liebknecht im Ausland verbreiteten irreführenden Mitteilungen über Vorgänge innerhalb der Partei.

Da der Fraktion nach dem Organisationsstatut nicht die Handhabe zu weitergehenden Maßnahmen zusteht, so muß sie die endgültige Entscheidung dem nächsten Parteitag anheimstellen.

Hierzu stellte B e r n s t e i n einen Abänderungsantrag, der anerkennt, daß Liebknecht im guten Glauben und in bester Ueberzeugung gehandelt habe.

Die Mehrzahl der Redner wandte sich gegen Liebknecht. S t a d t - h a g e n und L e d e b o u r betonten, daß Liebknecht gegen den Beschluß der Fraktionsmehrheit handeln durfte, da er von der Programmwidrigkeit der Kreditbewilligung überzeugt war. E d m u n d F i s c h e r stellte fest, daß er und 20—30 andere Fraktionsmitglieder am 5. August entschlossen gewesen seien, entgegen einem etwaigen Kreditablehnungsbeschluß der Fraktion öffentlich für die Kredite zu stimmen: unter diesen Umständen sei jede Verurteilung Liebknechts eine Ungerechtigkeit und Heuchelei. L i e b k n e c h t selbst begründete in ausführlichen Darlegungen seinen Standpunkt. Der Antrag Legiens wurde schließlich zurückgezogen, der Antrag des Fraktionsvorstandes mit 93 gegen 4 Stimmen angenommen, nachdem der Zusatz Bernstein gegen 7 Stimmen, der Zusatz Stadthagen gegen siebzehn Stimmen abgelehnt worden war. Vom Antrag Frohme wurde der erste Antrag mit 82 gegen 15 Stimmen, der zweite Absatz mit 58 gegen 33 Stimmen, der dritte Absatz mit 51 gegen 39 Stimmen, der vierte Absatz mit 82 gegen 7 Stimmen, schließlich der ganze Antrag mit 65 gegen 26 Stimmen angenommen..

Am nächsten Morgen veröffentlichte der „Vorwärts" eine E r - k l ä r u n g von Liebknecht, in der er ausführte, daß er gegen die Kriegskredite gestimmt habe, weil deren Bewilligung nicht nur den Interessen des Proletariats, sondern auch dem Parteiprogramm und den Beschlüssen internationaler Kongresse scharf widerspreche, und weil die Fraktion nicht berechtigt sei, einen Vorstoß gegen Programm und Parteibeschluß vorzuschreiben. Irreführende Mitteilungen über

Parteivorgänge habe er nicht verbreitet. Diese Erklärung rief den heftigen Unwillen der Kreditbewilliger hervor. In der Fraktionssitzung vom 4. Februar stellte D a v i d folgenden Antrag:

Die Fraktion weist die Behauptung, daß die B e w i l l i g u n g d e r K r i e g s k r e d i t e den Interessen des Proletariats, dem Parteiprogramm und den Beschlüssen der internationalen Kongresse widerspricht, mit aller Entschiedenheit zurück.

Was die V e r b r e i t u n g i r r e f ü h r e n d e r M i t t e i l u n g e n an das Ausland durch Genossen Liebknecht betrifft, so wurde mehr als genug festgestellt, um den Beschluß der Fraktion zu rechtfertigen.

S t a d t h a g e n beantragte für den Fall der Annahme des Antrages ausdrücklich zu erklären, daß die Fraktion damit die süddeutschen Mehrheitsbeschlüsse auf Budgetbewilligung keineswegs rechtfertigen wolle. In der Abstimmung wurde der erste Absatz des Antrags David mit 53 gegen 20 Stimmen, der zweite Absatz mit 45 gegen 26 Stimmen, der ganze Antrag mit 52 gegen 21 Stimmen angenommen. Der Zusatzantrag Stadthagen wurde gegen 13 Stimmen abgelehnt.

Auch bei der Behandlung der A m t s n i e d e r l e g u n g d e s G e - n o s s e n L e d e b o u r bewährte sich die Hurrastimmung der Fraktionsmehrheit. Die Vorwürfe Ledebours gegen den Fraktionsvorstand wurden mit 70 gegen 7 Stimmen als unbegründet erklärt, dagegen mit 47 gegen 36 Stimmen ein Antrag angenommen, der Ledebours Vorgehen aufs schärfste verurteilt. Ein Antrag Ledebours, der die Pflichten des Fraktionsvorstandes zu formulieren suchte, wurde mit 35 gegen 32 Stimmen abgelehnt. An die Stelle von Ledebour trat Hoch in den Fraktionsvorstand ein.

Die Fraktionssitzung befaßte sich schließlich noch mit der F r i e - d e n s f r a g e. Es wurde strengste Geheimhaltung der Debatte beschlossen. Soviel ist aber aus dieser Sitzung doch bekannt geworden, daß die Mehrheit der Fraktion noch nicht d i e Z e i t f ü r g e k o m m e n e r a c h t e t e, um aktiv an der Herbeiführung des Friedens zu arbeiten. Sie vertraute völlig auf den Sieg der deutschen Waffen und sah ihre Sache bei Wilhelm II. und Bethmann Hollweg in guten Händen.

In den nächsten Tagen erhielt Liebknecht die Einberufungsorder als Armierungssoldat. Man beurlaubte ihn für die Sitzungen des Reichstages und des Abgeordnetenhauses, verbot ihm aber ausdrücklich, an Versammlungen teilzunehmen, Propaganda zu treiben oder Berlin zu verlassen. Am 18. Februar wurde die Genossin Luxemburg verhaftet und im Grünen Wagen nach dem Berliner Frauengefängnis zur Abbüßung ihrer Strafe gebracht. Sie hat die deutsche Freiheit erst nach dem militärischen und politischen Zusammenbruch im Herbst 1918 wieder genießen können.

Am 8. Februar kam es zu lebhaften Auseinandersetzungen in der kleinen sozialdemokratischen Fraktion des P r e u ß i s c h e n L a n d - t a g s. H a e n i s c h legte für die erste Lesung des Etats den Entwurf einer Erklärung vor, worin angeführt wurde, daß in dieser ernsten Zeit die feste Geschlossenheit der Nation nach außen hin unbedingtes Erfordernis sei; deshalb werde in diesem Augenblick auf Erörterungen allgemein polemischer und parteipolitischer Natur verzichtet. Soweit die Fraktionen Wünsche und Beschwerden hätten, würden sie diese in der Budgetkommission zur Sprache bringen. L i e b k n e c h t arbeitete einen anderen Entwurf aus, worin es hieß, daß noch nicht einmal in dieser Zeit die Regierung sich bewogen gefühlt habe, das Dreiklassenwahlsystem zu beseitigen. Gegen den Belagerungszustand und die Pressezensur und die anderen Ausnahmebestimmungen gegen die Arbeiterklasse werde aufs schärfste protestiert. Der preußischen Regierung müsse das Vertrauen versagt bleiben. Nur unter dem Eindruck des Friedenswillens der Arbeiterklasse aller Länder werde ein baldiger Friede zustande kommen. Die Fraktion nahm den Entwurf von Haenisch zur Grundlage, strich die am meisten beanstandeten Teile und nahm wesentliche Teile des Entwurfs von Liebknecht hinein.

Es nahte die Zeit, in der sich die sozialdemokratische Reichstagsfraktion mit der Frage befassen mußte, wie sie sich bei der A b s t i m m u n g ü b e r d e n E t a t verhalten wolle. Bisher stand es fest, daß die Bewilligung des Etats eine Vertrauenskundgebung für die Regierung bedeutete. Deshalb hatten auch alle Parteitage, die sich mit dieser Frage befaßten, beschlossen, daß jedes Budget, das von der Regierung eines kapitalistischen Staatswesens vorgelegt werde, von den Vertretern der Arbeiterklasse a b z u l e h n e n s e i, selbst wenn in einzelnen Forderungen enthalten seien, deren Annahme im Interesse des Proletariats lagen. Der Beschlußfassung auf den Parteitagen war jedesmal eine leidenschaftliche Debatte vorausgegangen, es stand aber über jeden Zweifel, daß ihr alle Teile der Partei verbunden waren, und daß sich auch die Reichstagsfraktion an die Parteitagsbeschlüsse zu halten hatte.

Nun waren die bisherigen Kriegskredite, zweimal zu je fünf Milliarden Mark, in besonderen Vorlagen eingebracht worden, den dritten Kriegskredit in Höhe von 10 Milliarden Mark hatte aber die Regierung in das Budget hineingearbeitet. Dadurch waren diejenigen sozialdemokratischen Abgeordneten, die zwar für die Kredite stimmen, aber doch nicht die Parteitagsbeschlüsse verletzen wollten, in eine etwas peinliche Lage geraten, und es bedurfte vieler Ueberredungskunst der kriegspatriotischen Wortführer, um Gewissensbedenken solcher Art zu beseitigen. Am 7. März war der Parteiausschuß zusammengetreten. Er billigte mit 35 gegen 5 Stimmen von Antrick, Dißmann, Fleißner, Hennig und Linde die Bewilligung der Kriegskredite im Reichstag und erklärte mit 30 gegen 10 Stimmen die B e w i l l i g u n g d e s K r i e g s b u d g e t s, trotz der Parteitagsbeschlüsse, für zulässig und notwendig. Am 8. März trat die Reichstagsfraktion zusammen. Die bürgerlichen Parteien und die Regierung hatten gewünscht, daß bei der ersten Lesung des Etats überhaupt nicht gesprochen werde. Der rechte Flügel der Fraktion wollte diesen Wunsch erfüllen. Nach langen Diskussionen wurde aber beschlossen, daß H a a s e eine Etatrede halten solle. Am 9. März wurde der Inhalt dieser Rede erörtert. Haase wollte darin auch ü b e r d e n F r i e d e n sprechen. Der rechte Flügel erklärte, daß jede Kundgebung des Friedenswillens verderblich sei. Mit 57 Stimmen wurde jedoch der Vorschlag von Haase angenommen.

Haase führte in seiner Rede vom 10. März aus, daß die sozialdemokratische Fraktion ihr Votum vom 4. August und vom 2. Dezember nicht als Handelsgeschäft betrachte. Aber es sei nicht zu billigen, daß die Regierung dem Reichstage trotz der unermeßlichen Opfer, die das Volk bisher gebracht habe, lediglich diesen Etat vorlege. Die Regierung müsse dafür sorgen, daß allen Staatsbürgern ohne Unterschied der Klasse, der Partei, der Konfession, der Nationalität volle Gleichberechtigung gewährt werde. Vergeblich warte das Volk auf die Aufhebung des Belagerungszustandes, der eine Erbitterung erzeugt habe, von deren Stärke die Regierung sich keine Vorstellung zu machen scheine. Und wie werde die Zensur gehandhabt! Es spotte jeder Beschreibung, aus welchen Gründen Zeitungen verfolgt und unterdrückt werden. Die Berufung auf den Burgfrieden arte vielfach geradezu zu einem Unfug aus. Das deutsche Volk dürfe sich nicht ausschalten lassen, wenn es sich um die schicksalsschwere Frage seiner Zukunft handele. Es habe mitzureden und an den Entscheidungen mitzuwirken. Die Sozialdemokratie als Vertreterin des internationalen Sozialismus und die Partei des Friedens wünsche, daß ein dauerhafter Friede geschlossen werde, der nicht neue Keime von Zwietracht in sich trage. Bis das blutige Ringen zum Abschluß gekommen sei, müsse die Ernährung des Volkes sichergestellt werden. Von den Kreisen, die in dieser Zeit der Not besonders hohe Gewinne einstreichen, müßten hohe Besitzsteuern erhoben werden.

Einige Tage darauf hielt der Herrenhaus-Präsident von Wedel-Piesdorf eine Eroberungsrede, und ein Teil der Fraktion verlangte nunmehr, daß Scheidemann, der zum Etat des Reichskanzlers sprechen sollte, eine Absage an die Annexionspolitik bringe. Es wurde dagegen eingewandt, daß die Regierung keine Annexionen wolle, deshalb bestehe kein Anlaß, sich jetzt gegen sie zu wenden. Scheidemann wollte lediglich bemerken, daß die Fraktion an ihrem früheren Standpunkt zur Annexionsfrage festhalte. Ein Antrag von Simon, die Rede von Wiedel ausdrücklich zu erwähnen, wurde mit 48 gegen 39 Stimmen abgelehnt.

In seiner Rede am 18. März berief sich S c h e i d e m a n n auf die Erklärungen vom 4. August und vom 2. Dezember und behauptete, daß sich seitdem nichts zugetragen habe, was die Haltung der Fraktion ändern könnte. Das Volk müsse durchhalten, um den Glauben der Gegner an die Besiegbarkeit Deutschlands zu zerstören. Allerdings müsse man verlangen, daß wirtschaftliche Maßnahmen getroffen würden, die das Durchhalten besser ermöglichten. Scheidemann bedauerte sehr, daß der „Ausbau der Freiheit" erst nach dem Kriege erfolgen solle; man hätte jene Verheißungen vom 4. August doch jetzt schon erfüllen können. Aber auch, wenn diese Verheißungen nicht erfüllt würden, so dürfe es jetzt zu inneren Kämpfen nicht kommen. Man kann sich vorstellen, daß dieses Gerede nicht den geringsten Eindruck auf die Regierung und auf die bürgerlichen Parteien machte.

Die Fraktion befasste sich nunmehr mit der Frage der K r e d i t - b e w i l l i g u n g. Einige Abgeordnete verlangten, daß man nicht 10, sondern nur 5 Milliarden bewilligen solle. W u r m warnte die Mehrheit davor, den Bogen zu überspannen. In den Arbeitermassen wachse die Opposition gegen die Fraktionstaktik. D a v i d griff die Opposition heftig an und meinte, sie werde die Regierung in die

Arme der Scharfmacher treiben. L e g i e n murmelte einiges von Konventikelpolitik. S ü d e k u m verlangte die Bewilligung der 10 Milliarden, damit die Sozialdemokratie sich nicht ausschalten lasse. Der Antrag auf Bewilligung von nur 5 Milliarden wurde mit 64 gegen 34 Stimmen abgelehnt. Dann wurde mit 77 gegen 23 Stimmen beschlossen, die 10 Milliarden zu bewilligen. Zwei Genossen erklärten sich noch nachträglich gegen die Bewilligung. Die Namen der Fraktionsmitglieder, die gegen die Kredite in dieser Sitzung stimmten, waren: Albrecht, Antrick, Bernstein, Bock, Dittmann, Emmel, Fuchs, Geyer, Haase, Henke, Herzfeld, Hoch, Horn, Kunert, Ledebour, Leutert, Liebknecht, Peirotes, Rühle, Schwartz, Simon, Stadthagen, Stolle, Vogtherr und Zubeil.

E b e r t suchte nunmehr nachzuweisen, daß auf Grund einer Ausnahmeklausel des Lübecker Parteitages das Budget bewilligt werden könnte. Im gleichen Sinne sprachen Schöpflin, Cohen, Landsberg und David. Gegen die Bewilligung wandten sich Bernstein, Haase, Stadthagen und Emmel. S i m o n beantragte im Falle der Bewilligung im Plenum zu erklären, daß sie nur unter dem Zwange des Krieges erfolge, aber die grundsätzliche Stellung der Fraktion in der Budgetfrage nicht berühre. Mit 60 gegen 34 Stimmen wurde der Antrag abgelehnt. Schließlich wurde die Bewilligung des Budgets mit 69 gegen 30 Stimmen beschlossen, 5 Genossen erklärten sich noch nachträglich gegen die Bewilligung. Zu den obengenannten Fraktionsmitgliedern kamen jetzt noch hinzu: Baudert, Brandes, Büchner, Oskar Cohn, Hierl, Hoffmanns-Kaiserslautern, Hofrichter, Hugel, Raute und Schmidt-Meißen. Insgesamt waren also jetzt schon 35 Mitglieder der Fraktion Gegner der Kreditbewilligung. Ein Antrag Emmel, die Abstimmung im Plenum für die Minderheit freizugeben, wurde mit 71 gegen 18 Stimmen abgelehnt.

In der Reichstagssitzung vom 20. März kam es vor der Abstimmung über das Budget noch zu stürmischen Auseinandersetzungen. S t a d t h a g e n hielt eine Rede über das Wüten des Belagerungszustandes. Er wies nach, daß nirgendwo in Deutschland jetzt ein gesetzlicher Zustand für die Presse bestehe. Die militärischen Befehlshaber übten die vollziehende Gewalt aus und hielten sich in keiner Weise dabei an die bestehenden Gesetze. An einer Anzahl von Beispielen zeigte Stadthagen, wie die sozialdemokratische Presse, natürlich nur die oppositionelle, von der Zensur drangsaliert wurde. Viel schlimmer noch als in der Provinz stehe es aber in Berlin, wo sich die militärischen Befehlshaber besonders den „Vorwärts" aufs Korn genommen hätten. Die Kriegstreiber dagegen würden von der Zensur in keiner Weise behindert.

Hatte schon diese Rede lebhafte Entrüstung bei der Regierung und bei den bürgerlichen Parteien hervorgerufen, so steigerte sich diese Entrüstung zum Sturm, als L e d e b o u r sich gegen die Ausnahmegesetze gegen einzelne Teile der Bevölkerung wandte. Die französisch sprechende Bevölkerung Elsaß-Lothringens werde so drangsaliert, daß die Sehnsucht nach der französischen Herrschaft geradezu in sie hineingepeitscht werde. Ebenso gehe es den Dänen und den Polen. Die Regierung habe die Parole gegen den Zarismus ausgegeben, bei sich zuhause aber übe sie sich in allen Allüren des

Zarismus. Dann besprach Ledebour eine Kundgebung der Obersten Heeresleitung. Hindenburg hatte die Meldung, daß russiche Truppen ein paar Dörfer bei Memel niedergebrannt hatten, mit folgender Drohung beantwortet: „Für jedes von diesen Horden auf deutschem Boden niedergebrannte Dorf oder Gut werden drei Dörfer des von uns besetzten russischen Gebiets in Flammen aufgehen!" Die Rechte des Hauses tobte wie besessen, als Ledebour diese barbarische Anweisung ihres Nationalhelden zu kritisieren wagte.

Nach der Rede des Genossen Ledebour trat ein bürgerlicher Redner nach dem anderen auf und verlangte von der sozialdemokratischen Fraktion eine Erklärung dazu. Ebert und Heine behaupteten in Zwischenrufen, daß Ledebour seine Ausführungen nicht im Auftrage der Fraktion gemacht habe. Schließlich erklärte Scheidemann im Namen des Fraktionsvorstandes, daß Ledebour beauftragt gewesen sei, nur über den Sprachenparagraphen zu reden. Alles, was er darüber hinausgehend gesagt habe, h a b e e r f ü r s e i n e P e r s o n g e s a g t und allein zu verantworten. Diese Erklärung wurde von den bürgerlichen Parteien und einem Teile der sozialdemokratischen Fraktion mit lebhaftem Beifall aufgenommen. Aber der Kniefall Scheidemanns genügte ihnen noch nicht. Die Sitzung wurde auf zwei Stunden unterbrochen.

In der Pause hielt die sozialdemokratische Fraktion eine Sitzung ab. Mit 70 gegen 22 Stimmen bei 6 Enthaltungen wurde beschlossen, durch Scheidemann eine Erklärung abgeben zu lassen, wonach die Gründe, die für die Bewilligung der Kriegskredite am 4. August und am 2. Dezember bestanden, maßgebend gewesen seien, noch unvermindert fortbeständen. Aus diesem Grunde werde die Fraktion auch dem Etat ihre Zustimmung geben. Ein Antrag Emmel, in der Erklärung zu bemerken, daß sie nur im Namen der Fraktionsmehrheit erfolge, wurde gegen 22 Stimmen abgelehnt. L i e b k n e c h t und R ü h l e hatten dem Fraktionsvorstand mitgeteilt, daß sie im Plenum gegen das Budget stimmen würden. Legien verlangte die Abgabe einer Erklärung, daß die beiden Genossen sich damit a u ß e r h a l b d e r F r a k t i o n gestellt hätten; er beschränkte sich schließlich auf einen Mißbilligungsantrag, der mit 67 gegen 17 Stimmen bei 2 Enthaltungen angenommen wurde. Mit großer Mehrheit wurde die Veröffentlichung der Mißbilligung beschlossen.

Darauf wandte man sich der Besprechung des Falles L e d e b o u r zu. Verschiedene Redner warfen ihm vor, daß er seine Kompetenzen überschritten habe, und sie verteidigten sogar das Vergeltungsprinzip gegenüber dem Feinde. Ledebour blieb dabei, daß er die Kennzeichnung der Barbarei der Obersten Heeresleitung nicht bedaure. In der darauffolgenden Plenarsitzung erklärten die Vertreter der bürgerlichen Parteien, daß sie mit dem, was Scheidemann zu der Rede von Ledebour ausgeführt hatte, nicht zufrieden sein könnten. Graf Westarp fügte noch hinzu, daß die Zustimmung zum Etat die einfache Pflicht jedes Mitgliedes des Hauses sei, was heftige Unruhe bei den Sozialdemokraten hervorrief. Scheidemann gab schließlich noch einmal eine Erklärung ab, worin er ausführte, daß seine Fraktion nicht für jeden Zwischenruf eines Abgeordneten verantwortlich gemacht werden könnte. Er müsse es ablehnen, sich von anderen Fraktionen Zensuren erteilen zu lassen.

Es kam jetzt die Budgetabstimmung; Liebknecht und Rühle stimmten dagegen, vorher hatten sich folgende Genossen aus dem Saale entfernt: Albrecht, Antrick, Baudert, Bernstein, Bock, Brandes, Büchner, Davidsohn, Dittmann, Emmel, Fuchs, Geyer, Haase, Henke, Herzfeld, Hoch, Hofrichter, Horn, Kunert, Ledebour, Leutert, Peirotes, Raute, Schmidt (Meißen), Schwarz (Lübeck), Simon, Stadthagen, Stolle, Vogtherr, Zubeil. Oskar Cohn erklärte im „Vorwärts", daß er durch Krankheit verhindert gewesen sei, den Sitzungen beizuwohnen, er würde sich an den Abstimmungen über den Gesamtetat nicht beteiligt haben.

Das Gebot der Stunde.

Die Annexionswünsche der Unternehmerorganisationen. — Die Wirkung der Zustimmung zum Budget. — Die Internationale Frauenkonferenz in Bern. — Die Zeitschrift „Internationale". — Das Schreiben an den Parteivorstand. — Das Gebot der Stunde.

Monat um Monat verstrich und kein Ende des Weltkrieges schien abzusehen. Hunderttausende von proletarischen Familien jammerten um den Vater, den Sohn, den Bruder, die der unersättliche Moloch gefressen hatte. Die gesunden Leute waren verbraucht. Nun kamen die Halbinvaliden, die Kranken, halbe Kinder daran. Die Preise der Lebensmittel gingen unausgesetzt in die Höhe, die Waren wurden immer knapper. Mangel und Sorge zogen in die Arbeiterkreise ein. Deutschland versank in einem Meer von Blut und Tränen.

Dem kapitalistischen Bürgertum dagegen ging es so glänzend wie nie zuvor. Je höher sich die Leichenhaufen auf den Schlachtfeldern türmten, desto schneller stiegen die Profite der Unternehmer. Und es machte keinen Unterschied, ob es sich um Kapitalisten vom Schlot oder vom Halm handelte. Was Wunder, daß die Bourgeoisie den Krieg, diese herrliche Gelegenheit zur persönlichen Bereicherung, bis ins Unendliche auszudehnen gedachte. Und nun kehrten auch die Kriegstreiber ihr wahres Gesicht hervor. Die Unternehmerverbände, der Bund der Landwirte, der deutsche Bauernbund, der Zentralverband deutscher Industriellen, der Hansabund und der Mittelstandsverband verlangten stürmisch nach A n n e x i o n e n in Belgien, in Nordfrankreich und in Französisch-Lothringen. In Denkschriften und in Versammlungen wurde die Regierung bedrängt, daß sie endlich ihr K r i e g s z i e l verkünden solle, natürlich nur ein Kriegsziel, das den Wünschen der Annexionisten entsprach. Offiziell legte die Regierung sich nicht fest. Aber gerade dadurch, daß sie die Eroberungswünsche nicht unzweideutig zurückwies, zeigte sie mit aller Klarheit, daß sie mit ihnen übereinstimmte. Das wurde noch hinreichend bestätigt durch zahllose Kundgebungen namhafter Persönlichkeiten aus den Kreisen der Regierung und der Heeresleitung, die sich offen für maßlose Annexionen aussprachen.

Jedoch Bethmann-Hollweg wollte sich nicht vinkulieren. Ueber das Kriegsziel sollte nicht öffentlich geredet werden. Nicht deshalb, weil man die Ansprüche der Annexionisten fürchtete, sondern weil auf diese Weise der Schwindel vom Verteidigungskriege noch schneller entlarvt worden wäre. Die Alldeutschen und ihre Gefolgsmannen, die bis in den Reihen der Sozialdemokratie hinein saßen, hatten freilich vor dieser Anordnung keinen Respekt. Frei entfalteten sie ihr Eroberungsbanner, ihre Sprache wurde immer deutlicher. Schließlich verlangten die wirtschaftlichen Organisationen der Unternehmer in einer Eingabe an den Reichstag, er möge dafür sorgen, daß die Erörterung der Kriegsziele möglichst bald freigegeben werde, damit die öffentliche Meinung, nämlich die Wünsche der Annexionisten, bei den Friedensverhandlungen rechtzeitig zur Geltung gelangen könnten. Die „Post" bemerkt erläuternd dazu, daß nur ein solcher Friede geschlossen werden dürfe, der „das deutsche Vaterland größer und stärker als zuvor aus diesem Kriege" hervorgehen lasse.

Auch unter den sozialdemokratischen Führern gab es manche, die sich den Abschluß des Friedens nur mit einem erheblichen Landzuwachs für Deutschland vorstellen konnten. S c h e i d e m a n n predigte, daß es eine Verrücktheit sei, zu glauben, der Krieg werde ausgehen, ohne daß die Grenzsteine verschoben werden würden. Der Bergarbeiterführer L e i m p e t e r s behauptete, daß auch die deutschen Arbeiter sich offen für Eroberungen aussprechen würden, wenn man sie nur befragen wollte. Selbstbestimmung der Völker? Ein Ladenhüter der sozialdemokratischen Agitation von vorgestern, erklärte Lensch. Monarchie und Republik? Eine Frage, die die deutsche Arbeiterklasse nicht mehr zu beschäftigen brauche, nachdem sich das Kaisertum Wilhelm II. in diesem Kriege so herrlich bewährt habe. Also Wolfgang Heine in einer großen Rede in Stuttgart. Klassenkampf? Vielleicht wieder nach dem Kriege, so sagte uns Konrad Haenisch. Mit Recht konnte das H a l l i s c h e „V o l k s b l a t t" in jenen Tagen schreiben:

„Von Tag zu Tag zeigt sich immer klarer, daß gewisse führende Persönlichkeiten in der Partei die Sozialdemokratie von ihren bisherigen Grundlagen abzudrängen suchen, um sie in eine e i n f a c h e R e f o r m - p a r t e i umzuwandeln. Dieselben Personen haben diese Bemühungen freilich meist schon jahrzehntelang betrieben, aber so planmäßig, so heftig und so offen noch n i e m a l s w i e j e t z t. Der Beschluß der Fraktionsmehrheit, die Kriegskredite am 4. August und am 2. Dezember 1914 zu bewilligen, gab das Signal. Man deutet in jenen Kreisen den Beschluß so, daß er als Konsequenz den völligen B r u c h m i t a l l e n G r u n d - s ä t z e n d e r i n t e r n a t i o n a l e n p r o l e t a r i s c h e n K l a s s e n - k a m p f p a r t e i zur Folge haben müsse. Da außerdem der „Burgfrieden" zwischen den Parteien erklärt ist, die Zensur waltet und so viele tapfere sozialdemokratische Kämpfer in den Schützengräben stehen, so meint man, der Zeitpunkt sei günstig, um jetzt oder nie die grundsätzliche Richtung und Taktik der Sozialdemokratie umzubiegen. Wir haben diese Treibereien bisher wenig beachtet, und nur ab und zu einen Vorstoß mitgeteilt. Jetzt aber wird es notwendig, die breitesten Schichten der Parteigenossen über diese systematischen und sehr ernsten Bestrebungen zu unterrichten."

Die Rede Haases im Reichstag am 10. März rief in den Arbeitermassen eine starke Wirkung hervor. Sie wurde als d e r e r s t e p r o l e t a r i s c h e F a n f a r e n s t o ß erkannt, der in den chauvinistischen Nebel klärend hineinstieß. Stärker freilich waren die Wirkungen der Sitzungen vom 18. und 20. März. Man erkannte sofort, welchen Zweck Scheidemann mit seiner Rede zum Etat des Reichskanzlers erreichen wollte. Durch die Aufstellung einiger demokratischer Forderungen sollte die Opposition gegen die sozial-demokratische Kriegspolitik beschwichtigt werden. Auf der anderen Seite wollte er durch die „besonnene" Form seiner Rede den un-günstigen Eindruck verwischen, den die Rede von Haase auf die Bourgeoisie gemacht hatte. Konnte doch die junkerliche „Deutsche Tageszeitung" von Scheidemanns Rede sagen, daß „unsere Feinde" aus dessen Ausführungen entnehmen könnten, wie auch die deutsche Sozialdemokratie entschlossen sei, alles zu tun und allem zuzu-stimmen, was nötig sei, um den Sieg zu erringen. Daß er auch einige Spitzen gegen die Regierung gebraucht habe, das sei nicht weiter schlimm.

Anders aber war es um die Reden bestellt, die Stadthagen und Ledebour am 20. März im Reichstag gehalten hatten. Suchte die bürgerliche Presse die Ausführungen von Stadthagen mit Schweigen zu übergehen, so fiel sie um so lebhafter über Ledebour her. Die „Post" verlangte, daß die sozialdemokratische Partei jetzt endlich „das Häuflein derer um Liebknecht" von sich abschüttele. Wenn sich die Liebknecht und Genossen fortgesetzt in Rede und Abstim-mung in schroffsten Widerspruch zu dem völkischen Kriegswillen stellten, die die überwiegende Mehrheit der Sozialdemokratie unbe-dingt bejahe, so klafften Gegensätze so wesentlicher Art, daß eine Trennung unausbleiblich erscheine.

Der sozialpatriotische Teil der Partei beeilte sich denn auch, diesen Forderungen der Scharfmacher nachzukommen. Das „H a m b u r g e r E c h o", das in diesem Treiben führend vorangehe, behauptete, daß die Opponenten nur noch das löbliche Handwerk der Haarspalterei betrieben. Eigensinn setze sich über alle politische Vernunft hin-weg. Die ganze Art der Rede von Ledebour sei nicht so gewesen, daß die Wahrung der Gerechtigkeit und Menschlichkeit hervortrat, sondern der eigensinnige Wille, einen Skandal zu provozieren. Ein anderes Blatt, die „Bergwacht" in Waldenburg, schrieb, daß sie auf das tiefste empört über den Skandal sei, den Ledebour verursacht habe.

Noch schärfer wurden die Auseinandersetzungen in der Partei, als die sozialdemokratische Reichstagsfraktion das Budget bewilligt hatte. Mochte man immerhin noch die Bewilligung der Kriegskredite als Ausnahmeerscheinungen hinnehmen, die verschwinden würden, wenn der Krieg vorüber war, so wurde die Zustimmung zum Etat von allen Seiten und mit Recht so gedeutet, d a ß d i e F r a k t i o n e n d - g ü l t i g m i t d e r b i s h e r i g e n P o l i t i k d e r P a r t e i g e - b r o c h e n h a t t e. Die Beschlüsse der Parteitage hatten die Ab-lehnung des Etats als grundsätzliche Frage festgelegt, und das war besonders in Magdeburg zum Ausdruck gekommen. Nunmehr sollte die Taktik bestimmt werden nicht mehr von den Grundsätzen der Partei, sondern von den parlamentarischen Bedürfnissen des Augen-blicks. Aus der proletarischen Partei, die im schärfsten Gegensatz zur Bourgeoisie stand und bisher davon durchdrungen war, daß nur im Kampf mit diesem Gegner um den Sozialismus gerungen werden konnte, war eine Reformpartei geworden, die in friedlichen Verhand-lungen mit den kapitalistischen Mächten einige Vorteile für die Ar-beiterschaft herauszuschlagen hoffte. So wurde die Zustimmung zum Budget von der Partei, so wurde sie auch von der bürgerlichen

Presse gewürdigt. Das „Berliner Tageblatt" nannte diese Reichs-
tagstagung das große Ereignis, das in die Friedenszeit hinüber-
wirken und für die künftige Gestaltung der inneren Reichspolitik
vielleicht die Richtung angeben würde. Der „Hannoversche Kurier"
erklärte, daß mit der Zustimmung zum Etat der entscheidende Schritt
von der verneinenden zu der mitarbeitenden Sozialdemokratie geschehen sei. Die „Frankfurter Zeitung" schrieb, daß diese Abstimmung ein historisches Ereignis sei, das für unsere ganze innere
politische Entwicklung von Bedeutung sein werde.

In unendlich vielen Artikeln bemühten sich die Bewilliger des
Budgets, ihre Tat der Arbeiterklasse mundgerecht zu machen und
nachzuweisen, daß erstens die Bewilligung des Kriegsbudgets den
Parteitagsbeschlüssen nicht widerspreche, und daß zweitens selbst
August Bebel, Wilhelm Liebknecht, Karl Marx und alle anderen
Meister des Sozialismus in dieser Situation nicht anders gehandelt
haben würden. Demgegenüber stellten die oppositionellen Parteiblätter noch einmal und mit Nachdruck fest, daß die Parteitage von
Lübeck, Nürnberg und Magdeburg als den Gesamtwillen der sozialdemokratischen Partei die Verweigerung des Budgets an die Regierung erklärt hätten. Die Stellungnahme der Fraktionsmehrheit sei
durchaus nicht zu billigen, sie werde in weitesten Kreisen der
Parteigenossen auf schärfste Gegnerschaft stoßen. Es war selbstverständlich, daß diese Kritik an der Budgetabstimmung sich in der
mildesten Form halten mußte, hatte doch eine Anzahl von Zen-
soren der Parteipresse ausdrücklich untersagt, gegen die Bewilligung
der Kriegskredite etwas zu schreiben.

Im März versammelten sich in Bern die Vertreterinnen der
sozialistischen Frauen aus einer Anzahl von Ländern zu
einer Konferenz. Der deutsche Parteivorstand und die französische
Parteileitung hatten es abgelehnt, offiziell Delegierte zu entsenden.
Dagegen hatten die englische Arbeiterpartei, das russische Zentralkomitee, das Organisationskomitee der russischen sozialdemokratischen Arbeiterpartei Vertretungen entsandt. Hauptgegenstand der
Beratungen war „die internationale Friedensaktion der sozialistischen
Frauen". Es wurde eine längere Resolution angenommen, worin
es hieß, daß der Weltkrieg seine Ursachen im kapitalistischen Imperialismus habe und im unversöhnlichen Gegensatz zu den Interessen der Arbeiterklasse der ganzen Welt stünde. An die Stelle des
Klassenkampfes sei der Burgfriede getreten, der die Arbeiterklasse
bei der Erfüllung ihrer großen geschichtlichen Aufgabe der Befreiung
des Proletariats als Werk der vereinigten Proletarier aller Länder
hindere. Die Konferenz fordere die sofortige Beendigung
des Krieges und einen Frieden ohne Annexionen und Eroberungen, der das Recht der Völker und der Nationalitäten auf
Selbstbestimmung und Unabhängigkeit anerkenne und keinen der
kriegführenden Staaten demütigende, unerträgliche Bedingungen
auferlege. Eine baldige Beendigung des Weltkrieges könne nur
durch den klaren, unerschütterlichen Willen der breitesten Volks-
klassen erzwungen werden. Die Frauenkonferenz rufe daher die
sozialistischen, die proletarischen Frauen aller Länder auf, sofort
und ohne Furcht vor Verfolgungen durch Massenkundgebungen

jeder Art ihr internationales Solidaritätsbewußtsein und ihren Friedenswillen zu bekunden. Die sozialistischen Parteien müßten die Führung der Völker im Kampfe um den Frieden übernehmen, die Friedensaktion der sozialistischen Frauen müsse Vorläuferin einer allgemeinen Bewegung der werktätigen Massen für die Beendigung des Brudermordes sein. Sie müsse einen wichtigen Schritt vorwärts bedeuten zum Wiederaufbau der einen großen Arbeiterinternationale.

Als zweiten Punkt der Tagesordnung erörterte die Konferenz die Notwendigkeit einer B e w e g u n g g e g e n d e n N a t i o n a l i s - m u s u n d f ü r d e n I n t e r n a t i o n a l i s m u s. Einstimmig protestierte die Konferenz gegen die Verhaftung der russischen sozialdemokratischen Dumaabgeordneten und der Genossin Luxemburg. Gegen eine russische Stimme wurde eine Resolution der englischen Delegation angenommen, die unbeschadet der grundsätzlichen Unterschiede in der sozialistischen und bürgerlichen Auffassung der Friedensfrage den nichtsozialistischen Friedensfreunden und insbesondere dem bevorstehenden internationalen Friedenskongreß der Frauen im Haag die Sympathie der Konferenz aussprach. Schließlich wurde das folgende Manifest beschlossen:

F r a u e n d e s a r b e i t e n d e n V o l k e s !
W o s i n d E u r e M ä n n e r ? W o s i n d E u r e S ö h n e ?

Seit acht Monaten stehen sie draußen im Felde. Sie sind ihrer Arbeit, ihrem Heim entrissen: Jünglinge, die Stütze und Hoffnung ihrer Eltern, Männer in der Blüte ihrer Jahre, Männer mit ergrauendem Haar, die Ernährer ihrer Familien. Sie alle tragen den bunten Rock, hausen in den Schützengräben, sind kommandiert zu vernichten, was fleißige Arbeit aufgebaut hat.

Millionen ruhen bereits in den Massengräbern. Hunderttausende und aber Hunderttausende liegen in den Lazaretten — mit zerfetzten Leibern, mit zerschmetterten Gliedern, mit erblindeten Augen und zerstörtem Hirn, gepackt von Seuchen oder niedergeworfen von Erschöpfung.

Verbrannte Dörfer und Städte, zertrümmerte Brücken, vernichtete Wälder und zerwühlte Aecker sind die Spuren ihrer Taten.

P r o l e t a r i e r f r a u e n !

Man hat Euch gesagt, Eure Männer und Söhne seien hinausgezogen, Euch, die schwachen Frauen, Eure Kinder, Euer Haus und Euern Herd zu schützen.

W i e i s t d i e W i r k l i c h k e i t ?

Auf den Schultern der „schwachen" Frauen ist doppelte Last gehäuft. Schutzlos seid Ihr dem Kummer und der Not überantwortet. Eure Kinder hungern und frieren, das Dach über Eurem Kopf droht man Euch zu nehmen, Euer Herd ist kalt und leer.

Man hat Euch geredet von der einen großen Brüder- und Schwesternschaft zwischen hoch und niedrig, von dem Burgfrieden zwischen arm und reich. Nun, der Burgfriede zeigt sich darin, daß der Unternehmer Eure Löhne drückt, der Händler und gewissenlose Spekulant die Preise steigert, der Hauswirt Euch auf die Straße zu setzen droht. Der Staat hat karge Hand, die bürgerliche Wohltätigkeit kocht Bettelsuppen und empfiehlt Euch zu sparen.

W a s i s t d e r Z w e c k d i e s e s K r i e g e s , d e r E u c h s o f u r c h t - b a r e L e i d e n b r i n g t ?

Man sagt: das Wohl, die Verteidigung des Vaterlandes.

Was ist das Wohl des Vaterlandes?

Sollte es nicht das Wohl vieler Millionen bedeuten, der Millionen, die der Krieg zu Leichen, zu Krüppeln, zu Arbeitslosen und zu Bettlern, zu Witwen und zu Waisen macht?

Wer gefährdet das Wohl des Vaterlandes? Sind es jene Männer, die jenseits der Grenze in anderer Uniform stecken, die so wenig wie Eure Männer den Krieg gewollt haben, noch wissen, weshalb sie ihre Brüder morden sollen? Nein! Gefährdet ist das Vaterland durch alle, die aus der Not der breiten Massen Reichtum schöpfen und ihre Herrschaft auf der Unterdrückung aufbauen.

Wem nützt der Krieg?

Nur einer kleinen Minderheit in jeder Nation.

Den Fabrikanten von Flinten und Kanonen, von Panzerplatten und Torpedobooten, den Werftbesitzern und den Lieferanten des Heeresbedarfs. Im Interesse ihres Profits haben sie den Haß unter den Völkern geschürt und so zum Ausbruch des Krieges beigetragen. Der Krieg nützt den Kapitalisten überhaupt. Hat nicht die Arbeit der enterbten und ausgebeuteten Massen Waren aufgehäuft, die jene nicht verbrauchen dürfen, die sie erzeugten? Sie sind ja arm, sie können nicht dafür zahlen! Arbeiterschweiß hat diese Waren geschaffen, Arbeiterblut soll ihnen neue Absatzmärkte im Ausland erkämpfen. Kolonialländer sollen erobert werden, wo die Kapitalisten die Schätze des Bodens rauben und billigste Arbeitskräfte ausbeuten.

Nicht die Verteidigung des Vaterlandes, seine Vergrößerung ist der Zweck dieses Krieges. So will es die kapitalistische Ordnung, denn ohne die Ausbeutung und Unterdrückung des Menschen durch den Menschen kann sie nicht bestehen.

Die Arbeiter haben durch diesen Krieg nichts zu gewinnen, wohl aber alles zu verlieren, was ihnen lieb und teuer ist!

Arbeiterfrauen, Arbeiterinnen!

Die Männer der kriegführenden Länder sind zum Schweigen gebracht worden. Der Krieg hat ihr Bewußtsein getrübt, ihren Willen gelähmt, ihr ganzes Wesen entstellt.

Aber Ihr Frauen, die Ihr neben der nagenden Sorge um Eure Lieben im Felde daheim Not und Elend ertragt, worauf wartet Ihr noch, um Euren Willen zum Frieden, Euren Protest gegen den Krieg zu erheben?

Was schreckt Ihr zurück?

Bisher habt Ihr für Eure Lieben geduldet, nun gilt es, für Eure Männer, für Eure Söhne zu handeln.

Genug des Mordens!

Dieser Ruf erschallt in allen Sprachen. Millionen von proletarischen Frauen erheben ihn. Er findet Widerhall in den Schützengräben, wo das Gewissen der Volkssöhne sich gegen das Morden empört.

Frauen des werktätigen Volkes!

In diesen schweren Tagen haben sich Sozialistinnen aus Deutschland, England, Frankreich und Rußland zusammengefunden. Eure Nöte, Eure Leiden haben ihre Herzen bewegt. Um Eurer und Eurer Lieben Zukunft willen rufen sie Euch zum Friedenswerke auf. Wie über die Schlachtfelder hinweg sich ihr Wille zusammenfand, so müßt auch Ihr Euch aus allen Ländern zusammenschließen, um den einen Ruf zu erheben:

Frieden! Frieden!

Der Weltkrieg hat Euch das gröfzte Opfer auferlegt! Die Söhne, die Ihr in Schmerz und Leid geboren, unter Müh und Sorgen erzogen, die Männer, die Eure Gefährten im harten Lebenskampfe sind, raubt er Euch. Im Vergleich mit diesen Opfern sind alle anderen klein und nichtig.

Die ganze Menschheit blickt auf Euch, Ihr Proletarierinnen der kriegführenden Länder. Ihr sollt die Heldinnen, Ihr sollt die Erlöserinnen werden!

Vereinigt Euch in e i n e m Willen, in e i n e r Tat!

Was Eure Männer, Eure Söhne noch nicht beteuern können, verkündet Ihr es millionenfach:

Das Volk der Arbeit aller Länder ist ein Volk von Brüdern. N u r d e r e i n i g e W i l l e d i e s e s V o l k e s k a n n d e m M o r d e n E i n - h a l t g e b i e t e n.

Der Sozialismus allein ist der künftige Menschheitsfriede.

Nieder mit dem Kapitalismus, der dem Reichtum und der Macht der Besitzenden Hekatomben von Menschen opfert!

N i e d e r m i t d e m K r i e g e! D u r c h z u m S o z i a l i s m u s!

Bern, im März 1915.

D i e i n t e r n a t i o n a l e s o z i a l i s t i s c h e F r a u e n k o n f e r e n z an der teilgenommen haben Genossinnen aus D e u t s c h l a n d, F r a n k r e i c h, E n g l a n d, R u f z l a n d, P o l e n, I t a l i e n, H o l l a n d und der S c h w e i z.

Im April erschien das erste Heft der „I n t e r n a t i o n a l e", Monatsschrift für Praxis und Theorie des Marxismus, herausgegeben von Rosa Luxemburg und Franz Mehring. In der Einführung wurde gesagt, dafz diese Monatsschrift ihre Entstehung der Genossin Luxemburg verdankte, die ein Opfer des Burgfriedens geworden sei und infolgedessen ihr Werk nicht selbst zu Ende führen könne:

„Unsere Aufgabe ist die gleiche wie die Aufgabe der ersten internationalen Monatsschrift, die Karl Marx herausgab: S e l b s t v e r s t ä n d i - g u n g ü b e r d i e K ä m p f e d e r Z e i t. Diese Selbstverständigung ist notwendig geworden durch die unheilvolle Verwirrung, die die Wirbel des Weltkrieges in der Internationale und zumal in der deutschen Arbeiterwelt hervorgerufen haben. So gilt es von neuem, die einigende, sammelnde und stärkende Kraft zu erproben, die der Marxismus noch in jeder Schicksalsstunde des proletarischen Emanzipationskampfes bewährt hat.

Das Bekenntnis zu einer praktischen Theorie ist das einfache Programm in dieser Zeitschrift."

Das erste Heft enthielt einen Artikel von Rosa Luxemburg über den Wiederaufbau der Internationale, ferner Beiträge von Johannes Kämpfer (Karski), Paul Lange, Käte Duncker, Klara Zetkin, Heinrich Ströbel, A. Thalheimer und Franz Mehring.

Hatte es sich bisher schon gezeigt, dafz d i e O p p o s i t i o n gegen die Kriegspolitik der Partei durchaus k e i n e n e i n h e i t l i c h e n C h a r a k t e r trug, so erhielten die Gegensätze innerhalb der Opposition durch diese Zeitschrift sozusagen ihre theoretische Begründung. Sie hielt es, wie die „Leipziger Volkszeitung" damals feststellte, weniger für ihre Aufgabe, die Rechte, als vielmehr einen Teil der Linken in der Partei zu bekämpfen, weil er nach Ansicht der „Internationale" nicht scharf genug gegen die Fraktionspolitik vorging. Selbstverständlich fand auch diese Zeitschrift keine Gnade vor den Augen der Zensur. In Düsseldorf, am Druckort, wurden eifrige Haussuchungen abgehalten, ohne daß es gelang, die Verbreitung der „Internationale" zu hindern.

Die abflauende Kriegsstimmung glaubte die Regierung wieder neu beleben zu können, als Italien in den Krieg eintrat, und der rechte Flügel der Fraktion leistete ihr dabei eifrigen Beistand. In der Reichstagssitzung vom 28. Mai führte Ebert aus, daß Italien keinen Verteidigungskrieg, sondern einen Angriffs- und Eroberungskrieg führe. In dieser Stunde gesteigerter Gefahr sei zu wiederholen, was am 4. August erklärt worden sei, einmütig werde das deutsche Volk seine ganze Kraft einsetzen, um dieser neuen Gefahr Herr zu werden. Darauf folgte ein schwacher Angriff auf die Annexionisten und die Behauptung, daß auch seine Gesinnungsfreunde gegen jeden Eroberungskrieg seien. Das rief die Vertreter der bürgerlichen Parteien auf den Plan, die Herrn Ebert zum Vorwurf machten, daß er den Burgfrieden verletzt habe. Herr Schiffer, der spätere Ministerkollege der Rechtssozialisten, führte aus, daß genügende Sicherheiten geschaffen werden müßten und daß die militärische Situation auszunützen und auszuschöpfen sei unter dem Gesichtspunkt der Gewinnung realer Sicherheit. Statt nunmehr festzustellen, daß das ein Beweis für die Eroberungsziele der bürgerlichen Kriegspolitik sei, berief sich Scheidemann zum Schluß dieser Debatte auf die Thronrede vom 4. August, worin es geheißen hätte: wir führen keinen Eroberungskrieg, sobald das Ziel der Sicherung erreicht sei und die Gegner zum Frieden geneigt seien, müsse Frieden gemacht werden. Durch solche nichtssagenden Bemerkungen ist freilich der Kriegswille der Annexionisten nicht im mindesten eingeschränkt worden.

Hatte bis dahin die Opposition der Partei ohne jeden Plan gearbeitet und lediglich von der Grundlage des sozialdemokratischen Programms und der Beschlüsse der sozialdemokratischen Parteitage aus die Kriegspolitik der Fraktionsmehrheit bekämpft, so machte es sich bald notwendig, daß ein gewisser Zusammenschluß sich vollzog. Der Parteivorstand hat später behauptet, daß schon damals eine Organisation der Opposition bestanden habe und daß von ihr die Spaltung der Partei planmäßig vorbereitet worden sei. Das ist nicht richtig. Erst durch die Unterdrückung der Meinungsfreiheit, durch die von den Parteiinstanzen angewandte Politik der Gewalt und der List kam es von selbst dazu, daß die oppositionellen Elemente in der Partei sich zu sammeln begannen. Als das erste Ergebnis dieser verständlichen Regungen ist das Schreiben zu betrachten, das im Juni 1915 an den Vorstand der Sozialdemokratischen Partei und der sozialdemokratischen Reichstagsfraktion gerichtet wurde. Es fand sehr schnell Hunderte von Unterschriften von solchen Genossen, die führende Stellungen in der Arbeiterbewegung inne hatten. Das Schreiben ist auch als Flugblatt in zahllosen Exemplaren verbreitet worden. Es lautete:

Berlin, den 9. Juni 1915.

An den Vorstand der Sozialdemokratischen Partei
Deutschlands!
An den Vorstand der sozialdemokratischen
Reichstagsfraktion, Berlin!

Werte Genossen!

Die Ereignisse der letzten Wochen zwingen uns zu diesem Schreiben. Mit dem 4. August 1914 hat die parlamentarische und aufzerparlamentarische Leitung der deutschen Sozialdemokratie eine Politik begonnen, die nicht nur das Versagen der Partei in einem unvergleichlichen geschichtlichen Augenblick, sondern eine immer schroffere Abkehr von ihren bisherigen Grundsätzen bedeutet.

Die verhängnisvollen Wirkungen dieser Abkehr ergriffen unerbittlich von der äufzeren Politik aus die gesamte innere Politik der Partei, die damit auf beiden Gebieten aufhörte, als selbständiger Faktor zu existieren. Die Anerkennung des Burgfriedens war das Kreuz auf dem Grabe des Klassenkampfes, der nicht in behördlichen und parlamentarischen Geheimkonventikeln, noch durch eine Hintertreppenpolitik nach dem Muster kapitalistischer Klüngel geführt werden kann.

Die Mehrheit der Reichstagsfraktion wich jedem ernsthaften Kampf aus, selbst dem für die Koalitionsfreiheit, für die Wahlreform. Sie lehnte es ab, auch nur die Aufhebung des Belagerungszustandes zu beantragen, und verwandelte damit die aufgezwungene Rechtlosigkeit in eine freiwillig übernommene, um dann durch ihren Redner der untertänigen Hoffnung Ausdruck zu geben, eine Milderung der Zensur lasse sich vielleicht von einer Fürsprache beim Kaiser erreichen.

Von Session zu Session wurden die Hoffnungen auf eine Aenderung der Fraktionspolitik vertröstet und verschoben. Und immer von neuem enttäuscht. Der Mai brachte die Vollendung des Zusammenbruchs.

Immer klarer war zutage getreten, dafz der Krieg nicht der Verteidigung der nationalen Unversehrtheit dient. Immer deutlicher hatte sich sein imperialistischer Eroberungscharakter offenbart. Immer ungenierter Bekenntnisse zur Annexionspolitik wurden abgelegt. Zu den Aeufzerungen einflufzreicher Drahtzieher des Kapitalismus traten Kundgebungen mächtiger kapitalistischer Wirtschaftsverbände, Beschlüsse der herrschenden bürgerlichen Parteien und im Februar die vom Herrenhaus mit einhelliger Zustimmung aufgenommene Rede des Herrenhauspräsidenten, die die Möglichkeit eines sofortigen Friedens unter Aufrechterhaltung des bisherigen deutschen Besitzstandes feststellte, aber die Fortsetzung des Krieges zu Eroberungszwecken für geboten erklärte, eine Rede, durch die sich die Mehrheit der sozialdemokratischen Fraktion dennoch nicht an der Bewilligung neuer zehn Milliarden Kriegskredite und des Budgets hatte hindern lassen.

Die übergrofze Masse der Parteigenossen daheim wie im Felde erwartete, dafz die Reichstagsfraktion wenigstens jetzt endlich im Mai, nach langen 10 Monaten eines furchtbaren, in Dauer und Ausgang unübersehbaren Krieges in einer nachdrücklichen unzweideutigen Kundgebung die schleunige Beendigung des Krieges fordern und dem entschlossenen Friedenswillen der Sozialdemokratie Ausdruck verleihen würde — entsprechend dem vom deutschen Parteitag noch ausdrücklich gebilligten Beschlufz des Stuttgarter Kongresses, der die Partei verpflichtet, den Krieg zur Aufrüttelung der Massen im Klassenkampf auszunutzen und so für seine rasche Beendigung zu wirken.

Die Erwartung der Massen ist wieder unerfüllt geblieben.

Wie die Fraktionsmehrheit kein Wort des Protestes gegen den B r u c h
d e r b e l g i s c h e n N e u t r a l i t ä t gefunden hatte, wie sie es ab-
lehnte, ihre Stimme zu erheben gegen die Torpedierung der Lusitania,
gegen das Vergeltungsprinzip, das zu einem Wettlauf der Grausamkeit
führt und die Zivilbevölkerung immer tiefer in die Schrecknisse des Krieges reißt, wie sie es unterließ, nach dem Beispiel unserer serbischen,
russischen, englischen und italienischen Genossen die Schuldigen am
Weltkrieg im eigenen Lande zu bekämpfen, und wie sie half, dem imperialistischen Unternehmen den Deckmantel des Patriotismus umzuhängen,
so hat sie auch hier völlig versagt. Wenn der sozialdemokratische Redner am 29. Mai in einigen Wendungen von Friedenssehnsucht sprach und
für einen Frieden ohne Annexions eintrat, so nahmen doch Form und
Begleitumstände von vornherein dieser Rede den Charakter einer ernsten
Friedenskundgebung. Und was sich nach ihr abspielte, stempelte die
ganze „Aktion" für In- und Ausland zum Gegenteil einer Friedenskundgebung.

Die volle Bedeutung dieser Haltung der Fraktionsmehrheit ergibt sich
aus der Tatsache, daß ihr d a s K r i e g s z i e l d e r R e g i e r u n g ganz
a u t o r a t i v b e k a n n t war. Unverblümt hatte der Reichskanzler in der
Reichstagssitzung vom 28. Mai den Eroberungskrieg proklamiert, zu dessen Programm, wie die Fraktion wußte, die offene Annexion russischer
und französischer Gebietsteile und unter dem Etikett der zwangsweisen
wirtschaftlichen Angliederung die versteckte Annexion Belgiens gehört. Auf diese Proklamation galt es, die sozialdemokratische Antwort
zu erteilen. Die sozialdemokratische Fraktionsmehrheit jedoch fand
darauf, von jenen unerheblichen Redewendungen abgesehen, nur ein
erneutes Bekenntnis zur Politik des 4. August, das heißt zur Willfährig-
keit gegenüber der Regierung und den herrschenden Klassen; und das,
obwohl Graf Westarp sie unter Beihilfe der bürgerlichen Parteien durch
den — freilich von Mitgliedern der sozialdemokratischen Fraktion unterstützten! — Handstreich seines Vertagungsantrages gerade eben die
Junkerpeitsche hatte fühlen lassen. Und auf die alarmierenden Erobe-
rungsfanfaren der konservativen und nationalliberalen Redner fand sie
nur eben eine nochmalige Unterstreichung dieses Bekenntnisses und die
Berufung auf denselben Reichskanzler, dessen Annexionsziele vor den
Augen der Welt enthüllt waren.

Der dringendste Anlaß war gegeben, s i c h e n d l i c h v o n d e r R e -
g i e r u n g s - K r i e g s p o l i t i k l o s z u s a g e n und ihr den schärfsten
Kampf zu erklären. Die endliche rücksichtslose Hervorkehrung der sozialistischen Interessen und der proletarisch-internationalen Friedensziele
war geboten; aber eine erneute Verpflichtung zur Politik des Durchhaltens,
eine wiederholte Solidaritätserklärung gegenüber den herrschenden Klassen und der Regierungs-Kriegspolitik erfolgte.

Auch im Jahre 1870 waren die sozialdemokratischen Abgeordneten
durch scharfe Gegensätze getrennt; aber geschlossen standen sie gegen
die Regierung, sobald sich die Annexionspläne offen herauswagten. Heute
liegt das offizielle Annexionsprogramm der Regierung und aller bürgerlichen Parteien vor. Dennoch begnügt sich die Fraktionsmehrheit mit
einigen nichtigen Wendungen über Friedenswünsche und Annexionspolitik, um sich desto nachdrücklicher auf das Durchhalten einzu-
schwören.

Damit ist der S c h l u ß p u n k t u n t e r d i e u n h e i l v o l l e E n t -
w i c k e l u n g gesetzt, die am 4. August begann. Die Reichstagsfraktion,
in der auch die meisten Mitglieder des Parteivorstandes sitzen, hat den
Widerstand gegen die imperialistische Eroberungspolitik aufgegeben.
Und nicht aus bloßer Schwäche und Burgfriedensfreudigkeit, sondern weil

ein erheblicher Teil der Reichstagsfraktion — ebenso wie der preußischen Landtagsfraktion und wie andere einflußreiche Genossen — in
konsequenter Fortbildung der Politik des Durchhaltens, das heißt der
hemmungslosen Völkerzerfleischung, auch dieser Eroberungspolitik mit
vollem Bewußtsein anhängt.

Besonders dreist hat vor einigen Tagen die Baumeistersche Internationale Korrespondenz (I. K.), die vom Einfluß der auch in der Reichstagsfraktion überaus mächtigen Generalkommission getragen wird, dieser
Parteiströmung Ausdruck verliehen. Sie stimmt der Schifferschen Beurteilung von Eberts Rede zu: die Betonung des Durchhaltens sei ihr
wesentlicher Sinn, die Fraktion werde sich von dieser Losung auch durch
die Meinungsverschiedenheiten über das Kriegsziel nicht abbringen
lassen — eine Beurteilung, der in der Reichstagssitzung vom 29. Mai der
Fraktionsmehrheit begeistert Beifall rief! Und sie versichert, gegen die
Methode der zwangsweisen „wirtschaftlichen Angliederung", d. h. der
verkappten Annexion Belgiens sei nichts einzuwenden!

Noch einmal stehen die leitenden Parteiinstanzen
am Scheidewege. Wollen sie, was an ihnen liegt, die Partei jener
immer deutlicher hervortretenden Strömung noch länger überantworten
oder nicht?

In der Hand der deutschen Sozialdemokratie ruht noch immer die Macht
zu einer welthistorischen Entscheidung. Die Unabhängige Arbeiterpartei
Englands, die ihr bedeutendes Gewicht in die Wagschale des Friedens
wirft, hat gerade jetzt mit verschärftem Nachdruck die sofortige Bekanntgabe der englischen Friedensbedingungen gefordert und den Kampf
gegen die Annexionspolitik des Drei- oder Vierverbandes aufgenommen.
Hervé und seine Gesinnungsgenossen sehen sich einer immer stärkeren
Bewegung unter den französischen Sozialisten gegenüber, einer Bewegung
für einen baldigen Frieden ohne Annexion und „Angliederung", einer Bewegung, deren Drängen sie vergeblich zu beschwichtigen suchen. Das
Beispiel der italienischen Bruderpartei läßt unsere Herzen höher schlagen. Aus England, aus Frankreich, aus Italien schallen sozialistische
Friedensstimmen immer eindringlicher zu uns. Von der Haltung der deut-
schen Sozialdemokratie hängt die Weiterentwickelung des sozialistischen
Kampfes gegen den Krieg in jenen Ländern wesentlich ab. Treibt die
Leitung der deutschen Sozialdemokratie jetzt weiter im Kielwasser
der Eroberungspolitik, rettet sie sich nicht jetzt endlich auf
den Boden des internationalen proletarischen Kampfes gegen den Krieg
und die imperialistischen Raubgelüste zurück, so versäumt sie die letzte
Gelegenheit, sich von der vollen Mitschuld daran zu entlasten, daß dieser
Krieg als erbarmungsloser Vernichtungskrieg bis zum Weißbluten der
Völker fortgesetzt und der auf ihn folgende Friede nur die Vorbereitung
eines neuen Weltkrieges sein wird.

Der Augenblick heischt gebieterisch sofortiges
Handeln. In den letzten Stunden sind der König und der Kronprinz
von Bayern öffentlich als Befürworter der Eroberungspolitik hervorgetre-
ten. Keinem, der noch länger zögert, kann fürderhin Gutgläubigkeit und
Unkenntnis zugebilligt werden. Der Tatbestand liegt unzweideutig; die
Situation ist vom letzten Nebel geklärt. Die Alternative lautet schlechthin:
Parteirettung oder Parteizerstörung.

Wir warnen vor der Fortsetzung der Politik des
4. August und des 29. Mai. Wir wissen, daß wir die Auffassung
eines großen Teils der Parteigenossen und breiter Bevölkerungsschich-
ten ausdrücken, wenn wir fordern, daß Fraktion und Parteivorstand
endlich ohne Zaudern dem Parteiverderben Einhalt tun, den Burgfrieden
aufsagen und auf der ganzen Linie den Klassenkampf nach den Grund-

sätzen des Programms und der Parteibeschlüsse, den sozialistischen Kampf für den Frieden eröffnen. Die Verantwortung für alles, was sonst kommt, fällt denen zu, die die Partei auf die abschüssige Bahn getrieben haben und ferner darauf erhalten wollen. Begnügte sich dieses Schreiben damit, innerhalb der Organisation die Auffassungen der Opposition zu verbreiten und gegen die Kriegspolitik der Parteiinstanzen zu arbeiten, so wandte sich das kurz darauf veröffentlichte M a n i f e s t von E d u a r d B e r n - s t e i n , H u g o H a a s e und K a r l K a u t s k y sofort an die breiteste Oeffentlichkeit. Es erregte naturgemäß das größte Aufsehen, es war die erste Kampfansage der Opposition an die Mehrheiten der Parteiinstanzen. Der Aufruf, der zuerst in der „Leipziger Volkszeitung" erschien, hatte folgenden Wortlaut:

D a s G e b o t d e r S t u n d e .
„D i e S t u n d e d e r E n t s c h e i d u n g i s t g e k o m m e n. Die deutsche Sozialdemokratie ist vor eine Frage gestellt, die für die Geschicke des deutschen Volkes, für die Zukunft der Kulturwelt von der größten Tragweite ist.

Forderungen, für die schon in früheren Monaten eine gewisse Presse, sowie Vereinigungen, denen keine größere Bedeutung beigelegt wurde, systematisch Stimmung gemacht hatten, sind in den letzten Wochen von Persönlichkeiten in hervorragender Stellung, sowie von einflußreichen Körperschaften in teilweise sogar noch verschärfter Form vertreten worden. Programme werden aufgestellt, die dem gegenwärtigen Krieg den Stempel eines E r o b e r u n g s k r i e g e s aufdrücken. Noch ist es in aller Erinnerung, daß der Präsident des preußischen Herrenhauses, Wedel-Piesdorf in der Sitzung des Herrenhauses vom 15. März 1915 erklärte: Deutschland stehe jetzt als Sieger da:

„Und wenn wir nichts weiter wollten, als den Angriff der Feinde abschlagen, so glaube ich, würde es nicht allzu schwer sein, einen Frieden in kurzer Frist zu erlangen. Damit aber kann sich Deutschland nicht befriedigt erklären. Nach den ungeheuren Opfern, die wir gebracht haben, an Menschen sowohl wie an Hab und Gut, müssen wir mehr fordern, wir können das Schwert erst wieder in die Scheide stecken, wenn Deutschland eine Sicherung erlangt hat dagegen, daß in ähnlicher Weise wie diesmal die Nachbarn über uns herfallen."

In der Reichstagssitzung vom 29. Mai 1915 haben die Abgeordneten Graf v. Westarp als Vertreter der Konservativen und Schiffer als Vertreter der Nationalliberalen u n u m w u n d e n s i c h f ü r A n n e x i o n e n a u s g e s p r o c h e n ; der erstere unter Berufung auf eine Erklärung des d e u t s c h e n R e i c h s k a n z l e r s vom Tage zuvor, die dahin ging, Deutschland müsse alle nur möglichen „r e a l e n G a r a n t i e n u n d S i c h e r h e i t e n" dafür schaffen, daß keiner seiner Feinde, „nicht vereinzelt, nicht vereint", wieder einen Waffengang wagen werde. Diese Auslegung der Worte des Reichskanzlers hat von der Reichsregierung keine Zurückweisung erfahren.

Es ist fernerhin bekanntgeworden, daß s e c h s g r o ß e W i r t - s c h a f t s v e r e i n i g u n g e n, voran der großkapitalistische Zentral- verband deutscher Industrieller und die Kampforganisation der Agrarier, der Bund der Landwirte, die der Politik des Deutschen Reiches so oft schon die Richtung gewiesen haben, unter dem 20. Mai 1915 eine Eingabe an den Reichskanzler gerichtet haben, worin sie fordern: G e - w i n n u n g e i n e s g r o ß e n K o l o n i a l r e i c h e s, a u s r e i c h e n d e K r i e g s e n t s c h ä d i g u n g u n d A n n e x i o n e n i n E u r o p a, die allein im Westen über zehn Millionen Menschen — mehr als sieben Millionen Belgier und über drei Millionen Franzosen — zwangsweise unter

deutsche Herrschaft stellen würden. Wie diese Zwangsherrschaft gedacht ist, kennzeichnet der Satz der Eingabe, wonach Regierung und
Verwaltung in den annektierten Ländern so geführt werden müssen, daß
„die Bewohner keinen Einfluß auf die Geschicke des Deutschen Reiches
erlangen". Das heißt mit anderen Worten, diese gewaltsam annektierte
Bevölkerung soll p o l i t i s c h r e c h t l o s gemacht und gehalten werden.
Und weiter wird gefordert, aller Besitz, der einen starken wirtschaftlichen und sozialen Einfluß gewähre, „müsse in deutsche Hände übergehen", im Westen besonders der industrielle Besitz aller großen Unternehmungen, im Osten besonders der landwirtschaftliche große und Mittel-
besitz.

Mehr noch. In den allerletzten Tagen hat ein deutscher Bundesfürst,
der K ö n i g v o n B a y e r n, in einer Ansprache in Fürth Forderungen
in bezug auf die Ausdehnung unserer Grenzen im Westen ausgesprochen,
„durch die wir für Süd- und Westdeutschland g ü n s t i g e r e V e r -
b i n d u n g e n z u m M e e r e bekommen".

Angesichts aller dieser Kundgebungen muß sich die d e u t s c h e S o -
z i a l d e m o k r a t i e die Frage vorlegen, ob sie mit ihren Grundsätzen
und mit den Pflichten, die ihr als H ü t e r i n d e r m a t e r i e l l e n u n d
m o r a l i s c h e n I n t e r e s s e n d e r a r b e i t e n d e n K l a s s e n
D e u t s c h l a n d s obliegen, vereinbaren kann, in der Frage der Fortführung des Krieges an der Seite derjenigen zu stehen, deren Absichten
in schroffstem Widerstand sind zu den Sätzen der Erklärung unserer
Reichstagsfraktion vom 4. August 1914, in denen diese aussprach, daß
sie im Einklang mit der Internationale j e d e n E r o b e r u n g s k r i e g
v e r u r t e i l t. Dieser Satz würde zur Lüge gestempelt werden, wenn
die deutsche Sozialdemokratie jenen Erklärungen aus den Kreisen der
Machthaber gegenüber es bei dem Aussprechen akademischer Friedenswünsche bewenden ließe. Zu deutlich haben wir es erfahren müssen,
daß man auf solche Bekundungen auch nicht die geringste Rücksicht
nimmt.

Was verschiedene unter uns befürchtet haben, zeichnet sich immer
bemerkenswerter ab: M a n e r l a u b t d e r d e u t s c h e n S o z i a l -
d e m o k r a t i e, d i e K r i e g s m i t t e l z u b e w i l l i g e n, man geht
aber kühl über sie hinweg bei den für die Zukunft unseres Volkes folgen-
schwersten Beschlüssen.

Dürfen wir dieses Verhältnis fortbestehen lassen, das uns die Möglichkeit raubt, die Kraft der deutschen Arbeiterklasse für eine Politik geltend
zu machen, die nach unserer innersten, auf die Erfahrungen der Geschichte gestützten Ueberzeugung das Interesse des deutschen Volkes und
mit diesem das aller beteiligten Völker gebietet?

Ungeheuer sind die Opfer, die dieser Krieg den in ihn hineingerissenen
Völkern schon verursacht hat und die jeder Tag vermehrt. Die Weltgeschichte kennt keinen zweiten Krieg, der auch nur annähernd gleich
mörderisch gewirkt hätte. Es ist die G r a u s a m k e i t b a r b a r i s c h e r
Z e i t a l t e r, verbunden mit den raffiniertesten Mitteln der Zivilisation,
welche die Blüte der Völker hinrafft. Nicht minder unerhört sind die
Opfer an Gütern, die der Krieg den Völkern entreißt. Weite Gebiete
werden verwüstet, und Summen, die für Kulturzwecke in einem Jahre
auszugeben man sich gescheut hat, werden in diesem Kriege in einer
Woche für die Tötung von Menschen und die Vernichtung von Grundlagen künftiger Wohlfahrt ausgegeben. A l l e n b e t e i l i g t e n N a t i o -
n e n s t a r r t b e i V e r l ä n g e r u n g d e s K r i e g e s d e r B a n k -
r o t t e n t g e g e n.

In weiten Kreisen unseres Volkes und derjenigen Völker, mit denen
das Deutsche Reich im Kriege liegt, macht sich denn auch immer stärkere
F r i e d e n s s e h n s u c h t geltend. Während die Herrschenden davon

zurückschrecken, diesem Friedensbedürfnis zu entsprechen, blicken Tausende und aber Tausende auf die Sozialdemokratie, die man als die Partei des Friedens zu betrachten gewohnt war, und erwarten von ihr das erlösende Wort und das ihm entsprechende Verhalten.

Nachdem die Eroberungspläne vor aller Welt offenkundig sind, hat die Sozialdemokratie die volle Freiheit, ihren gegensätzlichen Standpunkt in nachdrücklichster Weise geltend zu machen, und die gegebene Situation macht aus der Freiheit eine Pflicht. Das Proletariat erwartet sicherlich, daß ebenso wie im Jahre 1870 sich bei einer ähnlichen Situation alle Sozialdemokraten, trotz ihrer Meinungsverschiedenheiten beim Ausbruch des Krieges, zu einem einmütigen Handeln zusammenfanden, die Sozialdemokratie auch jetzt in gleicher Einmütigkeit zusammenstehen wird.

Wir wissen, daß die Friedensbedingungen, die von einer Seite der Kriegführenden der anderen aufgezwungen werden, keinen wirklichen Frieden bringen, sondern nur neue Rüstungen mit dem Ausblick auf neuen Krieg bedeuten. Ein wirklicher und dauernder Friede ist nur möglich auf der Grundlage freier Vereinbarung. Diese Grundlage zu schaffen, ist nicht der Sozialdemokratie eines einzelnen Landes gegeben. Aber jede einzelne Partei kann nach Maßgabe ihrer Stellung und ihrer Kräfte dazu beitragen, daß diese Grundlage hergestellt wird.

Die gegenwärtige Gestaltung der Dinge ruft die deutsche Sozialdemokratie auf, einen entscheidenden Schritt zu diesem Ziele zu tun. Sie ist heute vor die Wahl gestellt, diesem Gebote Folge zu leisten oder dem Vertrauen einen tödlichen Stoß zu versetzen, das sie bisher im deutschen Volke und in der gesamten Welt als Verfechterin des Völkerfriedens genoß. [1]

Wir zweifeln nicht, daß unsere Partei diejenigen Folgerungen ziehen wird, die sich für unsere parlamentarische und außerparlamentarische Haltung hieraus ergeben. Mit den schönsten Ueberlieferungen der Sozialdemokratie steht die Zukunft unseres Volkes auf dem Spiel, seine Wohlfahrt und seine Freiheit. Hat unsere Partei nicht die Macht, die Entscheidungen zu treffen, so fällt doch uns die Aufgabe zu, als treibende Kraft die Politik in der Richtung vorwärtszudrängen, die wir als die richtige erkannt haben.

Eduard Bernstein. Hugo Haase. Karl Kautsky.

Auf die Veröffentlichung des „Gebot der Stunde" erfolgte eine Erklärung der Mehrheit der Vorstände der Partei und der Reichstagsfraktion, worin es hieß:

„Der Genosse Haase, der das Amt eines Vorsitzenden der Partei und der Reichstagsfraktion in seiner Person vereinigt, hat in keiner der beiden Körperschaften Anträge auf eine Aktion im Sinne eines Aufrufs gestellt oder irgendeine Mitteilung von der Absicht seines Vorgehens gemacht.

Getreu unserer am 4. August abgegebenen Erklärung, daß wir jeden Eroberungskrieg verurteilen, haben wir schon seither jenen Eroberungsäußerungen entgegengewirkt und den Friedensgedanken gefördert. An der prinzipiellen Geneigtheit der beiden Körperschaften, dieses auch fernerhin zu tun — selbstverständlich unter Wahrung der Interessen des eigenen Landes und Volkes als höchsten Gebotes der Stunde —, konnte daher kein Zweifel bestehen.

Es lag sonach nicht der mindeste Anlaß zu einem derartigen Pronunziamento vor. Wenn darin von der Einmütigkeit der Partei geredet wird, so sind wir der Ueberzeugung, daß diese durch nichts schwerer gefährdet wird als durch ein solches Vorgehen.

Hugo Haase antwortete darauf:

Mir wird vorgeworfen, daß ich in keiner der beiden Körperschaften Anträge auf eine Aktion im Sinne meines Aufrufs gestellt oder irgendeine Mitteilung von der Absicht meines Vorgehens gemacht habe.

Nun ist allgemein bekannt, daß ich i m S i n n e j e n e s A r t i k e l s s e i t K r i e g s a u s b r u c h u n a u f h ö r l i c h im Vorstande der Partei und der Fraktion tätig gewesen bin.

Der erste Vorwurf geht also fehl; und der zweite mutet recht sonderbar an. Er erinnert sehr stark an die Gracchen, die sich über Aufruhr beklagen. Seit Monaten haben einige Mitglieder des Vorstandes, die jetzt Stellung gegen mich nehmen zu müssen glauben, Artikel und Offene Briefe in die Welt gesetzt, ohne dem Vorstand der Partei oder der Fraktion vorher Mitteilung davon zu machen; sie haben sich bemüht, die Partei für gewisse Parolen, so die Parole des Durchhaltens, zu gewinnen, ohne daß der Vorstand vorher davon in Kenntnis gesetzt worden war. Keine öffentliche Zensur ist ihnen deswegen von irgendeinem Vorstandsmitglied erteilt worden. Danach scheint m e h r d e r I n h a l t d e s A r - t i k e l s, als die Tatsache der Veröffentlichung vor der Mitteilung an den Vorstand für die neue Methode maßgebend zu sein.

Die Mitglieder des Partei- und Fraktionsvorstandes, die bisher schrieben, was sie im Interesse der Partei zu schreiben für nötig oder nützlich hielten, übten damit i h r g u t e s R e c h t aus, das ich ihnen nie bestritten habe, wenn ich auch an ihren Ausführungen Kritik übte, soweit ich sie für falsch hielt. Das, was den anderen recht war, m u ß m i r b i l l i g s e i n, und ich lehne es jedenfalls ab, mir das Recht der freien Meinungsäußerung beschränken zu lassen.

D i e E i n m ü t i g k e i t d e r P a r t e i w i r d d u r c h E n t r ü s t u n g s - p o l i t i k n i c h t g e f ö r d e r t; wohl aber wirkt im Interesse des Zusammenschlusses der Partei, wer Meinungsverschiedenheiten sachlich erörtert; und daß der Artikel „Das Gebot der Stunde" streng sachlich gehalten ist, hat mir noch jeder zugegeben, der mit mir darüber gesprochen hat."

Die Mehrzahl der Parteiblätter durfte „Das Gebot der Stunde" überhaupt nicht abdrucken. Die „Leipziger Volkszeitung" wurde wegen der Veröffentlichung des Aufrufs auf eine Woche verboten. Das konnte die W i r k u n g d i e s e r K u n d g e b u n g nicht beeinträchtigen. Das „Gebot der Stunde" lebt in der Geschichte der Opposition gegen die sozialdemokratische Kriegspolitik als eines ihrer wichtigsten Denkmale fort.

Das Bekenntnis der Annexionisten.

Die Wirkung des „Gebot der Stunde". — Friedensaufruf des Partei-
vorstandes und Eingabe an den Reichskanzler. — Die Leitsätze zu den
Kriegszielen. — Die Internationale Konferenz von Zimmerwald. — Das
Annexionsbekenntnis der bürgerlichen Parteien.

Mit der Veröffentlichung des „Gebot der Stunde" war endlich
für Millionen Proletarier d a s e r l ö s e n d e W o r t g e s p r o c h e n
worden. Wohl hatte auch Karl Liebknechts Auftreten im Reichstag
tiefgehende Wirkungen in der Oeffentlichkeit ausgeübt; aber indem
er sich mit Bewußtsein abseits der Partei stellte, verlor er die Fühlung
mit den Massen, erschienen seine Aktionen als verfrüht und über-
stürzt, trug seine Haltung mehr putschistischen als klassenorganisa-
torischen Charakter. Schon das Massenschreiben an den Parteivorstand zeigte, daß nunmehr die Zeit gekommen war, wo mit der
Kriegspolitik der Instanzenmehrheit gebrochen werden mußte. Und
das „Gebot der Stunde" hat das Verdienst, den entscheidenden
Augenblick richtig erkannt zu haben. Wir sehen also schon bei
dieser Gelegenheit die Tendenzen, die später zur Trennung zwischen
Unabhängiger Sozialdemokratie und Kommunistischer Partei geführt
haben. Haase, der wissenschaftlich geschulte Sozialist und erfah-
rene Politiker, wußte, daß eine Aktion nur dann mit Aussicht auf
Erfolg unternommen werden konnte, wenn die Massen der Arbeiter
hinter ihr standen; Liebknecht dagegen schleuderte erst die Parolen
hinaus und glaubte damit das Proletariat für seine Aktionen gewinnen zu können. Diese verschiedenartige Auffassung vom Wesen
des proletarischen Kampfes ließ später die Unabhängige Sozialdemokratie zur größten revolutionären Partei der Welt werden, wogegen die Kommunistische Partei zur Sekte erstarrte, bis ihr schließlich durch die von der Moskauer Internationale verursachte Spaltung
der Unabhängigen Sozialdemokratie wieder einiges Leben eingeflößt
wurde.

In den späteren Darstellungen des Parteivorstandes 'ist behauptet
worden, daß sich die Opposition schon damals selbständig organisiert habe, daß sowohl das Massenschreiben an den Parteivorstand,
wie das „Gebot der Stunde" w o h l v o r b e r e i t e t e A k t i o n e n
dieser Sonderorganisation dargestellt hätten, und daß von mit
Absicht die Spaltung der Partei herbeigeführt worden sei. Das ist
d u r c h a u s f a l s c h. Es lag in der Natur der Sache, daß die
Anhänger der Opposition in den einzelnen Parteiorten zusammen-
kamen und auch für das ganze Reich miteinander in Verbindung
traten. Aber das alles hatte gerade den Zweck, die Einheit der

Partei zu erhalten und ihre Politik auf die alten sozialdemokratischen Grundsätze zurückzuführen. Einzelne Genossen, wie Julian Borchardt in den „Lichtstrahlen", haben wohl mit dem Gedanken der Spaltung gespielt und schon damals mit der Einstellung der Beitragszahlung an den Parteivorstand gedroht; aber in der Praxis bekannten doch auch sie sich immer zur Einheit der Partei und wollten im Rahmen der Partei ihre oppositionellen Absichten verwirklichen. Geschichtliche Tatsache dagegen ist es, daß die Spaltung der Partei zuerst von den Mehrheitsinstanzen begonnen worden ist; so in Württemberg, wo ganze Organisationen aus der Partei einfach ausgeschlossen wurden, weil sie die offizielle Kriegspolitik nicht unterstützen wollten, oder in Bremen, wo die in der Minderheit gebliebenen Sozialpatrioten gegenüber der oppositionellen „Bremer Bürger-Zeitung" ein eigenes Blatt herausgaben. Und erst, als die Opposition von den Instanzen aus der alten Partei hinausgedrängt worden war, war sie gezwungen, sich eine selbständige Organisation zu geben.

Die Besprechung des „Gebot der Stunde" mußte sich in den oppositionellen Parteiorganen auf ein geringes Maß beschränken, weil die Zensur jede freie Meinungsäußerung aufs schärfste verfolgte. In der bürgerlichen Presse hub selbstverständlich ein großes Lärmen über den Bruch des Burgfriedens an, und auch der sozialpatriotische Teil der Parteipresse ließ es an Scheltworten gegen die Unterzeichner des Aufrufs nicht fehlen.

Auch die Mehrheit des Parteivorstandes und der Fraktionsvorstand wandten sich g e g e n   d e n   A u f r u f. Sie erließen eine Erklärung unter der Ueberschrift „Gegen die Parteizerrüttung", worin sie behaupteten, daß sie vom Beginn des Krieges gegen eine imperialistische Eroberungspolitik gewesen seien. Schließlich machte auch die Generalkommission der Gewerkschaften gegen das Massenschreiben an den Parteivorstand und gegen das „Gebot der Stunde" mobil. Im „Korrespondenzblatt" veröffentlichte sie einen Artikel, worin es hieß, daß durch das Schreiben alles über den Haufen geworfen worden sei, was bisher in der Arbeiterbewegung Deutschlands als unantastbar galt.

Zwischendurch hatte sich Hugo Haase der heftigsten Angriffe der sozialpatriotischen Presse zu erwehren. Zwar wurde dort das „Gebot der Stunde" nicht abgedruckt, aber unter den niedrigsten Verdächtigungen und Schmähungen wurden die Leser über den Inhalt und den Zweck des Aufrufs irregeführt. An der Spitze dieser gehässigen Kampfesweise stand das „Hamburger Echo". Mit Recht konnte Haase in einem Artikel gegen dieses Blatt sagen: „Wenn ein verbissener politischer Gegner eine solche Methode des Kampfes gegen uns anwendet, so gehen wir mit kühlem Lächeln oder einer Handbewegung der Verachtung darüber hinweg, aber ein Gefühl tiefer Scham ergreift uns, daß ein Mitarbeiter des „Hamburger Echo" auf ein so niedriges Niveau hat herunterkommen können."

Am 30. Juni und am 1. Juli tagte der P a r t e i a u s s c h u ß in Berlin. Die Sitzung wurde mit den Verhandlungen über den Parteistreit ausgefüllt. Am Ende der Beratungen wurde eine Resolution beschlossen, in der die Haltung des Parteivorstandes und der

Fraktionsmehrheit gebilligt und ihre Bemühungen zur Anbahnung einer Verständigung mit den Bruderparteien der führenden Länder anerkannt wurde. Die angeblich von einer Zentralstelle aus geleitete unterirdische Minierarbeit, die der Parteimehrheit den Willen der Minderheit aufdrängen wolle, wurde verurteilt. Die Veröffentlichungen des Aufrufes „Das Gebot der Stunde", so heißt es zum Schluß, stehe nicht im Einklang mit den Pflichten eines Vorsitzenden der Partei. Gegen den ersten Absatz der Resolution stimmten 8, gegen den zweiten 7 und gegen den dritten 12 Mitglieder des Parteiausschusses.

Um zu zeigen, daß der Parteivorstand seine Pflicht zur Herbeiführung des Friedens erfülle, erließ er Ende Juni einen A u f r u f , von dem er behauptete, daß er bereits am 7. Mai beschlossen worden sei. Nur wegen des Eingreifens Italiens in den Krieg sei die Veröffentlichung bisher unterblieben. Die deutsche Sozialdemokratie habe durch ihre berufenen Vertretungen den sozialistischen Grundsätzen und den Beschlüssen der internationalen Kongresse getreu für den Frieden gewirkt. Mit schmerzlichem Bedauern müsse demgegenüber konstatiert werden, daß bisher alle Versuche einer internationalen Verständigung vornehmlich an dem Verhalten der sozialistischen Partei Frankreichs gescheitert seien. Deutschland, das sich bisher aller seiner Feinde siegreich erwehrt und bewiesen habe, daß es unbesiegbar sei, sollte den ersten Schritt zur Herbeiführung des Friedens tun. Die deutsche Regierung wurde aufgefordert, ihre Bereitwilligkeit kundzutun, in Friedensverhandlungen einzutreten. Von den Parteigenossen in den anderen kriegführenden Ländern werde erwartet, daß sie im gleichen Sinne auf ihre Regierung einwirkten.

Zu gleicher Zeit richteten die Vorstände der Partei und der Reichstagsfraktion an den Reichskanzler eine E i n g a b e , die sich gegen die Ziele der Annexionisten wandte. Es hieß darin, daß die Sozialdemokratische Partei unterm 4. August 1914 mit der Gesamtheit des deutschen Volkes sich in Reih und Glied gestellt habe, um seine nationale Existenz und Unabhängigkeit zu verteidigen. Sie habe in diesem Kampfe gegen eine Welt von Feinden zu ihrem Lande gestanden und werde dies weiter tun, bis das Ziel der Sicherung erreicht sei und die Gegner zum Frieden geneigt seien. Der Krieg dürfe aber nur zur Abwehr der Feinde und nicht zum Zwecke einer Eroberung geführt werden.

Das Manifest mußte ebenso wie die Eingabe wirkungslos bleiben, weil es sich nicht darum handelte, schöne Worte für den Frieden zu prägen, sondern darum, mit allen Mitteln des proletarischen Klassenkampfes die Weiterführung des Krieges, der immer mehr zum Eroberungskrieg wurde, zu verhindern. Aber gerade das taten die Mehrheiten der Instanzen nicht. Durch die Bewilligung der Kriegskredite, die immer weiter fortgesetzt wurde, durch die Unterstützung der Durchhaltestimmung übernahmen sie die Mitverantwortung für die Verlängerung des Krieges, verhinderten sie die Herbeiführung des Friedens.

Das wurde in einem F l u g b l a t t festgestellt, das von 90 Groß-Berliner Unterzeichnern des Protestschreibens vom 9. Juni zugleich im Namen vieler Unterzeichner von auswärts herausgegeben wurde. Es hieß darin, daß alles, was in dem Friedensmanifest an platonischen Friedenswünschen enthalten sei, in die Gegenwirkung umgebogen werde durch die Angriffe auf die Bruderparteien in den gegnerischen Ländern und durch die planmäßige Vertuschung der gegenwärtigen, einem baldigen Friedensschluß abträglichen Politik der Reichsregierung. Wolle der Parteivorstand den ausländischen Parteien ein Muster geben, so müsse er den einzigen Weg einschlagen, der zu einem dauernden Frieden und zum Wiederaufbau der Internationale führen könne, indem er den Imperialismus als schuldigen Urheber des Weltkrieges da bekämpfe, wo er ihn allein wirksam bekämpfen könne, nämlich im eigenen Hause. Das Flugblatt schloß: „Daran halten wir fest, überzeugt, daß die Treue, die wir den Grundsätzen und Ueberlieferungen der deutschen Sozialdemokratie bewahren, nur dazu dienen kann, die Einheit und Reinheit der Partei zu sichern."

Während so die deutschen Parteiinstanzen in ihrer Mehrheit noch immer hinter dem Kriegswagen des Imperialismus einherliefen, sammelten sich schon die Kräfte der internationalen Arbeiterklasse, um auf neuer Grundlage das Proletariat wieder zusammenzuführen. Ende Juni traten auf Veranlassung der italienischen sozialistischen Partei in der Schweiz eine Anzahl dort tätiger Genossen, Schweizer, Italiener, Russen, Polen, Deutsche, Oesterreicher und Ungarn zu einer gemeinsamen Beratung über die Probleme des Krieges zusammen. Sie setzten ein Exekutivkomitee ein, das sich mit einem Manifest an die Arbeiter der ganzen Welt wandte. Insbesondere die schweizerischen Arbeiter wurden aufgefordert, sich zusammenzuschließen, gleichviel zu welcher Rasse und Nationalität sie auch gehören mochten.

Inzwischen ließ es der Parteivorstand der deutschen Sozialdemokratie ruhig geschehen, daß in der ihm nahestehenden Provinzpresse der Haß gegen die anderen Völker immer aufs neue geschürt wurde. So schrieb Ernst Heilmann, der Chefredakteur der „Chemnitzer Volksstimme", seinem Blatte aus dem Felde, daß es keine sozialistische Verständigung gäbe, die diesen furchtbaren Mordkrieg beilegen könnte, ihn ende nur der Sieg der stärkeren Gewalt:

„So zerschmetternd müssen die Feinde geschlagen werden, daß ihr Ring zerbricht, die Koalition birst. Die Friedensbedingungen sollen hier milde, dort hart, die Wiederkehr des Einkreisungsbundes unmöglich machen . . . Dazu hilft uns gegen diese Feinde nur eines: Den Daumen aufs Auge und die Knie auf die Brust, und greinen uns ein paar Heilige dazwischen, wie furchtbar das Schicksal der französischen Arbeiter sei, so erwidern wir ihnen: die französischen Arbeiter bleiben Männer, auch wenn wir mit ihnen Kugeln wechseln, ihr aber seid — alte Weiber. Mögen darum die ewig schwankenden Gestalten plötzlich den Verrina der Internationale spielen wollen — ich gehe zum Hindenburg."

Aehnlich schrieb Wolfgang Heine. Er begnügte sich aber nicht damit, die Opponenten zum hundertsten Male als Quertreiber zu beschimpfen, sondern er wandte sich auch gegen das Friedensmanifest des Parteivorstandes:

„Man geht kaum fehl, wenn man annimmt, daß der sozialdemokratische
Parteivorstand die tatsächliche Lage des Krieges genau so gut gekannt hat
wie andere Leute, und wenn man deshalb in dieser Aufforderung an die
Regierung n i c h t s a l s e i n e s c h ö n e G e s t e sieht, bestimmt, Parteigenossen, und vielleicht auch ausländische Sozialisten zufriedenzu-
stellen."

So konnte der „Vorwärts" am 8. August, rückschauend auf diese
Auseinandersetzungen in der Partei, auf die Handlungen ihrer verantwortlichen Körperschaften und auf die Ausführungen ihrer hervorragendsten Wortführer, die Stellung der Partei so kennzeichnen:

> „Sie empfängt das G e s e t z i h r e s H a n d e l n s nicht mehr nach
> ihren Grundsätzen und Prinzipien, sondern v o n i h r e n b i s h e r i g e n
> G e g n e r n. Deren Entschließungen und Entscheidungen sind es, die in
> letzter Linie die Haltung der Sozialdemokratie bestimmen. Nicht ihre
> Grundsätze leiten mehr die Partei, sondern nur die Furcht vor der Iso-
> lierung, die Angst, den Anschluß an die bürgerlichen Parteien, das Wohl-
> wollen der Regierung zu verlieren. . . . Wie immer man nun über diese
> Stellung, in die die Partei zum Teil bewußt, zum Teil, hoffen wir, un-
> bewußt, von ihren Führern hineinmanöveriert worden ist, denken mag,
> sicher ist wohl das Eine: Diese Stellung ist grundverschieden selbst von
> der, die die Partei auch in ihrer Majorität am 4. August eingenommen
> hat."

Am Schluß des Artikels sagte der „Vorwärts", daß die Partei jetzt
vor ihrer Schicksalsstunde stehe, und die Entscheidungen, die die leitenden Instanzen zu fällen haben würden, seien von so ernster Bedeutung, wie nie zuvor. Nicht um die Stellung zum Kriege und zu einzelnen
Regierungsmaßnahmen allein handele es sich, es handele sich um
mehr: um die Bewahrung des Charakters der Partei, ihrer Eigenheit,
Selbständigkeit und Unabhängigkeit nicht nur in der schweren
Zeit des Krieges, sondern auch in der nicht minder schweren, die
uns dann bevorstehe. D i e g e s a m t e k ü n f t i g e P o l i t i k d e r
P a r t e i s t e h e z u r E n t s c h e i d u n g : Aufgeben der bisherigen
Parteigrundsätze und der Parteitaktik, Zusammenwirken der Partei
mit den bürgerlichen Parteien in gemeinsamer Blockpolitik, Ein-
reihung der Partei als wesensgleiche unter gleiche in das Getriebe
des bürgerlichen Parlamentarismus. Das letzte Wort darüber freilich
werde die Geschichte sprechen. Inzwischen hat die Geschichte
gesprochen, und sie hat ihr Urteil gegen die Kriegspolitik der deutschen Sozialdemokratie gefällt.

Am 14. August traten R e i c h s t a g s f r a k t i o n und P a r t e i -
a u s s c h u ß wiederum zusammen. Drei Tage lang verhandelte
man über die K r i e g s z i e l e. Die Mehrheit war für unbedingtes
„Durchhalten bis zum Siege", und sie suchte alle Bestrebungen zu
hintertreiben, die die deutsche Regierung zur Anbahnung des
Friedens hätte veranlassen können. Von der Opposition lagen drei
Resolutionen vor, die sich besonders gegen Annexionen aussprachen.
H a a s e stellte folgenden Antrag:

> „Die Sozialdemokratie verwirft mit der größten Entschiedenheit jede
> gewaltsame Antastung der Selbständigkeit und Unabhängigkeit eines
> Volkes. Sie wendet sich mit aller Kraft g e g e n j e d e A n n e x i o n s -
> p o l i t i k, insbesondere den Versuch, Belgien zu vergewaltigen, in wel-
> cher Form es auch immer sei."

Dieser Antrag wurde von der Fraktion mit 59 gegen 37 Stimmen, vom Parteiausschuß mit 25 gegen 13 Stimmen abgelehnt. Ein ähnliches Schicksal erlebten ein Antrag H o c h, der inhaltlich dasselbe wollte, und ein Antrag H e n k e, der von der Regierung Friedensbemühungen bei völligem Verzicht auf Annexionen verlangte. Die von E d u a r d D a v i d vorgelegten Leitsätze fanden dagegen die Zustimmung der Mehrheit. Der erste Absatz sprach sich zwar gegen Annexionen aus, aber gegen die Annexionen der anderen Staaten, und lehnte besonders die Forderung der Wiederangliederung Elsaß-Lothringens an Frankreich ab. Im zweiten Absatz wurden eine Anzahl Sicherungen zur wirtschaftlichen Entwicklungsfreiheit des deutschen Volkes verlangt. Der dritte Absatz wandte sich gegen die Schwächung und Zertrümmerung Oesterreich-Ungarns und der Türkei, der vierte Absatz sprach sich gegen die „Pläne kurzsichtiger Eroberungspolitiker" aus, und im letzten Absatz wurde die Schaffung eines ständigen internationalen Schiedsgerichtshofes gefordert. Diese Leitsätze wurden von der Fraktion mit 74 gegen 26, vom Parteiausschuß mit 30 gegen 8 Stimmen angenommen. Sie entsprachen weder in ihrem Inhalt noch in ihrer Form den Anforderungen, die in dieser Situation an die Sozialdemokratische Partei gestellt werden mußten, wenn durch sie wirklich etwas zur Wiederherstellung des Friedens geschehen sollte. Sie sind darum auch ohne jede Wirkung geblieben.

So gelinde die Instanzen die Regierung behandelten, um so schärfer gingen sie g e g e n d i e O p p o s i t i o n vor. Sie wandten sich in einer besonderen Erklärung gegen die von Karl Liebknecht eingebrachten K l e i n e n A n f r a g e n und stellten fest, daß er sie, ohne die Partei zu befragen, eingebracht habe.

In der R e i c h s t a g s s i t z u n g vom 20. A u g u s t wurden wiederum Kriegskredite bewilligt. Der „Vorwärts" vom 24. August 1915 berichtete über die Abstimmung der sozialdemokratischen Fraktion folgendes:

„Es stimmten in der Fraktion gegen die erste Kreditvorlage 14, gegen die zweite 17, gegen die dritte 23 und gegen die vierte Kriegskreditvorlage 36 Abgeordnete. Von diesen 36 stimmten am 20. August im Plenum 3 für die Vorlage, L i e b k n e c h t dagegen, 32 von ihnen befanden sich bei der Abstimmung außerhalb des Saales. Von diesen können wir folgende 29 Abgeordnete namhaft machen, die aus grundsätzlichen Bedenken sich aus dem Sitzungssaal vor der Abstimmung entfernt hatten: Albrecht, Antrick, Bernstein, Bock, Büchner, Dr. Cohn-Nordhausen, Dittmann, Emmel, Erdmann, Fuchs, Geyer, Haase, Henke, Dr. Herzfeld, Hoch, Hofrichter, Horn, Kunert, Ledebour, Peirotes, Raute, Rühle, Schwartz-Lübeck, Simon, Stadthagen, Stolle, Vogtherr, Wurm, Zubeil. "

Dazu teilte der Abg. Dittmann in der „Bergischen Arbeiterstimme" noch mit:

„In der Fraktion haben folgende Genossen gegen die Kriegskredite gestimmt: Albrecht, Antrick, Baudert, Bernstein, Bock, Brandes, Büchner, Dr. Cohn, Dittmann, Emmel, Erdmann, Edmund Fischer, Fuchs, Geyer, Haase, Dr. Herzfeld, Hoch, Horn, Hofrichter, Henke, Kunert, Ledebour, Leutert, Liebknecht, Peirotes, Rühle, Reißhaus, Raute, Simon, Stadthagen, Stolle, Stubbe, Schwartz, Vogtherr, Wurm, Zubeil. Von der Minderheit der Märztagung schlugen sich Davidsohn und Schmidt-Meißen zur Mehrheit, während die Minderheit durch folgende Genossen verstärkt wurde: Erdmann, Edmund Fischer, Reißhaus, Stubbe, Wurm. Der Genosse Dr. Cohn war während der Märztagung krank, hatte aber später erklärt, daß er mit der Minderheit gestimmt hätte. Die Abstimmung im Reichstag kam unerwartet rasch, so daß einige Mitglieder der Mehrheit nicht im Saale waren, während Mitglieder der Minderheit, die im Saale waren, sich nicht mehr entfernen konnten."

Hatten die militärischen und zivilen Gewalten bisher schon keine Milde gegenüber der Opposition geübt, so gingen sie jetzt mit rücksichtsloser Brutalität gegen sie vor. Die Zensur wurde so schroff gehandhabt, daß eine Reihe von Parteiblättern die Berichterstattung über die Auseinandersetzungen in der Partei einstellen mußten. Unzählige Parteigenossen, die sich gegen die Kriegspolitik ausgesprochen hatten, wurden ins Gefängnis geworfen. Auch Klara Zetkin, die greise Vorkämpferin der Frauenbewegung, verfiel diesem Schicksal. Der Redakteur Niebuhr in Elberfeld erhielt wegen irgendeines Verstoßes gegen den Militarismus drei Monate Gefängnis, wurde von dort aus in den bunten Rock gesteckt und so drangsaliert, daß er sich eine schwere Erkrankung zuzog, die ihn in ein frühes Grab brachte. Gegen viele Genossen in leitenden Stellen wurden Redeverbote verhängt.

Was aber die Militärgewalt nicht unterdrücken konnte, das war der begeisterte Widerhall, den der von der Schweiz ausgegangene Ruf zur erneuten Sammlung des internationalen Proletariats fand. In Zimmerwald, einem Vorort von Bern, trafen sich im Dezember 1915 Vertreter sozialistischer Parteien und Gruppen aus kriegführenden und neutralen Ländern. Es nahmen an der Konferenz Genossen aus Italien, aus Frankreich, aus der Schweiz, aus Rußland, Schweden, Deutschland und vom Balkan teil. Aus Deutschland waren die Genossen Ledebour und Adolf Hoffmann erschienen. Nach viertägiger Beratung über die internationale Lage wurde einstimmig beschlossen, eine Kundgebung in französischer und deutscher Sprache zu veröffentlichen, die von je zwei Sozialdemokraten beider Nationen unterschrieben werden sollte. Die Beteiligung an der Konferenz konnte aus naheliegenden Gründen nicht sehr zahlreich sein. Es beteiligten sich an ihr 37 Personen: aus Frankreich 2, aus Italien 5, aus Schweden 2, aus Holland 1, aus der Schweiz 3, aus Deutschland 10. Vom Exekutivkomitee der Sozialistischen Föderation der Balkanstaaten waren 2 Mitglieder erschienen, ferner 12 Delegierte der ausländischen Zentren und Redaktionen der sozialistischen Organisationen Rußlands und Polens, darunter Lenin, Axelrod und Radek. Die Engländer waren durch ihre Regierung an der Beschickung verhindert worden. Die Verhandlungen der Konferenz waren streng vertraulich. Das Ergebnis der Beratungen war ein Manifest an das Proletariat, ein Aufruf zum Kampfe für den Frieden. Es wurde eine internationale sozialistische Kommission mit dem Sitz in Bern gewählt. Sie sollte den Verkehr der einzelnen Parteien untereinander erleichtern, ohne das Internationale Sozialistische Bureau zu ersetzen.

Der Aufruf, der kurz darauf veröffentlicht wurde, verweist auf den imperialistischen Charakter des Krieges und fordert zum Kampf für einen Frieden ohne Annexionen und Kriegsentschädigungen auf.

Auf dem Boden der internationalen Solidarität und des Klassenkampfes müsse sich das Proletariat wieder zusammenfinden, die zerrissenen Fäden der internationalen Beziehungen neu knüpfen und die Arbeiterklasse zur Selbstbesinnung aufrufen. Unterzeichnet war der Aufruf für die deutsche Delegation von L e d e b o u r und A d o l f H o f f m a n n , für die französische Delegation von A. Bourderon und A. Merrheim, für die italienische Delegation von G. L. Modigliani und Const. Lazzari, für die russische Delegation von N. Lenin, Paul Axelrod und M. Bobroff, für die polnische Delegation von Labinski, Karski und Hanecki, für die interbalkanische Föderation von Racovski, für die skandinavische Delegation von Höglund und Ture Norman, für die holländische Delegation von Roland Holst, für die Schweizer Delegation von Grimm und Charles Naine.

Dem deutschen Parteivorstand war es nicht recht, daß sich ohne seine Genehmigung auch einige deutsche Parteigenossen an der Zimmerwalder Konferenz beteiligt hatten. Er richtete ein v e r - t r a u l i c h e s R u n d s c h r e i b e n an die Parteiorganisationen, worin er beteuerte, daß die Leitung der deutschen Sozialdemokratie bisher alles getan hätte, was in ihren Kräften stand, um einen baldigen Frieden zu erzielen, daß sie aber mit ihren Bestrebungen im Auslande bisher leider wenig Gegenliebe gefunden habe. Es sei die Aufgabe der berufenen Parteileitung, mit den Bruderparteien Verhandlungen zu führen, die Teilnahme einzelner Parteigenossen an internationalen Konferenzen sei nur geeignet, die Anknüpfung freundschaftlicher Beziehungen mit dem Auslande zu erschweren. Der Parteivorstand lehne jede Verantwortung für die Zimmerwalder Konferenz ab. Er mache ferner aufmerksam auf einen Aufruf des Bureaus des internationalen Verbandes sozialistischer Jugendorganisationen, in dem u. a. gesagt werde: „Der Boden für eine revolutionäre Empörung ist gegeben, säen wir." Die Parteigenossen, besonders die in der Jugendbewegung tätigen Genossen sollten vor jedem unüberlegten Tun gewarnt werden. So hat sich der Parteivorstand schon bei dieser Gelegenheit gegen jeden wirklichen Versuch einer internationalen Verständigung des Proletariats gewandt.

Der Herbst 1915 ging unter den h e f t i g s t e n A u s e i n a n d e r - s e t z u n g e n in der Partei vorüber. Die Wortführer der Sozialpatrioten stellten sich immer offener in den Dienst der offiziellen Kriegspolitik; sie schrieben zusammen mit den Vertretern des Unternehmertums dickleibige Bücher über die Harmonie der Klasseninteressen, sie fuhren als gerngesehene Gäste der Heeresleitung im Auto an der Front herum, während zu gleicher Zeit die Vorkämpfer einer proletarischen, sozialistischen Politik in Gefängnissen und Zuchthäusern schmachteten, die härtesten Urteile über Flugblattverbreiter gefällt wurden. Das alles hinderte freilich nicht, daß die Opposition sich immer stärker regte und von den Parteiinstanzen immer stürmischer die Abkehr von ihrer Kriegspolitik verlangt wurde. Die gespannte Situation in der Partei drängte zur Entladung, und sie kam in der nächsten Tagung des Reichstags im Dezember 1915.

Einige Wochen vorher hatte K a r l K a u t s k y in der „Neuen Zeit" auseinandergesetzt, daß die Fraktionsminderheit sich an die Fraktionsdisziplin nicht halten dürfe, sondern ihrer Ueberzeugung

Ausdruck geben müsse. Er verlangte, daß bei der nächsten Kreditvorlage die Minderheit auch im Plenum dagegen stimmen solle.
Diese Ausführungen entfesselten eine lebhafte Diskussion in der
Parteipresse und in den Organisationen. Die „Leipziger Volkszeitung" unterstützte die Anregungen Kautskys. Am 27. November
führte sie aus:

> „Wir wollen die Einheit der Partei erhalten wissen;
> wir haben das bei mehreren Gelegenheiten sehr unzweideutig gesagt
> und durch unsere ganze Haltung zu erkennen gegeben, daß unserer
> Meinung nach ein jeder Sozialdemokrat bereit sein muß, um der Einheit
> der deutschen Arbeiterbewegung große Opfer zu bringen. Wir haben
> energisch jede Propaganda der Parteispaltung abgewiesen. Aber wir
> müssen es ebenso deutlich heute aussprechen, daß wir weiteres Schweigen
> der Minderheit der Fraktion zu abermaliger Fortsetzung der Nichts-als-
> Durchhaltepolitik der Fraktionsmehrheit für unerträglich halten. Wir
> meinen, daß angesichts dessen, was jetzt auf dem Spiele steht, die
> Minderheit der Fraktion das Recht in Anspruch nehmen muß,
> ihren Standpunkt im Reichstag öffentlich kundzu-
> geben und daß die Mehrheit ihr dieses Recht zubilligen muß.
>
> Wenn sie das tut, so ist die Einheit der Partei nicht ge-
> fährdet. Schlimmer als das Aussprechen dessen, was ist, gefährlicher
> für die Partei und ihre Einheit wird auf die Dauer dieser Zustand, wo ein
> Teil der Partei, der auf alle Fälle eine große, bedeutende Minderheit
> darstellt, aller gesetzlichen Mittel beraubt ist, seine Meinung vor der
> Oeffentlichkeit darzulegen."

Die Fraktion hatte sich nun endlich dazu bereitfinden lassen, eine
Interpellation über den Frieden einzubringen. Der Reichskanzler
wurde angefragt, unter welchen Bedingungen er geneigt sei, in
Friedensverhandlungen einzutreten. Schon die Formulierung dieser
Interpellation ließ darauf schließen, daß es der Fraktionsmehrheit gar
nicht darauf ankam, gegen die Kriegspolitik der Regierung etwa
wirksam vorzugehen. Und wenn darüber noch Zweifel bestehen
sollten, so wurden sie durch die Ausführungen von Scheidemann, der die Interpellation begründete, zerstreut. Er klopfte auf
das deutsche Schwert und führte aus, daß Deutschland militärisch
so stark sei, daß es jetzt Frieden schließen könne. Der Reichskanzler hatte demgegenüber ein leichtes Spiel. Er führte aus, daß
die deutsche Regierung nicht daran denke, um Frieden zu betteln.
Deutschland habe genug Lebensmittel, um den Krieg noch recht
lange und, wie er hoffe, bis zum Siege Deutschlands weiterzuführen.
Was der Reichskanzler offiziell nicht sagte, das holte der Zentrums-
abgeordnete Spahn nach, der im Namen aller bürgerlichen
Parteien folgendes erklärte:

> „Mögen unsere Feinde sich erneut zum Ausharren im Kriege ver-
> schwören, wir warten in voller Einmütigkeit mit ruhiger Entschlossen-
> heit und — lassen Sie mich einfügen — im Gottvertrauen — die Stunde
> ab, die Friedensverhandlungen ermöglicht, bei denen für die Dauer die
> militärischen, wirtschaftlichen, finanziellen und politischen Interessen
> Deutschlands im ganzen Umfange und mit allen Mitteln einschließ-
> lich der dazu erforderlichen Gebietserwerbungen ge-
> wahrt werden müssen."

Hier war also das offene Bekenntnis zu Annexionen,
das im Namen aller bürgerlichen Parteien abgegeben wurde, deren

stürmischen Beifall fand, und mit dem die Regierung sicher im vollen Einverständnis stand. Nunmehr wäre es die Pflicht der gesamten sozialdemokratischen Fraktion gewesen, sich gegen diese Annexionspläne zu erheben und endgültig den Bruch mit der deutschen Kriegspolitik vorzunehmen. Das sollte verhindert werden. Die bürgerlichen Parteien stellten einen Schlußantrag und unter starkem Lärm wurde er vom Präsidenten als angenommen erklärt. Es kam zu einer stürmischen Geschäftsordnungsdebatte, in der Genosse Haase folgendes erklärte:

„. . . Meine Herren, gerade nach den unbestimmten, allgemeinen, vieldeutigen Aeußerungen des Herrn Reichskanzlers und nach den letzten Worten des Herrn Spahn ist es notwendig, daß unser Volk und die Welt erfahren, daß n i c h t e t w a d e r g e s a m t e R e i c h s t a g m i t d i e s e n A u s f ü h r u n g e n e i n v e r s t a n d e n ist.

Nein, meine Herren, ich erkläre für meine Person, daß ich die Gemeinschaft mit den Anschauungen, die hier zum Ausdruck gekommen sind, mit aller Entschiedenheit ablehne, und ich weiß mich eins darin mit der überwältigenden Mehrheit unseres Volkes. Meine Herren, wollen Sie denn wirklich, daß aus diesem Gemetzel, das ja alle bedauert haben, schließlich als Ergebnis herauskommt ein Europa, das einen Trümmerhaufen bildet, durchtränkt von Tränen und Blut? W i r v e r l a n g e n e i n e A b s a g e a n a l l e E r o b e r u n g s p l ä n e, von welcher Seite sie auch kommen und in welcher Form sie sich auch äußern. Wir wollen den Frieden."

In der Debatte wies L e d e b o u r nach, daß die bürgerliche Mehrheit durch den Schlußantrag die größte Partei, die Sozialdemokratie, vergewaltigt habe, die Partei, die in diesem Augenblicke nicht nur ihre vier Millionen Wähler hinter sich habe, sondern aller Wahrscheinlichkeit nach die große Mehrheit des Volkes. L i e b k n e c h t sagte, daß das, was er seit jeher als Lüge und Regierungsmanöver bezeichnet habe, der Burgfriede, heute in Wahrheit als Lüge enthüllt sei.

Die Besprechung über die Interpellation wurde von neuem aufgenommen. Es sprach jetzt L a n d s b e r g. Statt einer offenen Kampfansage an die Annexionisten bekam man aus seinem Munde deren offene Unterstützung zu hören. Er stellte es so dar, als wenn Bethmann Hollweg nichts mit den Eroberungsabsichten der bürgerlichen Parteien zu tun habe, und daß deshalb die deutsche Regierung das Recht hätte, alle Annexionsabsichten abzuleugnen. Als Liebknecht dazwischenrief, daß an den Annexionsabsichten der Regierung kein Zweifel herrschen könne, schleuderte Landsberg ihm die bezeichnenden Worte zu: „Aber ich bitte Sie, meine Herren, geben Sie doch nicht dem Auslande Waffen in die Hand." Und er schloß seine Rede mit heftigen Angriffen auf die Opposition in der eigenen Partei. Es konnte nicht wundernehmen, daß die Rede bei den bürgerlichen Parteien stürmischen Beifall fand.

Die Sozialdemokratische Arbeitsgemeinschaft.

Gewitterstimmung in der Reichstagsfraktion. — Erklärung der Minder-
heit zu den neuen Kriegskrediten. — Die Parteiinstanzen gegen die
Minderheit. — Ausschluß Karl Liebknechts aus der Fraktion. — Die
Minderheit gegen den Notetat. — Ausschluß der Minderheit und
Bildung der Sozialdemokratischen Arbeitsgemeinschaft.

Vor der Abstimmung über die f ü n f t e n K r i e g s k r e d i t e gab
Genosse Haase in der Fraktion für die Minderheit die Erklärung ab,
daß sie gegen sie stimmen und eine Erklärung dazu abgeben würde.
Diese Haltung der Fraktionsminderheit war besonders durch die
herausfordernde Rede Landsbergs veranlaßt worden. Die Erklärung
war unterzeichnet von den Genossen Albrecht, Antrick, Baudert,
Bernstein, Bock, Brandes, Büchner, Dr. Oscar Cohn, Dittmann,
Emmel, Ewald, Fuchs, Geyer, Haase, Dr. Herzfeld, Henke, Hoch,
Hofrichter, Horn (Sachsen), Hugel, Kunert, Ledebour, Dr. Liebknecht,
Raute, Reißaus, Rühle, Schwartz (Lübeck), Simon, Stadthagen, Stolle,
Vogtherr, Wurm und Zubeil.

Der Parteivorstand suchte dem heraufsteigenden Gewitter dadurch
zu begegnen, daß er der Parteipresse einen Artikel zusandte, der die
Ueberschrift trug: „Es geht um die Einheit der Partei." Im Widerspruch mit den Tatsachen wurde darin behauptet, daß kein Mensch
in der Partei bisher daran gedacht habe, den Vertretern der Minderheit aus den Bekundungen ihres abweichenden Standpunktes in der
Presse und im Rahmen der Parteiorganisation einen Vorwurf zu
machen. In Wirklichkeit hat der Parteivorstand nicht nur kaltlächelnd
gebilligt, daß die Heine, die Lensch, die Cunow, die Winnig die
Minderheit mit den ärgsten Schimpfworten belegten, er hatte sich
bisher auch noch wenig gerührt, um die Opfer der zivilen und militärischen Kriegsjustiz zu schützen. Nun verlangte er, daß eine
einheitliche Kampffront gebildet werden solle, daß die Parlamentstribüne nicht dazu benutzt werde, die Parteidifferenzen auszutragen.

Demgegenüber stellte die Presse der Opposition fest, daß der
Parteivorstand es nicht für nötig gehalten hatte, auch nur mit einem
Wort auf all das einzugehen, was an Gründen für die Notwendigkeit
des selbständigen Auftretens der Minderheit vorgebracht worden
war. Der Erlaß zeige alle üblen Eigenschaften einer Polemik, die
den Gegner nicht zu Wort kommen läßt, die die Oeffentlichkeit über
das, was bekämpft wird, möglichst im Unklaren läßt, um den Gegner
dadurch um so sicherer ins Unrecht zu setzen.

Es kam bald darauf heraus, daß die Mehrheit des Parteivorstandes
die parteiamtlichen Einrichtungen mißbraucht hatte. Eine Sitzung

des Parteivorstandes, in der ein Beschluß zu einer Veröffentlichung des Erlasses hätte gefaßt werden können, hatte nicht stattgefunden. Die Genossen Haase, Wengels und die Genossin Zietz, die Mitglieder des Parteivorstandes waren, wurden zu einer solchen Sitzung nicht geladen. Es handelte sich also nicht um eine Erklärung des Parteivorstandes, sondern höchstens um eine Meinungsäußerung des Rumpfparteivorstandes.

In der Reichstagssitzung vom 29. Dezember sollte über die fünfte Kreditvorlage im Betrage von 10 Milliarden Beschluß gefaßt werden. Ebert gab eine Erklärung ab, die im Geiste der Reden von Scheidemann und Landsberg gehalten war und die Zustimmung zu den Krediten enthielt. Nunmehr gab Fritz Geyer im Namen von 20 Mitgliedern der sozialdemokratischen Fraktion folgende Erklärung ab:

„Die Militärdiktatur, die rücksichtslos alle Friedensbestrebungen unterdrückt und die freie Meinungsäußerung zu ersticken sucht, macht es uns unmöglich, außerhalb dieses Hauses unsere Stellung zu der Kreditvorlage zu begründen. Wie wir Eroberungspläne, die von Regierungen und Parteien anderer Länder aufgestellt werden, mit aller Kraft bekämpfen, so wenden wir uns mit derselben Entschlossenheit auch gegen das verhängnisvolle Treiben der Annexionspolitiker unseres Landes, die in gleicher Weise wie jene das stärkste Hindernis für die Einleitung von Friedensverhandlungen sind. Diese gefährliche Politik hat der Reichskanzler am 9. Dezember, als er zu der sozialdemokratischen Interpellation das Wort ergriff, nicht von sich gewiesen, er hat ihr vielmehr Vorschub geleistet, und die sämtlichen bürgerlichen Parteien haben in Unterstützung seiner Ausführungen ausdrücklich Gebietserwerbungen gefordert. Erfolgversprechende Friedensverhandlungen sind aber nur möglich auf der Grundlage, daß kein Volk vergewaltigt, daß die politische und wirtschaftliche Selbständigkeit und Unabhängigkeit jedes Volkes gewahrt, daß allenthalben Eroberungsplänen jeder Art entsagt wird. Unsere Landesgrenzen und unsere Unabhängigkeit sind gesichert, nicht der Einbruch feindlicher Heere droht uns, wohl aber geht unser Reich wie das übrige Europa bei Fortsetzung des Krieges der Gefahr der Verarmung und der Verwüstung seiner Kultur entgegen. Der deutschen Regierung käme es zu, da Deutschland sich mit seinen Verbündeten in günstigerer Kriegslage befindet, den ersten Schritt zum Frieden zu tun. Von der sozialdemokratischen Fraktion ist sie aufgefordert worden, den Gegnern ein Friedensangebot zu machen. Der Reichskanzler hat dies jedoch schroff abgelehnt. Der entsetzliche Krieg geht weiter, jeder Tag schafft neue unsägliche Leiden. Eine Politik, die nicht alles tut, um diesem namenlosen Elend Einhalt zu gebieten, eine Politik, die in ihrer gesamten Betätigung in schreiendem Gegensatz zu den Interessen der breiten Massen der werktätigen Bevölkerung steht, durch unser parlamentarisches Verhalten zu unterstützen, ist uns unmöglich. Es gilt, dem in allen Ländern hervortretenden und wachsenden Friedensbedürfnis einen kräftigen Antrieb zu geben. Unseren Friedenswillen und unsere Gegnerschaft gegen Eroberungspläne können wir nicht vereinbaren mit der Zustimmung zu den Kriegskrediten. Wir lehnen die Kredite ab.“

Die Erklärung Geyers, die ruhig und würdig vorgetragen wurde, machte im Hause sichtlichen Eindruck. Am Schlusse erhielt er noch über den Kreis der 20 hinaus lebhaften Beifall. Denn in der Fraktion hatten wohl 43 Genossen gegen die Bewilligung der Kredite gestimmt, aber nur 20 fanden den Mut, sich der Sonderaktion anzuschließen. Die bürgerlichen Parteien schwiegen still. Bei der Abstimmung stimmten die 20 dagegen, etwa 22 andere Mitglieder der sozialdemokratischen Fraktion verließen den Saal. Nach Beendigung der Plenarsitzung hielt die Fraktion eine Sitzung ab, die sich mit dem Sondervotum der 20 befaßte. Die F r a k t i o n s - m e h r h e i t erließ folgende E r k l ä r u n g :

Die Fraktion hat sich am Montag mit der von einer Anzahl Genossen angekündigten Sonderaktion im Reichstage beschäftigt. In der eindringlichsten Weise wurde den in Betracht kommenden Genossen vorgestellt, in wie schlimmer Weise sie d i e E i n h e i t d e r P a r t e i g e f ä h r d e n , wenn sie ihr Vorhaben verwirklichen. Es wurde zum Schluß der Debatte festgestellt, daß die Fraktion noch am 2. Februar 1915 mit 93 gegen nur 4 Stimmen beschlossen hat, daß unter allen Umständen im Plenum e i n - h e i t l i c h a b g e s t i m m t werden muß. Ein am 30. November 1915 gestellter Antrag, der für die Minderheit Aktionsfreiheit im Plenum forderte, vereinigte nur 29 Stimmen auf sich. Dagegen wurde ein Antrag, der das selbständige Auftreten der Minderheit erneut für unzulässig erklärt, „weil es gegen die dringend notwendige Einheit der Partei verstößt", mit allen gegen nur 27 Stimmen angenommen. Genosse Haase erklärte, daß er sich dem Vorgehen der Minderheit anschließen werde und infolgedessen s e i n A m t a l s F r a k t i o n s v o r s i t z e n d e r n i e d e r l e g e . — Am Dienstag gaben 20 Mitglieder der Fraktion eine besondere Erklärung im Reichstag ab und setzten sich damit über die Fraktionsbeschlüsse hinweg. Die Fraktion trat sofort nach dem Plenum erneut zusammen, um Stellung zu der nunmehr vollzogenen Tatsache des Disziplinbruchs zu nehmen. Die Aussprache endete mit der Annahme folgender Resolution:

„Die Fraktion erblickt in der Sonderaktion einen D i s z i p l i n b r u c h b e d a u e r l i c h s t e r A r t . Die Sonderaktion zerstört die Einheit der parlamentarischen Aktionen in der schwierigsten politischen Lage und ist darum auf das schärfste zu verurteilen.

Die Fraktion lehnt die Verantwortung für jede Sonderaktion und für alle sich daraus ergebenden politischen Wirkungen ab."

Diese Resolution wurde mit 63 gegen 15 Stimmen angenommen.

Die M i n d e r h e i t d e r F r a k t i o n erklärte dazu das folgende:

„Die Fraktionsmehrheit hält an dem durchaus verfehlten Standpunkt fest, daß das Verhalten der Minderheit einen Disziplinbruch darstelle. In Wahrheit hat die Minderheit l e d i g l i c h i h r e P f l i c h t e r f ü l l t . Die Fraktionsmitglieder sind Vertreter der Gesamtpartei. Die von der Ansicht der jetzigen Fraktionsmehrheit abweichende Anschauung kann außerhalb des Parlaments zurzeit nicht zur Geltung kommen. Deshalb war die Minderheit in die Notwendigkeit gesetzt, die Gründe für ihre Abstimmung da darzulegen, wo es allein noch möglich ist, auf der Tribüne des Parlaments. Dadurch hat sie gegen keinen Parteitagsbeschluß verstoßen. Sie ist überzeugt, daß sie vielmehr i m S i n n e d e r a u f d e n P a r t e i t a g e n g e f a ß t e n B e s c h l ü s s e gehandelt hat. Die Einheit der Partei wird durch das Vorgehen der Minderheit in keiner Weise gefährdet, sondern im Gegenteil gestärkt. Denn es steht außer allem Zweifel, daß eine große Anzahl Parteigenossen auf das schwerste enttäuscht wären, wenn nicht endlich im Reichstag das ausgesprochen wäre, was sie selbst infolge der jetzigen Umstände nicht öffentlich sagen können. Diese Genossen werden durch das Vorgehen der Minderheit wieder stärker an die Partei gefesselt. Damit wird d i e G e s c h l o s s e n - h e i t d e r P a r t e i f ü r d i e Z u k u n f t gefestigt. Das Vorgehen der Parteiminderheit spaltet nicht, sondern fördert die Einheit der Partei."

Wie aus diesen Erklärungen hervorgeht, hatte H a a s e sein Amt als Fraktionsvorsitzender niedergelegt. H o c h legte gleichfalls sein Amt im Fraktionsvorstand nieder.

Die Sonderaktion der Minderheit entfesselte naturgemäß lebhafte Diskussionen in der Presse und in den Organisationen. Die sozialpatriotischen Blätter entrüsteten sich über den verbrecherischen Schritt gegen die Einheit der Partei und malten besonders die Wirkung aus, die diese Aktion auf das Ausland haben werde. Die Blätter der Opposition verkannten den Ernst der Stunde durchaus nicht. Zum ersten Mal, seitdem die sozialdemokratische Fraktion im Reichstag größere Bedeutung besitze, habe eine Anzahl ihrer Mitglieder offen einen von der Mehrheit abweichenden Standpunkt eingenommen. Das sei ohne Zweifel ein Schritt, den nur die dringendste Notwendigkeit zu rechtfertigen vermöge. Es sei ein Bruch mit der Tradition, aber es gebe Dinge, die höher gewertet werden müßten, als die Ueberlieferung, und so wenig wie die Disziplin dürfe die Tradition zum Fetisch werden. Entscheidend bleibe unter allen Umständen das Interesse der Partei. Die 20 hätten Treue gegenüber der Partei geübt, indem sie die Disziplin der Fraktion verletzten. Festgestellt wurde dabei noch, daß sich zur Zeit Fraktionsmehrheit und Fraktionsminderheit wie 3 zu 2 verhielten.

Es gab auch Heißsporne in der Partei, sowohl auf der rechten wie auf der linken Seite, die bei diesem Anlaß die Spaltung herbeiführen wollten. So schrieb O t t o R ü h l e in der „Pirnaer Volkszeitung", daß der Spaltung in der Fraktion auch die Spaltung der Partei unvermeidlich folgen müsse. Er wisse, daß in der Partei viele Tausende die unausbleibliche Spaltung auch der Partei zur Vorbedingung für ihre fernere Betätigung als Kämpfer in den Reihen der Sozialdemokratie machten. Die „Leipziger Volkszeitung" bemerkte zu diesen Aeußerungen:

„Wir bedauern sie und lehnen sie entschieden ab. Die Ablehnung der Kriegskredite und die Erklärung der 20 Abgeordneten haben jedenfalls m i t d i e s e n A b s i c h t e n R ü h l e s n i c h t s z u s c h a f f e n. Solange sich keiner der anderen 19 Abgeordneten ausdrücklich Rühle anschließt, dürfen wir annehmen, daß sie sämtlich s e i n e n P l a n a u f P a r t e i s p a l t u n g e n t s c h i e d e n a b l e h n e n u n d v e r u r t e i l e n. Daß viele andere und viele Tausende in der Partei mit Rühle die Spaltung wünschen, bezweifeln wir sehr; jedenfalls haben die Parteiorganisationen, die sich für das selbständige Vorgehen der Minderheit aussprachen, a l l e s a n d e r e a l s d i e A b s i c h t, d i e P a r t e i z u s p a l t e n."

Die Anhänger der Richtung Liebknecht und Rühle hatten sich allerdings schon vorher von der Opposition getrennt und eine Propaganda auf eigene Faust getrieben. Sie gaben besonders die Spartakusbriefe heraus, die später ihrem Bunde den Namen gegeben haben. Sie veranstalteten besondere Konferenzen und gaben sich eigene Programme.

Es war jetzt noch eine Frage der Zeit, wann es zum offenen Bruch zwischen Mehrheit und Minderheit in der Fraktion kommen würde. Beide Richtungen hielten neben den gemeinsamen Sitzungen noch regelmäßige Sonderberatungen ab. L e g i e n hatte in der Sitzung nach der Abstimmung einen Antrag auf Ausschluß der 20 aus der

Fraktion gestellt, und der Fraktionsvorstand verlangte, daß die 20 von der Stellung von Fraktionsrednern im Plenum und in den Kommissionen ausgeschlossen werden sollten. Es wurde aber schließlich ein milderer Antrag angenommen, der die Sonderaktionen aufs schärfste mißbilligte.

Am 7. und 8. Januar tagte wiederum der Parteiausschuß in Gemeinschaft mit dem Parteivorstand. Es wurde eine Entschließung angenommen, die das Vorgehen der 20 verurteilte und erklärte, es sei nicht geeignet, „die von der Gesamtfraktion unternommene Friedensaktion zu stärken und dient den Interessen der Arbeiterklasse in keiner Richtung". Insbesondere verdiene das Verhalten des Genossen Haase die schärfste Mißbilligung. Weiter stelle der Parteiausschuß fest, daß der „Vorwärts" seine Pflicht als Zentralorgan der Partei nicht erfülle. Statt die Politik der Partei zu vertreten, fördere die Redaktion des „Vorwärts" die auf Parteizerrüttung gerichteten Bestrebungen. Damit verwirke der „Vorwärts" jedes Recht, als Zentralorgan der deutschen Partei zu gelten.

Der „Vorwärts" stellte dazu fest, daß der Parteiausschuß mit seiner Mißbilligung die ihm zustehenden Befugnisse überschritten habe. Der „Vorwärts" habe stets im Sinne der auf deutschen Parteitagen und auf internationalen Kongressen geforderten Politik gewirkt. Die Politik der Fraktionsmehrheit und die der Partei sei nicht gleichzusetzen. Der Parteiausschuß habe nicht das mindeste Recht, festzustellen, ob der „Vorwärts" als Zentralorgan der Partei gelte. Der Parteiausschuß habe sich damit über den klaren Wortlaut des Organisationsstatuts hinweggesetzt.

Einige Tage später, am 12. Januar, führte die Reichstagsfraktion die e r s t e S p a l t u n g durch. Karl Liebknecht hatte wiederum, ohne die Fraktion vorher zu verständigen, dem Bureau des Reichstags eine Anzahl Anfragen überreicht. Darauf faßte die Fraktion mit 60 gegen 25 Stimmen folgenden Beschluß:

„Da Genosse Liebknecht fortgesetzt gegen die Beschlüsse der Fraktion handelt und somit die Pflichten der Fraktionsgemeinschaft auf das Gröblichste verletzt, erklärt die Fraktion, daß Liebknecht dadurch d i e R e c h t e , d i e i h m a u s d e r F r a k t i o n s z u g e h ö r i g k e i t e n t - springen, verwirkt hat."

. Dieses Kauderwelsch sollte natürlich nur verdecken, daß Karl Liebknecht kurzerhand aus der Fraktion ausgeschlossen war. Dazu hatte die Fraktionsmehrheit aber nicht das mindeste Recht. Ueber die Zugehörigkeit zur Fraktion hatte nicht die Fraktion zu bestimmen, sondern die Organisation, die den Abgeordneten in den Reichstag entsandte. Die Wähler Liebknechts aber hatten bisher stets dessen Haltung gebilligt. Indem die Fraktionsmehrheit sich auf so brutale Weise über jedes Recht hinwegsetzte, zeigte sie deutlich, wer in Wirklichkeit die Zertrümmerung der Partei wollte. An die Stelle des Willens der Organisation setzte sie die Willkür einer Handvoll Führer. Das wurde durch die Minderheit sofort festgestellt. Sie veröffentlichte eine Erklärung, die folgendermaßen schloß:

„Die Fraktion ist n i c h t b e f u g t , sich zum Richter über das einzelne Fraktionsmitglied aufzuwerfen. Der Beschluß ist also e i n e o f f e n b a r e V e r g e w a l t i g u n g . Er beraubt Liebknecht der Rechte, die ihm als

Abgeordneten nach dem Willen seiner Wähler und der Gesamtpartei auf Grund des Gesetzes und der Verfassung zustehen. Liebknecht muß demnach nach wie vor a l s v o l l b e r e c h t i g t e s M i t g l i e d d e r F r a k - t i o n g e l t e n. Die Partei kennt nur gleichberechtigte Mitglieder. Zu diesem Grundsatz steht der Beschluß der Fraktion im schärfsten Widerspruch."

Karl Liebknecht verstand sofort den wahren Inhalt des Beschlusses der Fraktionsmehrheit; er teilte dem Reichstagsbureau mit, daß er aus der sozialdemokratischen Fraktion ausgeschieden sei. Kurz darauf erklärte sich Rühle mit Liebknecht solidarisch.

Die Vorgänge im Reichstage veranlaßte die O r g a n i s a t i o n e n, sich mit der Stellung der Partei zu befassen. Der Zentralvorstand der Groß-Berliner Parteiorganisationen nahm mit 41 gegen 17 Stimmen eine Entschließung an, worin die von der Fraktionsminderheit abgegebene Erklärung gebilligt und bedauert wurde, daß nicht die gesamte Fraktion diese Erklärung abgegeben habe. Eine von 320 Funktionären besuchte Kreiskonferenz des 6. Berliner Reichstagswahlkreises sprach dem Genossen Ledebour für seine Haltung ihre volle Billigung aus. Eine von 300 Mitgliedern besuchte Konferenz des 4. Berliner Wahlkreises nahm gegen 7 Stimmen zwei Resolutionen an, in der die Haltung der Fraktionsminderheit begrüßt wurde; sie habe der Stimmung weitester Parteikreise Ausdruck gegeben. Aehnliche Erklärungen gaben die anderen Berliner Kreise, sowie eine ganze Anzahl größerer Parteiorganisationen im Reiche, wie Leipzig, Halle und Bremen, ab.

In der Wochenschrift der österreichischen Sozialdemokratie, im „Kampf" vom Januar 1916 schrieb F r i e d r i c h A d l e r über das Vorgehen der Minderheit das Folgende:

„Die Fraktionsminderheit in Deutschland hat vom 4. August an das Vorgehen der Mehrheit für ein Abschwenken vom Programm gehalten. Aber sie hoffte und hoffte immer von neuem, daß die Mehrheit zur Besinnung kommen werde, und hat, weil sie die gemeinsame Aktion in ihrem ganzen Werte erkannte, mit der größten Selbstüberwindung die Politik der Verfehlungen gegen das Gesamtinteresse des Proletariats, die Politik der Zerreißung der Internationale zwar durch die Aufklärung zu überwinden gesucht, aber ohne Störung der Parteiaktion hingenommen. Die Minderheit wartete und hoffte von Abstimmung zu Abstimmung. Sie wurde stärker und stärker, aber die Mehrheit in der Fraktion zu werden, durfte sie noch lange hinaus nicht erwarten. Und so wurde die Frage immer brennender, ob es nicht im höchsten Interesse des Proletariats gelegen sei, daß wenigstens die Minderheit den Weg gehe, den sie als den einzig möglichen zur Wiederherstellung der internationalen Solidarität ansah. Die Frage, ob die Einheit der Reichstagsfraktion wichtiger sei oder die Dokumentierung der internationalen Gesinnung durch die Minderheit, wurde schließlich nach schweren inneren Kämpfen in letzterem Sinne entschieden. Die Einheit der deutschen Reichstagsfraktion war gesprengt, aber eine Brücke geschlagen zu den Proletariern aller Länder. Die höchste Solidarität, die Solidarität des Gesamtproletariats war ausschlaggebend im Konflikt mit der Solidarität innerhalb einer begrenzten Gruppe.

Und das ist d e r e n t s c h e i d e n d e P u n k t, auf den es bei der Beurteilung des „Disziplinbruches der deutschen Minderheit" ankommt. Eine wirkliche Versündigung gegen die Interessen der Arbeiterbewegung ist jeder Disziplinbruch, der darauf beruht, daß eine Gruppe ihre Interessen über die Gesamtheit stellt, daß sie handelt im Widerspruch zum sozialen Denken. Für die Minderheit der deutschen Reichstagsfraktion kamen aber nicht die Interessen ihrer Gruppe in Betracht, sondern gerade sie war durchdrungen von den Grundsätzen sozialen Denkens, sie ging aus von der internationalen Solidarität der Arbeiterklasse, von dem höchsten Gesichtspunkt unserer ganzen Bewegung, die sie durch die Politik der Mehrheit für verletzt ansah."

Die Instanzenmehrheiten gingen nunmehr rücksichtslos gegen die Opposition in der Partei vor. Nachdem der Parteiausschuß erklärt hatte, daß der „Vorwärts" das Recht verwirkt habe, als Parteiorgan zu gelten, versuchte der Parteivorstand einen Ersatz dafür zu schaffen. Zu diesem Zwecke gab er die „Parteikorrespondenz", die bisher eine Sammelstätte für Zeitungsausschnitte war und unter der Leitung von Georg Schöpflin stand, einem der feurigsten Kriegspatrioten, in erweitertem Umfange heraus. Sie sollte künftig um „sachliche Richtigstellungen" bereichert werden. Das bedeutete nichts anderes, als daß dieses Blatt das Organ der Parteivorstandsmehrheit wurde, ohne daß jedoch die Instanzen den Mut hatten, es als solches zu bezeichnen. Der Zentralvorstand der Bezirksorganisation für die Provinz Brandenburg, der damals in seiner großen Mehrheit aus Kriegsfreunden bestand, beschloß, die „Fackel", eine Agitationsschrift für das Land, deren Erscheinen der Krieg unterbrochen hatte, wieder herauszugeben. Es war aber jetzt keine Agitationsschrift für die Partei, sondern das Blatt enthielt fast nur Artikel und Notizen parteipolemischen Inhalts, die sich gegen die deutsche Opposition und gegen die sozialistischen Parteien des Auslandes richteten. Die Zeitschrift war denn auch dazu bestimmt, nicht neue Anhänger für die Partei zu werben, als vielmehr den Anschauungen des „Vorwärts" entgegenzuwirken.

Die Zensurbehörden ließen es inzwischen an Schneidigkeit nicht fehlen. Unaufhörlich wurden opponierende Genossen und Flugblattverbreiter drangsaliert, in die Gefängnisse geworfen, in die Schützengräben geschickt. Das hinderte jedoch nicht, daß die Verbreitung von illegalen Schriften einen immer größeren Umfang annahm. Welche Sorge den Militärbehörden daraus entstand, die das württembergische Generalkommando in einen ihrer Geheimbefehle aufnahm:

1. Ein Ende dem Winterfeldzug.
2. Hinter den Kulissen in „großer Zeit" usw.
3. Den Genossen und Genossinnen zur Aufklärung (Verlag von Fr. Engelhardt).
4. Bilder ohne Worte.
5. Proletarier Europas.
6. Erklärung von 36 sozialdemokratischen Reichstagsabgeordneten (Berlin 2. 12. 15).
7. Jugendinternationale (Verlag Sekretariat der Internationalen Verbände sozialistischer Jugendorganisationen).
8. Parteigenossen! Parteigenossinnen!
9. Wer hat die Schuld am Kriege?
10. Reale Garantien für einen kommenden Frieden.
11. Krieg, Zusammenbruch und Revolution von J. Karski.

12. Ansprache der deputierten Groſz-Berliner Genossinnen an den Parteivorstand und an den Parteiausschuſz vom 28. 10. 1915.
13. Genug des Mordens.
14. „Disziplinbrüche", mit Schreibmaschine geschrieben.
15. Disziplinbrüche.
16. Der Weltkrieg.
17. Ein Brief an die „Norddeutsche Allgemeine Zeitung".
18. An die Internationale Konferenz grundsatztreuer Sozialdemokraten. Unterschrieben: Die programmtreuen Sozialdemokraten Württembergs.
19. Opportunistische Marseillaise.
20. Frauen des arbeitenden Volkes. (Schweizerische Sozietätsdruckerei.)
21. Dasselbe (einseitig) unterzeichnet: Die internationale sozialistische Frauenkonferenz, Bern im März 1915.
22. „Der Annexionswahnsinn" als Manuskript gedruckt bei der Schweizerischen Sozietätsdruckerei.
23. Krieg und Proletariat.
24. Der Hauptfeind steht im eignen Land. Verantw. Wilh. Mayer.
25. Der Zusammenbruch.
26. Die Hetze gegen Haase.
27. Dasselbe (Schweizerische Sozietätsdruckerei).
28. An den Vorstand der Sozialdemokratischen Partei Deutschlands, unterzeichnet: 90 Groſz-Berliner Unterzeichner des Protestschreibens vom 9. und 13. Juli 1915.
29. Revisionistenspiegel von August Bebel.
30. Ein neues Wintermärchen.
31. Neues von der württembergischen Freiheit. (Unterzeichnet: Putschistenkomitees.)
32. Die militärische Zensur.
33. Was ist und was geschehen soll.
34. Das erste Dokument der kommenden Internationale.

Die Wintermonate flossen in dumpfer Spannung und zugleich unter den heftigsten Auseinandersetzungen in der Partei dahin. Es hagelte Angriffe auf die „Disziplinbrecher", auf die diese jedoch in der Oeffentlichkeit nicht deutlich genug antworten konnten. Es war ein ungleiches Spiel zwischen Mehrheit und Opposition. In eine besonders miſzliche Lage war die Fraktionsminderheit gekommen, die den schärfsten Angriffen ausgesetzt war, ohne daſz sie in der Presse oder sonst öffentlich ihren Standpunkt deutlich genug entwickeln konnte. Immer dringlicher, so führte der „Vorwärts" ein wenig später darüber aus, stellte sich für die Fraktionsminderheit die Notwendigkeit heraus, wenigstens an der einzigen Stelle, wo zeitweilig Gelegenheit zur freien Aussprache gegeben war, von der Parlamentstribüne ihre Auffassungen darlegen zu können. Die Fraktionsmehrheit hielt es dagegen für notwendig, die Redner nur aus ihren eigenen Reihen zu stellen. So blieb der Minderheit schlieſzlich nichts anderes übrig, als endlich die Gelegenheit zu ergreifen, auch ohne Genehmigung der Mehrheit ihre Stellung darzulegen.

Diese Gelegenheit kam am 24. März 1916, als der N o t e t a t zur Abstimmung gelangen sollte. In der Fraktion hatte man sich vorher darüber unterhalten, und es war beschlossen worden, für den Notetat zu stimmen. Später ist von der Mehrheit der Minderheit der Vorwurf gemacht worden, daſz sie damals nichts darüber hatte verlautbaren lassen, daſz sie besondere Stellung zum Notetat nehmen würde. Erst im letzten Augenblick, unmittelbar vor Eröffnung der Verhandlung, habe Haase dem Fraktionsvorstand mitgeteilt, daß er reden werde. Auf diese Weise sei die Fraktion von der Minderheit hinterrücks überfallen worden. Formell mag die Mehrheit im Recht gewesen sein, in der Sache selber konnte die Minderheit damals gar nicht anders handeln, wenn sie nicht Gefahr laufen wollte, von der Mehrheit durch Angriffe aus dem Hinterhalt handlungsunfähig gemacht zu werden. Uebrigens konnte gar kein Zweifel darüber herrschen, daß sich die Minderheit das Recht auf Aeußerung ihrer Meinung nicht nehmen lassen würde.

Ueber den V e r l a u f d e r S i t z u n g vom 24. März gab der „Vorwärts" folgende Darstellung:

„Zu Sturmszenen, wie sie im Reichstag wohl noch nie erlebt worden sind, eben so leidenschaftlich als beschämend und beklagenswert, kam es am Freitag bei der ersten Beratung des Notetatsgesetzes. A l l e T i e f e n d e s u n h e i l v o l l e n P a r t e i k o n f l i k t e s schienen aufge- w ü h l t, alle Gegensätze fanden in einem unerhörten Tumult ihre schrankenlose Entfesselung.

Während die Mehrheit der Fraktion den Notetat mit einer kurzen Er- klärung bewilligen wollte, war Genosse H a a s e im Einverständnis mit seinen Minderheitsfreunden entschlossen, ihre ablehnende Haltung durch eine Rede zu begründen. Die Mehrheit nahm sofort gegen Haases Absicht Stellung in Auftritten und Wutausbrüchen, die jeder Beschreibung spotten. Schon vor Beginn der Sitzung bildeten sich erregte Gruppen. Haases Platz war förmlich umlagert von gestikulierenden, drohenden, durch- einanderschreienden Vertretern der Mehrheit, und wiederholt mußte der Präsident für den ersten Punkt der Tagesordnung um Ruhe ersuchen. Als Haase fest blieb und schließlich das Wort nahm, kam die Erregung zu- nächst in Zurufen, bald aber in einem ohrenbetäubenden Chorus des Protestes und der Demonstration zum Ausdruck. Das Haus, längst auf die Gewitterstimmung aufmerksam geworden, ergriff sofort Partei im Bruderkriege zugunsten der Mehrheit, deren Haltung durch lungenkräftige Ermunterung, Heiterkeit, Geschrei und Händeklatschen lebhaft stützend. Besonders K e i l und H e i n e wurden für ihre Leistungen ostentativ von der rechten Seite applaudiert. Minutenlang war im Saale, weil alles durcheinander tobte, überhaupt kein Wort zu verstehen, minutenlang be- mühte sich Herr Kämpf mit drohender Glocke vergeblich um Ordnung und Ruhe. Haase, der wiederholt versuchte, seine Rede fortzusetzen, wurde unausgesetzt zur Sache gerufen, von der Mehrheit unterbrochen, von der Rechten am Weiterreden verhindert und schließlich durch einen Gewaltakt mundtot gemacht. Vorübergehend trat Windstille ein, bis Schatzsekretär Helfferich, durch einen Tadel, den er der Opposition aus- zustellen glaubte, erneut Oel ins Feuer goß, so daß dieses noch einmal lichterhell aufschlug und den letzten kümmerlichen Rest der Würde dieses Hauses hinwegfegte."

Es muß dazu festgehalten werden, daß auch sozialdemokratische Reichstagsabgeordnete sich nicht gescheut hatten, für die Wort- entziehung zu stimmen, daß also Leute, die sich Sozialdemokraten nannten, gemeinsam mit den bürgerlichen Parteien einem anderen Sozialdemokraten die freie Rede abschnitten.

In seiner Rede führte H a a s e aus, daß er und seine Freunde diesen Notetat ebenso ablehnen müßten, wie sie den Hauptetat ablehnen würden. Der Klassencharakter zeige sich in dieser Zeit noch schärfer als vorher. Die Regierung habe auf dem Gebiete der Lebensmittelversorgung völlig versagt, in weiten Kreisen sei Hunger, Unterernährung mit all ihren Folgeerscheinungen eingetreten. Das freie Wort sei geknebelt. Der Belagerungszustand werde immer noch aufrechterhalten. Es seien Steuergesetze eingebracht worden, die sich gegen die besitzlosen Kreise richteten. In allen Ländern hätten die Massen den leidenschaftlichen Willen zum Frieden. Aber die deutsche Regierung, die sich in einer günstigen Position befinde, tue nichts, um den Krieg zu beenden. Es spreche alles dafür, daß das deutsche Heer trotz seiner großen militärischen Erfolge die Gegner nicht werde auf die Knie zwingen können. Am Schluß des fürchterlichen Ringens werde es wahrscheinlich weder Sieger noch Besiegte, sondern nur besiegte, aus Millionen Wunden blutende Völker geben. Wie auch das Ringen ausgehen werde, Europa gehe seiner Verarmung entgegen. Was habe unter solchen Umständen die Fortsetzung des Krieges noch für einen Sinn? „Wir Sozialisten, die wir den Krieg verabscheuen und mit aller Kraft ihn zu verhindern uns bemüht haben, widersetzen uns selbstverständlich seiner Verlängerung. Wenn es sich nur darum handele, die Unversehrtheit des Reiches und die Unabhängigkeit unseres Volkes aufrechtzuerhalten, so hätten wir den Frieden schon erzielen können. Aber immer lauter erheben sich die Stimmen, die als Ziel des Krieges die Ausdehnung unserer Weltmacht, die Erringung der Weltherrschaft fordern." Die kapitalistische Wirtschaftsordnung habe sich durch diesen Krieg selbst das Urteil gesprochen.

Nach dieser Szene im Plenum kam die Fraktion zusammen. Der V o r s t a n d d e r F r a k t i o n legte eine E r k l ä r u n g vor, die inhaltlich der entsprach, die den Ausschluß von Liebknecht aus der Fraktion veranlaßt hatte. Sie hatte folgenden Wortlaut:

„Die Fraktion bedauert lebhaft die Vorgänge, die sich innerhalb ihrer eigenen Gemeinschaft in der heutigen Reichstagssitzung zugetragen haben. In ihrer Fraktionssitzung am Vormittag wurde der einstimmige Beschluß gefaßt, eine allgemeine politische Debatte im Plenum nach der Behandlung des Etats des Auswärtigen Amts in der Budgetkommission zu führen — ein Beschluß, dem noch vor Beginn der Plenarsitzung der Seniorenkonvent widerspruchslos zugestimmt hat. Hinsichtlich der Behandlung des Notetats hatte die Fraktion in der gleichen Sitzung beschlossen, im Hinblick auf jene in Aussicht stehenden politischen Erörterungen nach altem Herkommen heute von einer politischen Debatte Abstand zu nehmen.

In dieser Fraktionssitzung ist Haase mehrmals ausführlich zu Wort gekommen, um seine Auffassung zum Notgesetz zu begründen. Nachdem die Fraktion sich in ihrer Mehrheit gegen diese Auffassung entschieden hatte, hat Haase auch nicht die leiseste Andeutung gemacht, daß er gegen diese Fraktionsbeschlüsse im Plenum vorgehen werde. Dadurch wird sein Disziplinbruch zugleich zum Treubruch. Nachdem die Fraktion bereits am 12. Januar die damalige Sonderaktion aufs schärfste gerügt hatte, sieht sie sich nunmehr gezwungen, zu erklären, daß Haase und diejenigen Fraktionsmitglieder, welche die gemeinsam gefaßten Beschlüsse gröblich mißachten und öffentlich durchkreuzen, dadurch die a u s d e r F r a k - t i o n s z u g e h ö r i g k e i t e n t s p r i n g e n d e n R e c h t e v e r w i r k t haben."

Die Erklärung wurde mit 58 gegen 33 Stimmen angenommen, der Stimme enthielten sich 4, es fehlten 12 Abgeordnete. Die M i n d e r - h e i t der Fraktion, die durch diesen Beschluß aus der Fraktion tatsächlich ausgeschlossen war, gab hierauf folgende E r k l ä r u n g ab:

„Die sozialdemokratische Fraktion des Reichstags hat uns heute mit 58 gegen 33 Stimmen, bei 4 Stimmenthaltungen, der „aus der Fraktionszugehörigkeit entspringenden Rechte" beraubt. Dieser Beschluß macht es uns unmöglich, innerhalb der Fraktion auch ferner die Pflichten zu erfüllen, die uns durch die Wahl als Abgeordnete der Sozialdemokratischen Partei auferlegt sind. Wir sind uns bewußt, g e t r e u d e n G r u n d - s ä t z e n d e r P a r t e i u n d d e n B e s c h l ü s s e n d e r P a r t e i t a g e gehandelt zu haben. Um so die Pflichten gegenüber unseren Wählern auch weiter erfüllen zu können, s i n d w i r g e n ö t i g t, u n s z u e i n e r S o z i a l d e m o k r a t i s c h e n A r b e i t s g e m e i n s c h a f t zu-s a m m e n z u s c h l i e ß e n.

Den völlig unbegründeten Vorwurf des Disziplinbruchs und des Treubruchs weisen wir zurück.

Berlin, den 24. März 1916.

Bernstein, Bock, Büchner, Dr. Oskar Cohn, Dittmann, Geyer, Haase, Henke, Dr. Herzfeld, Horn, Kunert, Ledebour, Schwarz (Lübeck), Stadthagen, Stolle, Vogtherr, Wurm, Zubeil."

Diese 18 Genossen hatten sich also von der sozialdemokratischen Reichstagsfraktion gelöst und eine n e u e F r a k t i o n, die S o z i a l d e m o k r a t i s c h e A r b e i t s g e m e i n s c h a f t, gebildet, die als ihren Vorstand die Genossen Haase, Ledebour und Dittmann wählte. Vierzehn andere Genossen gaben eine öffentliche Erklärung ab, wonach sie in der Fraktion gegen den Notetat gestimmt, im Plenum des Reichstags den Saal verlassen und in der Fraktion gegen die Maßregelung gestimmt hätten.

Die Reichskonferenz.

Fortgang der Auseinandersetzungen. — Die Kurzsichtigkeit der Instanzenmehrheiten. — Gewaltakte des Parteivorstandes. — Die Konferenz von Kienthal. — Differenzen zwischen Opposition und Spartakusbund. — Verhaftung Liebknechts. — Die Reichskonferenz. — Keine Abschwächung der Gegensätze.

An diesem Punkte der Darstellung erscheint es notwendig, die bisherige Entwicklung der Parteidifferenzen noch einmal im Zusammenhange zu betrachten. Die kapitalistische Hochkonjunktur vor dem Kriege hatte der Taktik der deutschen Sozialdemokratie einen immer deutlicher werdenden reformistischen Charakter gegeben, ihre Mehrheit warf sich beim Kriegsbeginn in die Arme des welterobernden deutschen Imperialismus. Die Wortführer der Mehrheit wollten zuerst glauben machen, als ob der nationalistische Rausch die Klassengegensätze ausgelöscht habe. Je weiter der Krieg aber vorschritt, um so deutlicher wurde es, daß das ein Irrglaube war. Ueber den Eroberungscharakter der deutschen Kriegsführung konnte bald kein Zweifel mehr herrschen; die Klassengegensätze waren nicht ausgelöscht, sie wurden vielmehr immer schärfer, je länger sich das Gemetzel hinzog. Hatte die deutsche Arbeiterklasse vor dem Kriege an dem Aufstieg des Kapitalismus einigen Anteil nehmen dürfen, so wurde sie jetzt um so enger an sein unentrinnbares Schicksal, den völligen Niederbruch, gefesselt. Aber die Rechte der Partei, die die Mehrheit bildete und sich auf den Parteiapparat stützte, war ebensowenig wie die äußerste Linke, die Spartakusgruppe, imstande, diese Situation zu erkennen. Die organisatorische Einheit der Sozialdemokratischen Partei konnte nur dadurch erhalten werden, daß die Gegensätze in den grundsätzlichen und taktischen Fragen anerkannt wurden und den verschiedenartigen Auffassungen der weitestgehende Spielraum gewährt wurde. Aber der Mehrheit lag weniger an der Erhaltung der Einheit der Partei, als an der Ausnützung der Organisation für ihre besonderen Auffassungen. Und so übte sie sich im Wettstreit mit Zensur und Belagerungszustand in der Unterdrückung der freien Meinungsäußerung, weil sie nur damit ihre eigene Position zu festigen hoffen durfte. In heute kaum glaublicher Kurzsichtigkeit schätzte sie die Opposition als einen späten Nachfahren jener konfusen Bewegung der „Jungen" ein, deren sich die Partei anfangs der neunziger Jahre mit Recht entledigen mußte, wollte sie nach den Jahren des Sozialistengesetzes zu der gebotenen Geschlossenheit kommen. Die Parteiinstanzen sahen so wenig die vollständig anders geartete

Situation dieser Jahre, daß sie nur durch den Hinauswurf der scheinbar so schwachen Opposition zur Ruhe zu kommen glaubte. In der
Hand des Arztes mag dieselbe Medizin dem Kranken Heilung
bringen, die dem Leidenden den Tod bringt, wenn sie ihm der Kur-
pfuscher reicht.

Die Spartakusleute auf der anderen Seite aber taten in ihrer Ueber-
gescheitheit alles, um dem Parteivorstand in die Hände zu arbeiten.
Sie gaben erhabene und wortreiche Programme und Leitsätze genug
heraus; aber diese litten nur an dem Fehler, daß sie von den
Arbeitern entweder nicht gelesen oder nicht verstanden wurden,
soweit es sich um die Kriegspolitik der Regierung handelte, und
die in den Reihen der Opposition nur Verwirrung anrichteten, soweit
es sich um die Kriegspolitik der Partei handelte. Statt die Massen
der Arbeiter von der Kriegspsychose zu befreien und sie wieder für
den proletarischen Klassenkampf zu gewinnen, verbreiten sie den
Glauben, als ob schon eine kleine Schar entschlossener Leute
genüge, um den Krieg zu beenden, den Imperialismus niederzuwerfen
und die soziale Revolution siegreich durchzuführen. Statt die Mehrheit der Partei für die Opposition zu gewinnen, warfen sie sinnlose
Parolen, wie die Einstellung der Beitragszahlung an den Parteivorstand, in die Diskussion und gaben so den Parteiinstanzen will-
kommene Gelegenheit, nicht allein gegen das Dutzend Spartakusanhänger, sondern vor allem gegen die Massen vorzugehen, die
hinter der Arbeitsgemeinschaft standen. Diese Desperado-Politik hat
sich dann fortgesetzt bis zu den verschiedensten Putschversuchen
nach dem Novemberzusammenbruch und bis zur Zerreißung der
Unabhängigen Sozialdemokratie.

Mit welcher Verschlagenheit die Instanzenmehrheiten arbeiteten,
um die Arbeiter über die Absichten der Regierung zu täuschen,
dafür lassen sich unzählige Beispiele erbringen. Eines der deutlichsten hat P h i l i p p   S c h e i d e m a n n gegeben in einer zur
damaligen Zeit unter seinem Verfassernamen veröffentlichten Schrift:
„Es lebe der Frieden!" Nachdem er auseinandergesetzt hatte, was
die Partei bisher schon alles für den Frieden getan habe, erklärte er:

„Daß die Regierung mit den von einem alldeutschen Professor aufgestellten und von Vorstandsmitgliedern verschiedener Verbände unterzeichneten Annexionsforderungen nichts zu tun hat, ist hinlänglich bekannt und auch den ausländischen Regierungen kein Geheimnis mehr.

Wir Sozialdemokraten, die wir dem Frieden dienen, dem Krieg also
so schnell als möglich ein Ende bereiten wollen, haben nicht die geringste
Ursache, dem Reichskanzler und seiner Regierung wüste Eroberungsabsichten zuzuschreiben, von denen wir wissen, daß sie nicht bestehen."

Im Jahre 1921, als Scheidemann annahm, daß die Welt die
Erinnerung an diese Sätze verloren haben könne, hat er „Erinne-
rungen an Bethmann Hollweg" veröffentlicht. Dort berichtet er
folgendes:

„Am 8. März 1915 hatte der Reichskanzler vor den Vertrauens-
männern der Fraktionen über seine Kriegsziele gesprochen und gesagt:
„Wir wollen Sicherung, größere Bewegungsfreiheit und Entwicklungs-
möglichkeit für ein stärkeres und größeres Deutschland." Mir lief's eisig
kalt über den Rücken, und als er die Wendung von dem größeren
Deutschland zum zweiten Male gebrauchte, da schauten wir vier uns an:

Molkenbuhr, Robert Schmidt und ich sehr verstimmt, Haase offenbar sehr angenehm berührt. Er hatte nun, was er gebrauchte, d a s S t i c h w o r t f ü r d e n „E r o b e r u n g s k r i e g", f ü r d e n w i r u n m ö g l i c h n o c h K r e d i t e w ü r d e n b e w i l l i g e n k ö n n e n. Auf dem Heimweg begann ich Haase gegenüber zu erörtern, daß Bethmann Hollweg nach allen seinen sonstigen Darlegungen unmöglich ein durch Gebietszuwachs größeres Deutschland gemeint haben könnte; das erscheine mir ausgeschlossen . . . Diese Konferenz hatte immer noch unter der Rücksicht auf die relativ große Zahl der Teilnehmer gelitten. Der Reichskanzler hatte aber, wie vor allen solchen entscheidenden Reden, den Wunsch, sich ganz vertraulich mit der Sozialdemokratischen Partei vorher auszusprechen. Das beweist mein Tagebuch-Eintrag vom 9. März.

Früh um 8 kommt ein Bote aus der Reichskanzlei und bittet mich um 10 Uhr zum Reichskanzler. Ich ahnte: Er will uns noch einmal zusetzen, damit von einer Rede im Plenum Abstand genommen wird. Ich bin kurz entschlossen, Haase die Waffe aus der Hand zu schlagen, die ihm Bethmann Hollweg am gestrigen Abend durch eine mißverständliche Wendung gegeben. Ich rufe Wahnschaffe an, daß der Reichskanzler in der bevorstehenden Unterredung auf sein Kriegsziel zurückkommen müsse, aber so, daß daraus unter gar keinen Umständen Eroberungsabsichten herausgehört werden könnten, wie das gestern abend der Fall gewesen wäre. Absichten, von denen ich überzeugt sei, daß sie Bethmann Hollweg ja auch gar nicht habe.

W a h n s c h a f f e v e r s t a n d m i c h s o f o r t, nachdem ich ihn auf unsere Grundsätze aufmerksam gemacht hatte . . . „Im tiefsten Vertrauen — sonst habe niemand Kenntnis davon —: Zarte Keime sprießen in Rußland, Keime, aus denen ein Friede entstehen könnte. Wir würden sie zertreten, wenn wir vom Frieden sprechen. Das werde man deuten als Schwäche, und dadurch wachse in Rußland das Kraftgefühl noch einmal usw. Die Ziele, die die Alldeutschen verlangten, seien Unsinn." „Ich denke nicht daran, sie zu verwirklichen. Belgien annektieren! Ein Land mit einer uns vollkommen fremden, auch sprachfremden Bevölkerung. Ich stelle mir vor, daß wir engere Wirtschaftsbeziehungen mit Belgien kriegen können, vielleicht auch Abmachungen militärischer Art. Und wenn es mir gelänge, die Grenze in den Vogesen ein wenig zu regulieren, die jetzt unterhalb des Kammes verläuft, dann wäre das schon von großer Bedeutung, ebenso, wenn man die Schleifung Belforts durchsetzen könnte. An diesen Grenzen haben wir furchtbare Opfer bringen müssen."

Haase und ich — Haase vor mir — stellten mit Genugtuung fest, daß diese Darlegungen uns befriedigten, mindestens hätten sie mancherlei Befürchtungen zerstreut . . .

Bethmann Hollweg · wies dann auf unsere Genossen in England hin:

„Wenn Sie mit denen Fühlung nehmen können, sei das gewiß wertvoller, als wenn wir im Reichstag über den Frieden reden. Aber ihre internationalen Freunde scheinen wenig friedlich gesinnt zu sein." . . . Daß Bethmann Hollweg auf Haase großen Eindruck gemacht hatte, war unverkennbar."

Scheidemann und seine Freunde haben also spätestens seit dem 8. März 1915 gewußt, daß Bethmann Hollwegs Kriegsziele a u f E r - o b e r u n g e n gingen. „Eisig kalt" ist es ihm nach seinem eigenen Geständnis über den Rücken gelaufen. Trotzdem haben die Scheidemänner bis zum Zusammenbruch die Eroberungspolitik der Regierung unterstützt und alle Kriegskredite bewilligt. Wenn Scheidemann unseren Haase, der nicht mehr reden kann, in sein Getriebe hineinzuziehen sucht, so ist das nichts anderes als eine Grabschändung. Haase hat nicht „mit Genugtuung" festgestellt, daß auch ihn die neuen Darlegungen des Reichskanzlers befriedigt hätten, sondern am 9. März 1915 hat er, entgegen den Wünschen der sozialdemokratischen Kriegspatrioten, in seiner Rede zum Etat ausdrücklich den Willen der Arbeiterklasse zum Frieden bekundet.

Wie Scheidemann, so trieben es auch seine zahlreichen Gesinnungsgenossen in der Partei. Die Reden, Aufsätze und Broschüren der Lensch, Haenisch, Heine, Cunow, Winnig, Fendrich und wie sie alle hießen, häuften sich zu Riesenstapeln. Dazu kamen zahllose Korrespondenzen und Zeitschriften, mit denen die Sozialpatrioten die Arbeiterschaft überschütteten. Die „Parteikorrespondenz", die früher nur einem beschränkten Personenkreis zugänglich war und jetzt mit einseitigem, zugunsten der Mehrheit zurechtgestutztem Material gefüllt war, wurde auf Kosten der Partei massenhaft an die Funktionäre verschickt. Durch August Winnig ließ der Parteivorstand eine Broschüre über die Einheit der Partei schreiben und massenhaft verbreiten. Albert Baumeister, der Sekretär und Vertrauensmann Karl Legiens, gab die „Internationale Korrespondenz" heraus, die mit den niedrigsten Methoden der Verhetzung gegen die sozialistischen Parteien des Auslandes arbeitete. Daneben erschien die „Sozialdemokratische Feldpost", die aus ähnlichen Quellen gespeist und in Massen an die Front verschickt wurde. Der im Kriege reichgewordene Parvus gründete die Wochenschrift „Die Glocke", an die er bald einen größeren Verlag anschloß. Eine Leitartikelkorrespondenz von August Winnig, Heinrich Schulz, Dr. Lensch und Heinrich Cunow versorgte die Redaktionen der Mehrheitspresse.

Der Opposition dagegen stand nur ein kleiner Teil der Parteipresse zur Verfügung. Durch die von Rudolf Breitscheid seit 1915 herausgegebene „Sozialistische Auslandskorrespondenz" wurden die Redaktionen mit wertvollem Material aus den besten Federn des internationalen Sozialismus versehen. Im übrigen aber mußte die Opposition sich auf die Herausgabe illegaler Druckschriften beschränken; sie stand jeden Tag aufs neue vor der Gefahr, wie es mit Rosa Luxemburg, Karl Liebknecht, Franz Mehring in Berlin, Crispien und Hörnle in Stuttgart, Niebuhr in Elberfeld, Herre in Leipzig und Müller in Schkeuditz, wie es mit vielen Tausenden anderen mehr oder weniger bekannten Parteigenossen geschah, ins Gefängnis oder Zuchthaus geworfen oder für den Schützengraben gepreßt zu werden.

Die illegale Arbeit der Opposition wurde nun freilich energisch gefördert durch die Tätigkeit der Sozialdemokratischen Arbeitsgemeinschaft im Reichstag. Diese nahm jede Gelegenheit wahr, um vom Boden der alten sozialdemokratischen Grundsätze aus den Kampf gegen die Kriegspolitik zu führen. Es konnte ihr nicht darauf ankommen, bei der Vertretung von Arbeiterforderungen einen Wettlauf mit der Mehrheit der bisherigen Fraktion im Reichstag zu beginnen. „Wenn deren Haltung von den Grundsätzen der Partei abwich," so heißt es in einem Bericht der sozialdemokratischen Arbeitsgemeinschaft, „war jedoch eine klare und sachlich scharfe Auseinandersetzung geboten, bei der aber die Sozialdemokratische Arbeitsgemeinschaft jede persönliche Polemik zu vermeiden suchte. Wurde dieses selbständige Vorgehen oft genug zu einer Anklage gegen die Mehrheitspolitiker, so lag das an dieser Politik, die den selbständigen, sozialistischen Geist vermissen ließ." Die Parlamentstribüne war die einzige Stätte, wo man noch einigermaßen frei sagen konnte, was Hunderttausenden auf der Zunge lag. Die Maßregelung der Fraktionsminderheit durch die Mehrheit war so wider Willen ein Akt der Befreiung geworden, „der zugleich die Wirkung hatte, viele der Parteigenossen auch weiter an die Partei zu fesseln, die in Sorge, Groll oder Verzweiflung sich von der Partei abzuwenden drohten".

Anders dachten die Mehrheiten der Parteiinstanzen darüber. Sie begannen auf die skandalöseste Art eine lange Reihe von brutalen Willkürakten und Gewaltmaßnahmen gegen mißliebige Parteigenossen, durch die schließlich die Zertrümmerung der Partei herbeigeführt wurde. Die Mehrheit des Parteivorstandes lud den Parteiausschuß auf den 27. März zu einer Sitzung ein, ohne den Parteivorsitzenden Haase bei der Beschlußfassung hinzuzuziehen. Auch die Redaktion des „Vorwärts" war im Gegensatz zu der bisherigen Uebung nicht mehr geladen worden. Wie hinterhältig die Vorstandsmehrheit gegen Haase handelte, geht aus dem Schreiben hervor, daß dieser an Ebert richtete. Einen Tag vor der Konferenz erhielt er die Nachricht von dem Zusammentritt des Parteiausschusses mit dem Anheimgeben, an der Sitzung teilzunehmen; tags zuvor hatte noch eine Sitzung des Parteivorstandes stattgefunden, in der ihm nichts von der Absicht, den Ausschuß einzuberufen, gesagt wurde. In dieser Sitzung wurde er in Abwesenheit der erkrankten Genossin Zietz und gegen den Widerspruch des Genossen Wengels dazu gedrängt, sofort eine Erklärung über seine weitere Zugehörigkeit zum Parteivorstand abzugeben. Obwohl er darauf hinwies, daß es im Interesse der Partei läge, wenigstens um einige Tage diese Angelegenheit hinauszuschieben, beharrte die Mehrheit des Parteivorstandes auf sofortige Entschließung mit dem Bemerken, daß sie ein Zusammenarbeiten mit ihm ablehne. Darauf gab Haase die Erklärung ab, daß er sein Amt als Vorsitzender der Partei niederlege.

In der Sitzung des Parteiausschusses suchte Ebert mit inquisitorischer Gründlichkeit nachzuweisen, daß die Opposition planmäßig arbeite, daß sie schon eine besondere Partei gebildet habe und daß nunmehr nichts anderes übrig bleibe, als alle Parteigenossen, die mit der Kriegspolitik der Instanzenmehrheit nicht einverstanden seien, aus der Partei hinauszuwerfen. Die Vertreter der Opposition im Parteiausschuß, wie Gottschalk aus Königsberg, Lipinski aus Leipzig, Hennig aus Halle, Fleißner aus Dresden, erklärten, daß alles geschehen müsse, um die Einheit der Partei zu erhalten. Die Spaltungsversuche seien zuerst von der rechten Seite gekommen. Trotz Fraktionsspaltung könne die Parteieinheit aufrechterhalten werden. Es sei das gute Recht eines jeden, seine Gesinnungsgenossen durch Drucksachen zu informieren, und es sei auch nichts dagegen einzuwenden, wenn durch freiwillige Sammlungen Gelder aufgebracht würden. Ueber die bisherigen Vorgänge in der Partei müsse der nächste Parteitag sein Urteil abgeben, der Parteiausschuß dürfe nicht als Richter auftreten.

Die Mehrheit des Parteiausschusses ließ sich durch diese Ausführungen von ihren Absichten nicht abbringen. Es wurden Anträge angenommen, die sich gegen die Opposition wandten. In dem ersten Antrag hieß es, daß die Gründung der Sozialdemokratischen Arbeitsgemeinschaft eine vorbedachte Untergrabung der gemeinsamen politischen Tätigkeit und unvereinbar mit den Grundsätzen des Organisationsstatuts sei. In dem zweiten Antrag wurde gesagt, es stehe unzweideutig fest, daß ein Teil der Parteimitglieder in führender Stellung sich eigene, festgefügte Organisationen geschaffen hätte mit dem Ziel, die Gesamtpartei zu bekämpfen. Da die Abhaltung eines Parteitages während des Krieges unmöglich erscheine, sei es eine Aufgabe des Parteivorstandes, gegenüber den Sonderbestrebungen alle geeigneten Maßnahmen in Anwendung zu bringen, um die Geschlossenheit der Organisation zu wahren. In dem dritten Antrag wurde der Parteivorstand ersucht, eine Darstellung der Ursachen zu geben, die zur Spaltung der Fraktion geführt hätten. Abgelehnt wurde dagegen ein Antrag, in dem der Parteivorstand erklären sollte, daß er nach dem Organisationsstatut nicht befugt sei, über das Verhalten der Reichstagsfraktion, die allein dem Parteitag verantwortlich sei, zu Gericht zu sitzen und abzuurteilen. Die Opposition gab dazu eine Erklärung zu Protokoll, in der sie dagegen protestierte, daß der Parteiausschuß über seine Befugnisse hinaus das Verhalten der Reichstagsfraktion kontrolliert und zum Gegenstand seiner Beschlußfassung gemacht habe und worin sie dem Parteivorstand für diese Uebergriffe des Parteiausschusses verantwortlich machte.

Gestützt auf diese Beschlüsse der Mehrheit ging der Parteivorstand nunmehr zum Frontalangriff gegen die Opposition vor. Er veröffentlichte einen Aufruf, worin alle die Behauptungen, die Ebert in der Sitzung des Parteiausschusses vorgetragen hatte, noch einmal wiederholt wurden. Die Einwände der Opposition blieben selbstverständlich unberücksichtigt. Wieder konnte man beobachten, mit welcher Kurzsichtigkeit die Instanzenmehrheiten die Vorgänge in der Partei beurteilten. In dem Aufruf wurde behauptet, daß „einige Verblendete" die Fackel der Zwietracht in den Bau des Sozialismus geworfen hätten, den Tausende und Abertausende von Genossen und Genossinnen in vieljähriger opfervoller Tätigkeit errichtet hatten. Also noch immer nicht wollte der Parteivorstand erkennen, daß die Ursache zu den Differenzen nicht in der persönlichen Schuld einiger Genossen lag; noch immer glaubte er, daß nur eine kleine Zahl von Parteigenossen sich an der Opposition gegen die Kriegspolitik der Partei beteiligte und daß es genüge, sie mit scharfer Hand anzufassen, um die Opposition für immer niederzuwerfen. Die Folgezeit hat ergeben, daß diese Auffassung ein gründlicher Irrtum war.

Trotz des Aufrufs des Parteivorstandes und trotz der Beschlüsse des Parteiausschusses erklärten sich eine Reihe der größten und bestgefügten örtlichen Organisationen der Partei für die Arbeitsgemeinschaft. So nahm der Zentralvorstand der sozialdemokratischen

Wahlvereine Groß-Berlins am 31. März mit großer Mehrheit eine Resolution an, in der das Verhalten der Fraktionsmehrheit verurteilt und die Bildung der Arbeitsgemeinschaft gebilligt wurde. Aufs allerschärfste wurde die Art verurteilt, wie Genosse Haase aus dem Parteivorstand gedrängt wurde. Aehnliche Resolutionen wurden dann auch in den Kreiskonferenzen und Funktionärsitzungen der einzelnen Berliner Wahlkreise angenommen. Auch im Reiche stellte man sich an vielen Orten hinter die Arbeitsgemeinschaft, so in Leipzig und Braunschweig, in Bremen und in Halle.

Der „Vorwärts", der nicht nur Zentralorgan, sondern Organ der Berliner Parteigenossen war, hatte also die Mehrheit der Berliner Partei hinter sich, die die Politik der Arbeitsgemeinschaft billigte. Er mußte deshalb sowohl die offiziellen Aufrufe und Erklärungen des Parteivorstandes, wie auch die Mitteilungen veröffentlichen, die ihm von der Arbeitsgemeinschaft zugingen. Am 31. März wurde nun die Redaktion des „Vorwärts" von dem Faktor der Druckerei durch die Mitteilung überrascht, daß der Geschäftsführer Richard Fischer ihm anbefohlen habe, unter keinen Umständen mehr die Erklärungen der Sozialdemokratischen Arbeitsgemeinschaft an hervorragender Stelle zu geben. Als sich die Redaktion gegen diesen Eingriff in ihre Rechte verwahrte, erschien Fischer und das Parteivorstandsmitglied Otto Braun, um zu erklären, daß nunmehr der Parteivorstand eine Präventivzensur über den „Vorwärts" auszuüben gedenke. Einen Tag später erhielt dann die Redaktion auch noch eine besondere Mitteilung des Parteivorstandes, wonach aus dem „Vorwärts" alles fortzubleiben habe, was die Parteizerrüttung fördern könne. Wenige Tage später erschien Hermann Müller in der Redaktion und verhinderte die Aufnahme von Artikeln und Notizen in das Blatt. Das alles geschah, ohne daß die zuständigen Instanzen, ohne daß insbesondere die Preßkommission des „Vorwärts" und der Zentralvorstand darüber gehört worden waren, ohne daß der Parteivorstand auch nur den Versuch unternommen hatte, sich mit der Redaktion zu verständigen. So begann der Parteivorstand mit größter Brutalität die Verfolgung der ihm unbequemen „Vorwärts"-Redaktion, die schließlich dahin führte, daß ein halbes Jahr darauf der „Vorwärts" mit Hilfe der Militärbehörden den rechtmäßigen Eigentümern, den Berliner Parteigenossen, geraubt wurde.

Aehnliche Gewaltstücke wurden in der Provinz verübt. Am 31. März kündigte der Parteivorstand über den Kopf der zuständigen Parteiinstanzen der Kreise Duisburg-Mörs zwei Genossen aus der „Niederrheinischen Arbeiter-Zeitung" ihre Stellung als Redakteure dieses Blattes, Otto Braun fuhr selbst nach Duisburg, warf die beiden kurzerhand hinaus und ersetzte sie durch den gesinnungstüchtigen Pokorny. Der Parteivorstand, der durch Hingabe von Geld an das Duisburger Unternehmen das Recht erworben zu haben glaubte, auch über den Inhalt des Blattes zu bestimmen, ließ sich trotz aller Proteste der Duisburger Parteigenossen, des engeren und weiteren Kreisvorstandes und der Bezirksleitung Niederrhein nicht dazu bringen, seinen Handstreich rückgängig zu machen. Aehnliche Vorgänge ereigneten sich in Frankfurt a. M. und in Bremen.

Vierzehn Tage darauf wurde E r n s t M e y e r aus der Redaktion des „Vorwärts" hinausgeworfen, weil er es gewagt hatte, außerhalb seiner redaktionellen Tätigkeit an der Abfassung eines Flugblattes „Die Lehre des 24. März" mitzuwirken, das sich gegen die Kriegspolitik der Parteiinstanzen wandte. Alle diese Maßnahmen der Instanzen lieferten aufs neue den Beweis, daß es nicht die Opposition war, die zur Spaltung trieb, sondern daß die Instanzenmehrheiten mit Absicht die Zertrümmerung der Partei herbeigeführt haben. Sie stützten sich dabei lediglich auf die Beherrschung des Parteiapparats und auf ihre wirtschaftliche Macht, brachen aber alle Ueberlieferung von Treu und Glauben, die bisher in der Partei herrschte.

Vom 24. bis zum 30. April tagte in K i e n t h a l (Berner Oberland) die z w e i t e i n t e r n a t i o n a l e K o n f e r e n z solcher Parteigenossen, die in der Opposition gegen die Kriegspolitik standen. Seit der ersten Konferenz von Zimmerwald war die oppositionelle Bewegung außerordentlich erstarkt. Zugleich ergab es sich aber, daß sie auch international keine einheitlichen Tendenzen aufwies, sondern in verschiedenartige Auffassungen verfiel, die dann auch auf der Tagung von Kienthal zuweilen in heftigen Formen zum Ausdruck gebracht wurden. Die Konferenz war von etwa 40 Delegierten aus Deutschland, Frankreich, Italien, der Schweiz, Serbien, Portugal, Rußland und Polen besucht. Von den Russen waren Axelrod, Lenin und Martow da, von den Italienern Morgani, Serati, Mussati, von den Schweizern Naine, Grimm, Graber und Platten, von den Franzosen Rufin Dugins, Brizon, Bracke und Guilbaux, von den Polen Radek und Labinski, von den Serben Katzlerowitsch. Den beiden Franzosen Merrheim und Bourderon, den Vertretern der englischen Independent Labour Party und vielen anderen Genossen waren die Pässe verweigert worden oder man ließ sie nicht über die Grenze. Aus diesem Grunde konnten auch nur sieben deutsche Genossen an der Konferenz teilnehmen, von denen vier den Standpunkt der Sozialdemokratischen Arbeitsgemeinschaft, zwei den der Spartakusgruppe vertraten und einer sich der Radekgruppe anschloß. Die von der internationalen sozialistischen Kommission vorgeschlagene Tagesordnung wurde angenommen. Danach waren zu behandeln: 1. Die Berichte der einzelnen Länder, 2. die Stellung der Internationale zum Krieg und 3. die Stellung zum internationalen sozialistischen Bureau in Haag.

Bevor die eigentlichen Verhandlungen begannen, kam es zu einer unangenehmen Aueinandersetzung zwischen den Vertretern der Italiener und der Franzosen mit dem schweizerischen Genossen Greulich. Dieser hatte sich vor dem Eintritt Italiens in den Krieg zum Mittelsmann zwischen einem amerikanischen Pazifisten und der italienischen Partei gemacht, um diese zu bewegen, mit den Geldern des Amerikaners Friedenspropaganda zu betreiben. Greulich versicherte, daß er in bester Absicht gehandelt habe, aber schließlich blieb ihm nichts anderes übrig, als die Konferenz freiwillig zu verlassen. Die einzelnen Delegierten berichteten dann über den Stand der oppositionellen Bewegung. Die Franzosen konnten mitteilen, daß bei ihnen die Opposition im stetigen Wachsen begriffen sei, was sich besonders deutlich auf der letzten Tagung der Nationalkonferenz gezeigt habe, wo ihre Stimmen auf etwa 950 gegen 1900 der Mehrheit gestiegen seien. In Italien stand die gesamte Parteiorganisation auf dem Boden der Opposition. Der Krieg wurde aufs schärfste bekämpft, die Kredite wurden abgelehnt. Die russische Arbeiterklasse hatte auch während des Kriegszustandes vor dem Zarismus nicht kapituliert. Ihre parlamentarische Vertretung führte den Kampf in der schärfsten Form. Vier Abgeordnete waren deshalb nach Sibirien verbannt worden. Besonders scharf kamen die Gegensätze in der Opposition bei der Berichterstattung der deutschen Delegation zum Ausdruck. Die Spartakusgruppe legte neue Leitsätze vor, betonte aber, daß sie vorläufig nicht den Austritt aus den Organisationen propagiere, sondern ihre oppositionelle Tätigkeit ebenso wie die Gruppe der Arbeitsgemeinschaft innerhalb der Organisationen entfalten wolle. Der Bremer Delegierte, der der Radekgruppe angehörte, polemisierte sowohl gegen die Arbeitsgemeinschaft, wie auch gegen die Spartakusgruppe, die er gleichfalls zum „Sumpf" rechnete. Der Vertreter der Arbeitsgemeinschaft befaßte sich mit der Spaltung der Opposition in Berlin. Alle großen Demonstrationen gegen den Krieg seien von der Arbeitsgemeinschaft ausgegangen. Trotzdem die Parteileitung alle Hebel in Bewegung setze, um die Opposition zu unterdrücken, mache sie recht gute Fortschritte. Seit einigen Wochen gebe die Opposition ein kleines Mitteilungsblatt heraus, das weite Verbreitung in allen Großstädten Deutschlands und in den Industriezentren fände. Die Leitung der Organisationen sei vielfach schon auf die Opposition übergegangen, so in Leipzig, Berlin, Bremen und anderen Orten. Das Ziel der Opposition sei, alle oppositionellen Elemente zusammenzufassen und auf der Grundlage des Erfurter Programms den Kampf gegen die Politik vom 4. August mit Energie zu führen. Dabei verschließe sich die Opposition durchaus nicht der Notwendigkeit, nach dem Kriege eine stärkere Formulierung mancher Sätze des Programms wie der internationalen Beschlüsse zu fassen.

Am schärfsten traten die Gegensätze bei der Behandlung des zweiten Punkts der Tagesordnung, „Der Kampf für die Beendigung des Krieges", zutage. Deutsche, Italiener und Franzosen stellten sich im allgemeinen auf den Boden der Zimmerwalder Konferenz. Hauptstreitpunkte waren die Frage der Vaterlandsverteidigung, die Frage der Schiedsgerichte und die Wahl der Mittel für die Beendigung des Krieges. Die Lenin-Radek-Gruppe, der sich die deutschen Spartakusanhänger anschlossen, verneinte die Landesverteidigungspflicht unter allen Umständen und verwarf auch die Schiedsgerichte als wirksames Mittel zur Verhinderung von Kriegen. Es gelang aber doch noch, das Auseinanderfallen der Konferenz zu verhindern und die verschiedenen Gruppen auf gemeinsame Beschlüsse zu vereinigen. Es wurde die Herausgabe eines Manifestes und einer Reihe von Thesen beschlossen.

Schließlich wurde noch heftig über die Stellung zum internationalen sozialistischen Bureau in Haag diskutiert. Die Italiener wünschten, daß man um diese Einrichtung ebenso kämpfe, wie um die Herrschaft in den Organisationen. Demgegenüber wurde die Meinung vertreten, daß das internationale Bureau jede Bedeutung verloren habe und daß es nur Verwirrung anrichten könne, wenn das Bureau zusamenberufen werde und die Opposition sich an seinen Arbeiten beteilige. Das Bureau habe durch seine Untätigkeit während des Krieges jedes Recht verwirkt, als Vertreterin des internationalen Sozialismus zu gelten. In diesem Sinne kam ein Beschluß der Konferenz zustande. Es wurde dann noch vereinbart, den Versuch zu unternehmen, in der nächsten Zeit eine interparlamentarische Konferenz solcher Sozialisten zu veranstalten, die auf dem Boden der Zimmerwalder Beschlüsse ständen, und von denen man die Förderung gemeinsamer Aktionen zur Herbeiführung des Friedens erwarten könne.

Die Konferenz von Kienthal hat ebenso wie die von Zimmerwald zur Belebung der Opposition Gutes geleistet. Nicht zufrieden mit ihr waren allerdings die Anhänger der Spartakusgruppe, die Taten, Kampf und Massenaktionen verlangten, dagegen von Konferenzen, Resolutionen und Manifesten nichts wissen wollten. Es zeigte sich erneut, daß die Spartakusanhänger nicht den realen Tatsachen Rechnung tragen, sondern eine Taktik treiben wollten, die nach der Lage der Verhältnisse so gut wie ohne Wirkung bleiben mußte. Im übrigen erschöpfte sich die Aktion der Spartakusgruppe vorläufig nur in der Empfehlung an die Sozialdemokratische Arbeitsgemeinschaft, den Kampf gegen die Kriegspolitik ebenso wie Karl Liebknecht durch kleine Anfragen im Reichstag zu führen.

Selbstverständlich nahm die Opposition unabhängig von den Konferenzen und Manifesten jede Gelegenheit wahr, um in der Oeffentlichkeit ihren Willen zu bekunden. Eine solche Gelegenheit bot sich bei der M a i f e i e r 1 9 1 6. Soweit es irgend ging, wurden öffentliche Kundgebungen veranstaltet, die an vielen Orten eine große Beteiligung aufweisen konnten. In Berlin verlegten die Spartakusleute ihre Kundgebung auf den Potsdamer Platz, also dorthin, wo die Bourgeoisie verkehrte und man zu den Arbeitermassen überhaupt nicht reden konnte. Hier war es, wo endlich K a r l L i e b k n e c h t den Schergen des Militarismus zum Opfer fiel. Er hatte „Nieder mit dem Krieg! Nieder mit der Regierung!" gerufen. Sofort wurde er von Polizisten gefaßt, und seit der Zeit ließ man ihn bis zum Zusammenbruch im November 1918 nicht mehr aus der Zelle, erst des Militärgefängnisses, dann des Zuchthauses.

Jetzt nahm auch das i n t e r n a t i o n a l e s o z i a l i s t i s c h e B u r e a u in Haag Gelegenheit, etwas für den Frieden zu tun. Da aber sein Vorstand sich aus Vertretern der Kriegspatrioten der verschiedenen Länder zusammensetzte, so war es unmöglich, das ganze internationale Proletariat von dieser Stelle aus zu einer gemeinsamen Friedensaktion aufzurufen. Das Bureau beschränkte sich denn auch darauf, die angeschlossenen Parteien in einem Aufruf zu ersuchen, die politischen Fragen zu erörtern, die nach ihrer Meinung eine Lösung in den Friedensbestimmungen verlangten. Das Bureau wollte also den Krieg nicht sofort bekämpfen, sondern es sollte erst für irgendeine Zeit nach dem Kriege irgendeine Untersuchung angestellt werden. Die Delegierten der Arbeiterparteien aus den neutralen Ländern wurden dann noch für den 26. Juli zu einer Konferenz nach dem Haag eingeladen. Die Vertreter der kriegführenden Länder waren von vornherein ausgeschlossen. Die Veranstalung hat, wie nicht anders zu erwarten, weder für die Beendigung des Krieges noch für den Wiederaufbau der sozialistischen Internationale irgend etwas Positives erbracht.

Zu den heftigsten Auseinandersetzungen kam es in diesen Monaten in den B e r l i n e r P a r t e i o r g a n i s a t i o n e n. Die Berliner Genossen verlangten mit Recht, daß die Leitung der Organisationen so zusammengesetzt werde, wie es ihren Anschauungen entsprach, und diese gehörten der Opposition. Das Verlangen paßte aber nicht den bisherigen Leitern der Organisationen, die mit allen Mitteln der brutalen Gewalt ihre Stellungen zu erhalten suchten. An ihrer Spitze standen Eugen Ernst, Wels, Richard Fischer, Groger, um nur einige bekanntere Namen zu nennen. Anfang 1916 waren die Wahlkreise vom Zentralvorstand von Groß-Berlin befragt worden, ob eine Generalversammlung stattfinden solle. Die Mehrzahl der Kreise hatte sich dagegen erklärt. Inzwischen war wiederum von einzelnen Kreisen ein Antrag auf Einberufung einer Generalversammlung eingebracht worden, da bei ihnen die Besetzung der Vorstandsposten gewechselt hatte und das einer Bestätigung der Generalversammlung bedurfte. Es wurde zur Begründung angeführt, daß die Vorgänge in der Partei zu einer Aussprache drängten, und selbst wenn die statutarischen Bestimmungen die Einberufung einer Generalversammlung verhindern, so müsse man sich den gegebenen Verhältnissen anpassen. Die Mehreit des Zentralvorstandes beschloß schließlich, die Verbandsgeneralversammlung abzuhalten. Die Folge dieses Beschlusses war eine lebhafte Auseinandersetzung zwischen den Anhängern der Kriegspolitik und der Opposition im „Vorwärts". Es entwickelten sich daraus heftige Kämpfe um die Besetzung der Vorstandsposten. und als die Kriegspatrioten sahen, daß ihres Bleibens nicht mehr länger war, führten sie ihre schon längst verkündete Absicht durch, die Berliner Organisation zu spalten. Auch in Berlin ging also die Spaltung der Partei nicht von der Opposition aus, sondern wurde verursacht durch den Machtdünkel der Anhänger der Kriegspolitik.

Ende Juni kam es zu größeren Streiks unter den Metallarbeitern, besonders in Berlin, in Braunschweig, in Bremen, in Stuttgart und in anderen Orten. Sie richteten sich gegen das erste Zuchthausurteil gegen Liebknecht, und da besonders die Munitionsfabriken daran beteiligt waren, so erregte die Bewegung den heftigen Unwillen nicht nur der Militaristen, sondern auch der Sozialpatrioten in den Parteiinstanzen und bei den Gewerkschaftsvorständen, die sich bald mit Aufrufen und Flugblättern gegen die Streikbewegung wandten.

Die gespannte Situation in der Partei ließ die Frage akut werden, ob nicht ein P a r t e i t a g zusammentreten und über die Taktik der Partei bindende Beschlüsse fassen könnte. Schon in der Sitzung der Kontrollkommission vom 5. Juni hatte Timm aus München angeregt, einen außerordentlichen Parteitag einzuberufen. Man solle nicht warten, bis der Krieg zu Ende sei, sondern schon jetzt eine Entwirrung der unhaltbaren Verhältnisse versuchen. Diese Anregung fand den lebhaften Beifall des rechten Flügels. Es war aber klar, daß ein Parteitag, an dem nicht alle Parteigenossen Anteil nehmen konnten und dem kein freier Meinungsaustausch vorangehen konnte, nur ein Zerrbild der wirklichen Stimmung in der Arbeiterschaft zeigen würde. Und es war weiter zu erwarten, daß ein Parteitag während des Krieges in seiner Mehreit ein gefügiges Instrument in der Hand der Instanzen sein würde. In der Kontrollkommission wurde zwar der Antrag Timm mit Stimmengleichheit abgelehnt, aber gleich danach beschäftigte sich der Parteivorstand in mehreren Sitzungen damit und brachte die Sache vor den Parteiausschuß, der für den 20. und 21. Juli zu einer Tagung nach Berlin einberufen war.

Nachdem es am ersten Tage der Verhandlungen zu voller Einmütigkeit über das Vorgehen in der E r n ä h r u n g s f r a g e gekommen war, gerieten die beiden Tendenzen um so heftiger am zweiten Sitzungstage gegeneinander, als man sich über die F r i e - d e n s f r a g e unterhielt. Die Instanzenmehrheiten hielten wieder heftige Anklagerede gegen das angeblich parteizerrüttende, sonderorganisatorische Treiben der Opposition. Da man aber auch in der Mehrheit sich nicht verschweigen konnte, daß die unerläßliche Vorbedingung für die Abhaltung eines Parteitages die Gewähr einer völlig unbeschränkten Aussprache sei, so kam man auf den Ausweg, eine Reichskonferenz einzuberufen. Gegen 12 Stimmen wurde eine Resolution angenommen, die dem Parteivorstand die Einberufung einer Konferenz der Parteiorganisation empfahl, „um der fortschreitenden Zerrüttung der Partei vorzubeugen". Der Parteivorstand ließ sich das nicht zweimal sagen, er berief die R e i c h s k o n f e r e n z auf den 21. September nach Berlin ein.

Schon die Bestimmungen über die Vertretungen der Wahlkreise ließen erwarten, daß die Zusammensetzung der Reichskonferenz die wirklichen Parteiverhältnisse nicht richtig wiedergeben würde. Die großen Wahlkreise, in denen die Opposition besonders stark vertreten war, wurden zugunsten der kleinen und kleinsten Kreise, in denen nur wenige Arbeiter organisiert wurden, zurückgesetzt. Die Mehrheitspresse führte beruhigend dazu aus, daß die Reichskonferenz ja keine bindenden Beschlüsse fassen könne und daß deshalb ihrer Zusammensetzung kein besonderes Gewicht beigemessen werden dürfe. Aber es war vorauszusehen, und dahin ist es schließlich auch gekommen, daß die Kundgebungen der Reichskonferenz in einseitigem Sinne von der Mehrheit für ihre Zwecke ausgeschlachtet werden würden. Dem Parteivorstand lag vor allem daran, die Gegner der Kriegspolitik möglichst wenig zu Worte kommen zu lassen, und er versuchte auch, die Arbeitsgemeinschaft von der Teilnahme an den Verhandlungen auszuschließen. Das ist ihm allerdings nicht gelungen, die Konferenz beschloß ihre Zulassung.

Die R e i c h s k o n f e r e n z tagte am 21., 22. und 23. September im Berliner Reichstagsgebäude. Die sozialdemokratische Reichstagsfraktion war mit 83, die Sozialdemokratische Arbeitsgemeinschaft durch 18 Mitglieder vertreten. Insgesamt waren 451 stimmberechtigte Delegierte anwesend. Schon bei der Konstituierung und bei der Festsetzung der Geschäftsordnung kam es zu heftigen Auseinandersetzungen. Ebert wollte, daß man genau so verfahre wie auf den Parteitagen. Das würde bedeutet haben, daß zwar die Redner der Mehrheitspolitik unbeschränkte Redezeit für ihre Ausführungen gehabt hätten, daß aber die Vertreter der Opposition nur in der Diskussion zu Worte gekommen wären. Es wurde aber beschlossen, nach den Referaten von Ebert und Scheidemann, die über die Politik der Partei und über die Tätigkeit des Parteivorstandes sprechen sollten, Haase als Vertreter der Minderheit mit unbeschränkter Redezeit zu Worte kommen zu lassen und einem Vertreter der Spartakusgruppe eine Redezeit von einer halben Stunde zu gewähren.

Vor Eintritt in die eigentliche Tagesordnung erklärte L e d e b o u r im Auftrage von mehr als 100 Delegierten und Abgeordneten, daß der Reichskonferenz jede Befugnis fehle, Beschlüsse zu fassen. Obendrein sei durch die Art der Zusammensetzung der Möglichkeit, eine den tatsächlichen Verhältnissen entsprechende Widerspiegelung der Parteiverhältnisse zu geben, der Boden völlig entzogen worden. Die Oppositionsvertretung sei künstlich eingeschränkt worden. Trotz der auf solche Weise bewirkten Verzerrung beteilige sich die Opposition an den Verhandlungen, weil sie selbst diese kümmerliche Gelegenheit zu einer Ausprache über die Parteiverhältnisse nicht vorübergehen lassen wolle. Für die Gruppe Internationale schloß sich F r a s s e k diesen Ausführungen an, und er fügte hinzu, daß die Spartakusdelegierten jede Beteiligung an den Abstimmungen ablehnen würden.

Das erste Referat über die P o l i t i k d e r P a r t e i hielt S c h e i d e m a n n. Er wiederholte darin in ausführlicher Breite alles das, was er und seine Gesinnungsgenossen tausendfach schon in der Oeffentlichkeit gesagt hatten. Scheidemann meinte, daß seit dem 4. August 1914 das ganze Volk von dem Bewußtsein einer riesenhaften Gefahr erfüllt gewesen sei, aus der es nur mit dem Aufgebot aller seiner Kräfte sich retten könne. Die deutsche Sozialdemokratie bilde große Stücke des deutschen Volkes selber, und eine solche Partei könne die grundsätzliche Pflicht der Landesverteidigung nicht verneinen. Wenn die Fraktion gegen die Kriegskredite hätte stimmen sollen, so hätte das aus anderen Gründen und nicht aus Verteidigungsnihilismus geschehen müssen. Den Zulauf zur Opposition erkläre er aus der Not und aus den großen Ernährungsschwierigkeiten, die vielfach in sehr demagogischer Weise ausgenutzt würden. Die französischen und englischen Sozialisten hätten doch auch für die Kriegskredite gestimmt. Die Wirkung einer Ablehnung der Kriegskredite für die deutsche Sozialdemokratie wäre ganz anders gewesen, als sie von der Opposition eingeschätzt werde. Wenn Deutschland, was kein Mensch bei uns annehme, eine Niederlage erleiden würde, dann wolle die Partei mit reinem Gewissen dastehen und sagen können, sie habe alles getan, was in ihren Kräften stand, um das namenlose Elend fernzuhalten. Es habe sich bei der Bewilligung der Kriegskredite nicht darum gehandelt, der Regierung das Vertrauen auszusprechen, sondern dem Lande sollten die notwendigen Mittel zur Verfügung stehen, damit es sich seiner Haut wehren könne, und damit seine Söhne und Brüder imstande seien, im Felde ihre Schuldigkeit zu tun. Die Beschlüsse der internationalen Kongresse forderten nicht nur von der deutschen Sozialdemokratie, daß sie alles tue, um den Krieg so schnell wie möglich zu beenden, sie forderten das von den Sozialisten aller Länder. Was hätten aber die anderen Länder der Internationale in dieser Beziehung bisher getan? Mit der Bewilligung der Kriegskredite habe die Partei die

Verantwortung für den Krieg nicht übernommen. Weder der Reichskanzler noch der Kaiser habe den Krieg gewollt. Wenn von deutscher Seite Fehler gemacht worden seien, so trage das ganze deutsche Volk schuld daran, weil es sich jahrzehntelang die Politik, die zum Kriege führte, gefallen ließ. Das Verhalten der Fraktionsmehrheit im Reichstag sei nicht die Folge eines besonderen Vertrauensverhältnisses zur Regierung. Ihrer Kriegspolitik gegenüber bleibe die Fraktion äußerst kritisch, der Reichskanzler habe zwar wiederholt seine Bereitschaft erklärt, in Friedensverhandlungen einzutreten, aber leider sei er in seiner letzten Rede sehr unklar gewesen, so daß den verschiedensten Auslegungen Tür und Tor geöffnet wurden. Nicht die deutsche Regierung sei schuld daran, daß es noch nicht zu Friedensverhandlungen gekommen sei, sondern die Regierungen der gegnerischen Länder, die bisher jede Erörterung der Friedensbedingungen abgelehnt hätten. Gegen die Annexionspolitiker aller Richtungen stehe die Partei geschlossen zusammen. Daß einzelne Parteigenossen lediglich im Ueberschwang ihrer Gefühle das nötige klare Unterscheidungsvermögen nicht gefunden hätten, sei gewiß bedauerlich. Aber über die grundsätzliche Stellung der Partei zu den Annexionsforderungen könne kein Zweifel bestehen. Die Fraktion habe sich hinter Bethmann gestellt, weil es schwerlich eine Wendung zum Besseren bedeuten würde, wenn es den Alldeutschen gelänge, einen Mann ihres Herzens an dessen Stelle zu bringen. In einer demokratischen Partei habe sich die Minderheit der Mehrheit zu fügen, und darum könne auch der Opposition in der Fraktion nicht das Recht zugebilligt werden, ihre Meinung öffentlich vorzutragen, darum sei auch die Bildung der sozialdemokratischen Arbeitsgemeinschaft zu verurteilen. Scheidemann wiederholte zum Schluß die Beschuldigungen gegen die Arbeitsgemeinschaft, daß sie in geschlossenen Sitzungen besonders getagt und ihre Taktik vor den Entscheidungen der Gesamtfraktion festgelegt habe. Die Fraktion sei von der Arbeitsgemeinschaft überrumpelt worden. Er schloß seine Rede mit einem Appell an die Partei, die alte Einheit und Geschlossenheit auch unter den augenblicklichen schwierigen Verhältnissen aufrechtzuerhalten.

Der zweite Referent war E b e r t. Er berichtete, daß die Mitgliederzahl der Partei seit 1914 von 1 085 905 auf 395 216 zurückgegangen sei, also um 64 Prozent. Der Abonnentenstand der Presse war gefallen von 1 288 092 auf 691 484 oder um 46 Prozent. Die Einnahmen an Parteibeiträgen hatten um 60 Prozent vermindert. Ebert schilderte die Tätigkeit des Parteivorstandes in der Ernährungsfrage und in der Frage des Belagerungszustandes. Er behauptete weiter, daß der Parteivorstand alles getan habe, um die Aktionsfähigkeit der Internationale wieder herbeizuführen; leider sei das aber an der Hartnäckigkeit der sozialistischen Parteien in den kriegsgegnerischen Ländern gescheitert. Die Partei habe eine Friedensaktion unternommen, an einigen Orten sei die Beteiligung daran aber abgelehnt worden, weil sie nicht radikal genug gewesen sein soll. Der Opposition warf Ebert dann vor, eine Partei in der Partei bilden zu wollen. Man schaffe sich eigene Organisationen, gebe sich ein eigenes Programm und schreie dann im ganzen Lande umher über angebliche Gewaltpolitik des Parteivorstandes, der

Parteiprogramm und Parteitagsbeschlüsse nicht halte. Eine Schlamm-flut anonymer Flugschriften wälze sich über das Land. Harmlose Leute, die ihre Verbreitung vorgenommen hatten, seien verhaftet worden, die eigentlich Schuldigen aber hätten sich in Sicherheit gebracht. Als Ebert sich dann weiter dagegen wandte, daß die deutschen Munitionsarbeiter in dieser Zeit streiken, kam es zu einem stürmischen Zwischenfall. Timm aus München ging auf Stadthagen zu und wollte ihn tätlich anfassen. Darüber geriet die Konferenz in eine so starke Unruhe, daß die Verhandlungen auf eine halbe Stunde vertagt werden mußten. Timm mußte schließlich um Entschuldigung für sein Verhalten bitten.

Am zweiten Verhandlungstage hielt H a a s e sein Korreferat. Er wandte sich zunächst dagegen, daß man die Verbreiter der Flugblätter als Feiglinge beschimpfe und erinnerte daran, wie man während des Sozialistengesetzes über die Männer geurteilt habe, die sich derartigen Gefahren ausgesetzt hatten. Er zeigte an einigen Beispielen, wie durch die Maßnahmen der Parteiinstanzen oppositionelle Arbeiter den Behörden ans Messer geliefert worden seien. Die Streiks der Munitionsarbeiter, an denen sich in Berlin allein über 50 000 Personen beteiligt hätten, seien innerhalb der Arbeiterschaft aus Sympathie für den Genossen Liebknecht ausgebrochen. Noch niemals hätten selbst bürgerliche Politiker solche Ausführungen in einem Parlament gemacht, wie Heine im Reichstag am 18. Januar 1916, als er offen die schärfsten Maßregeln gegen den Genossen Liebknecht verlangte. Die streikenden Arbeiter seien von der Berliner „Fackel" als ehrlos beschimpft worden. Es gebe in der Opposition allerdings verschiedene Richtungen, genau so, wie auch auf dem rechten Flügel die Auffassungen nicht einheitlich seien. Aber wir müßten als Sozialdemokraten jede Kritik, auch die allerhärteste, ertragen können. Der Parteivorstand treibe dagegen die Opposition immer weiter von sich und drücke den Keil immer tiefer in die Partei hinein. Die gegebene politische Situation hätte mit allen Kräften ausgenutzt werden müssen, um politische Rechte zu erringen. Nichts sei aber geschehen, nichts Wesentliches in dieser Zeit erreicht worden. Die Agrarier hatten ihre eigene Taktik und konnten dadurch ihre Interessen bei der Lebensmittelversorgung wahren. Wir Sozialdemokraten haben auch unsere Taktik, aber wir haben sie nicht angewendet. Wir haben nur das eine Mittel, daß wir die Masse unserer Parteigenossen, so gut es geht, mobil machen. Das ist nicht geschehen. Woher komme denn unsere Einflußlosigkeit? Sie komme daher, daß die Regierung wisse, nach der Haltung, die die Sozialdemokratie im Kriege eingenommen hat, könne man ihr alles bieten, brauche man auf sie keine Rücksicht zu nehmen. Die Mehrheit habe vergessen, daß die Interessen der verschiedenen Klassen auch im Kriege ebenso verschieden seien, wie vorher, ja, daß die arbeitende Klasse im Kriege noch mehr leide, als vorher.

Haase wies hierauf eingehend nach, daß die Hauptschuld am Kriegsausbruch bei der deutschen Regierung gelegen habe. Zuerst waren sich der Parteivorstand und die Fraktion durchaus nicht über die Bewilligung der Kriegskredite einig. Erst später habe sich der Mehrheit die Ueberzeugung bemächtigt, daß sie mit der Vergangenheit brechen müsse. Jetzt könne man nicht mehr behaupten, daß wir am 4. August so hätten stimmen müssen, wie wir gestimmt haben. Jetzt müsse man weiter gehen und sagen, daß wir am 4. August nicht so hätten stimmen dürfen, weil der Charakter dieses Krieges und die Haltung der Regierung in diesem Krieg uns davon abhalten mußte. Wenn nun von der Mehrheit gesagt werde, daß die Kredite bewilligt werden mußten, um unsere Brüder im Felde zu schützen, so sei darauf zu erwidern, daß die Abstimmung im Parlament ein politischer Akt sei und daß man bei solcher Gelegenheit zu erklären habe, wie man zur Regierungspolitik stehe. Bei den meisten Angehörigen der Mehrheit sei jetzt die Anschauung vorhanden, daß man bis zum Siege durchhalten müsse. Zwischen Sieg und Niederlage aber gebe es einen dritten Weg: den Weg der Verständigung unter den Völkern, bei dem kein Volk eine Niederlage erleide. Die Annahme, daß die Regierung mit den Annexionsplänen der Imperialisten nichts zu tun habe, könne durch eine Unzahl von Beispielen widerlegt werden. Und so sei die ganze Haltung der Mehrheit unvereinbar mit unseren Grundsätzen gegenüber einem imperialistischen Kriege. Es fehle bei der Mehrheit jede selbständige Orientierung, sie folge den Losungen, die von der Regierung ausgegeben werden. Die Mehrheit setze ihr ganzes Vertrauen auf einen Mann wie Bethmann Hollweg, sie sage, man müsse ihn stützen, denn man wisse nicht, was dahinter komme, wenn er den Annexionisten zum Opfer falle. Und so sei es gekommen, daß man auch in der Frage des Bruchs der belgischen Neutralität nicht den Mut aufgebracht habe, die Wahrheit zu sagen. Im Gegenteil, man habe durch David ein Buch in die Welt gehen lassen, worin der Neutralitätsbruch noch beschönigt worden sei.

Haase wandte sich in seinen weiteren Ausführungen gegen die Auffassung, daß der Friede nur durch die Niederzwingung, durch die Zerschmetterung der Gegner wiederhergestellt werden könne. Die Opposition wolle nicht eine Niederlage Deutschlands, aber auch nicht die Zerschmetterung eines anderen Landes, sondern die Verständigung. Im Auslande wisse man jetzt, daß eine starke Gruppe in Deutschland vorhanden sei, die eine Verständigung nicht mit den Lippen, sondern durch die Tat wolle. Diese Tatsache allein müsse es rechtfertigen, daß die Arbeitsgemeinschaft selbständig im Reichstage vorgehe. In einer Zeit, wo die Welt aus den Fugen sei, könne man nicht solche Fragen mit dem Worte Disziplin oder Nichtdisziplin erledigen. „In einer Zeit, wo Reden Pflicht ist, und Schweigen ein Verbrechen, konnten wir nicht dasitzen wie stumme Hunde. Wir wollen nicht den Frieden um jeden Preis, trotzdem bei den Arbeitern oft genug die Meinung zu hören ist, man müsse den Krieg zu Ende führen, ganz gleich, wie der Friede aussieht. Das aber wollen wir: um keinen Preis die Fortsetzung dieses Krieges." Haase wies bei dieser Gelegenheit darauf hin, daß die Möglichkeit gegeben war, mit England zu einer Verständigung zu kommen. Das ist aber von der Regierung und von den deutschen Kriegstreibern verhindert worden.

Zum Schluß seiner Rede betonte Haase, daß auch die Opposition die Einigkeit der Partei aufrechterhalten wolle. Aber die Handlungen der Mehrheit hätten dazu geführt, daß die Einigkeit auf das äußerste gefährdet sei. Eine große Anzahl von Parteigenossen fühle sich von der Partei abgestoßen, und für diese Genossen sei es überaus wichtig gewesen, daß die Arbeitsgemeinschaft sich gebildet habe. Einen einheitlichen Organisationsrahmen der Partei zu bewahren, sei nur möglich, wenn Toleranz geübt werde, wenn nicht diejenigen Anschauungen unterdrückt würden, die nicht übereinstimmen mit denen des Parteivorstandes und denen der Mehrheit der Fraktion. Die gefährlichste Periode für die Partei werde kommen, wenn sie sich über ihre Stellung zum verschärften U-Boot-Krieg entscheiden müsse. „Wir wollen die Einheit der Partei, aber nicht einer Partei, in der dem Imperialismus offen oder versteckt Konzessionen gemacht werden. Wir wollen die Einheit der Partei, aber nicht einer Partei, die die Kolonialpolitik unterstützt, wie etwa Lensch im kolonialpolitischen Ausschuß. Wir sind gegen eine Partei, in der die Schutzzollbereicherungspolitik eine Förderung erfährt. Wir wollen nicht eine Partei, in der der Klassenkampf abgeschwächt wird. Wir wollen die Einheit der Partei, aber auf dem festen granitnen Boden des sozialdemokratischen Programms. Wir wollen sie als internationale Sozialisten!"

Für die Gruppe „Internationale" sprach K ä t e D u n c k e r. Am 4. August, so führte sie aus, sei die zweite Internationale unheilbar zusammengebrochen, und die Partei habe vor der Ideologie des Nationalismus kapituliert. Die kommende Internationale müsse eine engere Organisation sein, die mit entscheidenden Machtbefugnissen für alle Länder ausgerüstet wird. Die Stellung zum Kriege dürfte man nicht abhängig machen von der jeweiligen Kriegslage. In der Stellung zu der Steuerfrage, zu der U-Boot-Frage, zur Friedenspetition des Parteivorstandes trenne sich die Auffassung des Spartakusbundes von der der Arbeitsgemeinschaft, aber beide Teile würden den gemeinsamen Gegner vereint schlagen. Die Einheit der Partei ruhe auf der Einheit der Grundsätze. Das Fundament unserer Grundsätze aber sei der internationale Gedanke und der Gedanke des Klassenkampfes. Wenn Parteivorstand und Fraktion dieses Fundament durch ihre Kriegspolitik und durch die Politik des Burgfriedens untergraben, dann müsse die Organisation der Auflösung und der Zerrüttung anheimfallen. Nicht die Einheit der Partei sei das wichtigste, sondern die Einheit in den Grundsätzen. Die Massen müßten aufgerufen werden zum machtvollen Kampf gegen den Imperialismus und gegen den Krieg. Der Friede müsse erkämpft werden unter Anwendung aller Machtmittel des Proletariats. Ein solcher Friede werde den Sieg des Sozialismus vorbereiten und die Internationale zu einer Macht gestalten, die eine Wiederholung solchen entsetzlichen Völkermordens für alle Zeiten verhindere.

In der Diskussion stellte sich bald heraus, daß die Hoffnung, die Reichskonferenz werde zu einer Abschwächung der Gegensätze führen, sich nicht erfüllen konnte. Die Mehrheit blieb dabei, daß ihre Kriegspolitik in den Verhältnissen begründet gewesen sei und daß kein Anlaß vorliege, von ihr abzugehen. Und so wurde es für die Opposition immer deutlicher, daß sie den Kampf gegen diese Auffassungen mit aller Schärfe weiterführen müsse. Die Mehrheit versuchte noch eine kleine Komödie aufzuführen, indem sie eine Sympathieerklärung für Karl Liebknecht herausbrachte. Käte

Duncker protestierte dagegen, daß Leute, die durch ihre Politik mitschuldig daran seien, daß Liebknecht hinter Kerkermauern sitze, hier eine so heuchlerische Erklärung abgeben wollten. Auch Haase legte im Namen der Opposition Protest dagegen ein. Nicht der Ausdruck mitleidigen Bedauerns, wie es die Mehrheit wolle, sei hier am Platze, sondern entschiedener Protest. Zugleich stellte Haase noch einmal fest, daß die Konferenz, die im Parteistatut keine Stütze habe, nicht befugt sei, sachliche Beschlüsse zu fassen. Durch die Aussprache sei ihre Funktion erledigt.

Nach dreitägigen Verhandlungen kam es trotzdem zu Abstimmungen. Die Minderheit in der alten Fraktion erklärte, daß sie sich an der Abstimung über die von der Mehrheit vorgelegte Resolution, die die Kriegspolitik des Parteivorstandes und der Fraktion guthieß, nicht beteiligen würde. Ein Antrag Haase-Ledebour, eine Beschlußfassung über sachliche Anträge abzulehnen, wurde in namentlicher Abstimmung mit 276 gegen 169 Stimmen abgelehnt. Danach gaben die Vertreter der Opposition und der Gruppe „Internationale" Erklärungen ab, daß sie sich an den weiteren Abstimmungen nicht beteiligen würden.

Ebert schloß die Reichskonferenz mit einem Appell an alle Teilnehmer, daß sie bei allen Gegensätzen nicht vergessen sollten, daß sie Kameraden und Kampfgenossen seien. Ueber allem Streit stehe das große gemeinsame Ziel: Die Befreiung der Arbeiterklasse aus wirtschaftlicher und politischer Bedrückung. Zur Erfüllung dieser Aufgabe müßten alle Kräfte zu gemeinsamem und geschlossenem Handeln zusammengefaßt werden. Die nächste Zukunft lehrte bald, wie wenig ernst es gerade Ebert mit diesen Worten war. Er hat an der Spitze derjenigen gestanden, die durch ihre Handlungen die Einheit der Partei zerschlagen haben.

Die Zerreißung der Partei.

Das Programm des rechten Flügels. — Der Gewaltstreich gegen den „Vorwärts". — Das Urteil des Auslands. — Die Nachwahl in Oschatz-Grimma. — Das Hilfsdienstgesetz. — Das Friedensangebot der Kriegsregierung. — Die Januarkonferenz der Opposition. — Ablehnung der Spaltung. — Die Zerreißung der Partei durch die Instanzenmehrheiten.

Was es mit den Absichten des rechten Flügels für die Reichskonferenz auf sich hatte, das war besonders klar aus den Artikeln zu erkennen, mit denen die „Sozialistischen Monatshefte", das Organ des rechten Flügels, die Veranstaltung der Partei begrüßt hatten. S e v e r i n g verlangte von der Partei, daß sie sich für die Sicherstellung der Rohstoffeinfuhr aus eigener Kolonialtätigkeit einsetzen solle. Das war, wie Kautsky im „Vorwärts" feststellte, eine Aufgabe, zu der die Sozialdemokratie sich nur bekennen konnte, wenn sie sich zugleich für eine Riesenflotte und für koloniale Eroberungspolitik begeisterte. Q u e s s e l, der von der Bedeutung der Seegeltung schrieb, wollte die Arbeiter lehren, daß „das Gedeihen der Industrie nicht nur Sache der Unternehmer, sondern in noch höherem Maße ihre eigene Sache" sei, so daß sie zu „Verteidigung und Sieg" und „gegenüber der britischen Seetyrannei, die ständig unser Dasein bedroht", mit den Unternehmern zusammenstehen müßten. J a n s s o n fürchtete, daß nach dem Kriege große Lohnkämpfe der deutschen Wirtschaft schwere Wunden schlagen würden, „daher sollte die Verständigung in der Lohnfrage allen anderen Dingen vorangehen". U m b r e i t, der Redakteur des „Korrespondenzblattes der Generalkommission der Gewerkschaften", wünschte „keine Isolierung, keine Proklamierung von Klassengegensätzen und Klassenkämpfen, wo Zeit und Tatsachen ein gemeinsames Zusammenarbeiten dringend erheischen". H e i l m a n n sah in dem Krieg einen großen Klassenkampf, vor dem alle geringen Fehden so zurückzutreten hätten, daß sie ihn nicht schädigen könnten. K a l i s k i rügte den Parteivorstand, „weil dieser sich noch nicht dazu entschließen konnte, den Schutzzollgedanken anzuerkennen", ohne den der geplante mitteleuropäische Wirtschaftskomplex undenkbar sei. P e u s schließlich meinte, „daß wir uns in Zukunft der Bewilligung der Heeres- und Flottenbudgets nicht mehr werden entziehen können".

Dieses positive Programm des rechten Flügels war auf der Reichskonferenz freilich nicht entwickelt worden, denn es hätte dort vielleicht manchen von jenen Elementen, die noch immer nicht wußten, auf welche Seite sie sich schlagen sollten, stutzig machen und zur

Opposition abdrängen können. Nachher klagte K o l b , der Führer der badischen Reformisten, der gleichfalls auf der Reichskonferenz geschwiegen hatte, darüber, daß es dort zu keiner klaren Entscheidung gekommen war, und er stellte in seinem „Volksfreund" noch einmal zusammen, wie er sich die weitere Tätigkeit der Sozialdemokratischen Partei vorstellte:

„Im Ernste kann doch kein vernünftiger Mensch damit rechnen, daß die Männer, die auf dem Boden der Politik des 4. August stehen, künftig in der Kegel das Budget ablehnen, daß sie in Fragen der Heeres-, Marine-, Kolonial-, Wirtschafts- usw. -Politik dieselbe Haltung einnehmen, welche die Sozialdemokratie vor dem 4. August eingenommen hat. Diese p o l i t i s c h e N e u o r i e n t i e r u n g d e r S o z i a l d e m o k r a t i e kann aber nicht bis nach dem Kriege verschoben werden, denn sie ist die unentbehrliche Voraussetzung für eine Neugestaltung der politischen Verhältnisse im Reiche wie in den Einzelstaaten. Wartet die Sozialdemokratie mit der Entscheidung über die Krise, in welcher sie sich befindet, bis nach dem Kriege, dann erscheint sie zu spät auf dem Plane, um bei der Entscheidung über die politische Zukunft des deutschen Volkes ein gewichtiges Wort mitsprechen zu können."

Ebert hatte die Reichskonferenz mit einem Mahnwort zur Einigkeit, zu gemeinsamem geschlossenen Handeln geschlossen. Bald aber sollten die Arbeiter erkennen, was sich für den Parteivorstand hinter diesen schönen Worten versteckte. Zwei Wochen danach wurde der längst geplante G e w a l t s t r e i c h g e g e n d e n „V o r w ä r t s" ausgeführt. Er blieb nicht der einzige Fall seiner Art, aber an ihm konnte man am deutlichsten erkennen, welche Absichten die Mehrheit des Parteivorstandes verfolgte.

Am 8. Oktober wurde der „Vorwärts" zum vierten Male in der Kriegszeit verboten. Den Anlaß gab ein Artikel, der sich gegen die Kanzlerfronde wandte. Bethmann Hollweg war zwar den Annexionisten mit seiner Politik soweit es irgend ging entgegengekommen. Die Alldeutschen, an deren Spitze der Landschaftsdirektor K a p p, stand, verlangten aber, daß entweder Bethmann Hollweg sich offen zum rücksichtslosen Eroberungskrieg bekennen oder seinen Platz einem ihrer Leute räumen solle. Der Geschäftsführer des „Vorwärts", der Reichstagsabgeordnete R i c h a r d F i s c h e r , setzte sich mit dem Oberkommando der Marken wegen der Aufhebung des Verbotes in Verbindung; den zuständigen Instanzen teilte er mit, daß die Militärbehörde die Entlassung der am „Vorwärts" tätigen Redakteure fordere. Zu gleicher Zeit verhandelte der Parteivorstand über das Verbot mit Herrn Wahnschaffe, dem Leiter der Reichskanzlei, trotzdem bekannt war, daß selbst der Reichskanzler keinen Einfluß auf die Militärbehörden hatte. Auch eine Beschwerde von Haase im Reichstag blieb ohne Wirkung. Am 12. Oktober lehnte der Zentralvorstand von Groß-Berlin die geforderte Entlassung der Redakteure des „Vorwärts" ab; dagegen wollte er Ressortveränderungen in der Redaktion vornehmen, so daß E r n s t D ä u m i g ausschließlich für die Ueberwachung der Zensurvorschriften freiblieb. Fischer weigerte sich, dieses Anerbieten bei der Militärbehörde zu vertreten. Bei dieser Gelegenheit ging schon hervor, daß Fischer und seine Hintermänner dem Oberkommando noch weit mehr Zugeständnisse machen wollten, als dieses selbst verlangt hatte. Der Parteivorstand glaubte eben die Gelegenheit nicht vorbeigehen lassen zu sollen, um mit Hilfe der Militärdiktatur den „Vorwärts" ganz in seine Hände zu bekommen.

Acht Tage lang war der Parteivorstand in Sachen des „Vorwärts"-Verbots für die zuständigen Instanzen überhaupt nicht zu sprechen. Erst am 16. Oktober rückte er mit seinen wahren Absichten heraus; er wollte nämlich dem Oberkommando den Vorschlag machen, daß „ein Mitglied des Parteivorstandes in die Redaktion eintritt und die Vollmacht erhält, über den Inhalt des Blattes zu entscheiden". Das bedeutete nichts anderes, als daß der Parteivorstand die Militärdiktatur benutzen wollte, um die Leitung des „Vorwärts" in die von ihm gewünschte Richtung zu drängen. Die Preßkommission stellte sofort fest, daß das Oberkommando doch nur Garantien für die Einhaltung der Zensurvorschriften verlangen könne; es würde einen Verzicht auf jede politische Ehre bedeuten, wenn man der Militärdiktatur auch nur den geringsten Einfluß auf die politische Haltung des Blattes einräume. Die Preßkommission schlug nun vor, daß ein Mitglied des Parteivorstandes die Beobachtung der Zensurvorschriften überwachen solle. Das lehnte der Parteivorstand und auch Fischer ab, denn man könne es einem Vorstandsmitglied doch nicht zumuten, die Verantwortung für ein Blatt zu übernehmen, auf dessen Inhalt es keinen Einfluß habe. Um zu dem gewünschten Ziele zu kommen, wurde also die politische Haltung und die Verantwortung vor der Zensurbehörde miteinander in Verbindung gebracht. Fischer verhandelte dann noch einmal mit dem Oberkommando, und dieses stimmte der Aufhebung des Verbotes unter der vom Parteivorstand angebotenen Bedingung zu. Noch am 19. Oktober hatte das Oberkommando der Redaktion des „Vorwärts" mitgeteilt, daß es lediglich „Garantien für eine vom Standpunkt der Zensur aus einwandfreie Leitung des „Vorwärts" zu erhalten" wünsche. Eine mit den Zensurvorschriften in Einklang gebliebene Vertretung der Weltanschauung und der politischen Ueberzeugung der Leser könne nicht die Grundlage für ein Einschreiten des Generalkommandos gegen den „Vorwärts" bilden. Der Parteivorstand war demnach mit seinem Angebot viel weiter gegangen, als die Militärbehörden es selbst gewünscht hatten; bald konnte man sehen, aus welchen Gründen das geschehen war.

Der Parteivorstand entsandte sein Mitglied H e r m a n n M ü l l e r in die Redaktion mit der Vollmacht, daß lediglich er über den Inhalt des Blattes entscheiden solle. In einer Erklärung an die Leser versuchte der Parteivorstand es so darzustellen, als ob eine andere Lösung des Konfliktes mit der Militärbehörde nicht möglich gewesen wäre. Das war ein offenbarer Schwindel. Die Redaktion wollte eine Erklärung dazu abgeben und ihre Stellung zu dem diktatorischen Vorgehen des Parteivorstandes mit der gebotenen Deutlichkeit darlegen. Hermann Müller, Chefredakteur von Gnaden des Oberkommandos, verweigerte die Aufnahme dieser Erklärung, und er griff auch in den späteren Nummern des „Vorwärts" in die Verfügungsrechte der Redaktion ein. In einer Broschüre, die sich mit diesem Gewaltstreich des Parteivorstandes befaßte, wurde das Ergebnis dieser Vorgänge so dargestellt:

„Der Parteivorstand hat selbstherrlich und weit über die Forderungen der Militärzensur hinausgehend Beschlag auf den „Vorwärts" gelegt. Er läßt ihn vollständig im Sinne einer vorstandsoffiziösen Politik leiten. Die bisherige Redaktion ist in ihrer freien Meinungsäußerung und ihren vertraglich zugesicherten Berufsrechten geknebelt. Die Preßkommission, als die nach dem Parteivorstand vorgesehene Ueberwachungskommission des „Vorwärts", ist vom Parteivorstand selbstherrlich ausgeschaltet worden, die Berliner Parteiorganisationen, die Eigentümer und Stützen des „Vorwärts" sind, haben jedes Anrecht, jeden Einfluß über ihr Blatt verloren und werden durch den Geschäftsführer Fischer auch um ihr Recht auf die Druckerei des „Vorwärts" betrogen. Die Berliner Parteigenossen können und dürfen sich eine derartige Vergewaltigung nicht gefallen lassen. An ihnen ist es, jetzt die geeigneten Schritte zu tun, den Gewaltstreich zu parieren.

Dieser in der Parteigeschichte b e i s p i e l l o s d a s t e h e n d e R e c h t s - u n d T r e u b r u c h des Parteivorstandes und seines Handlangers Fischer muß die gebührende Antwort erhalten."

Diese Antwort gaben denn auch die Berliner Parteigenossen sofort. Am 25. Oktober befaßten sich Extrazahlabende mit dem Gewaltstreich, am 27. Oktober stand er auf der Tagesordnung der Generalversammlungen der Wahlkreisvereine, und schließlich beriet die Verbandsgeneralversammlung für Groß-Berlin am 29. Oktober 1916 darüber. Ueberall wurde der folgende Antrag des Z e n t r a l - v o r s t a n d e s angenommen:

„Da der Parteivorstand durch sein Vorgehen, weit über die Forderungen der Militärbehörden hinausgehend, die Hand auf den „Vorwärts", das Eigentum der Groß-Berliner Genossen, gelegt, die von den Aufsichtsinstanzen eingesetzte Redaktion vergewaltigt hat, da er weiter dem „Vorwärts" eine Haltung gibt, die der politischen Ueberzeugung der überwältigenden Mehrheit der Berliner Genossen widerspricht, fordert die Verbandsgeneralversammlung den Parteivorstand auf, seine Gewaltmaßregeln aufzugeben.

Geschieht das nicht, so verpflichtet die Verbandsgeneralversammlung die Berliner Parteigenossen, die Zahlung des „Vorwärts"-Abonnements solange einzustellen, bis der Parteivorstand sein statutenwidriges Verhalten aufgegeben hat und die Groß-Berliner Organisationen wieder zu ihren Rechten auf den „Vorwärts" gekommen sind."

Die Verbandsgeneralversammlung von Groß-Berlin nahm einstimmig eine Resolution L e d e b o u r und A d o l f H o f f m a n n an, worin die Parteigenossen im ganzen Reich aufgefordert wurden, keinem Teilnehmer oder Begünstiger des „Vorwärts"-Raubes ein parlamentarisches Mandat oder ein Parteiamt zu übertragen. Die Spartakusgruppe brachte eine Resolution ein, die die Beitragssperre gegenüber dem Parteivorstand verlangte. Ledebour sprach sich dagegen aus, weil er dem Parteivorstand eine formelle Handhabe bieten würde, gegen die nichtzahlenden Parteigenossen vorzugehen. Die Resolution wurde denn auch abgelehnt. Es wurde dann noch ein Aktionsausschuß eingesetzt, der das Recht der Berliner Genossen zur Geltung bringen und die Beschlüsse der Generalversammlung ausführen sollte.

Der Gewaltstreich gegen den „Vorwärts" erregte das größte Aufsehen nicht nur in Deutschland, sondern auch weit über dessen Grenzen hinaus. Die a u s l ä n d i s c h e P a r t e i p r e s s e gab ihrem

Unwillen darüber lebhaften Ausdruck. So schrieb das in Zürich erscheinende Informationsorgan der Sozialdemokratischen Arbeiterpartei Rußlands, die Haltung des neuen „Vorwärts" sei schmählich. In einer Woche habe er bereits den Rekord des Bediententums geschlagen. „Die letzten Heldentaten des deutschen Parteivorstandes", hieß es dort, „werden hoffentlich allen denen die Augen öffnen, die sich abmühen, einen Unterschied zu konstruieren zwischen dem heuchlerischen Sozialpatriotismus eines Scheidemann und dem zynischen Sozialimperialismus eines Lensch. In Wirklichkeit haben wir es hier nur mit zwei Aeußerungen eines Wesens zu tun, dessen Name Renegatentum ist." Die „Humanité" sprach sich gleichfalls äußerst abfällig über den „Vorwärts"-Raub aus. Zu einem Artikel von Friedrich Stampfer, der die Politik des Parteivorstandes zu retten suchte, bemerkte das Blatt:

„Es wird ihm nicht gelingen, vergessen zu machen, daß der Kanzler niemals, weder direkt noch indirekt, dem „Friedensprogramm" der sozialistischen Mehrheit zugestimmt hat, daß er sich niemals von den Annexionsten, von allen Annexionisten geschieden hat, und daß die bürgerlichen Parteien, die ohne jede Ausnahme glatt annexionistische Ziele proklamiert hatten, niemals eine Erklärung abgegeben haben, die ihre früheren Erklärungen aufhob. Das sind unwiderlegte und unwiderlegliche Tatsachen.

Diejenigen anklagen, die sie mahnen, „für die Verlängerung des Krieges verantwortlich zu sein", heißt den Briefträger beschuldigen, für das Unglück der Person verantwortlich zu sein, der er einen schlechte Nachrichten enthaltenden Brief gebracht hat. Der Artikel von Stampfer im „Vorwärts" und alle ähnlichen Entrefilets aus seiner Feder, die man über denselben Gegenstand in anderen Majoritätsorganen, wie der „Münchner Post" von gestern, findet, zeigen seine Anstrengungen, die Einheit der Front im Schoß der deutschen Partei wieder herzustellen, aber ihre Wirkung kann notwendigerweise nur gleich Null sein. Und sicher kann man nicht durch die Art der „Einnahme" des „Vorwärts" durch den Parteivorstand der Sache des Friedens und der Internationale dienen."

Im „A v a n t i", dem Hauptorgan der italienischen Sozialisten, konnte man folgendes lesen:

„So ist es denn dem Parteivorstand gelungen, wieder die Hand auf den „Vorwärts" zu legen und ihn zum Sprachrohr der Scheidemann, Heine usw., das heißt der mehr oder weniger imperialistischen Politik der sozialistischen Mehrheit der Parlamentsfraktion, zu machen.

Wie bekannt, hat die bisherige Redaktion des „Vorwärts" sich bemüht, den Willen der sozialistischen Massen zum Ausdruck zu bringen, es abgelehnt, sich zum Werkzeug jener Elemente zu machen, die diesen Willen verleugneten und mit Verachtung jeden Einfluß der Regierungsorgane auf die Gestaltung des Parteiblattes zurückgewiesen. Außerdem aber hat die Redaktion in den Augen des Parteivorstandes noch die große Schuld auf sich geladen, die in der Arbeitsgemeinschaft organisierte Minderheit nicht mundtot zu machen. Lang und erbittert war der Kampf gegen die Regierung, die vergeblich versuchte, die Redaktion zur Nachgiebigkeit zu zwingen. Und beinahe ebenso heftig war der Kampf der Redaktion gegen den Parteivorstand, der sich Machtvollkommenheiten anmaßte, die im Widerspruch mit den Beschlüssen der Berliner Sozialdemokratie über die Haltung ihres Blattes standen. Nun aber bietet sich dem Parteivorstand mit einem Male die Gelegenheit, seine Position wieder einzunehmen; er ergreift sie sogleich, paktiert — statt die Haltung der Redaktion zu unterstützen, die sich weigerte, unannehmbare und mit der Würde sozialistischer Parteiführer unvereinbare Bedingungen zu akzeptieren — mit der Regierung und interveniert, um das Parteiorgan an sich zu reißen.

Der „Vorwärts" wird nun nicht mehr dasselbe Blatt sein, das es in den vergangenen Monaten war, das heißt, ein Organ, das den Stimmen der Kriegsgegner offen steht und den Protest der sozialistischen Masse zum Ausdruck bringt, sondern er wird unter der Kontrolle eines Vertreters des Parteivorstandes zu einem reinen Organ der Mehrheit werden, die das Bündnis mit den herrschenden Klassen respektieren und jede Störung des Burgfriedens vermeiden will."

Viel schärfer war selbstverständlich das Urteil großer Massen der Parteigenossen in Deutschland selbst, und gerade dieser Gewaltstreich des Parteivorstandes hat dazu beigetragen, daß die Opposition eine wesentliche Stärkung erfuhr. Die Berliner Parteigenossen bestellten den neuen „Vorwärts" in großer Zahl ab und bezogen dafür auswärtige Blätter, wie die „Leipziger Volkszeitung", den Braunschweiger „Volksfreund" und das „Volksblatt" in Halle. Die auswärtigen Blätter konnten freilich keinen vollen Ersatz für das Berliner Blatt geben, zumal besonders die Berliner Hausfrauen darauf angewiesen waren, sich rechtzeitig über die Lieferung von Lebensmitteln in der Presse zu informieren. Wenn die Sozialpatrioten später verkündeten, daß der Boykott des „Vorwärts" keinen sonderlichen Erfolg gehabt habe, so ist das ein billiger Hohn, und es beweist nur noch einmal, wie sehr sich der rechte Flügel auf die Tücken und Nücken des Krieges stützen mußte, um seine Position zu halten.

Auch eine Nachwahl zum Reichstag, die am 23. November 1916 in dem Leipzig benachbarten Kreise Oschatz-Grimma vorgenommen wurde, gab den Kriegssozialisten Gelegenheit, sich über die angebliche Schwäche der Opposition zu belustigen. Bei den bisherigen Nachwahlen, bei denen fast immer Rechtssozialisten kandidierten, hatten diese unter dem Schutze des Burgfriedens mit den bürgerlichen Parteien Abmachungen getroffen, wonach man auf einen Wahlkampf verzichtete und sich den bisherigen Besitzstand sicherte. In Oschatz-Grimma war die Ersatzwahl eines bürgerlichen Parteimannes vorzunehmen, und hier entschlossen sich unsere Genossen, die auf dem Boden der Opposition standen, den Wahlkampf aufzunehmen. Sie hatten sich freilich die großen Schwierigkeiten der Wahlbeteiligung nicht verhehlt. Der Wahlkreis hatte zum überwiegenden Teil ländlichen Charakter, er zählte neben 250 Dörfern 90 Rittergüter. Lediglich in den drei größeren Städten des Kreises, die zusammen 40 000 Einwohner zählten, konzentrierte sich die Industrie des Kreises. Erst einmal hatte die Sozialdemokratie den Kreis in der Stichwahl mit einer kleinen Stimmenmehrheit erobert, sonst war er stets im Besitz der Konservativen. Diesmal stellten die Konservativen einen ausgesprochenen Alldeutschen, Dr. Wildgrube aus Dresden, auf, und sie konnten mit ihrer Agitation bei der ländlichen Bevölkerung des Kreises um so größeren Erfolg erzielen, als den Agrariern durch den Krieg außerordentliche Vorteile gebracht worden waren. Zudem war die industrielle stimmfähige Bevölkerung des Kreises fast bis zum letzten Mann zum

Heeresdienst eingezogen worden, wogegen die Landwirte zu einem erheblichen Teile sich der Reklamation erfreuten. Dem allen ist noch hinzuzufügen, daß unsere Parteigenossen unter dem Belagerungszustand außerordentlich zu leiden hatten, in der Verbreitung von Flugblättern sehr beschränkt waren und daß die Parteipresse bisher nur geringen Eingang in den Kreis gefunden hatte. Sonne und Wind hatte also unsere Partei bei diesem Wahlkampf gegen sich. Sie unterlag bei der Abstimmung, aber sie ist ehrenvoll unterlegen. Ueber 6000 Wähler bekannten sich für den Kandidaten der Arbeitsgemeinschaft, Genossen L i p i n s k i aus Leipzig, der sich offen für die Kreditverweigerung ausgesprochen hatte. Und das war ein Erfolg, dessen sich die Opposition nicht zu schämen brauchte.

Im November 1916 kam das berüchtigte H i l f s d i e n s t g e s e t z, das nichts anderes als eine vollkommene Lahmlegung der deutschen Arbeiterbewegung bringen sollte. Die sozialdemokratische Mehrheit und auch die Gewerkschaftsvorstände hatten sich bereitgefunden, bei diesem Gesetz mitzuwirken. Was es mit diesem Gesetz auf sich hatte, das führte Genosse H a a s e für die Arbeitsgemeinschaft in der Reichstagssitzung vom 2. Dezember aus:

„Das Gesetz beschlagnahmt das einzige Gut des Arbeiters, die Arbeitskraft, ohne aber andererseits die kapitalistischen Betriebe zu verstaatlichen. Einige wenige können ihr Hab und Gut vermehren, während Tausende von Existenzen zugrunde gehen. Das Gesetz fesselt die Arbeiter an die Arbeitsstelle, die reichen Müßiggänger haben nur in den Vorverhandlungen eine dekorative Rolle gespielt. Auch der Mittelstand wird unter dem Gesetz leiden, und man wird sehen, daß ganz andere Kräfte wie die Sozialdemokratie ihn vernichten. Nach den Erfahrungen mit dem Belagerungszustand müssen wir befürchten, daß politisch mißliebige Personen auf Grund dieses Gesetzes aus ihrem Wohnsitz entfernt und dem Arbeitszwang unterworfen werden. Dieses politische Gesetz hebt die Freizügigkeit auf und beseitigt das Recht, die Arbeitskraft dort anzubieten, wo sie vorteilhaft verwertet werden kann. Man hat dieses Gesetz als einen Triumph des sozialistischen Gedankens hingestellt, es ist aber Geist vom Geiste des Militarismus und modernsten Kapitalismus. Die Aufhebung der Freizügigkeit führt zum Lohndruck. Unser Antrag auf gleichen Lohn für gleiche Arbeit bei Männern und Frauen ist abgelehnt worden und das nach all den Lobliedern auf das Heldentum der Frauen! Der Arbeiterschutz für Frauen und Jugendliche wird noch immer nicht wiederhergestellt. Die Schutzbestimmungen dieses Gesetzes verdienen nicht den Namen der Rechtsgarantien. Die Landarbeiter werden an die Scholle gefesselt. Die Vorsitzenden der Ausschüsse werden, nicht aus Parteilichkeit, sondern auf Grund ihrer ganzen Erziehung und sozialen Stellung, in den meisten Fällen gegen die Arbeiter entscheiden. Wir protestieren entschieden gegen die völkerrechtswidrige und obendrein unkluge Abschiebung der belgischen Arbeiter nach Deutschland."

Die Rechtssozialisten stimmten dem Gesetz zu, und einer ihrer Redner, B a u e r, beklagte sich über den „Doktrinarismus" Haases, der jedes Verständnis für die schwierige Lage des Landes vermissen lasse. Es hat sich später erwiesen, daß Haase mit seinem „Doktrinarismus" vollkommen recht behalten hat.

Was die von Haase bei dieser Gelegenheit bekämpfte D e p o r t a - t i o n b e l g i s c h e r A r b e i t e r nach Deutschland betrifft, so war dieses eines der schwärzesten Kapitel aus der deutschen Kriegs- politik. Die Rechtssozialisten behaupteten zwar, daß sie all ihren Einfluß geltend gemacht hätten, um eine schlechte Behandlung der belgischen Arbeiter zu verhindern. Aber dieser Einfluß hat die Militärbehörden nicht davon abhalten können, die belgischen Arbeiter wie die Sklaven antreiben zu lassen und damit das Entsetzen, das die deutsche Kriegführung im Auslande ohnehin schon hervor- gerufen hatte, noch zu steigern.

Das Hilfsdienstgesetz, das nach dem Eingeständnis seiner Urheber lediglich die Kriegsrüstung Deutschland vervollständigen und den letzten Mann und die letzte Frau, allerdings nur, soweit sie der Arbeiterklasse angehörten, in den Dienst des Krieges stellen sollte, bildete den würdigen Auftakt zu der Komödie, die kurz danach auf- geführt wurde. Am 9. Dezember wurde bekanntgegeben, daß der Reichstag für den 12. Dezember einberufen sei. Es sollte eine hoch- bedeutsame Aktion vom Stapel gelassen werden. In dieser Sitzung hielt der Reichskanzler von Bethmann Hollweg eine Rede, in der er erst des langen und breiten ausführte, welche großen Erfolge der deutsche Militarismus bisher an der Westfront, im Osten, gegen Italien, gegen Rumänien errungen und welche Heldentaten die deutschen Unterseeboote nebenher noch verrichtet hätten. Trotz dieser militärischen Stärke sei aber die deutsche Regierung bereit, d e n e r s t e n S c h r i t t z u m F r i e d e n zu machen. Er habe den Vertretern der neutralen Staaten eine Note überreicht, die sie den feindlichen Mächten übermitteln sollten. Das Wesentliche in der Note hatte diesen Wortlaut:

„Getragen von dem Bewußtsein ihrer militärischen und wirtschaft- lichen Kraft und bereit, den ihnen aufgezwungenen Kampf nötigenfalls bis zum äußersten fortzusetzen, zugleich aber von dem Wunsch beseelt, weiteres Blutvergießen zu verhüten und den Greueln des Krieges ein Ende zu machen, schlagen die vier verbündeten Mächte vor, alsbald in Friedensverhandlungen einzutreten. Die Vorschläge, die sie zu diesen Verhandlungen mitbringen werden und die darauf gerichtet sind, Da- sein, Ehre und Entwicklungsfreiheit ihrer Völker zu sichern, bilden nach ihrer Ueberzeugung eine geeignete Grundlage für die Herstellung eines dauerhaften Friedens.

Wenn trotz dieses Anerbietens zu Frieden und Versöhnung der Kampf fortdauern sollte, so sind die vier verbündeten Mächte ent- schlossen, ihn bis zum siegreichen Ende zu führen. Sie lehnen aber feierlich die Verantwortung dafür vor der Menschheit und der Ge- schichte ab."

Der Reichskanzler fügte noch hinzu: Wenn die Feinde diese Friedensbereitschaft ablehnen wollten, dann würde bis in die letzte Hütte hinein jedes deutsche Herz aufflammen im heiligen Zorn gegen die Feinde, die um ihrer Vernichtungs- und Eroberungsabsichten willen dem Menschenmorden keinen Einhalt tun wollen. Während also der Reichskanzler mit der linken Hand den Oelzweig des Friedens hochhielt, packte er mit der rechten Hand um so fester das Schwert, mit dem er die Gegner niederzuschlagen hoffte. W i l h e l m II. ergänzte noch diese Geste, indem er in einem Tagesbefehl an das deutsche Heer sagte, daß er nur in dem Gefühle des Sieges, den das Heer bisher errungen habe, dem Feinde das Friedensangebot gemacht habe.

Die Rechtssozialisten fielen prompt auf diesen Friedensschwindel hinein und priesen die Friedensliebe der deutschen Regierung und des deutschen Kaisers in allen Tönen, die Sozialdemokratische Arbeitsgemeinschaft dagegen erkannte sofort den wahren Charakter des Friedensangebots. Sie gab zu der Rede des Reichskanzlers die folgende Erklärung ab:

„Die Einleitung von Friedensverhandlungen haben wir von Anfang an gefordert, getreu der Solidarität der Völker, wie sie die Sozialdemokratie auf ihren nationalen und internationalen Kongressen klar und entschieden zum Leitstern der auswärtigen Politik des Proletariats gemacht hat. Dabei sind wir von der Gewißheit getragen, daß die demokratischen Volksmassen in allen Ländern mit den anderen Völkern in einem Frieden leben wollen, der allen die freie Selbstbestimmung gewährt. Jeder Schritt in dieser Richtung ist deshalb unserer Unterstützung sicher.

Die deutsche Regierung hat mit ihren Verbündeten den Regierungen der gegnerischen Staaten eine Note zugestellt, in der sie sich zu Friedensverhandlungen bereit erklärt. Soll diese Note zum Frieden führen, dann ist notwendig, daß in allen Ländern der Gedanke an Annexionen fremden Gebietes, an politische, wirtschaftliche oder militärische Unterwerfung irgendeines Volkes unter eine andere Staatsgewalt unzweideutig abgewiesen wird.

Gemäß unserer grundsätzlichen Anschauung, daß der Krieg kein Mittel ist, die Gegensätze zwischen den Völkern auszugleichen und ihre gegenseitigen Beziehungen zu regeln, verwerfen wir jede Ausnutzung der Kriegslage zur Vergewaltigung eines Volkes. Pläne dieser Art führen nur zur Verschärfung und Verlängerung dieses Krieges und bergen den Keim neuer Kriege in sich. Soll die Dauer des Friedens gewährleistet werden, so ist vielmehr erforderlich, daß durch internationale Vereinbarungen überall die Rüstungen eingeschränkt und alle Streitigkeiten der Völker zur Schlichtung Schiedsgerichten unterbreitet werden.

Von den Bedingungen, unter denen die Regierung Friedensverhandlungen einleiten will, erfahren Volk und Volksvertretung nichts. Somit bleibt das für den Erfolg Entscheidende im Dunkel. Wir fordern die Bekanntgabe der Friedensbedingungen. Redewendungen, die verschiedene Deutungen zulassen, rufen Mißtrauen hervor, erschweren oder vereiteln gar das Zustandekommen von Friedensverhandlungen.

Nach allen Grundsätzen wahrhaft demokratischen Lebens durfte eine Kundgebung von solcher Tragweite wie das Friedensangebot nicht ohne Mitwirkung der Volksvertretung in die Welt gehen.

Der Reichstag hat aber die Nichtachtung der Volksvertretung durch die Regierung noch übertrumpft, indem er, ebenso wie vorher schon bei der Proklamierung des Königreichs Polen, auch jetzt wieder sich selbst ausgeschaltet hat. Der von uns wie von den Nationalliberalen und den Konservativen gestellte Antrag auf Besprechung der vom Reichskanzler gehaltenen Rede wurde vom Zentrum, der Fortschrittlichen Volkspartei und der sozialdemokratischen Fraktion abgelehnt. So ist die Stimme des werktätigen Volkes in einem wichtigen Moment nicht zu Gehör gekommen. Die Volksmassen sind nun wie in den anderen Ländern so auch bei uns berufen, darauf zu dringen, daß dem materiellen und moralischen Elend des Krieges, in das sie wider ihren Willen gestürzt sind, ein Ende gemacht wird, daß ein Friede zustande kommt, der der Verbrüderung der Völker die Wege ebnet."

Es kam so, wie die Opposition vorausgesagt hatte: Das Friedensangebot wurde abgelehnt, der Krieg ging weiter, und er wurde mit noch größerer Erbitterung als bisher geführt. Bald folgte der v e r s t ä r k t e U-Boot-Krieg, der auch die Vereinigten Staaten von Amerika und fast alle die bisher noch nicht am Kriege beteiligten Staaten in das Gemetzel hineinriß.

Aber auch die Instanzenmehrheiten führten ihren K r i e g g e g e n d i e O p p o s i t i o n mit verstärkten Mitteln fort. Dem Gewaltstreich gegen den „Vorwärts" folgten zahllose andere Zeitungsraube in der Provinz. Ueberall wurden die oppositionellen Genossen aus der Partei hinausgedrängt. Es würde zu weit führen, wenn wir alle Einzelheiten aus den Drangsalierungen, deren sich die Opposition nicht nur durch die Instanzenmehrheiten, sondern auch durch die militärischen und zivilen Gewalten ausgesetzt sah, darstellen wollten. Sie ähnelten sich wie ein Ei dem anderen, sie waren höchstens in der Art ihrer Ausübung ein wenig voneinander verschieden. Genug, es drängte sich den oppositionellen Kreisen in der Partei immer mehr die Notwendigkeit auf, der Gewalt sich nicht durch vereinzelte Aktionen zu erwehren, sondern sich i h r g e s c h l o s s e n e n t g e g e n z u s t e m m e n.

Zum 7. Januar 1917 wurden die Vertrauensleute aller Richtungen der Opposition zu einer K o n f e r e n z nach Berlin zusammenberufen. Die Organe der Mehrheit suchten diese Tagung von vornherein dadurch zu diskreditieren, daß sie meinten, nach dem Friedensangebot der Mittelmächte sei doch eigentlich jede Opposition gegen die deutsche Kriegspolitik hinfällig geworden, und jetzt müsse das gesamte deutsche Volk wie ein Mann hinter Wilhelm II. stehen. Was dazu zu sagen war, das hatte die Kundgebung der Arbeitsgemeinschaft bereits ausgeführt. Der Gegensatz zwischen den Instanzenmehrheiten und der Opposition trat immer stärker hervor. Der Parteivorstand veröffentlichte eine Erklärung, worin er behauptete, daß die Konferenz im Widerspruch stehe zum Organisationsstatut der Gesamtpartei und mit der organisatorischen Einheit unvereinbar sei. Von unberufenen Parteigenossen werde versucht, Parteiorganisationen und deren Mittel in den Dienst einer Sondergruppe zu stellen, und es werde ihnen geraten, dieses parteizerstörende Treiben nicht zu unterstützen. Die Genossen Haase, Ledebour, Vogtherr als Einberufer der Konferenz stellten demgegenüber fest, daß der Parteivorstand zum Zwecke der falschen Orientierung der Parteigenossen aus dem Einladungszirkular den vom Zweck der Besprechung handelnden Teil weggelassen habe. Dieser lautete:

„Es handelt sich um die T a k t i k d e r o p p o s i t i o n e l l e n A b g e o r d n e t e n im Reichstag und um M a ß r e g e l n z u m S c h u t z e d e s P a r t e i s t a t u t s u n d d e r O r g a n i s a t i o n e n, sowie um die Sicherung der Eigentumsrechte der Parteigenossen an ihren Zeitungen."

Daraus ist ersichtlich, daß die Besprechung gerade dem Zweck dient, gegenüber dem organisations- und statutenwidrigen sowie parteizerstörenden Treiben des Parteivorstandes Schutzmaßregeln zu ergreifen.

Die Konferenz war von 157 Parteigenossen besucht. Darunter befanden sich 35 Mitglieder der Spartakusgruppe. 72 Wahlkreise waren vertreten. In seinem einleitenden Referat wies H a a s e die Erklärung des Parteivorstandes zurück, der ein für allemal das Recht verwirkt habe, anderen Parteigenossen einen Bruch des Organisationsstatuts zum Vorwurf zu machen. Der Parteivorstand pflege und schütze selbst Sonderorganisationen, vor allem den Diskutierklub „Vorwärts" in Berlin. Die arbeiterfeindliche Politik des Parteivorstandes und der alten Fraktion komme besonders zum Ausdruck im neuen „Vorwärts", dessen Niveau tief gesunken sei. Das Blatt betreibe nicht grundsätzliche Aufklärung, sondern Verwischung der Klassengegensätze. Im Auslande werde der „Vorwärts" nicht mehr als Organ der Sozialdemokratie angesehen, sondern als offiziöses Organ der deutschen Regierung. In der Friedensfrage habe sich die alte Fraktion als Werkzeug Bethmann Hollwegs gebrauchen lassen. Die selbstverständliche, demokratischen Grundsätzen entsprechende Forderung, im Reichstag zu der Friedensrede des Kanzlers das Wort zu nehmen, sei von der alten Fraktion abgelehnt worden, nachdem die Regierung es so gewünscht habe. Nach alledem, was sich bisher ereignet habe, sei es nicht nur das Recht, sondern die Pflicht der auf dem Boden der Opposition stehenden Parteigenossen, sich im Rahmen des Parteistatuts zusammenzuschließen, um nicht isoliert zu bleiben. Es gelte in der Partei zu bleiben, die uns ans Herz gewachsen sei, und es sei mit Sicherheit zu erwarten, daß über kurz oder lang die Massen für die Opposition gewonnen worden seien. Es wäre töricht, sich zu einer Sekte zurückdrängen zu lassen. Die Arbeiterbewegung könne nur als Massenbewegung existieren. Die Massenbewegung dürfe aber nicht auf den Boden des englischen Tradeunionismus herabsinken, sondern sie müsse erfüllt sein vom alten sozialdemokratischen Geiste.

L i p i n s k i (Leipzig) behandelte die o r g a n i s a t o r i s c h e n N o t w e n d i g k e i t e n der Opposition. Aufgabe der Sozialdemokratie sei es, den Kampf um die politische Macht zu führen, um die kapitalistische Produktionsweise umzugestalten. Die Politik des Parteivorstandes und der Mehrheitsfraktion aber laufe auf eine bedingungslose Unterstützung der Regierungspolitik hinaus. Die Parteigenossen müßten mobilgemacht und für unsere Auffassungen gewonnen werden. Zweckwidrig sei die Beitragssperre, die die Macht des Parteivorstandes nicht berühre, ihm aber das formale Recht gebe, gegen die Organisationen vorzugehen. Notwendig sei der Zusammenschluß der Opposition, der mündliche Verkehr der oppositionellen Genossen in den Bezirken und Ortsgruppen, aber alles müsse im Rahmen der Partei geschehen.

Der Redner der S p a r t a k u s g r u p p e , E r n s t M e y e r , verlangte dagegen, daß man die Frage der Beitragssperre und der Zugehörigkeit der Partei erörtern solle. Der Klassenkampf müsse auch gegen den Parteivorstand geführt werden, und dabei dürfe man auf Formalien keine Rücksicht nehmen. Die Spartakusgruppe trete zwar nicht für die Spaltung der Partei ein, aber der Hauptton sei auf die Selbstbetätigung und die Aktion der Massen zu legen. Der Kampf müsse mit allen Mitteln geführt werden, auch mit der Beitragssperre, selbst wenn er in der Folge zur Spaltung führe. Eine nicht gerade rühmliche Rolle spielte dann noch J u l i a n B o r c h a r d t als Vertreter der kleinen Gruppe der I n t e r n a t i o n a l e n S o z i a l i s t e n Deutschlands. Seine Freunde lehnten ein Bündnis mit der Arbeitsgemeinschaft ab, sie wollten die Beitragssperrung durchführen und mit den anderen Gruppen der Opposition nur gegen Gewaltstreiche des Parteivorstandes zusammen kämpfen.

Es kam zwischen den verschiedenen Richtungen zu scharfen Auseinandersetzungen, die große Mehrheit der Konferenz stand jedoch auf dem Boden der Arbeitsgemeinschaft. Ihre Resolution erhielt 111 Stimmen, für die Resolution Borchardt wurden nur 6, für die Resolution der Spartakusgruppe 34 Stimmen abgegeben. Die R e s o l u t i o n d e r O p p o s i t i o n hatte folgenden Wortlaut:

„Seit Ausbruch des Weltkrieges ist der Vorstand der Sozialdemokratischen Partei Deutschlands bestrebt, mit allen Mitteln die Gesamtpartei auf die Politik der Reichstagsfraktion vom 4. August 1914 festzulegen und sie dieser Politik dienstbar zu machen. Den wachsenden Widerspruch versuchte er durch p l a n m ä ß i g e G e w a l t m a ß r e g e l n u n t e r V e r l e t z u n g d e s O r g a n i s a t i o n s s t a t u t s der Partei niederzuhalten.

Zeichen dieses parteizerrüttenden Treibens sind sein Auftreten in Berlin, Bremen, Duisburg, Frankfurt, Stuttgart, die rechtswidrige Auslieferung der Presse an die Anhänger seiner Politik auch an Orten, wo die Parteiorganisationen in großer Mehrheit auf dem Boden der Opposition stehen, die Maßregelung der Redakteure in Berlin, Bremen, Duisburg und Stuttgart, der Mißbrauch des Parteiausschusses zur Deckung der Vorstandspolitik und seines statutenwidrigen Handelns und das H i n a u s - d r ä n g e n d e r o p p o s i t i o n e l l e n A b g e o r d n e t e n a u s d e r R e i c h s t a g s f r a k t i o n.

So hat der Parteivorstand die ihm von der Gesamtpartei auferlegte Pflicht, allen Anschauungen innerhalb der Partei freie Betätigung auf dem Boden des Parteiprogramms zu gewähren, die U n a b h ä n g i g k e i t u n d S e l b s t ä n d i g k e i t d e r P a r t e i p r e s s e zu wahren, die Parteipresse zum Kampf gegen den Kapitalismus und die von diesem betriebene Politik zusammenzuhalten, fortdauernd verletzt und mit Absicht zur Förderung seiner Sonderbestrebungen die ihm innerhalb der Organisation zugewiesenen Befugnisse überschritten. Den Parteigenossen erwächst damit die dringende Pflicht, zum Schutze gegen dieses organisationswidrige und die Partei gefährdende Verhalten des Vorstandes, z u r W a h r u n g d e r P a r t e i g r u n d s ä t z e und des Parteistatuts einheitlich und geschlossen aufzutreten.

Die Orts- und Kreisorganisationen, deren Mehrheit die Auffassung der Opposition teilt, haben in stete enge Fühlung zueinander zu treten. Dort, wo die oppositionellen Genossen nicht die Mehrheit in der Organisation haben, haben sie i m R a h m e n d e s P a r t e i s t a t u t s unermüdlich für die Ausbreitung ihrer Anschauungen zu wirken und zur Erfüllung der der Opposition im Interesse der Partei obliegenden Aufgaben, sowie zu eigener Belehrung in geeigneter Weise einen Zusammenschluß herbeizuführen.

Die S p e r r e d e r P a r t e i b e i t r ä g e, die als schärfstes Mißtrauensvotum gegen den Parteivorstand gedacht ist, ist als u n g e e i g n e t zurückzuweisen, da sie die finanzielle Macht des Parteivorstands in keiner Weise ändert und ihm nur eine bequeme, wenn auch im Parteistatut nicht begründete Handhabe bietet, Parteiorganisationen „außerhalb der Partei" zu stellen und ihren Einfluß auf die Entscheidung der Partei auszuschalten.

Diesen Einfluß preiszugeben, wäre ein großer Fehler. Der Parteitag, der nach Wiederherstellung verfassungsrechtlicher Garantien und gründlicher Vorbereitung zusammentritt, soll die Opposition auf ihrem Platze finden, wenn es gilt, darüber zu entscheiden, ob die Partei die alten Bahnen aufgeben soll.

Ziel der Sozialdemokratie ist es, die kapitalistische Produktionsweise, deren Anarchie sich besonders im Kriege gezeigt hat, in die sozialistische umzuwandeln, die politische Macht zu diesem Zweck zu erringen und den Kampf um diese zu einem einheitlichen zu gestalten.

Die während des Krieges vom Parteivorstand betriebene Politik ist damit unvereinbar, weil sie die Bourgeoisie stärkt, bei ihrer Machterweiterung stützt, die Arbeiterklasse dagegen noch mehr spaltet und in der Verfolgung des sozialistischen Zieles hemmt.

Aufgabe der Opposition ist es, die arbeitende Klasse auf das alte Kampffeld zurückzuführen und überall die grundsätzliche Politik der Sozialdemokratie zu fördern.

Zur Erfüllung dieser Aufgabe fordern wir die Parteigenossen auf, im Sinne vorstehender Vorschläge mit tatkräftigem Eifer zu wirken."

Zum Schlusse der Konferenz sprachen Karl Kautsky und Kurt Eisner über die Friedensfrage. Ein von Kautsky vorgelegtes Manifest sowie eine von Kurt Eisner begründete Resolution wurden einstimmig angenommen. Das Manifest lautete:

„Genossen!

Die Internationale fordert gemäß der Kongreßbeschlüsse von Stuttgart, Kopenhagen und Basel die sozialistischen Parteien auf, bei dem Ausbruch eines Krieges für dessen schnelle Beendigung einzutreten.

Dementsprechend hat die Opposition in der deutschen Sozialdemokratie sich stets der Parole des Durchhaltens bis zum Siege widersetzt und stets von der Regierung verlangt, daß sie ihre Friedensbereitschaft bekennt. Die Opposition hat ihre Friedenspropaganda nicht erst mit dem Moment begonnen, wo eine solche von der Regierung gutgeheißen wurde.

Was die Opposition fordert, war nicht die Bereitschaft zum Frieden um jeden Preis, aber auch nicht die bloße Bereitschaft zu einem Frieden an sich ohne jede nähere Angabe seiner Bedingungen. Was sie fordert, war die Bereitschaft zu einem Frieden, in dem es weder Sieger noch Besiegte gibt, zu einem Frieden der Verständigung ohne Vergewaltigung.

Die Opposition innerhalb der deutschen Sozialdemokratie betrachtet die Friedensbereitschaft, die der Reichskanzler am 12. Dezember v. J. kundgab, als Symptom aufkeimenden Friedenswunsches in den regierenden Kreisen. Sie kann aber die Art der Ankündigung dieser Bereitschaft nicht als taugliches Mittel zur Erreichung des Friedenszieles anerkennen.

Der Reichskanzler proklamierte das Deutsche Reich als Sieger im Weltkriege. Und doch erschwert das Pochen auf erfochtene Siege den Friedensschluß ebensosehr, wie die Ankündigung kommender Siege.

Ferner unterließ der Reichskanzler jede genaue Darlegung der Kriegsziele. Keine der beiden Mächtegruppen hat bisher Kriegsziele erkennen lassen, die der andern Seite das Eingehen auf Verhandlungen erleichtern. Diese verhängnisvolle Unterlassung ist eine Folge der Macht, welche die Kriegsparteien in den herrschenden Klassen noch besitzen. Deren Einfluß muß gebrochen werden, ehe wir zum Frieden kommen können. Das ist nicht zu erreichen durch diplomatische Transaktionen hinter den Kulissen, sondern nur durch die Einwirkung der Volksmassen auf ihre Regierungen. Nur aus diesem politischen Kampf, nicht aus dem Burgfrieden kann die wirkliche Friedensbereitschaft hervorgehen. Sie erheischt die Aufhebung des Kriegszustandes, erheischt die Freiheit der Presse und der Versammlungen.

Aber auch nur als internationaler Kampf ist das Ringen um den Frieden zu gewinnen. Es darf nicht einseitig bleiben. Mehr als je bedürfen wir in der neuen Situation, die durch das Friedensangebot des Reichskanzlers und die Intervention Wilsons geschaffen worden ist, des internationalen Zusammenhanges der Parteien des proletarischen Sozialismus, der berufenen Vorkämpfer des Friedens. Mag die Kundgebung dieses Zusammenhanges heute durch äußere Gewalten oder durch die Haltung mancher Mehrheiten noch gehemmt werden, um so notwendiger ist es, daß diejenigen, die den internationalen Zusammenhang geistig nie aufgegeben haben und bisher schon — wie es auch in Zimmerwald und Kienthal geschah — jede Gelegenheit benutzten, ihn zu betonen, ihre innere Uebereinstimmung auf das unzweideutigste bekunden.

Wir halten dafür, daß in allen kriegführenden Ländern für die sozialistischen Parteien die Zeit gekommen ist, von ihren Regierungen eindringlich die genaue Mitteilung der Ziele zu fordern, für die sie den Krieg führen; zu fordern, daß diese Ziele derart sind, daß sie für keines der betreffenden Völker eine Demütigung oder eine Schädigung ihrer Existenzbedingungen bedeuten, daß die Sozialisten überall den Kampf gegen alle Parteien aufnehmen, die den Krieg über diese Ziele hinaus fortsetzen wollen.

Als demokratische und internationale Partei steht die Sozialdemkratie auf dem Boden des Selbstbestimmungsrechts der Völker. Aber die Opposition innerhalb der deutschen Sozialdemokratie hat zu keiner der bürgerlichen Regierungen genügendes Vertrauen, um einer von ihnen die Mission der Befreiung der Nationalitäten durch den Krieg zuzuerkennen. Diese Aufgabe allseitig zu lösen, kann nur das Werk des siegreichen Proletariats sein.

Doch stehen wir der Freiheit und Selbstbestimmung der Nationen in der bürgerlichen Gesellschaft keineswegs gleichgültig gegenüber. Wir müssen uns entschieden dagegen wehren, daß der Zustand, wie er vor dem Kriege bestand, durch diesen noch verschlechtert wird. Wir lehnen jede Gebietsveränderung ab, die nicht die Zustimmung der betreffenden Bevölkerung hat. Was die Internationale vor allem gemäß den Beschlüssen ihrer Kongresse zu fordern hat, sind internationale Abkommen über die Entscheidung aller Konflikte zwischen den Staaten durch Schiedsgerichte und über eine allseitige Einschränkung der Kriegsrüstungen.

Im Wettrüsten liegt eine der stärksten Wurzeln des jetzigen Krieges. Sie auszurotten, ist die erste Vorbedingung dafür, künftigen Kriegen vorzubeugen. Hier ist die Möglichkeit vorhanden, über den Status quo vor dem Kriege hinauszugehen, einen Fortschritt zu erzielen für alle, ohne Benachteiligung irgendeines der kriegführenden Teile. Hier wird in besserer Form an materiellen Vorteilen das gegeben, was man vergeblich durch Kriegsentschädigungen zu erreichen sucht: jede Milliarde im Jahre, die durch eine Verminderung der Rüstungskosten erspart wird, entspricht der Verzinsung einer Kriegsentschädigung von 20 Milliarden.

Mit dem Abkommen über Abrüstung und Schiedsgerichte wird auch das Maximum an materiellen Garantien gegen künftige Ueberfälle gegeben, das in der kapitalistischen Gesellschaft durch bestimmte Friedensbedingungen überhaupt erreichbar ist.

Den sichersten Schutzwall des Friedens bildet freilich nur ein p o l i t i s c h   m a c h t v o l l e s ,   g e i s t i g   s e l b s t ä n d i g e s   P r o l e t a r i a t , bildet dessen intensivste Teilnahme an der äußeren Politik, die im vollsten Lichte der Oeffentlichkeit zu führen ist.

M a c h t   u n d   S e l b s t ä n d i g k e i t   d e s   P r o l e t a r i a t s , Offenheit und Klarheit in der Politik, Einheit im Innern, internationale Solidarität nach außen bringen den Frieden, sichern den Frieden."

Es ist, geschichtlich gesehen, besonders bemerkenswert, daß Karl Kautsky damals noch die einmütige Zustimmung der ganzen Konferenz fand. Auch die Spartakusanhänger erklärten sich rückhaltlos mit seinen Anschauungen einverstanden. Erst einige Zeit später ist ihnen die Erleuchtung gekommen, daß Kautsky eigentlich ein „Konterrevolutionär", ein „verkappter Bourgeois" sei, um ihre Terminologie zu gebrauchen.

Die Besprechung der Opposition gab den Instanzenmehrheiten die gewünschte Gelegenheit, die Z e r r e i ß u n g   d e r   P a r t e i durchzuführen. Zwar boten die Beschlüsse der Konferenz keinen eigentlichen Anlaß dazu, aber schon die Tatsache, daß die Opposition sich gegen die Gewaltstreiche des Parteivorstandes überhaupt zur Wehr zu setzen wagte, mußte dazu herhalten, um die Spaltung der Partei durchzuführen. In der sozialpatriotischen Presse wurden dem Parteivorstand die Stichworte dazu geliefert. Es wurde von ihm verlangt, daß er die Teilnehmer an der Konferenz als der Parteizugehörigkeit verlustig erklären solle. Dazwischen fiel die Ablehnung des deutschen Friedensangebots durch die Entente, was die Mehrheit veranlaßte, sich von neuem an den Burgfrieden der Bourgeoisie zu ketten.

Am 16. Januar trat der P a r t e i a u s s c h u ß im Reichstagsgebäude zu einer Sitzung zusammen. Sie war dazu bestimmt, mit der Opposition abzurechnen. E b e r t hielt wieder eine seiner bekannten Reden; er behauptete, daß die Opposition den Bruch mit der Gesamtpartei bereits vollzogen habe, jetzt seien nur die Folgerungen daraus zu ziehen. Auf Antrag von S i n d e r m a n n (Dresden) und L ö b e (Breslau) wurde mit 29 gegen 10 Stimmen eine Resolution angenommen, in der es hieß:

„Jetzt haben die Leiter der Arbeitsgemeinschaft ihr parteizerstörendes Werk gekrönt durch die Einberufung einer R e i c h s k o n f e r e n z   d e r   O p p o s i t i o n . Ihr Vorgeben, sie wirkten für die Einheit der Partei und im Rahmen der Partei, ist damit in seiner ganzen Unehrlichkeit enthüllt. Sie haben sich als Parteileitung aufgetan und zum 7. Januar d. J. Parteiorganisationen und Sonderorganisationen nach Berlin zusammenberufen.

Das ist die Gründung einer S o n d e r o r g a n i s a t i o n gegen die Partei, und die Mitglieder der Arbeitsgemeinschaft wie ihre Anhänger haben sich numehr a u c h   v o n   d e r   P a r t e i   s e l b s t   g e t r e n n t . Die

Schaffung dieser Sonderorganisation und die Zugehörigkeit zu ihr ist unvereinbar mit der Mitgliedschaft in der Gesamtpartei. Daher ist es nun Aufgabe aller treu zur Partei stehenden Organisationen, dem unehrlichen Doppelspiel aller Parteizerstörer ein Ende zu machen und die durch die Absplitterung der Sonderorganisationen erforderlichen organisatorischen Maßnahmen zu ergreifen.

Die Einheit und Geschlossenheit der Partei zu festigen, damit sie den gewaltigen Aufgaben gewachsen ist, die sie noch während des schrecklichen Weltkrieges und nach seiner Beendigung zum Wohle der Arbeiterklasse und der weitesten Volkskreise im Geiste sozialistischer Weltanschauung zu erfüllen hat, ist Aufgabe aller Parteigenossen."

Das war das Losungswort für den Hinauswurf der Opposition aus der Partei, für die endgültige Spaltung der Sozialdemokratie. Der Parteivorstand veröffentlichte im Anschluß daran einen Aufruf, der den Inhalt der Resolution Löbe-Sindermann wiederholte und von den Organisationen verlangte, daß sie die mißliebigen Elemente ausschließen sollen. Robert Wengels und Luise Zietz, die zur Minderheit des Parteivorstandes gehörten, gaben dazu im „Vorwärts" folgende Erklärung ab:

„Der heutige Aufruf des Parteivorstandes bedeutet einen entscheidenden Schritt in der Geschichte der Partei. Die Einheit der Partei, für die wir unser ganzes politisches Leben hindurch gekämpft haben, wird zerrissen, wenn die vorgeschlagenen Maßnahmen zur Ausführung gelangen. In dieser Situation fühlen wir uns in Abweichung von unserer Gepflogenheit verpflichtet, auszusprechen, daß wir die Verantwortung für diesen Schritt ablehnen."

Die Opposition veröffentlichte eine Erklärung, in der die entscheidenden Stellen lauteten:

„Der Opposition ist ihre Aufgabe vorgezeichnet durch unser gutes Recht und das Gesamtinteresse der Arbeiterbewegung. Mit den gemaßregelten Parteiorganisationen und Parteigenossen werden sich alle unsere den gleichen Anschauungen huldigenden Freunde solidarisch erklären. Wie die oppositionell gerichteten Parteiorganisationen und Parteigenossen später ihre Rechte zu wahren und die Vertretung unserer Anschauungen im öffentlichen Leben sicherzustellen haben, muß künftigen Entschließungen vorbehalten bleiben. Jetzt ist kein Tag zu verlieren! Deshalb, Parteigenossen, schließt euch zusammen zur Wahrung unserer Rechte in den Parteiorganisationen!

Der Kampf, den wir in der Partei durchzufechten haben, ist nur die Folgeerscheinung des großen grundsätzlichen Widerstreits zweier Weltanschauungen. Der Vorstand und seine Anhänger haben sich durchgemausert zur nationalsozialen Anschauungen und sind so zu einer Gefolgschaft der Regierung und der imperialistischen bürgerlichen Parteien geworden. Wir blieben und bleiben auch während des Weltkrieges: Vorkämpfer für den Weltfrieden und die Befreiung des Proletariats!"

Die Losungen der Instanzenmehrheiten wurden im Reich bald zur Ausführung gebracht. Wo sich in den Organisationen die Opposition in der Minderheit befand, wurde sie einfach für „außerhalb der Partei stehend" erklärt. Wo sich die Mehrheiten der Organisationen für die Opposition erklärten, wurden sie vom Parteivorstand und von den einzelnen Landesvorständen auf die Aechtungsliste gesetzt. In Berlin, in Leipzig, in Bremen, in Braunschweig, in einer großen Anzahl anderer Orte wurden neue Organisationen gegründet.

Die Zerreißung war mit den Beschlüssen der Instanzenmehrheiten vollbracht; die Einheit der Sozialdemokratischen Partei, dieses stolze Werk der deutschen Arbeiterklasse und des internationalen Proletariats, war dahin. Wollte nun die Opposition nicht auf jede politische Betätigung verzichten, so mußte sie sich einen eigenen Parteikörper schaffen. Das war die U n a b h ä n g i g e S o z i a l d e m o k r a - t i s c h e P a r t e i D e u t s c h l a n d s.

Die Gründung der Unabhängigen Sozialdemokratischen Partei Deutschlands.

Die Spaltungsarbeit wird fortgesetzt. — Zwei Nachwahlen in Berlin. — Ablehnung des deutschen Friedensvorschlags. — Verschärfter U-Boot-Krieg. — Die Vereinigten Staaten von Amerika werden in den Kriegsstrudel gerissen. — Neue Steuern und vermehrtes Elend. — Die Märzrevolution in Rußland. — Das Aktionsprogramm der Sozialdemokratischen Arbeitsgemeinschaft. — Der Gründungsparteitag der U. S. P. D.

Der weitere Ablauf der Spaltungstragödie der deutschen Sozialdemokratie war durch nichts mehr aufzuhalten. Bureaukratische Engherzigkeit und beschränkter Organisationsfanatismus, der in blinder Verkennung der Verhältnisse den Kadavergehorsam des preußischen Militarismus auf die Partei verpflanzen wollte, hat die politische Einheit der deutschen Arbeiterklasse zerschlagen. In einigen Bezirken bemühte man sich noch um eine V e r m i t t l u n g zwischen den beiden Richtungen; so in Thüringen, wo noch längere Zeit die Vorstandsanhänger mit den Genossen von der Opposition zusammenarbeiteten, oder in Nordbayern, wo A d o l f B r a u n die Gegensätze zu überbrücken suchte. Aber die Instanzenmehrheiten ließen sich von der rücksichtslosen Ausnützung der ihnen mit dem Parteiapparat in die Hände gegebenen Macht nicht mehr zurückhalten.

Es ist nicht möglich, in allen Einzelheiten die damaligen Vorgänge wiederzugeben; es genügt zu sagen, daß die Parteiinstanzen kein Mittel unversucht ließen, um die oppositionellen Genossen aus ihren Parteistellungen zu drängen, die Opposition ihrer Organe zu berauben und alle Parteimitglieder, die ihre Auffassungen über die Kriegspolitik nicht teilten, der Parteirechte für verlustig zu erklären. Der Bruderkampf wurde so heftig geführt, wie es in der Geschichte der deutschen und internationalen Arbeiterbewegung wohl kaum ein zweites Mal erhört ist. Die Mehrheit des Parteivorstandes erklärte, daß sie mit den Genossen W e n g e l s und L u i s e Z i e t z nicht länger zusammenarbeiten wollte. Den Anlaß dazu suchten sie in ihrer von der Mehrheit abweichenden Auffassung über den „Vorwärts"raub und außerdem behaupteten sie, daß die beiden Genossen, weil sie auf dem Boden der Arbeitsgemeinschaft ständen, Organisationen angehörten, die der sozialdemokratischen Partei nicht angeschlossen seien. Als Antwort darauf veröffentlichten die Genossen Wengels und Luise Zietz eine Erklärung, worin sie feststellten, daß ihr Amt auf dem Willen des Parteitages beruhe und daß es ihnen von niemand anderem als dem Parteitag wieder entzogen werden könne. Es wäre ein Gewissenszwang schlimmster Art gewesen, wenn sie sich der Unterdrückung der Meinungsfreiheit und Ueberzeugungstreue beim „Vorwärts" raube angeschlossen hätten. Bis zum letzten Augenblick hätten sie für die Einheit der Partei und für die Geschlossenheit der Gewerkschaften gewirkt und sich dabei von den alten Parteigrundsätzen leiten lassen. „Daß die Partei zerrissen und die Arbeiterbewegung in ein durchaus anderes Fahrwasser gelenkt wird, können wir nicht stillschweigend mit ansehen. Gegen diese verderbliche Politik nach wie vor mit unserer ganzen Kraft anzukämpfen, halten wir für unsere Pflicht." So schloß die Erklärung.

Am 19. Januar kam es zum offenen Bruch in der sozialdemokratischen F r a k t i o n   d e s   P r e u ß i s c h e n   L a n d t a g e s.   Den Anlaß dazu gab die Rede des Abgeordneten H i r s c h zum Etat. Hirsch hatte zuerst Sympathien für die Opposition gezeigt, aber seine Haltung wurde immer schwankender und zweideutiger und schließlich ging er ganz in das Lager der Mehrheit über. Seine Rede war geradezu ein Hohn auf jedes proletarische und sozialdemokratische Empfinden. Im Namen der Abgeordneten Adolf und Paul Hoffmann, Hofer und Ströbel protestierte danach Adolf Hoffmann gegen ihren Inhalt. Es war nicht möglich, ausführlich darauf zu antworten, da nach der alten, übelbewährten Methode des preußischen Junkerparlaments die Debatte hinter Hirsch abgeschnitten wurde. Die eine Hälfte der Fraktion, fünf Mann, die hinter der Instanzenpolitik stand, nützte die Gelegenheit, die ihnen die Entziehung des Mandats zum Fall Liebknecht durch das kriegsgerichtliche Urteil gab, dazu aus, um die anderen vier Genossen kurzerhand aus der Fraktion auszuschließen. Diesen blieb jetzt nichts anderes übrig, als eine besondere Fraktion zu bilden. Aehnliche Vorgänge spielten sich in den Parlamenten Sachsens und Württembergs ab.

Die Opposition mußte nunmehr zu A b w e h r m a ß n a h m e n greifen. Am 9. Februar 1917 wurde folgender A u f r u f veröffentlicht:

„Parteigenossen!

Die S t u n d e   d e r   E n t s c h e i d u n g ist für uns alle gekommen!

Seit Kriegsbeginn sind Parteivorstand und Fraktionsmehrheit in eine antisozialistische Politik hineingeraten, die, stetig sich verschlimmernd, die offizielle Sozialdemokratie zu einer n a t i o n a l s o z i a l e n   R e g i e r u n g s p a r t e i gemacht hat.

Diese Neuorientierung begann mit der Zustimmung zu den Kriegskrediten; sie steigerte sich zur Bewilligung des Budgets. So trieb die Mehrheit der Reichstagsfraktion durch die burgfriedliche Verbrüderung mit den bürgerlichen Parteien in die U n t e r s t ü t z u n g   i m p e r i a l i s t i s c h e r   K r i e g s z i e l e hinein. Durch beharrliche Ablehnung der Minderheitsforderung, daß die Regierung zur Proklamierung eines annexionslosen Friedensangebots gedrängt werden solle, wirkte die Fraktionsmehrheit k r i e g s v e r l ä n g e r n d, nicht aber, wie sie jetzt vorgibt, friedensfördernd. Den steigenden Einfluß der Opposition suchte die Fraktionsmehrheit, als die Minderheit das Recht der selbständigen

133

Meinungsäußerung für sich in Anspruch nahm, dadurch zu brechen, daß sie ihr widerrechtlich und den Parteitagsbeschlüssen entgegen, die Fraktionsrechte entzog. Sie nötigte dadurch die Minderheit, sich nunmehr als selbständige Fraktion zu konstituieren. Der tiefgehende sachliche Gegensatz zwischen den beiden Fraktionen trat dann fortgesetzt im Reichstag in der Behandlung aller politischen Fragen zutage — zuletzt noch bei dem Hilfsdienstgesetz, das von der „Fraktion" angenommen, von der Arbeitsgemeinschaft abgelehnt wurde.

Gleichzeitig hatte der Parteivorstand den Kampf g e g e n d i e o p p o - s i t i o n e l l e P r e s s e durch Absetzung von Redakteuren und durch Besitzergreifung von Zeitungen begonnen. Diese Politik der Gewalttätigkeiten gipfelte in der Ausnutzung des Belagerungszustandes zum Raube des „Vorwärts".

Auch in der B e k ä m p f u n g o p p o s i t i o n e l l e r O r g a n i s a t i o - n e n schritt der Parteivorstand von Rechtsbruch zu Rechtsbruch. An verschiedenen Orten veranlaßte er die Gründung von S o n d e r o r g a - n i s a t i o n e n ! Das Signal zu allgemeiner Parteispaltung ließ er sich dann am 18. Januar d. J. durch ein Gutachten des Parteiausschusses geben, das er am 22. Januar zu einer eigenen Kundgebung verwertete. Er drohte darin, diejenigen Parteigenossen, die sich zu oppositionellen Anschauungen bekannt haben, aus den von ihm selbst beherrschten Organisationen a u s z u s t o ß e n und zur Bekämpfung der oppositionellen Organisationen überall durch seine Handlanger G e g e n o r g a n i s a t i o - n e n gründen zu lassen.

Dieser Drohung sind jetzt die Taten gefolgt.

Im Kreise P o t s d a m - O s t h a v e l l a n d wurde am 28. Januar auf Anstiften des Parteivorstandes gegen die rechtmäßige Wahlkreisorganisation ein Gegenverein gegründet. Diese Sonderorganisation tat dann gleich einen weiteren Schritt auf der Bahn der Parteizerrüttung, indem sie für die bevorstehende Reichstagsersatzwahl ihren Vorsitzenden als Gegenkandidaten gegen den rechtmäßig aufgestellten oppositionellen Kandidaten aufstellte! Das geschah, um mit Hilfe der bürgerlichen Parteien ein Mandat an sich zu reißen, das dem Genossen Liebknecht durch ein Zuchthausurteil entrissen wurde. — In B e r l i n wurde die Gründung von Gegenorganisationen gegen die rechtmäßigen Wahlvereine durch einen offenbar abgekarteten Briefwechsel zwischen dem Vorsitzenden des „Diskutierklubs Vorwärts" und dem Parteivorsitzenden Ebert eingeleitet. Ebert gab in seiner Antwort eine ausführliche Anleitung zur P a r t e i - s p a l t u n g i n B e r l i n. Sie wurde bereits in mehreren Wahlkreisen befolgt. Das Vorbild des Parteivorstandes wurde auch bereits von den Leitern der Landesorganisation in S a c h s e n sowie der Bezirksorganisation in D r e s d e n und Z w i c k a u nachgeahmt. Die ganze Bezirksorganisation L e i p z i g sowie die Vertreter mehrerer Wahlkreisorganisationen wurden durch Mehrheitsbeschluß kurzerhand der Rechte beraubt, die ihnen von den organisierten Genossen übertragen waren!

So v o l l z i e h t s i c h j e t z t d i e P a r t e i s p a l t u n g, weil ein Dutzend zur Besorgung zentraler Parteigeschäfte angestellter Parteibeamten wider alles Parteirecht sich anmaßen, nach eigenem Gutdünken den Ausschluß einzelner Parteigenossen und ganzer Organisationen aus der Partei zu dekretieren.

Alle diese Uebergriffe sind n a c h d e m P a r t e i r e c h t zwar n u l l u n d n i c h t i g, die Machtmittel, die der Parteivorstand als zentrale Verwaltungsbehörde in Händen hat, und die Unterstützung seitens einer großen Zahl von Genossen in leitender Stellung ermöglichen es ihm jedoch, im Rahmen der von ihm beherrschten Organisationen unsern

Freunden überall die Parteitätigkeit unmöglich zu machen. Gegenüber der planmäßigen Schaffung von Sonderorganisationen durch den Parteivorstand genügt nicht mehr ein Protest!

Es müssen sich nunmehr **a u c h d i e o p p o s i t i o n e l l e n G e n o s -
s e n ü b e r a l l z u s a m m e n s c h l i e ß e n**. Denn was den Genossen in Potsdam, in Berlin, in Sachen usw. angetan wird, ist ein Schlag, der uns alle trifft. Würde die Opposition nicht tatkräftig vorgehen, so hätte der Parteivorstand gewonnenes Spiel. Er würde die Stäbe einzeln zerbrechen, gegen die er ohnmächtig bleibt, wenn sie festverbunden ihm Widerstand leisten. Solidaritätspflicht ist es jetzt für alle grundsatztreuen Genossen, sich organisatorisch zu vereinen zu gemeinsamer Arbeit für die **G e s u n d u n g d e r s o z i a l d e m o k r a t i s c h e n B e -
w e g u n g**, für die Durchführung des sozialdemokratischen Programms sowie der Beschlüsse der Parteitage und der internationalen Sozialistenkongresse!

Im Einverständnis mit einer großen Anzahl von Genossen aus allen Teilen Deutschlands richten wir deshalb an alle Organisationen und Parteigenossen, die gewillt sind, mit der Fraktion der Sozialdemokratischen Arbeitsgemeinschaft zusammenzuwirken, die Aufforderung, sich an einer **O p p o s i t i o n s k o n f e r e n z** zu beteiligen, in der die erforderlichen Maßnahmen zum Zusammenschluß der Opposition zu treffen sind!

Zu dem Zweck bitten wir diejenigen Wahlkreisorganisationen, die sich bereits auf den Boden der Opposition gestellt haben oder die einen solchen Beschluß noch fassen werden, sich unverzüglich bei der unterzeichneten Adresse anzumelden. In Wahlkreisen, in denen nach der Anstachelung des Parteivorstandes die oppositionellen Parteigenossen durch Wahlkreisbeschluß ihrer Parteirechte beraubt werden, erwarten wir, daß sie sofort eine eigene Organisation gründen und uns hiervon sowie von ihrem Anschluß an unsere Bewegung gleichfalls in Kenntnis setzen.

Nähere Mitteilungen über den Zusammentritt der Konferenz werden demnächst erfolgen, doch bitten wir, die organisatorischen Vorarbeiten dafür bis Mitte März zu beenden!

Und nun frisch ans Werk! Kein Tag ist zu verlieren!

Mit sozialdemokratischem Parteigruß

I. A.: **D e r V o r s t a n d d e r S o z. A r b e i t s g e m e i n s c h a f t
d e s R e i c h s t a g s.**

H a a s e. L e d e b o u r. V o g t h e r r."

Von den Mitgliedern der Opposition wurde sofort in diesem Sinne die Arbeit aufgenommen. Am 11. Februar tagte eine Generalversammlung des Verbandes der Wahlvereine **G r o ß - B e r l i n**. Hugo **H a a s e** zeigte dort, wie der Parteivorstand Gewalttat auf Gewalttat häufte, so skandalöser Art, wie sie in der Geschichte der Parteien, wie im politischen Leben bisher nicht erhört gewesen seien. Was demgegenüber von oppositioneller Seite an Abwehrmaßnahmen geschah, sei schon dadurch allein vollkommen gerechtfertigt. Das gelte auch für die Oppositionskonferenz, da sie innerhalb des Rahmens der Partei sich ihre Agitations- und Aufklärungsarbeit gesteckt hätte, mit dem Ziel, den Kampf der Geister auf dem Parteitage auszutragen. Jetzt gäbe es keine andere Wahl mehr, als den engen Zusammenschluß aller oppositionellen Elemente gegen Nationalismus und Imperialismus für Sozialismus und Demokratie. Ohne Diskussion nahm die Versammlung einstimmig folgende **R e -
s o l u t i o n** an:

„Die Verbands-Generalversammlung von Groß-Berlin erklärt die Gründung von Gegenorganisationen gegen die rechtmäßigen Wahlkreisorganisationen als Maßnahmen, die die organisatorische Besiegelung der antisozialistischen und imperialistischen Politik des Vorstandes und der Fraktion darstellen und die Zertrümmerungstätigkeit des Parteivorstandes krönen. Durch dieses Vorgehen hat sich der Parteivorstand und seine Gefolgschaft in gleiche Kampfesfront gestellt, in der die Gegner des Sozialismus und der Demokratie stehen.

Aus diesen Gründen erklärt sich die Verbands-Generalversammlung einverstanden mit der im Aufrufe des Vorstandes der Sozialdemokratischen Arbeitsgemeinschaft vom 8. Februar d. J. enthaltenen Aufforderung zu einem o r g a n i s a t o r i s c h e n   Z u s a m m e n s c h l u ß   a l l e r   v o m   P a r t e i v o r s t a n d   v e r g e w a l t i g t e n   O r g a n i s a t i o n e n   u n d   G e n o s s e n und beauftragt die Verbandsleitung, die notwendigen Schritte zu tun, damit die Berliner Wahlkreisorganisationen dieser Aufforderung nach jeder Richtung hin entsprechen.

Ueber die organisatorische Form des Zusammenschlusses der Opposition und die Art der einheitlich-politischen Tätigkeit hat die aus Vertretern aller vom Parteivorstand entrechteten Kreise bestehende Konferenz nach den Grundsätzen der Demokratie zu entscheiden."

Aehnliche Beschlüsse wurden in einer ganzen Reihe von Organisationen im Reiche gefaßt, so in Leipzig, in Braunschweig, in Bremen, in Halle, um einige von den wichtigsten Punkten der Opposition zu nennen.

Die Instanzenmehrheiten begnügten sich aber nicht damit, die Organisationen zu zerreißen und die Partei zu spalten, sie trugen den Bruderkampf auch auf offenem Markte aus. Durch das Urteil des Kriegsgerichts waren K a r l   L i e b k n e c h t das Mandat für den L a n d t a g im elften Berliner Wahlkreis und das Mandat für den R e i c h s t a g in Potsdam-Osthavelland aberkannt worden. Angesichts der schmachvollen Behandlung, die Liebknecht erduldet hatte, angesichts der Tatsache, daß durch das Urteil eines solchen Gerichts die Neuwahlen herbeigeführt worden waren, hätte es für die Instanzen zum mindesten ein Gebot des einfachsten politischen Anstandes sein müssen, die freigewordenen Sitze so besetzen zu lassen, wie es den Anschauungen Liebknechts entsprach. Aber was politischer Anstand, was proletarisches Rechtsgefühl: die Mehrheit ging darüber mit einem Lächeln hinweg und stellte dem Kandidaten der Opposition Franz M e h r i n g in beiden Kreisen, besondere Kandidaten ihrer Richtung entgegen.

Bei der L a n d t a g s w a h l glückte dieses frivole Spiel nicht. Von 268 Wahlmannsstimmen, die von den Urwählern neu zu benennen waren, fielen 218 der Opposition zu. Der rechte Flügel hatte gerade sechs seiner Wahlmänner durchgebracht. Dieses Ereignis wurde ohne Schlepparbeit, für die die Kräfte fehlten, erreicht. Aus eigenem Antriebe hatten die Arbeiterwähler in diesem proletarischen Viertel Berlins ihre Stimme für Liebknecht abgegeben und damit öffentlich gegen die Kriegspolitik der Regierung und der Fraktionsmehrheit protestiert. Die Anhänger des Parteivorstandes dagegen hatten sich mit den Fortschrittlern verbunden und glaubten mit bürgerlicher Hilfe über die Arbeiter triumphieren zu können. Die Fortschrittler sollten in der dritten und zweiten Abteilung für ihre Wahlmänner stimmen; als Gegenleistung dafür veröffentlichte das „Sozialdemokratische Wahlkomitee I. A. Pattloch" in der „Berliner Volkszeitung" am Abend vor der Wahl einen Aufruf, worin unter Bezugnahme auf „die Wahlparole der fortschrittlichen Volkspartei alle sozialdemokratischen Wähler der ersten Abteilung ersucht werden, geschlossen die Wahlmänner der fortschrittlichen Volkspartei zu wählen". Es war begreiflich, daß der „Vorwärts" sich hütete, die genauen Abstimmungsziffern, die ein Volksurteil über seine Richtung enthielt, den Lesern mitzuteilen.

Nicht anders trieben es die Vorstandsanhänger bei der R e i c h s - t a g s w a h l in Potsdam-Osthavelland. Es genügt, den Aufruf des liberalen Wahlvereins Potsdam wiederzugeben, den er kurz vor der Wahl veröffentlich:

„Der nationalliberale Verein Potsdam hat im Verein mit den übrigen bürgerlichen Parteien beschlossen, bei der Reichstagswahl am 14. März den B u r g f r i e d e n zu wahren. Es wird also k e i n b ü r g e r l i c h e r B e w e r b e r aufgestellt. Nur zwei sozialistische Bewerber stehen sich gegenüber, nämlich der Gewerkschaftsbeamte Stahl, der als Vertreter der sozialdemokratischen Partei Scheidemannscher Richtung das Vaterland in der Stunde der Not nicht verlassen wird, und der Schriftsteller Mehring, der als Vertreter der radikalen Liebknechtschen Richtung durch die Verweigerung der Kriegskredite und Stellungnahme gegen den U-Boot-Krieg die erfolgreiche Durchführung des Krieges gefährdet. Die Wahl Mehrings würde den Eindruck hervorrufen, als ob das deutsche Volk kleinmütig und verzagt gewesen wäre. Deshalb ist es die v a t e r l ä n d i s c h e P f l i c h t jedes Reichstagswählers, d i e W a h l M e h r i n g s u n t e r a l l e n U m s t ä n d e n z u v e r h i n d e r n. Keiner bleibe der Wahlurne fern."

Auch die fortschrittliche Volkspartei hatte ihre Anhänger ermahnt, für Stahl und gegen Mehring zu stimmen, und selbst der Reichsverband zur Bekämpfung der Sozialdemokratie reihte sich in diese Phalanx ein. So war es erklärlich, daß der Vertreter der Opposition ins Hintertreffen geriet und die Wahl mit einem Siege des Vorstandskandidatens endete. Mehring erhielt rund 5000, Stahl etwa 15 000 Stimmen. Auf d i e s e n Ausgang der Wahl konnte aber die Opposition, wenn er sie auch nicht zufriedenstellte, doch mit größerem Stolze zurückblicken, als die Anhänger der sozialdemokratischen Kriegspolitik.

Inzwischen war der Kriegswagen unaufhaltsam weitergerollt. Das F r i e d e n s a n g e b o t der deutschen Regierung hatte, wie nicht anders zu erwarten war, eine glatte A b l e h n u n g erfahren. Die Alliierten erklärten, daß auch sie den Krieg zu beendigen wünschten; bevor aber nicht der Kriegswille Deutschlands beseitigt und seine Eroberungsabsichten zurückgezogen seien, könne an die Anbahnung von Friedensverhandlungen nicht gedacht werden. Wilhelm veröffentlichte einen Aufruf, worin er an die „glorreichen Siege und die eherne Willenskraft" des deutschen Volkes erinnerte, die dafür bürgten, daß es auch fürderhin nichts zu fürchten habe. Der Gott, „der diesen herrlichen Geist der Freiheit in unseres tapferen Volkes Herz gepflanzt hat", werde ihm den vollen Sieg über alle Feinde geben. Anderthalb Jahre später hat sich freilich gezeigt, daß auch dieses Mal, um mit Wilhelms Vorfahren zu reden, Gott bei den stärkeren Bataillonen, in unserem Falle also bei der Entente, war. Damals aber glaubte die Regierung noch an solchen Sieg oder sie tat wenigstens so. Aus späteren Veröffentlichungen hat man erfahren, daß schon zu dieser Zeit die einsichtigeren Elemente des Bürgertums von der unabwendbaren Niederlage Deutschlands überzeugt waren. Auf dem rechten Flügel der Sozialdemokratie wollte man aber von solcher Einsicht nichts wissen. Er stimmte in den Chorus mit ein, der das Verdammungsurteil über die Feinde Deutschlands aussprach. Die Opposition dagegen erkannte, daß ohne sofortige Bekanntgaben der deutschen Kriegsziele die Anbahnung des Friedens nicht möglich sei und daß an der Verlängerung des Krieges die Regierungen der Mittelmächte zum mindesten dieselbe Schuld trügen, wie die Regierungen der Alliierten.

Eine neue Hoffnung am Friedenshimmel tauchte auf, als W i l s o n am 22. Januar eine B o t s c h a f t in der Friedensfrage veröffentlichte. Es war vom bürgerlichen Standpunkt aus ein ideales Programm, das in dieser Botschaft enthalten war, aber wir wissen, daß stärker als der Wilsonsche Idealismus die Interessen des siegreichen Imperialismus waren. Daß der Opposition der Sinn der amerikanischen Botschaft damals schon ganz klar war, das geht aus den Ausführungen hervor, die die „ L e i p z i g e r V o l k s z e i t u n g " dazu machte. Das Blatt führte aus, es sei auch unsere Hoffnung, daß sich die Entwicklung der Menschheit in der Richtung bewegen werde, die Wilsons Note vorzeichne:

„Aber wir müßten schlechte Marxisten sein, wenn wir vor den ungeheuren Schwierigkeiten die Augen verschließen wollten, die jedem kleinsten Schritt auf dieser Bahn entgegenstehen in einer Staats- und Gesellschaftsordnung, die soeben erst den Weltkrieg geboren hat und deren Träger ihn vorerst nicht zu beenden vermögen. Die Zukunft der Völker ist der ewige Friede und die internationale Organisation, die sich über den Staaten erhebt, sich auf ihnen aufbaut. Aber ob die Völker diesen Zustand erreichen können, ehe die kapitalistische Ordnung durch die sozialistische abgelöst ist, ob sie auch nur wesentliche Schritte zu diesem Ziel zu tun vermögen, solange nicht die ö f f e n t l i c h e G e m e i n w i r t s c h a f t a n d i e S t e l l e d e r a u f d a s P r i v a t e i g e n t u m , a u f d a s P r o f i t s t r e b e n g e b a u t e n W i r t s c h a f t s w e i s e g e t r e t e n i s t , das ist die Frage ... Mit Worten, mit diplomatischen Noten ist der ewige Friede nicht zu schaffen. Ihm wird ein granitner Unterbau gegeben werden müssen, und ihn kann a l l e i n d i e A r b e i t e r s c h a f t gründen, die heute in ihrer Zersplitterung für diese Aufgabe nur wenig Kraft hat."

Die deutsche Kriegsregierung gab die Antwort auf diese Friedensbotschaft durch die E r ö f f n u n g d e s v e r s c h ä r f t e n U - B o o t - K r i e g s . Die Militaristen hatten schon längst dazu gedrängt, aber es waren ihnen doch bis dahin einige Schwierigkeiten gemacht worden, die besonders aus der Erwägung heraus geboren waren, daß Amerika sich sofort an die Seite der Alliierten stellen würde, sobald Deutschland den U-Boot-Krieg ohne die geringste Rücksicht auf die Neutralen führen werde. Nach der Ablehnung des Friedensangebotes vom Dezember 1916 war es aber gelungen, die Zweifler aus den bürgerlichen Parteien dafür zu gewinnen, und die unentschlossene Haltung der sozialdemokratischen Reichstagsfraktion trug nicht wenig dazu bei, daß die Regierung Bethmann Hollweg sich zu diesem folgenschweren Schritte, der den Krieg endgültig zu Deutschlands Ungunsten entschieden hat, drängen ließ. Die Mehrheitsfraktion und ihre Presse hatten ganz offen erklärt, daß unter den jetzigen Umständen die schärfste Durchführung des Krieges eine unbedingte Notwendigkeit sei. Die Mehrheitspartei aber glaubte die Verantwortung für den verschärften U-Boot-Krieg mit der Begründung ablehnen zu können, daß Deutschland kein parlamentarisches System habe und daß die Frage des U-Boot-Krieges eine Angelegenheit der Kriegführung sei, in die der Laie nicht hineinzureden habe. Der „Vorwärts" insbesondere meinte, daß die Fragen der Kriegsführung nicht durch Diskussionen, in Versammlungen und in der Presse, sondern nur in einem engen Personenkreis entschieden werden könne. Damit gab das Blatt den alldeutschen Kriegstreibern das Stichwort, mit dem sie ihre Politik ungehemmt durch die Einwirkung einer scharfen Opposition fortführen konnten. Die unausbleibliche Folge des ungehemmten U-Boot-Krieges war der Eintritt Amerikas in den Krieg.

Die erste Gelegenheit, zu dieser Situation einige offene Worte zu sprechen, bot sich in der Reichstagssitzung vom 28. Februar. Scheidemann als Sprecher der sozialdemokratischen Fraktion wußte aber nichts anderes zu tun, als seine alten Beteuerungen zu wiederholen, daß die sozialdemokratische Partei die baldige Herbeiführung des Friedens wünsche. Nachher aber erklärte er, daß das deutsche Volk jetzt alle seine Kräfte anstrengen müsse, um den Kriegswillen der Gegner zu brechen. Erst Ledebour als Redner der Sozialdemokratischen Arbeitsgemeinschaft mußte am nächstfolgenden Tage aussprechen, was für einen Sozialisten in dieser Stunde Pflicht war. Er sagte, daß die Möglichkeit eines baldigen Friedens nur dann gegeben sei, wenn die deutsche Regierung sich bereit erkläre zu einem Frieden, der keine volksfremden Gebiete annektiere. Wir müßten alles aufbieten, um auch die auswärtigen Sozialisten darin weiter zu treiben, daß auch sie im Sinne der Völkerversöhnung, der Völkerverständigung wirkten. Der rücksichtslose U-Boot-Krieg müsse grundsätzlich bekämpft werden. Erstaunlich aber sei der Mangel an Verantwortlichkeit, den die Parteien in dieser Frage zeigten. Nur die Rechte wolle die Konsequenzen auf sich nehmen, alle anderen Parteien aber beriefen sich auf die Oberste Heeresleitung. Was die Redner, die bisher für den Frieden gesprochen hätten, wollten, sei nur ein Waffenstillstand. Wenn wir den anderen einen Vergewaltigungsfrieden aufnötigten, so würde sich der Krieg sehr bald wiederholen. Um eine Wiederholung des Krieges zu verhindern, müsse die Entscheidung darüber den Kabinetten aus den Händen genommen werden. Unsere Aufgabe sei, so lange der kapitalistische Imperialismus noch eine Macht sei, ihm entgegenzutreten und die Vorarbeit für den Weltbund der sozialistisch organisierten Völker zu leisten.

Der Friede war also in immer fernere Weiten gerückt. Dafür stieg die Not des arbeitenden Volkes immer höher. Immer größere Massen fielen der Verelendung anheim. Eine Reihe von wichtigen Lebensbedürfnissen war überhaupt nicht mehr aufzutreiben, andere konnten nur noch zu wahren Wucherpreisen erstanden werden. Die blasse Not wandelte durch die Quartiere des Proletariats, nur in den Kreisen derer, die nach immer weiterer Verlängerung des Krieges schrien, hatte sich die Lebensweise nicht merklich geändert. Dazu kam jetzt eine neue Bedrohung des Volkes durch die i n d i r e k t e n S t e u e r n , die eine bis daher für unerreichbar gehaltene Höhe erklimmen sollten. Die englische Bourgeoisie hatte sich immerhin dazu verstanden, einen Teil der Kriegskosten schon jetzt auf ihre Schultern zu nehmen und nicht alles auf die Karte eines glücklichen Kriegsausgangs zu setzen. Das deutsche Bürgertum dagegen, beschränkt, wie es von je war, glaubte auch jetzt noch am besten damit zu fahren, daß es die Lasten des Krieges auf die besitzlose Bevölkerung abwälzte. Der Mann der Bourgeoisie war H e l f f e r i c h . Er legte dem Reichstag eine Reihe von Steuerplänen vor, die auch nicht das geringste von den Versprechungen enthielten, die dutzendweise dem Volke gemacht worden waren. Bisher waren die Kosten des Krieges durch Anleihen aufgebracht worden, die den kapitalistischen Kreisen eine gute Verzinsung versprachen; jetzt schuf man dazu noch indirekte Steuern, wie die Kohlenabgabe und die Verkehrssteuer, oder man griff zu Besitzsteuern, die entweder den Besitz überhaupt nicht belasteten oder die eine leichte Abwälzbarkeit ermöglichten. Die sozialdemokratische Partei hatte bisher alle indirekten Steuern abgelehnt. Auch von diesem Grundsatz ging die Mehrheitsfraktion jetzt ab. So wurde in der „M a g d e b u r g e r V o l k s s t i m m e " erklärt, man dürfe sich jetzt nicht täuschen, daß der gesamte Bedarf des Reiches auf dem Wege der Vermögens- und Einkommensteuer überhaupt nicht mehr aufzubringen sei. Auch W i l h e l m K o l b erklärte im Karlsruher „Volksfreund", „daß die ins Riesenhafte wachsenden Staatskosten ganz unmöglich nur auf dem Wege der direkten Steuern aufgebracht werden könnten". „Also", so folgerte er daraus, „müssen auch indirekte Steuern bewilligt werden". Die theoretische Begründung für diese Preisgabe der alten Grundsätze in der Steuerfrage gab dann noch H e i n r i c h C u n o w im „Hamburger Echo", indem er erklärte, die Sozialdemokratie dürfte sich bei dieser Gelegenheit nicht ausschalten lassen, was soviel bedeutete, daß die Sozialdemokratie das Helfferichsche Steuerbukett schlucken sollte.

In diese fast hoffnungslose Stimmung fiel wie ein Ruf der Erlösung die Nachricht von der R e v o l u t i o n i n R u ß l a n d , von der Abdankung des Zaren an die Vertreter des Bürgertums. Die Erregung gegen das Zarenregiment war von Monat zu Monat gewachsen; sie beschränkte sich nicht auf die Kreise der Bourgeoisie und der Intelligenz, sondern sie hatte das ganze Volk erfaßt. Nur so ist es zu erklären, daß die Umwälzung sich ohne besondere Zusammenstöße vollzog. In Deutschland wurde die russische Revolution mit allgemeiner Freude begrüßt. Im Bürgertum glaubte man, daß nunmehr einer der stärksten Gegner gefallen sei und daß der Krieg mit um so größerer Kraft gegen den Westen geführt werden könne, wenn man den Arm gegen Osten frei bekomme. Die Monarchisten allerdings hatten einige Bedenken; denn über die augenblicklichen Differenzen hinweg verband sie mit dem Zarismus eine alte Freundschaft und Gefühle inniger Sympathie. Das Proletariat allein erkannte die weltgeschichtliche Bedeutung der sich jetzt in Rußland vollziehenden Umwälzung. Wenn freilich Ebert eiligst ein Telegramm nach Petersburg schickte, um die russische Revolution der Sympathie des deutschen Volkes zu versichern, so wußte man, daß dahinter der Wunsch der Regierung stand, durch einen Sonderfrieden mit Rußland günstigere Bedingungen für die Weiterführung des Krieges mit der Entente zu erlangen. Mit dieser platonischen Liebeserklärung hatte das klassenbewußte Proletariat in Deutschland nichts zu schaffen. Wenn eine Zusammenarbeit mit der russischen Revolution überhaupt notwendig und möglich war, so konnte sie doch nur dem einen Zwecke dienen, ihr den bürgerlichen Charakter zu nehmen und sie in eine proletarische Revolution umzugestalten.

Aber gerade das wollten die deutschen Rechtssozialisten nicht. Der „Vorwärts", der jetzt das Parteivorstandsorgan war, brachte unter der Ueberschrift „Zur Aufklärung nach Rußland — Republik und Monarchie" einen Artikel, der an Behauptungen französischer Blätter anknüpfte, wonach der russische Genosse T s c h e i d s e erklärt habe, das russische Proletariat könne erst nach der Absetzung der Hohenzollern mit Deutschland gehen. Der „Vorwärts" sagte dazu, daß die F o r d e r u n g n a c h d e r d e u t s c h e n R e p u b l i k nur von den Deutschen selbst, nicht aber von den Angehörigen anderer Völker erhoben werden könne. Bei den Reichstagswahlen im Jahre 1912 seien 12 188 000 Stimmen für die bürgerlichen Parteien abgegeben worden, davon seien aber nur 4 238 000 sozialdemokratische gewesen. Im Reichstag seien von 397 Abgeordneten 286 entschiedene Monarchisten. Man solle also die Stärke der Monarchie in Deutschland nicht unterschätzen. Das deutsche Volk sei in seiner Mehrheit nicht antimonarchistisch, sondern es wolle lediglich das gleiche Wahlrecht zu allen Vertretungskörperschaften. Und schließlich erklärte der „Vorwärts":

„Sobald die Monarchie die Wünsche des Volkes erfüllt, ist aller republikanischen Agitation der Boden unter den Füßen weggezogen. Die Frage, ob Monarchie oder Republik, würde dann noch viel weniger Diskussionsthema sein, als wie es jetzt schon ist. U n d a l l e W a h r s c h e i n l i c h k e i t s p r i c h t d a f ü r, d a ß e s s o k o m m t. Wenn auch noch Schwierigkeiten zu überwinden sind, so werden sie — voraussichtlich sogar in kürzester Zeit — überwunden werden, ohne eine Spur von gewaltsamem Umturz und o h n e S t u r z d e r M o n a r c h i e."

Die bürgerliche Presse begrüßte diesen Artikel als ein B e k e n n t - n i s d e s „ V o r w ä r t s " z u r M o n a r c h i e. Die „Kölnische Zeitung" meinte, das Geständnis von dieser Seite sei wertvoll, daß in Preußen unter dem Hohenzollernzepter ganz gut wohnen sei. In der deutschen Arbeiterklasse und beim russischen Proletariat hat man allerdings ganz anders über dieses Bekenntnis gedacht.

Im Laufe des Krieges waren dem Volke unzählige Versprechungen gemacht worden, von denen bisher so gut wie nichts in Erfüllung gegangen war. Es wurde deshalb notwendig, daß in der bestimmten Form von Forderungen die Regierung an die Erfüllung ihrer Versprechungen erinnert wurde. Die Fraktion der Sozialdemokratischen Arbeitsgemeinschaft hatte zu diesem Zweck zum Etat des Reichs-

kanzlers eine Resolution eingebracht, die zugleich das A k t i o n s -
p r o g r a m m   f ü r   d i e   s o z i a l d e m o k r a t i s c h e   O p p o s i -
t i o n darstellte. Die Resolution lautete:

„Der Reichstag wolle beschließen: den Herrn Reichskanzler zu ersuchen,

a) schleunigst einen Gesetzentwurf vorzulegen, durch den die Ein-
holung der Z u s t i m m u n g   d e s   R e i c h s t a g e s bei der Einleitung
und beim Abschluß von Bündnissen, sowie bei K r i e g s e r k l ä r u n g e n
u n d   F r i e d e n s v e r t r ä g e n sichergestellt und die verfassungsmäßige
Verantwortlichkeit des Reichskanzlers durch die Bestimmung präzisiert
wird, daß der Reichskanzler zu entlassen ist, wenn der Reichstag es
fordert;

b) auf den s c h l e u n i g e n   A b s c h l u ß   e i n e s   F r i e d e n s auf-
der Grundlage des Verzichts auf Annexionen jeder Art durch alle kriegführenden Staaten hinzuwirken;

c) dem Reichstage schleunigst einen Gesetzentwurf zu unterbreiten,
durch den bestimmt wird, daß

1. die R e i c h s t a g s w a h l e n künftig nicht innerhalb abgegrenzter
Wahlkreise für je einen Abgeordneten, sondern nach dem V e r h ä l t -
n i s w a h l s y s t e m stattfinden,

2. das Recht, zu wählen oder gewählt zu werden, mit dem v o l l e n -
d e t e n   20. L e b e n s j a h r e eintritt,

3. den F r a u e n unter den gleichen Bedingungen das aktive und
passive Wahlrecht gewährt wird, wie den Männern,

4. der W a h l t a g entweder ein S o n n t a g oder ein Feiertag sein muß;

d) dem Reichstag schleunigst einen Gesetzentwurf vorzulegen, durch
den Artikel 3 der Verfassung des Deutschen Reiches einen Zusatz folgenden Inhalts erhält:

In jedem B u n d e s s t a a t muß eine auf Grund des a l l g e m e i n e n,
g l e i c h e n,   d i r e k t e n   u n d   g e h e i m e n   W a h l r e c h t s nach
dem Verhältniswahlsystem gewählte Vertretung bestehen. Das Recht
zu wählen und gewählt zu werden, haben alle über 20 Jahre alten
Reichsangehörigen ohne Unterschied des Geschlechts in dem Bundes-
staat, in dem sie ihren Wohnsitz haben.

Die Zustimmung dieser Vertretung ist zu jedem Landesgesetz und
zur Feststellung des Staatshaushaltsetats erforderlich.

Noch bestehende Erste Kammern (Herrenhäuser) werden aufgehoben;

e) dafür Sorge zu tragen, daß schleunigst alle zur Zeit bestehenden,
gegen einzelne Parteien, Schichten oder Klassen der Bevölkerung gerichteten A u s n a h m e b e s t i m m u n g e n aufgehoben werden,
insbesondere:

alle aus einem bestimmten r e l i g i ö s e n   o d e r   r e l i g i o n s l o s e n
B e k e n n t n i s abgeleiteten tatsächlich bestehenden Beschränkungen der
Gleichberechtigung,

das Gesetz, betreffend den O r d e n   d e r   G e s e l l s c h a f t   J e s u,

die gegen den Gebrauch einer n i c h t d e u t s c h e n   M u t t e r -
s p r a c h e gerichteten Ausnahmegesetze und „Vorschriften,

die preußischen, gegen die polnisch sprechenden Teile der preußischen Bevölkerung gerichteten E n t e i g n u n g s -   u n d   A n s i e d -
l u n g s g e s e t z e,

die gegen ländliche Arbeiter und das Gesinde in Einzelstaaten gerichteten Strafvorschriften sowie die G e s i n d e o r d n u n g e n,

die gegen die Arbeiter gerichteten Beschränkungen in der Verwertung
ihrer Arbeitskraft, insbesondere gegen die Ausübung ihres Koalitions-

rechtes gerichteten Strafvorschriften des § 153 d e r G e w e r b e o r d -
n u n g und die Anwendung der Strafvorschriften der Nötigung, der Er-
pressung und des groben Unfugs gegen die Ausübung des Koalitions-
rechts der Arbeiter;

f) dafür Sorge zu tragen, daß schleunigst eine S i c h e r s t e l l u n g
d e s V e r e i n s r e c h t s , des Versammlungsrechts, des Rechts der
freien Meinungsäußerung in Wort oder Schrift, des Briefgeheimnisses
und der Wahlfreiheit gegen militärische und polizeiliche Eingriffe unter
dem Belagerungszustande erfolgt;

g) dafür Sorge zu tragen, daß schleunigst die sämtlichen w e g e n
p o l i t i s c h e r D e l i k t e e r g a n g e n e n S t r a f e n a u f g e h o b e n
werden."

Dieses Programm enthielt nur die Forderungen, die im Augenblick aufgestellt werden mußten. Die Ziele, die sich eine sozialistische
Partei stellen mußte, brauchten bei dieser Gelegenheit nicht besonders genannt werden. Es handelte sich nur darum, dem Begriff der
N e u o r i e n t i e r u n g , von dem gerade in dieser Zeit viel die
Rede war, einen bestimmten Inhalt zu geben und die Regierung zu
zwingen, über allgemeine Redensarten hinauszugehen. Die Folge
hat ergeben, daß selbst zu den bescheidenen Zugeständnissen dieser
Art Regierung und bürgerliche Parteien nicht bereit waren.

Die K o n f e r e n z d e r O p p o s i t i o n war auf die Ostertage,
vom 6. April 1917 ab, nach dem Volkshaus in G o t h a , einberufen
worden. Ernst D ä u m i g hatte ihr in Form eines Artikels ein Vorwort vorausgeschickt, in dem er die Aufgaben der Zusammenkunft
umschrieb. Es handele sich nicht allein um die Abwehr der Gewaltstreiche des Parteivorstandes, es solle der erste Schritt auf dem
Wege sein, der zu einer Gesundung der proletarischen Bewegung
führe. Däumig stellte drei Gesichtspunkte auf: 1. der Arbeiterklasse
müsse das Vertrauen auf Demokratie und Sozialismus wiedergegeben
werden; 2. die Neuorganisation müsse die höchste politische Aktionsfähigkeit im alten, sozialdemokratischen Geiste erzielen; 3. die
Organisation der deutschen Sozialdemokratie müsse in der Internationale wieder zu Bedeutung und Ansehen gelangen und dadurch
dem Frieden dienen. Der aus dem alten Parteiprogramm lebendig
fortwirkende Geist solle die neue Organisation der Opposition durch-
wehen. Der Zusammenschluß der Opposition sei notwendig, welche
weiteren Formen er annehmen solle, das werde davon abhängen,
welche Gefolgschaft die Opposition in den Massen finden werde.
Es sei kein leichter Schritt, der in Gotha getan werden solle, aber
es bleibe nur die Wahl, entweder inmitten eines gewaltigen Welt-
geschehens als politisch Heimatloser zur Ohnmacht verurteilt sein,
oder aus den Trümmern der gewaltsam auseinandergesprengten Partei ein neues Heim zu bauen und darin für den proletarischen Befreiungskampf zu wirken.

Die Militärbehörde hatte für die Konferenz einschränkende Bedingungen gestellt. Sie mußte hinter geschlossenen Türen tagen,
es durfte keine Werbetätigkeit für sie entfaltet werden, und der Bericht über die Verhandlungen mußte vor der Veröffentlichung dem
stellvertretenden Generalkommando in Cassel zur Zensur vorgelegt
werden. Diese Bedingungen haben zwar die Arbeiten der Konferenz nicht geschädigt, aber sie hatten doch zur Folge, daß die

Berichterstattung nur unvollkommen war, und daß ein stenographisches Protokoll während des Krieges überhaupt nicht herausgegeben werden konnte.

Es waren 143 Teilnehmer anwesend. 124 waren von Wahlkreisen delegiert, dazu kamen 15 Reichstagsabgeordnete und vier sonstige Teilnehmer. Auf der Tagesordnung standen nur drei Punkte: 1. Die Kämpfe innerhalb der Partei. 2. Beschlußfassung über die Organisation der Opposition. 3. Unsere Aufgaben. Die Diskussion über die ersten beiden Punkte wurde zusammengefaßt und ein Vertreter der Gruppe „Internationale" als Korreferent zugelassen.

Haase, der die Erschienenen begrüßte, und Bock, der neben Dittmann zum Vorsitzenden gewählt wurde, wiesen darauf hin, daß die Konferenz auf historischem Boden stattfinde. Vor 42 Jahren sei in Gotha dem Bruderkampfe zwischen Eisenachern und Lassalleanern ein Ende bereitet worden. Eine einheitliche, geschlossene Sozialdemokratie sei damals aus der Konferenz hervorgegangen; jetzt sei sie gespalten und die Aufgabe dieser Versammlung sei, die Partei zu neuem Leben zu erwecken, die Massen für die Opposition zu gewinnen. Die Spaltung sei nur scheinbar, nun gelte es, die Wiedergeburt der Sozialdemokratie vorzubereiten.

Referent über den Punkt: Die Situation in der Partei war Haase. Er sprach zuerst aus, daß es sich auf dieser Konferenz nicht um die Erörterung theoretischer Probleme handeln könne, sondern daß praktische Arbeit geleistet werden müsse. Die gemeinsame Organisation aller oppositionellen Elemente habe das Ziel, die Sozialdemokratie wieder zu grundsätzlicher Politik zurückzuführen. Die alte Partei sei moralisch völlig zusammengebrochen, aber der Krieg habe die heute in der Arbeiterbewegung bestehenden Gegensätze nicht erst geschaffen, er habe sie nur offenbart und verschärft. Wie kam es zu dieser Politik? Da sei zunächst die Haltung der Gewerkschaften, die von einer engbrüstigen Bureaukratie beherrscht würden, die nach kleinen Vorteilen hasche und eine Rechnung mit Pfennigen führe. Gemeinsam mit ihr arbeite eine andere Gruppe, die aus dem entgegengesetzten Lager stamme. Es seien das die überradikalen Lensch, Haenisch, Winnig usw., die jetzt die Kolonialpolitik, wie die imperialistische Politik überhaupt, verteidigen. Diese Politik habe dazu geführt, daß jetzt auch Amerika in den Weltkrieg eingetreten sei und damit in Zukunft unsere wirtschaftliche Entwicklung noch mehr gehemmt wurde. Nun sage der Parteivorstand, daß er von Anfang an für den Frieden gewirkt habe, fest stehe aber, daß eine Reihe von Mehrheitsführern sich seit Jahr und Tag über das „Friedensgeflenne" lustig gemacht habe, und daß unter stillschweigender Billigung des Parteivorstandes in unzähligen Artikeln geschrieben worden sei, das deutsche Volk habe ganz anderes zu tun, als nach Frieden zu rufen. Der Parteivorstand habe gewiß viel von Frieden geredet, aber es waren nur Friedensdeklamationen. Die Politik der Regierungssozialisten bringe nicht den Frieden und bringe nicht die innere Freiheit. Unter stürmischem Beifall schloß Haase mit der Aufforderung an die gesamte Opposition, sich zusammenzuschließen und den Kampf für Freiheit und Frieden zu führen.

Darauf sprach D i t t m a n n über die O r g a n i s a t i o n d e r
O p p o s i t i o n. Der von ihm vorgelegte Organisationsentwurf
wollte die gesamte Opposition in einem einheitlichen Rahmen zusammenfassen. Einig sei sich die Opposition darin, die Beendigung
des Krieges und die Aufrüttelung der Massen durchzuführen. Hierin
sei auch der Gegensatz zu den Regierungssozialisten am stärksten.
Der Entwurf beschränke sich darauf, die am alten Parteistatut
dringend notwendigen Aenderungen vorzuschlagen. Eine umfassende
Ausgestaltung der Organisationsform und des Organisationslebens
könne erst nach dem Kriege erfolgen. Der Entwurf bedeute also
ein Provisorium, keine endgültige Festlegung. Als Grundlage für
die Organisation sollten die Wahlkreise gelten, die zu Bezirken zusammenzufassen seien. Die Leitung solle einer Zentralleitung übertragen werden, die aus einem Aktionskomitee und einem Beirat bestehe. Das Beamtentum dürfe in der neuen Organisation nicht vor-
herrschen, für die Erhaltung der demokratischen Grundsätze müßten
die weitgehendsten Garantien geschaffen werden. Ein Kontrollaus-
schuß werde der Kontrollkommission der alten Partei entsprechen.
Als Höchstinstanz sei die Reichskonferenz vorgesehen. Die Wahl
der Mitglieder zu den einzelnen Körperschaften müßten, soweit es
während des Krieges überhaupt möglich sei, in demokratischem
Sinne erfolgen. Die Hauptsache aber sei, die Massen für die Opposition zu gewinnen und den Boden für den sozialistischen Klassenkampf vorzubereiten.

R ü c k (Stuttgart) als Korreferent für die G r u p p e „I n t e r -
n a t i o n a l e" legte das Hauptrewicht nicht auf das, was die Gruppen
der Opposition einigte, sondern was sie voneinander schied, und
von diesem Gesichtspunkt aus verlangte er, daß seiner Gruppe die
größtmögliche Bewegungsfreiheit eingeräumt werde. Es könne sich
immer nur um ein Kartellverhältnis handeln, und wenn die Politik
der Arbeitsgemeinschaft der Gruppe „Internationale" nicht mehr
gefalle, so werde sie sich von ihr wieder trennen. Die Arbeitsgemeinschaft schätze den Parlamentarismus zu hoch ein. Sie müßte
im Reichstag revolutionär auftreten und für die Aufrüttelung der
Massen müßten die richtigen Parolen ausgegeben werden. Die
Kreditverweigerung genüge nicht mehr, es müsse revolutionäre Politik getrieben werden. Den lokalen Organisationen müßte die
weitestgehende Aktionsfreiheit gewährt werden, das Schwergewicht
der Aktionen solle man in die Massen verlegen, über schwer-
wiegende Fragen müßte eine Urabstimmung herbeigeführt werden.
In der neuen Organisation dürften nicht die Instanzen entscheiden,
sondern den Arbeitern selbst müsse Gelegenheit gegeben werden,
eine revolutionäre Taktik einzuschlagen.

In der D i s k u s s i o n zeigte sich bald, daß die Gruppe „Internationale" nur mit halbem Herzen bei dem Zusammenschluß der gesamten Opposition war. So erklärte R o s i W o l f f s t e i n aus
Duisburg, daß sie von dem Zusammenschluß überhaupt nicht begeistert sei, und daß sie zur Arbeitsgemeinschaft nur geringes Vertrauen habe. Haase hatte in seinem Referat mitgeteilt, daß in
einem Flugblatt der Spartakusrichtung von der Arbeitsgemeinschaft
verlangt wurde, sie solle ihnen „ein sicheres Schutzdach" gegen den
Belagerungszustand gewähren. Das wollten nun die Spartakus-

anhänger nur in dem Sinne ausgelegt wissen, daß die Mehrheit der Opposition der Minderheit in allen entscheidenden Fragen Gefolgschaft leiste. K u r t E i s n e r wies mit Recht darauf hin, daß das Programm der Gruppe „Internationale" nur dazu diene, die Arbeiter noch mehr zu zersplittern. Die Arbeitsgemeinschaft sei bei der Partei solange es ging geblieben, nur um im Interesse der Arbeiter die Einigkeit aufrechtzuerhalten. Von diesem Gesichtspunkte aus hätte die Opposition in Bayern gearbeitet. L u i s e Z i e t z sprach für die Frauen, die in großer Zahl hinter der Opposition ständen. Es war H a a s e in seinem Schlußwort ein Leichtes, die Anwürfe der Spartakusanhänger zurückzuweisen. Die Aufgabe der Arbeiterklasse sei es, die Beendigung des Krieges zu erzwingen, und das allein rechtfertige schon die Notwendigkeit der Einheitlichkeit. Immer ein Sätzchen zu suchen, wo man einhaken könnte, oder gar die Redensart „die Arbeitsgemeinschaft mit der Hundepeitsche vorwärtszuhetzen" zu gebrauchen, das fördere die Einheitlichkeit nicht. An der Größe unserer Aufgabe müßten wir uns erheben.

Während der Verhandlungen über diesen Punkt hatte eine Kommission getagt, um eine Einigung auf gemeinsame Grundlinien für die Organisation herzustellen. Im allgemeinen ergaben sich auch keine Gegensätze mehr, nur noch darüber, welchen N a m e n die neue Organisation bekommen solle, entspann sich noch eine lebhafte Diskussion. Der Entwurf hatte vorgeschlagen, die Partei zu nennen „Opposition der Sozialdemokratischen Partei Deutschlands". Andere Anträge schlugen die Namen vor „Internationale Sozialdemokratische Partei Deutschlands" und „Sozialdemokratische Partei Deutschlands, Opposition". Haase, Henke, Ledebour, Herzfeld und andere traten für den Namen „U n a b h ä n g i g e S o z i a l - d e m o k r a t i s c h e P a r t e i D e u t s c h l a n d s" ein. Die Abstimmung ergab mit 77 gegen 42 Stimmen die Annahme des Namens „Unabhängige Sozialdemokratische Partei Deutschlands".

Ueber „U n s e r e A u f g a b e n" sprach dann L e d e b o u r. Wir alle wüßten, daß der Kampf durch Massenaktionen und durch die parlamentarische Vertretung zu führen sei. Es komme auf die Zeitverhältnisse und auf die Entwicklung der Dinge an, welche Formen der Kampf annehme. Irrtümlich sei die Auffassung, daß Massenaktionen künstlich erzeugt oder durch Führer gemacht werden könnten. In den vorbereitenden Zeiten sei eines der wichtigsten Mittel des politischen Kampfes die parlamentarische Betätigung. Wir müßten die Demokratie in Staat und Gesellschaft herbeiführen, und zu diesem Zwecke brauchten wir ein Vertretungssystem. Wenn wir aus irgendeinem Grunde den Parlamentarismus heute abschafften, so müßten wir ihn morgen wieder einführen. Rück habe wohl gemeint, man müsse mehr Krach machen. Ledebour sei gewiß kein Gegner des Krachmachens; es hänge aber von der Wichtigkeit des Anlasses ab, ob Krach zu machen sei. Unsere Aufgabe sei vor allem, auch von der Reichstagstribüne aus zum Volke zu reden. Das sei jetzt der einzige Platz, wo man noch ein freies Wort sprechen könne.

Ledebour wandte sich dann gegen den V e r t e i d i g u n g s - n i h i l i s m u s, der in der Gruppe Spartakus Anhänger gefunden habe. Die internationalen Kongresse hätten die Richtschnur für unser

Verhalten im Kriege festgelegt. Man solle nicht von Landesverteidigung oder Vaterlandsverteidigung reden, sondern von der Selbstbestimmung der Völker. Der sogenannte Verteidigungsnihilismus sei gar nicht sozialdemokratisch. Ledebour wies auf die russische Revolution hin; glaubte man, daß die russischen Arbeiter die Waffen niederlegen würden, wenn sie mit der Gefahr rechnen müßten, daß ihr Land von den kapitalistischen Regierungen der gegnerischen Länder annektiert werden würde? Unter Umständen also, wenn eine Regierung da ist, die in unserem Sinne die Geschäfte führt, sei eine Selbstverteidigung auch mit den Waffen in der Hand notwendig.

Ledebour besprach schließlich das Aktionsprogramm, das von der Sozialdemokratischen Arbeitsgemeinschaft in Form einer Resolution im Reichstag eingebracht worden war. Wir wollten die Gelegenheit benützen, um die bürgerlichen Parteien und die Regierung darauf hinzuweisen, daß es die höchste Zeit sei, Belehrung anzunehmen, nicht nur aus den geschichtlichen Vorgängen der Vergangenheit, sondern aus der brennendsten Gegenwart. Wir haben angekündigt, daß, wenn es nur bei schönen Reden bleibe, es auch bei uns in Deutschland zu Ereignissen wie in Rußland kommen werde. Es habe sich bereits eine Wandlung in der Auffassung im Bürgertum in Deutschland vollzogen. Aber die Geschichte lehre, daß das Proletariat in der Hauptsache seinen Kampf allein durchführen, und daß es auch nach dem Siege ständig bereitstehen müsse, die plötzlichen Errungenschaften zu verteidigen. Erst wenn die sozialistische Gesellschaftsordnung und die Demokratisierung der Gesellschaft durchgeführt sei, sei die Welt sicher, daß keine Gewaltherrschaft mehr bestehen werde. Dann erst werde die Welt den Frieden genießen. Wir aber hätten die Pflicht, uns bereitzuhalten und jedes Mittel der Propaganda für unsere Ziele anzuwenden.

In seinem Korreferat legte Heckert (Chemnitz) dar, daß nicht mehr das Programm der alten Partei und die Beschlüsse der Parteitagungen maßgebend sein dürften, sondern daß eine neue Grundlage für die Arbeit gesucht werden müsse. Er richtete heftige Angriffe gegen Kautsky, der an der Irreführung der Massen genau so schuld sei, wie Scheidemann. Radek habe schon vor dem Kriege die Richtung gewiesen, in der sich das imperialistische Machtstreben bewege. Der Imperialismus könne sich nicht friedlich entwickeln, daher sei alles Gerede über Schiedsgerichte, Abrüstung usw. utopische Mache, mit der die Gehirne der Arbeiter verkleistert werden. Besonders ausführlich verweilte der Redner bei seiner Auffassung über die Landesverteidigung. Jetzt komme es darauf an, das Vertrauen der Massen zu erringen, und zu diesem Zwecke müßten nicht nur die Sozialpatrioten, sondern auch die Sozialpazifisten bekämpft werden.

In der Diskussion wurde Heckert entgegengehalten, daß man Massenaktionen ohne Massen überhaupt nicht machen könne, und daß man nicht nach dem Gefühl handeln dürfe, sondern mit den tatsächlichen Verhältnissen rechnen müsse. Haase fragte Heckert, ob er nicht wisse, daß Kautsky der erste war, der auf den Imperialismus hingewiesen habe, und daß Hilferding, von dem alle lernen, sich heute noch auf ihn beziehe. Es gebe keine größere Torheit, als auf Tag und Stunde Aktionen anzukündigen. Wir würden zu leeren Formeln kommen, wenn wir nicht bei allen Ereignissen die jeweilige Ursache berücksichtigen wollten. K a u t s k y stellte fest, daß er niemals von einer friedlichen Entwicklung des Kapitalismus gesprochen habe. Die ganze Frage sei nicht eine Frage der ökonomischen Notwendigkeit, sondern eine Frage der Macht. Die vereinigten Staaten von Europa könnten nur verwirklicht werden durch eine proletarische Revolution. Es wäre verderblich, jetzt die Parole „Alles oder nichts" auszugeben. Ohne gewaltige soziale und politische Umwälzungen würden wir den Frieden nicht erlangen. Wir müßten uns jetzt reif machen zu den großen Kämpfen, die uns für die nächste Zukunft bevorständen.

Damit waren die V e r h a n d l u n g e n der Konferenz im wesentlichen b e e n d e t. Gegen eine Stimme wurde ein M a n i f e s t angenommen, das von K a u t s k y verfaßt war und folgenden Wortlaut hatte:

Genossen und Genossinnen!

Das Sehnen vieler Tausender von Kämpfern in den Reihen des Proletariats ist erfüllt. Die auf dem Boden der Opposition stehenden Kreisvereine und Gruppen der Deutschen Sozialdemokratie haben sich Ostern 1917 in Gotha eine e i n h e i t l i c h e O r g a n i s a t i o n geschaffen, um ihre Kräfte nicht zu verzetteln, sondern sie zu wuchtiger Beteiligung im Dienste des proletarischen Befreiungskampfes zusammenzufassen.

Dieser Kampf ist durch die P o l i t i k d e r R e g i e r u n g s s o z i a l i s t e n, des Parteivorstandes, der Generalkommission der Gewerkschaften und der sozialdemokratischen Fraktion des Reichstags aufs schwerste geschädigt worden.

Schon v o r d e m K r i e g e waren in unserer Partei s c h a r f e G e g e n s ä t z e aufgetaucht zwischen den Genossen, die an dem alten Charakter der Sozialdemokratie festhielten, und neu auftretenden Elementen, die dem Gedanken der internationalen Solidarität der Proletarier nationalsoziale Zwecke und die der Taktik unversöhnlicher Opposition die Taktik des Nationalliberalismus entgegenzusetzen suchten. Der W e l t k r i e g hat diese Gegensätze ungemein vertieft und die nationalsozialen und nationalliberalen Bestrebungen in den offiziellen Vertretungen und Organen der deutschen Sozialdemokratie zur Herrschaft gebracht.

Als Lohn für das Aufgeben der sozialdemokratischen Politik wurden den Massen g r o ß e m a t e r i e l l e E r r u n g e n s c h a f t e n i n A u s s i c h t g e s t e l l t. Alle diese vorgegaukelten Hoffnungen enden in g r a u s a m e r E n t t ä u s c h u n g.

Die neue Politik sollte wachsenden Einfluß der Sozialdemokratie auf die Reichsregierung und damit Abkürzung des Krieges bringen. Sie hat in Wirklichkeit in der äußeren Politik nichts geändert und die Verschlechterung der inneren Politik nicht verhindert.

Die neue Aera wird gekennzeichnet durch die u n g e h e u e r l i c h s t e n u n d u n g e r e c h t e s t e n S t e u e r l a s t e n, deren Druck am härtesten die breiten Massen trifft; durch p o l i t i s c h e B e s c h r ä n k u n g e n u n d V e r f o l g u n g e n, unter denen die zielbewußten Arbeiter und ihre Vertretungen leiden.

Die elementarsten Rechte, das Recht auf Freizügigkeit und Freiheit der Berufswahl haben die Regierungssozialisten unter Vorantritt der Generalkommission der Gewerkschaften selbst preisgegeben, indem sie dem H i l f s d i e n s t g e s e t z ihre Zustimmung gaben und bei seiner Durchführung ihre Unterstützung gewährten.

Sie täuschten die Massen, als sie nach Einberufung ihrer Vertrauensmänner in das Regierungsamt den Glauben zu erwecken suchten, daß die E r n ä h r u n g von da ab besser geregelt werden würde. Wie sie sich in Wirklichkeit gestaltete, haben wir alle nur zu sehr am eigenen Leibe erfahren.

Den Ruf nach dem a l l g e m e i n e n W a h l r e c h t in P r e u ß e n beantwortete der Reichskanzler von Bethmann-Hollweg mit der Weigerung, irgend etwas zur Demokratisierung Deutschlands und insbesondere Preußens vor Beendigung des Krieges zu tun.

Das ist der Lohn für die nicht mehr zu übertreffende Dienstbeflissenheit des Parteivorstandes und der Generalkommission.

D a s P r o l e t a r i a t k a n n a b e r n i c h t w a r t e n. Der Krieg bringt rascheste Konzentration des Kapitals, rapides Schwinden des Mittelstandes, ungeheure Vermehrung des Proletariats, das n a c h d e m K r i e g e e i n e n K a m p f g e g e n T e u e r u n g u n d A r b e i t s l o s i g k e i t, gegen übermächtige Unternehmerverbände und erdrückende Steuerlasten aufs schärfste zu führen haben wird. Einen Kampf, der heute schon einsetzt.

Es gilt sich zu wappnen für d i e g r o ß e n K ä m p f e d e r Z u k u n f t, es gilt Kraft zu gewinnen, um der Not der Gegenwart zu steuern. Das erheischt gründliche Umgestaltung des herrschenden Regierungssystems. Sache der Massen ist es, nicht nachzulassen, bis sie das erreicht haben.

Der Volkswille muß oberstes Gesetz werden.

Dringend geboten ist eine A m n e s t i e für alle aus politischen Gründen Verhafteten und Verurteilten. Erforderlich ist die A u f h e b u n g d e r Z e n s u r, unbeschränkte Freiheit des Vereins- und Versammlungsrechtes sowie der Presse, S i c h e r u n g d e s K o a l i t i o n s r e c h t e s, Aufhebung aller Ausnahmegesetze, insbesondere gegenüber den Landarbeitern, den Staatsarbeitern und dem Gesinde, weitgehender Arbeiterschutz, namentlich Achtstundentag.

Unaufschiebbar ist ferner die Einführung des a l l g e m e i n e n, g l e i c h e n, g e h e i m e n u n d d i r e k t e n W a h l r e c h t s aller Erwachsenen vom 20. Jahre an für den Reichstag, die Parlamente der Einzelstaaten, der Gemeindevertretungen und für die sonstigen Körperschaften der Selbstverwaltung.

Wir fordern das W a h l r e c h t f ü r d i e F r a u e n ebensowohl wie für die Männer. Der Krieg hat den Frauen die Hauptarbeit in der Produktion aufgebürdet, die Not der Zeit zwingt jetzt die Frauen hinein in die Vorderreihen des politischen Kampfes, in den Kampf um Schutzbestimmungen, aber auch um politische Rechte und um die Neugestaltung von Staat und Gesellschaft. Die Frauen des Proletariats, deren Herzen als Gattinnen und Mütter von dem Massenelend doppelt zerrissen werden, die sozialistischen Frauen sind es denn auch, die das Gebot der Zeit untrüglich erkennend, sich mit Leidenschaft hineinstürzen in den Kampf für Recht, für Freiheit, für Brot und für den Frieden.

Für Frauen und Männer in gleicher Weise gilt heute mehr als je der Satz, daß d i e B e f r e i u n g d e r A r b e i t e r k l a s s e n u r d u r c h d i e A r b e i t e r k l a s s e s e l b s t e r r u n g e n w e r d e n k a n n.

Genossinnen und Genossen, ans Werk! Ihr habt große Aufgaben zu erfüllen!

Die o p p o s i t i o n e l l e n A b g e o r d n e t e n in den Parlamenten, namentlich die der Sozialdemokratischen Arbeitsgemeinschaft im Reichstag, haben zunächst innerhalb ihrer Fraktion, dann öffentlich im Parlament selbst eine selbständige sozialdemokratische Politik getrieben.

Wenn auch viele Berichte über ihre Tätigkeit nur verstümmelt und entstellt in die Oeffentlichkeit gekommen sind, so werdet ihr doch gefühlt haben, daß hier d e r a l t e G e i s t lebt, auf den ihr stolz wart, der Geist des internationalen Sozialismus, der allein eure Befreiung von den Fesseln der wirtschaftlichen Ausbeutung und der politischen Unterdrückung bringen kann.

Eure oppositionellen Abgeordneten werden nach wie vor ihre sozialdemokratische Pflicht tun. Aber nur dann, wenn sie sich a u f d i e s o z i a l d e m o k r a t i s c h e n M a s s e n s t ü t z e n können, vermögen sie ihre volle Kraft zu entfalten. Gegenüber den Erschwerungen des Belagerungszustandes müßt ihr eure Kraft verdoppeln.

Von den Regierungssozialisten ist nichts Durchgreifendes zu erwarten. Während heute in R u ß l a n d selbst sich das Bürgertum für die demokratische Republik erklärt, hat der „Vorwärts", das Organ des Parteivorstandes, diesen Zeitpunkt für den geeigneten erachtet, ein B e k e n n t - n i s z u r M o n a r c h i e abzulegen.

Nicht Stärkung und Anfeuerung des Proletariats, sondern Schwächung seiner Aktionskraft und Minderung seines Einflusses müssen die Folgen dieser Politik sein, die von Mißerfolg zu Mißerfolg schreitet.

Demgegenüber haben jetzt d i e A r b e i t e r R u ß l a n d s e i n l e u c h - t e n d e s B e i s p i e l d e r e n t g e g e n g e s e t z t e n P o l i t i k gegeben. Die sozialistischen Arbeiter Rußlands, die Träger der gewaltigsten Revolution Rußlands, haben, durchdrungen von ihrer großen geschichtlichen Aufgabe, s e l b s t ä n d i g e s o z i a l i s t i s c h e u n d d e m o - k r a t i s c h e P o l i t i k getrieben. Ihnen danken wir es, daß das stärkste Bollwerk der Reaktion, der Zarismus, zusammengebrochen ist. Jedem von uns muß ihr machtvolles Auftreten stolze Zuversicht einflößen. Wir bringen ihnen unsere begeisterte Huldigung dar.

Die Proletarier Rußlands haben f ü r d i e D e m o k r a t i e gekämpft, für die E r ö f f n u n g d e r B a h n z u m S o z i a l i s m u s, aber a u c h f ü r d e n F r i e d e n, für die baldige Beendigung des furchtbarsten aller Kriege durch einen Friedensschluß auf der Grundlage unserer gemeinsamen sozialdemokratischen Grundsätze.

Kein Zweifel, die Arbeiter Rußlands werden auch in dieser Hinsicht ihre Pflicht erfüllen. Aber der Erfolg ihrer Friedensarbeit hängt nicht von ihnen allein ab. Er hat zur Vorbedingung das Z u s a m m e n - w i r k e n d e r A r b e i t e r a l l e r L ä n d e r in gleichem Sinne, das erneute Aufleben der Internationale und die Betätigung der Arbeiter in ihrem Rahmen.

Für die oppositionellen Sozialdemokraten Deutschlands ist die Verständigung über den Frieden mit den Sozialdemokraten der anderen Nationen keine unüberwindliche Schwierigkeit. Das bezeugen die Konferenzen von Z i m m e r w a l d und K i e n t h a l, auf denen Vertreter der deutschen Opposition mit französischen und russischen Sozialdemokraten zusammengewirkt haben.

Wir können uns nicht damit zufriedenstellen, wie der Parteivorstand und seine Richtung, daß die Regierung ihre Friedensbereitschaft kund gibt, dabei aber die Bedingungen nicht nennt, unter denen sie bereit ist, Frieden zu schließen. — Wir verlangen einen F r i e d e n d u r c h V e r - s t ä n d i g u n g d e r V ö l k e r, ohne direkte oder versteckte Annexionen, auf Grund des Selbstbestimmungsrechts der Nationen mit internationaler Beschränkung der Rüstungen und obligatorischen Schiedsgerichten. Wir sehen in diesen Einrichtungen nicht Zaubermittel, den ewigen Frieden zu sichern, wohl aber die kräftigsten Stützpunkte für den proletarischen Kampf um Erhaltung des Friedens, unsere wichtigste Aufgabe nach dem Kriege. Nicht auf die Regierungen bauen wir, weder in bezug auf

Herbeiführung noch auf Erhaltung des Friedens. Auch hier vertrauen wir blos auf die K r a f t d e s P r o l e t a r i a t s , das am stärksten ist in seiner internationalen Zusammenfassung.

Der nationalen Solidarität der Klassen setzen wir entgegen d i e i n t e r - n a t i o n a l e S o l i d a r i t ä t d e s P r o l e t a r i a t s , den internatio- nalen Kampf der Arbeiterklasse.

Im Sinne dieser Grundsätze haben wir den Kampf weiterzuführen. Ohne Ruhe, ohne Rast müssen wir der Verschärfung der Verfolgungen die Verdoppelung unserer Anstrengungen entgegensetzen, bis unser Ziel erreicht ist.

Brot und Wissen für alle!
Frieden und Freiheit allen Völkern!

Der Gründungsparteitag der Unabhängigen Sozialdemokratischen Partei Deutschlands hat keinen Ausgleich der Gegensätze innerhalb der Opposition herbeigeführt, aber er hat doch Klarheit darüber geschaffen, welche Aufgaben sofort zu erfüllen waren. Die Opposition gegen die Kriegspolitik der alten Parteimehrheit hatte einen gesicher- ten Boden bekommen. Das Proletariat fand eine Stätte, an der es sich für seine revolutionären Aufgaben sammeln und schulen konnte. Nunmehr erst war es möglich, frei von den bisherigen organisato- rischen Hemmungen die Auffassungen zu vertreten, die sich aus der Entwicklung der Verhältnisse ergaben. Wenn auch die neue Partei zahlenmäßig noch in den Anfängen steckte, so bildete sie doch den Kern für die Bewegung, die das Proletariat wieder auf den Boden des Klassenkampfes und der sozialen Revolution zurückzuführen hatte.

Der Kampf um den Frieden.

Die Zeit der Sammlung und des Zusammenschlusses. — Der Raub der „Gleichheit" und der „Neuen Zeit". — Die Osterbotschaft Wilhelm II. — Vergebliche Friedensbestrebungen der Russen. — Das Manifest der U. S. P. D. für die Stockholmer Konferenz. — Die Frühjahrsstreikbewegung. — Die Reichstagsresolution vom 19. Juli 1917. — Sturz Bethmann Hollwegs. — Glück und Ende von Dr. Michaelis.

Uns ist nicht die Aufgabe gestellt, eine Geschichte über Krieg und Frieden zu schreiben; wir haben jetzt nur noch nötig, nachdem wir die U r s a c h e n für die Spaltung der alten Partei und für das Entstehen der Unabhängigen Sozialdemokratie aufgezeigt haben, die E n t w i c k l u n g der neuen Organisation der deutschen Arbeiterklasse und ihren Anteil an den weiteren Ereignissen der Kriegs- und Nachkriegsjahre darzustellen. Wir müssen uns dabei auf das äußerste Maß beschränken, damit nicht die Fülle der Ereignisse den uns gesteckten Rahmen sprenge. Die Aufgabe, alle Einzelheiten dieser Zeit zu schildern, muß späterer Geschichtsforschung überlassen bleiben.

Die deutsche Kriegspolitik war schon zusammengebrochen, kaum daß sie begonnen hatte. Der Beginn ihres endgültigen Bankerotts datiert vom Frühjahr 1917, und der verschärfte U-Bootkrieg war nur ein letzter verzweifelter Versuch, den Zusammenbruch noch einige Zeit hinauszuschieben. Auch die russische Revolution, die die deutsche Ostfront zu erleichtern versprach, konnte der deutschen Kriegführung keine Rettung mehr bringen. Es ist deshalb kein Zufall, daß das Jahr 1917 mit dem Kampf um den Frieden ausgefüllt ist, an dem schließlich auch solche Politiker teilnehmen mußten, die zweieinhalb Jahre lang an den Sieg der deutschen Waffen geglaubt hatten. Wir erleben die Zeit der A u f l ö s u n g d e r i n n e r e n F r o n t, der der Zusammenbruch der äußeren Front im nächsten Jahre folgen mußte.

Die folgenden Monate standen für die Unabhängige Sozialdemokratie im Zeichen der Sammlung und des Zusammenschlusses. Am 13. April erließ die Zentralleitung der U. S. P. D. folgenden Aufruf:

„G e n o s s e n ! G e n o s s i n n e n !

Die Opposition innerhalb der Sozialdemokratischen Partei Deutschlands hat sich Ostern 1917 in Gotha zu einer einheitlichen Organisation zusammengeschlossen unter dem Namen: U n a b h ä n g i g e S o z i a l - d e m o k r a t i s c h e   P a r t e i   D e u t s c h l a n d s. Unabhängig gegenüber der Regierungspolitik, unabhängig gegenüber den Bestrebungen der bürgerlichen Parteien, unabhängig gegenüber den Regierungssozialisten wird die neugeschaffene Organisation zielbewußt eine s e l b s t ä n d i g e s o z i a l d e m o k r a t i s c h e P o l i t i k treiben.

In einer Zeit der tiefsten wirtschaftlichen, politischen und gesellschaftlichen Umwälzungen wird sie die Massen des deutschen Proletariats sammeln im Geiste der Internationale zur Beschleunigung des Friedens.

Es gilt, die Volksmassen z u r ü c k z u f ü h r e n a u f d e n W e g, den uns Marx, Engels und Lassalle gewiesen, auf dem uns August Bebel, Wilhelm Liebknecht und Paul Singer jahrzehntelang ruhm- und siegreich geführt haben. Ihr Werk mit Hingebung und Tatkraft nicht nur fortzuführen, sondern auch fortzubilden zur Verwirklichung der Demokratie und des Sozialismus, zur endgültigen Befreiung der Menschheit von Kriegsschrecken und Kriegsgreuel — das ist unsere Aufgabe.

In dem erhebenden Bewußtsein, daß in Gotha d i e a l t e S o z i a l d e m o k r a t i e n e u e r s t a n d e n ist, werden Hunderttausende begeistert den unabhängigen Organisationen zuströmen, die schon bestehen oder jetzt in allen Kreisen zur Bildung gelangen werden.

Alle, die den Glauben an die Sozialdemokratie verloren haben, als sie voll Schmerz sahen, wie die Partei die alten Grundsätze preisgab und zu einer nationalsozialen Regierungspartei wurde, werden mit Hoffnungsfreudigkeit und Zuversicht Mitglieder der neuen Organisation werden, um den Kampf für das aufzunehmen und weiterzuführen, wofür sie früher ihre besten Kräfte eingesetzt, wofür sie gelebt haben — f ü r d i e h e h r e n Z i e l e d e s S o z i a l i s m u's.

Genossen und Genossinnen! Wir, die Unterzeichneten, sind von der Konferenz in Gotha mit der Leitung der Unabhängigen Sozialdemokratischen Partei Deutschlands betraut worden. In dieser schicksalsschweren Zeit, in der wir unser verantwortungsvolles Amt übernehmen, können wir es nur dann mit Erfolg ausüben, wenn wir der freudigen, entschlossenen zähen Mitarbeit der Genossen und Genossinnen sicher sind.

Werbt Anhänger für unsere Sache in unablässiger Arbeit! Gründet Organisationen für die Verbreitung und Durchführung unserer Grundsätze in jedem Wahlkreise, in dem sie noch nicht bestehen, und baut die bestehenden mit Eifer aus! Schwierigkeiten, die sich hie und da euch entgegenstellen, werdet ihr unerschrocken überwinden! Wir sind überzeugt: wir appellieren nicht vergeblich an den Mut und die Ausdauer der erprobten Kämpfer für die Wiedergeburt der deutschen Sozialdemokratie.

Auf dem F r a u e n t a g e, der in der Zeit vom 5. bis 12. Mai stattfindet, werden die Frauen die Forderung erheben für ihre Gleichberechtigung, für ihren und ihrer Kinder Schutz, für die Beendigung des entsetzlichen Kriegsgemetzels!

Genossen und Genossinnen! Wir wissen es: wir appellieren auch nicht vergeblich an eure oft bewährte O p f e r w i l l i g k e i t! Trage jeder nach seiner Leistungsfähigkeit dazu bei, daß wir nicht aus Mangel an Mitteln einen Teil der gewaltigen Aufgaben, die uns gestellt sind, unerfüllt lassen müssen. Die regelmäßige Beitragsleistung genügt nicht. Sorgt für die Aufbringung außerordentlicher Mittel durch Marken, Bons, Sammellisten.

Ihr wißt, daß die gesammelten Gelder nicht, wie es in den letzten Jahren seitens der Regierungssozialisten geschehen, dazu verwendet werden, um eine euch schädliche Politik zu treiben, sondern in eurem Interesse zur Förderung einer unabhängigen und selbständigen sozialistischen Politik!

Genossen und Genossinnen! Das Eisen glüht, frisch ans Werk, es zu schmieden.

Berlin, den 12. April 1917.

Die Zentralleitung der Unabhängigen Sozialdemokratischen
Partei Deutschlands.

Das Zentralkomitee:
Wilhelm Dittmann, Hugo Haase, Adolf Hofer, Gustav Laukant, Georg
Ledebour, Robert Wengels, Luise Zietz.

Der Beirat:
Rob. Dissmann, Frankfurt a. M.; Paul Dittmann, Hamburg; Hermann
Fleissner, Dresden; Willi Grütz, Remscheid; Alfred Henke, Bremen;
Sepp Oerter, Braunschweig; Fritz Schnellbacher, Hanau.

Trotz der Beschränkungen der Kriegszeit entwickelten sich die
Organisationen recht günstig. Ein Vierteljahr später konnte be-
richtet werden, daß 62 Wahlkreisvereine geschlossen oder mit
großer Mehrheit aus der alten in die neue Organisation übergetreten
waren. Darunter befanden sich ganze Bezirke, wie Berlin, Leipzig,
Halle, und Wahlkreise aus den stärksten Industriegebieten, z. B.
Essen, Niederrhein, Frankfurt a. M. In 19 Wahlkreisen wurden neue
Organisationen mit gutem Erfolg und steter Weiterentwicklung
gegründet. Ferner bestanden 46 Ortsvereine und Gruppen, die zum
Teil übergetreten oder neu ins Leben gerufen waren.

Inzwischen war auch der Parteivorstand der alten Partei nicht
müßig gewesen, um auch noch die letzten Reste der Opposition aus
seinen Reihen zu entfernen. Mitte Mai enthob er K l a r a Z e t k i n
ihrer Redaktiontätigkeit an der „G l e i c h h e i t". Dieser Zeitungs-
raub stellte einen viel schlimmeren Gewaltakt dar, als es schon der
„Vorwärts"-Raub gewesen war. Die „Gleichheit" war von Klara
Zetkin gegründet und jahrzehntelang von ihr geleitet worden. Sie
war kein eigentliches Parteiorgan in dem üblichen Sinne, sondern
in der Zeitschrift steckte das individuelle Lebenswerk einer einzelnen
Frau, „sie war ihr geistiges Eigentum, der Inbegriff, die Verkörpe-
rung einer Jahrzehnte hindurch mühselig und bedeutsam geleisteten
Arbeit", wie die „Leipziger Volkszeitung" damals zutreffend schrieb.
Das alles gab dem Parteivorstand zu Bedenken keinerlei Anlaß, und
es fanden sich auch zwei Leute, Heinrich Schulz und Marie Juchacz,
die das Henkerwerk an dem Lebenswerk Klara Zetkins vollbrachten.
Einen notdürftigen Ersatz für die „Gleichheit" schuf die Unabhängige
Sozialdemokratie, indem sie eine F r a u e n b e i l a g e der „Leipziger
Volkszeitung" herausgab, deren Leitung Klara Zetkin übertragen
wurde. Klara Zetkin hat das in sie gesetzte Vertrauen freilich übel
gelohnt. In einer auf dem Kongreß der Moskauer Internationale im
Jahre 1921 abgegebenen Erklärung behauptete sie, sie habe sich als
Redakteurin der Frauenbeilage der „Leipziger Volkszeitung" als auf
einem vorgeschobenen Posten in Feindesland betrachtet, in der Er-
wartung, der Vorstand der U. S. P. D. werde die gleiche politische
Dummheit begehen wie der Vorstand der S. P. D. mit der „Gleichheit" und sie maßregeln. Sie würde dann ihren Austritt aus der
U. S. P. D. erklärt und einen Teil ihrer Gesinnungsgenossen in den

Spartakusbund hinübergezogen haben. Diese nachträgliche Erklärung hat die Sympathien sicherlich nicht vermehrt, die man bisher für Klara Zetkin hegen mochte.

Einen noch schamloseren Diebstahl an geistigem Eigentum beging der Vorstand der Sozialdemokratischen Partei, als er im Herbst 1917 K a r l K a u t s k y die „N e u e Z e i t" raubte. Die wissenschaftliche Zeitschrift der deutschen Sozialdemokratie war noch weniger ein Organ der Partei als die „Gleichheit". Die „Neue Zeit" war das geistige Eigentum, war das größte Stück der Lebensarbeit von Karl Kautsky. Der Parteivorstand hatte also nicht das mindeste moralische Recht, über die Zeitschrift zu verfügen, noch viel weniger seinen Herausgeber aus der Redaktion zu drängen. In einem Abschiedswort schrieb Kautsky darüber:

Die „Neue Zeit" wurde n i c h t v o n d e r P a r t e i g e g r ü n d e t. Den Plan zu dieser Zeitschrift faßte ich im Sommer 1882. Sie sollte dem Marxismus dienen, seiner Verfechtung, Anwendung, Weiterentwicklung. Ich gewann Bebel und Liebknecht für die Idee, sowie Dietz, der das Wagnis unternahm, inmitten des wildesten Tobens des Sozialistengesetzes mit den damals noch sehr schwachen Kräften seines jungen Verlages eine wissenschaftliche Zeitschrift herauszugeben, deren Redakteur nur in engem Parteikreise bekannt war, und in der eine Methode und Weltanschauung vertreten werden sollte, die erst sehr wenig begriffen wurde, und die sich ihre allgemeine Anerkennung erst zu erobern hatte.

Es kostete uns große Mühe, erheischte schwere Opfer von uns, unter diesen widrigen Umständen uns zu behaupten, „durchzuhalten", bis wir soweit kamen, die besten Köpfe des internationalen Sozialismus zu unsern Mitarbeitern zu zählen.

Was die „Neue Zeit" geleistet, darüber zu berichten oder ein Urteil zu fällen, steht mir natürlich nicht zu. Für den jetzigen Moment bemerkenswert ist nur eines: die „Neue Zeit" war von ihrem Beginn an Parteiorgan insofern, als Verleger und Redakteur wie die Mitarbeiter Parteigenossen waren, mit ganzer Kraft der Partei dienten und so auch die „Neue Zeit" selbst dem Parteiinteresse dienstbar machten. Aber dabei war die „Neue Zeit" Parteiorgan insofern, als sie v o n k e i n e r P a r t e i - i n s t a n z a b h ä n g i g war, keine für sie irgend eine Verantwortung trug, keine sie ökonomisch oder sonstwie unterstützte....

Freiligrath schrieb 1849, zur Zeit des unaufhaltsamen Niederganges der Revolution, die in ihren entscheidenden Zentren überall besiegt war. Heute dagegen gehen die politischen Kämpfe nicht einem Zustand der Apathie und Erstarrung, sondern äußerster Verschärfung entgegen. Was Freiligrath damals rief, ich darf es mit noch größerer Zuversicht den bisherigen Lesern der „Neuen Zeit" zurufen:

Nun ade — doch nicht für immer Ade!
Denn sie töten den Geist nicht, ihr Brüder!

So alt ich bin, ich gedenke noch die Zeit zu erleben, in der die Sache siegt, der die „Neue Zeit" 35 Jahre lang treu gedient hat. Und ich hoffe, es wird mir beschieden sein, dazu noch mein Scherflein Arbeit beitragen zu können.

Wenn wir wieder zum Frühjahr dieses Jahres zurückkehren, so haben wir einen Augenblick bei der O s t e r k u n d g e b u n g W i l - h e l m II. zu verweilen, die endlich die „Neuorientierung" einleiten sollte. Es wurden darin eine Reihe sehr schöner Dinge versprochen, aber bald stellte es sich heraus, daß dieses Osterei überfaul war. Die Umbildung des preußischen Landtags sollte kommen, für das Klassenwahlrecht in Preußen sei kein Raum mehr, wurde in dem Erlaß erklärt, die Abgeordneten sollten durch unmittelbare und geheime Wahl bestimmt, dem Herrenhaus durch Vertreter des Volkes neues Blut zugeführt werden. Von diesen Versprechungen ist nichts in Erfüllung gegangen. Viele Monate lang ist zwar in Preußen um die Reform des Landtags geschachert worden, aber die Junker und die Schwerindustriellen wollten höchstens ein Pluralstimmrecht zugestehen, das ihre Macht unberührt ließ. Erst die Novemberrevolution des nächsten Jahres hat mit dem elendesten aller Wahlsysteme endgültig aufgeräumt. Die deutsche Bourgeoisie, dumm und kurzsichtig wie sie nun einmal in politischen Angelegenheiten ist, hat in der Frage des preußischen Wahlrechts mit besonderer Deutlichkeit gezeigt, daß sie lieber das ganze „Vaterland" in Trümmer gehen läßt, als zur rechten Zeit auch nur auf einen Teil ihrer Privilegien zu verzichten.

Als nicht minder kurzsichtig erwies sich auch die Bourgeoisie in R u ß l a n d. Die Revolution hatte zwar das zaristische Regime zerbrochen, aber an seine Stelle waren die Vertreter der kapitalistischen Klassen getreten, die bisher schon die hemmungslosen Bestrebungen des russischen Imperialismus gefördert hatten und nunmehr glaubten, mit vermehrter Tatkraft ihre Absichten verwirklichen zu können. Sie mußten den kriegsmüden Massen Friede und Land versprechen, beides aber konnten sie ihnen nicht geben, wenn sie sich nicht als Klasse selbst aufgeben wollten. Die russische Revolution blieb daher an dem bisher erreichten Punkte nicht stehen; da aber die als Klasse noch nicht organisierten Kleinbauern ihre Geschäfte nicht selbst besorgen konnten, so mußten schließlich die B o l s c h e w i k i, die allein den negativen Mut aufbrachten, vor dem deutschen Imperialismus zu kapitulieren, die Erbschaft der russischen Bourgeoisie antreten.

An der Behandlung der F r i e d e n s f r a g e konnte man besonders deutlich die weitere Entwicklung der russischen Revolution studieren. Der Außenminister des ersten bürgerlichen Kabinetts Rußlands, Miljukow, veröffentlichte am 10. April eine Erklärung, worin auf die enge Gemeinschaft mit den Alliierten hingewiesen und gesagt wurde, daß das russische Volk „einen dauerhaften Frieden auf Grund des Rechts der Völker, ihr Schicksal selbst zu bestimmen", herbeiführen wolle. Das Vaterland sei in Gefahr, alle Kräfte müßten angespannt werden, um es zu retten. Das Hauptgewicht legte diese Erklärung also auf die Gemeinschaft mit den Alliierten, der Gedanke eines Sonderfriedens mit den Mittelmächten wurde damals noch nicht erörtert. Viel entschiedener war die Erklärung, die der Kongreß der Arbeiter- und Soldatenräte in Petersburg Ende Juni veröffentlichte. Hier wurde als die wichtigste Aufgabe der revolutionären Demokratie der Kampf für die schnellste Beendigung des Krieges bezeichnet. Es solle zwar kein Sonderfriede geschlossen werden, aber man müsse sofort Abordnungen in die alliierten und neutralen Länder schicken und alle sozialistischen Parteien dieser Länder nach Rußland einladen, damit die Friedensfrage endlich gelöst werde. Die deutsche

Regierung hat es nicht verstanden, die durch die russische Revolution geschaffene Situation dazu auszunützen, um eine Verständigung über den Frieden herbeizuführen. Sie erklärte ganz kühl, daß sie über ihre Kriegsziele nichts zu sagen und keine neuen Erklärungen abzugeben habe. Die deutsche Regierung werde sich auch nicht dazu drängen lassen, sich für einen Frieden ohne Annexionen und Kriegsentschädigung auszusprechen. Das konnte von der ganzen Welt nur so aufgefaßt werden, daß die deutsche Regierung auch künftighin den Krieg mit dem Ziele führen wolle, Deutschland die Beherrschung der übrigen Welt zu sichern.

Eine Förderung der von der russischen Revolution ausstrahlenden Friedensbestrebungen konnte man sich von der i n t e r n a t i o - n a l e n   s o z i a l i s t i s c h e n   K o n f e r e n z versprechen, die auf den Sommer 1917 nach S t o c k h o l m einberufen worden war. Die Initiative dazu war von den holländischen Mitgliedern der alten Internationale ausgegangen. Es sollten daran alle sozialistischen Parteien der kriegführenden wie der neutralen Länder teilnehmen. Zuerst schien es zweifelhaft, ob die alliierten Sozialisten sich an diesen Besprechungen beteiligen würden. Nachdem aber von der russischen Revolution ein neuer Impuls für die Ziele der Konferenz ausgegangen war, konnten auch sie sich ihr nicht entziehen. Die Schwierigkeiten der Kriegszeit haben die Durchführung des Planes verhindert, eine gemeinschaftliche Besprechung der sozialistischen Vertretungen aller Länder ist nicht zustande gekommen. Das eine aber wurde erreicht, daß die Parteien ihre Auffassungen zu Protokoll gaben, und daß man daraus ein Gesamtbild über ihre Kriegspolitik gewinnen konnte. Die S o z i a l d e m o k r a t i s c h e   P a r t e i ließ durch Eduard David in Stockholm einen mehrstündigen Vortrag halten, der dann als Broschüre verbreitet worden ist. Ihr Inhalt wird dadurch gekennzeichnet, daß es sich auch die deutsche Kriegsführung nicht nehmen ließ, sie in Massenauflagen unter den Soldaten zu verteilen. David wiederholte in seinem Vortrag alle die Gründe, die die rechtssozialistischen Parteiführer unzähligemal für die Bewilligung der Kriegskredite angeführt hatten; ihm war noch immer der Krieg ein Mittel, um das deutsche Vaterland vor den Anschlägen der Feinde zu retten.

Die deutsche Delegation der U n a b h ä n g i g e n   S o z i a l d e m o - k r a t i e faßte ihren Standpunkt für die Stockholmer Konferenz in einem M a n i f e s t zusammen, das während des Krieges nur einmal durch Hugo Haase von der Tribüne des Reichstags aus verlesen wurde, sonst aber nicht veröffentlicht werden konnte. Es möge deshalb hier seinen Platz finden:

Die Unabhängige Sozialdemokratische Partei Deutschlands geht in ihrer Friedenspolitik wie in ihrer gesamten Politik aus von den G e - s a m t i n t e r e s s e n   d e s   i n t e r n a t i o n a l e n   P r o l e t a r i a t s   u n d   d e r   s o z i a l e n   E n t w i c k l u n g.

Diese Interessen erheischen den s o f o r t i g e n   F r i e d e n. Wir fordern beim Friedensschluß ein internationales Uebereinkommen über a l l g e m e i n e   A b r ü s t u n g. Dies ist das wichtigste Mittel, den geschwächten Volkskörper überall wieder zu stärken, dem niedergetretenen ökonomischen Leben der Völker in absehbarer Zeit wieder zum Aufschwung zu verhelfen. Nur so kann die Herrschaft des M i l i t a r i s m u s gebrochen, können die Beziehungen der Völker zueinander für die Dauer friedlich gestaltet werden.

Wir fordern die vollste Freiheit des internationalen Handels und Verkehrs sowie die unbeschränkte internationale Freizügigkeit zur Entfaltung der Produktivkräfte der Welt und zur Annäherung und Verbindung der Völker.

Wir verwerfen die wirtschaftliche Absonderung oder gar den Wirtschaftskampf der Staaten. Zur Schlichtung aller Streitigkeiten zwischen den einzelnen Staaten ist das internationale Schiedsgericht obligatorisch zu machen.

Wir fordern internationale Verträge zum Schutz der Arbeiter vor Ausbeutung, insbesondere zum Schutz der Kinder und Frauen, gemäß den Grundsätzen der internationalen Sozialdemokratie. Mit der gewaltig gesteigerten Verwertung der Frauenkraft im gesellschaftlichen Produktionsprozeß ist die Zuerkennung voller politischer Rechte an die Frauen eine soziale Notwendigkeit geworden. Unerläßlich ist die Anerkennung der Gleichberechtigung für alle Einwohner eines Staates, ohne Rücksicht auf Staatszugehörigkeit, Sprache, Rasse, Religion. Das schließt ein den Schutz der nationalen Minderheiten zur Betätigung ihres nationalen Lebens.

Die nationale wie die soziale Befreiung der Völker kann nicht das Werk eines Krieges der Regierungen, sondern nur das Werk der Demokratie sein, für deren volle Durchführung die Völker unablässig den nachdrücklichsten Kampf zu führen haben. Die Ueberwachung der auswärtigen Politik der Regierungen durch die Demokratie eines jeden Staates wird zur Verhütung aggressiver Schritte führen. Die Geheimverträge sind abzuschaffen. Alle Staatsverträge sind fortan von der Zustimmung der Volksvertretungen abhängig zu machen.

Die Aera großer innerer Umwälzungen, vor der wir stehen, wird die Lösung der vielen Probleme zeitigen, die der Krieg aufgeworfen oder verschärft hat. Diese Fragen sollen aber nicht durch Krieg und Kriegsglück entschieden werden. Das Uebel des Weltkrieges ist viel größer als die Uebel, die er nach der Meinung der Kriegspolitiker heilen soll.

Ohne die Staatsgrenzen, die das Ergebnis von Eroberungen sind und vielfach im Widerspruch zu den Bedürfnissen der Völker stehen, als unantastbar zu betrachten, lehnen wir den Krieg überhaupt und also auch seine Verlängerung als Mittel zur Regelung der Staatsgrenzen ab. Grenzänderungen müssen an die Zustimmung der davon betroffenen Bevölkerung gebunden werden, dürfen nicht aufgezwungene Gewaltakte sein.

Jeden Versuch, irgend ein Volk in irgend einer Form zu vergewaltigen, weisen wir mit aller Entschiedenheit zurück.

Seit Beginn des Krieges fordern wir konsequent einen Frieden ohne Annexionen und Kontributionen auf Grund des Selbstbestimmungsrechts der Völker. Unvereinbar mit den sozialdemokratischen Grundsätzen ist jene Auffassung, die, aus militärischem Denken und nationalistischer Machtpolitik entsprungen, die Stellung zu einem Problem von der jeweiligen Kriegslage abhängig macht und deshalb in den verschiedenen Stadien des Krieges zu einer verschiedenen Beurteilung einer und derselben Frage gelangt.

Unsere Aufgabe ist es nicht, für alle Einzelfragen, die beim Friedensschluß eine Rolle spielen werden, hier ein Programm aufzustellen. Ueber die Fragen jedoch, die im Mittelpunkt der Erörterungen stehen, erklären wir schon heute folgendes:

Die Wiederherstellung Serbiens als eines selbständigen und unabhängigen Staates ist ein unbedingtes Erfordernis. Wir verkennen nicht, daß der Drang der Serben nach Vereinigung in einem Nationalstaat wohl begründet ist. Die Bildung eines solchen Staates und eine Zusammenfassung mit den übrigen Balkanstaaten zu einer republikanischen Balkanföderation sind das sicherste Mittel, dauernd befriedigende Zustände auf dem Balkan zu schaffen, Interventionen des Auslandes auszuschließen und die Orientfrage als Kriegsursache zu beseitigen. Dieses Ziel durch den Krieg zu verfolgen, bedeutet aber nur dessen nutzlose Verlängerung.

Wir verstehen das tiefe Sehnen des polnischen Volkes nach nationaler Vereinigung. Der Standpunkt, das Recht der Polen auf nationale Selbständigkeit durch die Kriegslage zu bestimmen, dieses Recht den Polen in Russisch-Polen zuzubilligen, dagegen für Preußisch- und Oesterreichisch-Polen zu leugnen, ist im Widerspruch zu dem Selbstbestimmungsrecht. Wir lehnen aber auch hier die Fortführung des Krieges als Mittel zur Durchsetzung dieses Rechts ab.

In gleicher Weise verwerfen wir dieses Mittel zur Lösung der Elsaß-Lothringischen Frage und befinden uns dabei in Uebereinstimmung mit Engels und Jaurès. Die Verlängerung des Krieges um Elsaß-Lothringens willen bedeutet heute, daß die ganze Welt, Elsaß-Lothringen einbegriffen, wegen der Streitfrage des nationalen Bedürfnisses dieser Bevölkerung verwüstet, und daß mehr Menschen auf den Schlachtfeldern vernichtet werden, als Elsaß-Lothringen Einwohner zählt.

Aber wie Engels 1892, mehr als zwei Jahrzehnte nach dem Frankfurter Frieden, so können wir uns heute erst recht nicht der Erkenntnis verschließen, daß die elsaß-lothringische Bevölkerung, die 1871 gegen ihren Willen annektiert wurde, solange nicht zur Ruhe kommen wird, bis ihr die Gelegenheit gegeben ist, sich in direkter, unbeeinflußter Abstimmung über ihre Staatsangehörigkeit selbst zu äußern.

Wird die Abstimmung in voller Freiheit in Ruhe, vielleicht nach einer im Friedensvertrag festzusetzenden Zeit vollzogen und ihr Ergebnis von vornherein als bestimmend für die endgültige Regelung der Streitfrage anerkannt, dann wird der unheilvolle Gegensatz begraben, der Deutschland und Frankreich fast schon ein halbes Jahrhundert trennt, den Militarismus hüben und drüben fördert, beide Staaten ökonomisch schwer belastet und der Demokratie große Hemmnisse in den Weg legt.

Ein schwerer Alp wäre von ganz Europa, nicht zum mindesten von Deutschland selbst gewälzt; das deutsche Volk würde ökonomisch, politisch und moralisch dabei weit mehr gewinnen, als es verlieren könnte, selbst wenn die Entscheidung anders ausfiele, als es sie voraussetzt.

Die volle Unabhängigkeit und Selbständigkeit Belgiens ist unabweisbar. In Erfüllung des feierlichen Versprechens, das die deutsche Regierung bei Kriegsbeginn gegeben hat, sind dem belgischen Volke auch die durch den Krieg verursachten Schäden, insbesondere die weggenommenen wirtschaftlichen Werte, zu ersetzen.

Ein derartiger Ersatz hat nichts zu tun mit jener Art von Kriegsentschädigungen, die eine Plünderung des Besiegten durch den Sieger bedeuten und die wir deshalb verwerfen.

Als Gegner jeder Eroberungspolitik und Fremdherrschaft lehnen wir auch nach wie vor die Politik kolonialer Eroberungen ab. Der Besitz einer jeden Kolonie ohne Selbstverwaltung der eingeborenen Bevölkerung ist nichts anderes, als der Besitz unfreier Menschen, und ebenso wie die Sklaverei unvereinbar mit unseren Grundsätzen. Weder bei der Erwerbung noch bei dem Besitzwechsel von Kolonien wird in

Wahrheit das Selbstbestimmungsrecht der Einwohner respektiert. Der Besitz von Kolonien ist überdies für die industrielle Entwicklung nicht erforderlich. Also weder Gründe des Rechts noch das ökonomische Interesse der arbeitenden Klassen, sondern allein politische Einsicht erfordern es, daß auf kolonialem Gebiet durch den Friedensvertrag nicht Verschiebungen vorgenommen werden, die einen neuen Kriegsgrund bilden könnten.

Der Friedensvertrag wird nur gesichert sein, wenn eine internationale Kraft über ihn wacht.

Diese Kraft erblicken wir nicht in einer internationalen Regierungsbehörde, sondern in dem internationalen sozialistischen Proletariat. Nur wenn die Internationale selbständig und kraftvoll aufgebaut wird, wenn das Proletariat ihr überall seine volle Macht für die Kontrolle über die Regierungen und für die Erhaltung des Friedens leiht, wird in Zukunft an Stelle des verhängnisvollen Wettrüstens ein Zustand des gegenseitigen Vertrauens der Völker treten.

Zunächst hat das Proletariat in jedem Lande alles zu tun, um den Abschluß des Weltkrieges herbeizuführen, den Frieden zu erringen.

Die Vorbedingung für die Erreichung dieses Zieles ist die Unabhängigkeit der sozialdemokratischen Parteien gegenüber den imperialistischen Regierungen.

Die Aufstellung eines gemeinsamen Friedensprogramms ist wichtig. Aber dieses Programm ist wesentlich Schall und Rauch, wenn es nicht von einer energischen internationalen Aktion der Volksmassen getragen wird.

Von jeder Regierung ist die unbedingte Annahme des internationalen Friedensprogramms zu fordern. Die Kredite sind jeder Regierung zu verweigern, die dieses Programm ablehnt oder auch nur ausweichend beantwortet, oder die sich nicht bereit erklärt, in sofortige Friedensverhandlungen auf Grundlage dieses Programms einzutreten. Sie ist auf das entschiedenste zu bekämpfen.

Eine solche gemeinsame Friedensaktion einzuleiten und zu fördern, wird die erste Aufgabe der geplanten internationalen Friedenskonferenz sein. Sie hat alle wahrhaft sozialistischen Elemente zusammenzufassen, die entschlossen sind, in diesem Sinne mit aller Kraft für den Frieden zu wirken.

Eine proletarische Organisation, die sich dieser Aktion entzieht, verwirkt damit das Anrecht, hinfort als Organisation des internationalen Sozialismus zu gelten.

Diese Stimme der Vernunft ist im Toben des Krieges verhallt; aber sie behält ihren Wert über die Zeit hinaus, in der sie geboren wurde. Um wieviel besser würde es heute um die deutsche Arbeiterklasse, um das internationale Proletariat, um die ganze Welt stehen, wenn man damals auf sie gehört hätte!

Während an der Oberfläche noch eitel Sonnenglanz herrschte, grollte es immer vernehmlicher in den Massen des arbeitenden Volkes. Wiederholt schon war es hier und da zu überraschenden Arbeitsniederlegungen gekommen, so im Sommer 1916 nach der Verurteilung Liebknechts oder im Januar besonders in Leipzig und Braunschweig. Im April 1917 brach nun eine große Streikbewegung aus, die Hunderttausende von Arbeitern in ihren Bann zog. Die äußere Ursache war die immer schlechter werdende Versorgung mit Lebensmiteln, worunter vor allem die schwer schaffenden Arbeiter in den Munitionsindustrien zu leiden hatten.

Der tiefere Grund für diese rebellische Stimmung aber war in dem ständig stärker werdenden Verlangen nach Beendigung des Völkermordens zu suchen. In fast allen großen Städten brach die Bewegung gleichzeitig aus, trotzdem es nicht leicht war, die Verbindungen zwischen den Streikorten aufrechtzuerhalten. Die rechtssozialistische Partei wandte sich ebenso gegen sie wie die Führerschaft der Gewerkschaften. In L e i p z i g bildete sich zum erstenmal in Deutschland ein A r b e i t e r r a t zur Leitung der Bewegung, und dieser Name deutete schon darauf hin, daß die russische Revolution ihren Widerhall bereits in Deutschland fand. Der Leipziger Arbeiterrat stellte folgendes Programm auf:

„Sofortige hinreichende Versorgung der Bevölkerung mit L e b e n s - m i t t e l n und Kohlen; Erklärung s o f o r t i g e r B e r e i t s c h a f t z u m F r i e d e n ohne jede Annexionen; B e s e i t i g u n g des B e l a g e r u n g s - z u s t a n d e s und der Zensur; Abschaffung des H i l f s d i e n s t - G e s e t z e s; freies und gleiches W a h l r e c h t in allen Bundesstaaten. Der Deputation, die aus Lieberasch, Liebmann und Lipinski besteht, bleibt es vorbehalten, beim Reichskanzler weitere Forderungen aufzustellen. Die Arbeit soll in Leipzig erst wieder aufgenommen werden, wenn der Reichskanzler der Deputaion befriedigende Antwort gegeben hat. Geschieht das nicht, dann soll überall sofort ein A r b e i t e r r a t eingesetzt werden.

Es war nun gar nicht nach dem Sinn der Regierung und der Kriegsführung, daß dieses Programm auch politische Forderungen enthielt. Und der General Groener drohte den Arbeitern mit den Landesverratsparagraphen, wenn sie nicht sofort den Streik abbrechen würden. Schließlich mußte man den Arbeitern aber doch eine Reihe von Zugeständnissen machen, und wenn auch nicht alles erreicht wurde, was damals gefordert worden ist, so hat diese Bewegung doch dazu beigetragen, daß sich die revolutionäre Stimmung in der Arbeiterschaft immer weiter verbreitete. Es verdient hervorgehoben zu werden, daß trotz der gefahrdrohenden Situation die Führer der Unabhängigen Sozialdemokratie sich selbstverständlich an die Spitze der Bewegung gestellt hatten, so Laukant in Berlin, so Lipinski und Liebmann in Leipzig.

Im Mai gab es wieder einmal eine F r i e d e n s d e b a t t e im Reichstag. Der sozialdemokratische Parteiausschuß hatte sich in einer Resolution für einen Frieden ohne Annexionen und ohne Kriegsentschädigungen ausgesprochen. Die Konservativen wollten nun von der Regierung wissen, was sie dazu zu sagen habe, und die Rechtssozialisten fragten an, ob die Regierung im Sinne ihrer Resolution handeln wolle. S c h e i d e m a n n drohte ein wenig mit der Revolution, er fügte aber als vorsichtiger Mann hinzu: glücklicherweise wissen wir, daß die Dinge gar nicht so liegen. Bethmann Hollweg blieb bei seiner alten Methode, weder von den Annexionisten abzurücken, noch sich zu einem Verständigungsfrieden zu bekennen. L e d e b o u r wies in der Debatte darauf hin, daß von Deutschland noch niemals ein wirkliches Friedensangebot ausgegangen sei, und daß man jetzt den russischen Sozialisten die Aufgabe erschwere, sich von den Ententeforderungen unabhängig zu machen. Es stände besser um die Arbeiterklasse, wenn die Rechtssozialisten sich schon zwei Jahre früher gegen die Annexionen ausgesprochen hätten. Die Erkenntnis bei ihnen sei reichlich spät gekommen. Wenn nicht bald bei uns mit dem Gewaltregiment aufgeräumt werde, so würden die Massen ihre Sache selbst in die Hand nehmen.

Die hinhaltende und hinterhältige Politik der deutschen Regierung in der Friedensfrage hatte dazu geführt, daß in Rußland die imperialistischen Elemente die Oberhand gewannen, die am Bündnis mit der Entente festhalten wollten. Seit der Revolution hatten sich die russischen Armeen passiv verhalten, an einzelnen Stellen der Front war es sogar zu Verbrüderungskundgebungen zwischen russischen und deutschen Soldaten gekommen. Den Einflüssen Englands und Frankreichs gelang es nun, die russische Regierung für eine n e u e O f f e n s i v e zu gewinnen. Sie errang im Anfang unter Brussilows Führung einige Vorteile, besonders gegen die Oesterreicher, mußte aber schließlich zusammenbrechen. Neue Zehntausende von Menschen waren nutzlos geopfert worden. Die Rückwirkung auf die inneren Verhältnisse Rußlands blieb nicht aus.

Die leichten Erfolge über die Russen hatten die Stimmung in Deutschland keineswegs zu heben vermocht. E r z b e r g e r war um diese Zeit von einer seiner Auslandsreisen zurückgekehrt. Glaubte er bis dahin blindlings an den deutschen Sieg, so wechselte nunmehr völlig seine Stimmung. In einer Sitzung des Hauptausschusses des Reichstages hielt er zu aller Ueberraschung eine große Rede, worin er zu verstehen gab, daß nur noch ein F r i e d e d e r V e r s t ä n d i- g u n g Deutschland retten könne. Von Annexionen und ähnlichen Dingen dürfe nicht mehr gesprochen werden, eine schnelle Demokratisierung und ein Wechsel in den leitenden Stellen müsse das Ausland davon überzeugen, daß es Deutschland mit seinen Friedensabsichten ernst sei. Erzbergers Rede gab den Anstoß zur Bildung eines Blocks zwischen Zentrum, Fortschrittlern und Rechtssozialisten, deren Fraktionen gemeinschaftliche Sitzungen abhielten und die Veröffentlichung einer R e s o l u t i o n , der berühmten Reichstagsresolution vom 19. Juli 1917, beschlossen. Zuerst waren auch die Nationalliberalen an den interfraktionellen Sitzungen beteiligt. Sie schieden aber bald aus der Gemeinschaft aus, da sie damals noch nicht genau wußten, auf welche Seite sie sich schlagen sollten. In der Resolution des Mittelblocks wurde gesagt, daß Deutschland nicht Eroberungssucht treibe, sondern nur zur Verteidigung seiner Freiheit die Waffen ergriffen habe. Der Reichstag erstrebe einen Frieden der Verständigung und der dauernden Versöhnung der Völker. Die Schaffung einer internationalen Rechtsorganisation werde er tatkräftig fördern. Solange aber die feindlichen Regierungen einen solchen Frieden zurückwiesen, sei das deutsche Volk entschlossen, zur Verteidigung seines Rechtes auf Leben und Entwicklung unerschüttert zusammenzustehen. Selbst diese zahme Resolution stieß bei der Regierung auf Widerspruch. Und es hat sich weiter gezeigt, daß sie gar nicht daran dachte, im Sinne dieser Resolution zu handeln.

Die Bemühungen des Mittelblocks galten eigentlich gar nicht der Person B e t h m a n n H o l l w e g s . Denn trotz seiner inneren Zuneigung zu den Annexionisten hatte er doch äußerlich eine Haltung bewahrt, die selbst von den Rechtssozialisten nicht beanstandet worden war. Die Alldeutschen freilich hatten ihn schon längst aufs

Korn genommen, weil er nicht entschieden genug ihre Pläne unterstützte. Aber zum damaligen Zeitpunkt hätte es auch sie nicht reizen können, einen Kanzlerwechsel zu provozieren. Es wirkte daher ziemlich überraschend, daß Bethmann Hollweg plötzlich seinen R ü c k t r i t t erklärte; er fiel, ohne daß er eigentlich gestürzt worden war. An seine Stelle trat Herr Dr. M i c h a e l i s , ein bürgerlicher Mann zwar, aber ein Reaktionär von reinstem Wasser und eine herzlich unbedeutende Persönlichkeit dazu. In der Reichstagssitzung vom 19. Juli trug er die Meinung der Regierung zu der Friedensresolution vor, und bei dieser Gelegenheit fiel sein berühmt gewordenes Wort: Wie ich sie auffasse! Trotzdem also jetzt der letzte Schleier von den Absichten der Regierung gefallen war, erklärte Scheidemann, daß seine Fraktion auch dieses Mal die Kriegskredite bewilligen werde. Um so deutlicher kennzeichnete H a a s e für die unabhängige Fraktion die politische Lage. Zunächst verlangte er, daß in einer Zeit, wo in der ganzen Welt die größten Umwälzungen vor sich gehen, auch in Deutschland eine Demokratisierung des Reichs und der Einzelstaaten vorgenommen werden müsse, die auszumünden habe in die s o z i a l e R e p u b l i k. Das Volk sei jetzt aus dem Kriegstaumel allmählich erwacht. Die Rechnung, die man vor dem U-Boot-Kriege aufgestellt habe, habe sich längst als Täuschung herausgestellt. Der programmatische Teil der Resolution des Mittelblocks lasse es an Klarheit und Bestimmtheit fehlen, und zum Schlusse ende sie in schmetternde Kriegsfanfaren. Man würde sich nur neuen Täuschungen hingeben, wenn man an eine günstige Wirkung dieser Resolution in der Welt glaube. Demgegenüber stellte Haase das von der deutschen Delegation der Unabhängigen Sozialdemokratie für die Stockholmer Internationale Konferenz beschlossene Manifest, dessen Veröffentlichung bis dahin von der Zensur unterbunden worden war. Von Rußland sei der Ruf ausgegangen: Genosse, beeile dich! Und dieser Ruf habe lebhaften Widerhall bei den deutschen Arbeitern gefunden. Haase legte dann eine Resolution der Unabhängigen Sozialdemokraten vor, worin ein Friede ohne Annexionen und ohne Kriegsentschädigungen und die Wiederherstellung Belgiens verlangt wurde. Es müßten sofort Friedensverhandlungen auf dieser Grundlage eingeleitet werden, die dringendste Vorbedingung dazu sei aber die sofortige Aufhebung des Belagerungszustandes und die völlige Demokratisierung des Deutschen Reichs. Diese Resolution wurde abgelehnt, nur vier Mitglieder der Mehrheitsfraktion stimmten für sie.

Es kam so, wie es die Unabhängige Sozialdemokratie vorausgesagt hatte. Der Block der Reichstagsmitte hatte weder eine Beschleunigung der Friedensfrage, noch die Durchführung des parlamentarischen Regierungssystems erreicht. Wilhelm II. bequemte sich lediglich zu einer neuen Wahlreformbotschaft, und die Regierung berief einige Konzessionsschulzen aus den Reichstagsparteien in ihre Aemter, wie den Rechtssozialisten Dr. August Müller, der aber gleich erklärte, daß er mit der Uebernahme seines Amtes an die Pflichten eines Parteigenossen nicht mehr gebunden sei. Was über diese Dinge zu sagen war, das hat L e d e b o u r im Hauptausschuß am 28. August ausgeführt: Das bureaukratische System sei nicht im geringsten geändert worden. Der freie Ausschuß, der aus Vertretern der Par-

teien gebildet worden war und mit dem sich die Regierung in allen
außenpolitischen Angelegenheiten verständigen sollte, sei nichts
anderes als Schaumschlägerei, seine Mitglieder seien nicht die Vertrauensleute ihrer Parteien, sondern der Regierung, denn man habe
sie gegenüber ihren eigenen Fraktionskollegen zum Schweigen verpflichtet.

Der Reichskanzler M i c h a e l i s war eigentlich politisch bereits
tot, als er sein Amt angetreten hatte. Und es kennzeichnet die
damaligen Verhältnisse, daß er als ein lebender Leichnam noch
Monate hindurch den höchsten Posten des Reiches bekleiden durfte.
Was ihm aber an Fähigkeit abging, das suchte er durch Frechheit
zu ersetzen. Er wußte, daß er von den bürgerlichen Parteien und
auch von den Rechtssozialisten nicht viel zu fürchten hatte. Um so
grimmiger aber haßte er die Unabhängige Sozialdemokratie. Endlich
glaubte er die Gelegenheit gekommen, um sie unschädlich zu
machen. In der Reichstagssitzung vom 9. Oktober „enthüllte" er,
daß unsere Partei in Verbindung mit den Mannschaften der K r i e g s -
f l o t t e stände und unter ihnen eine h o c h v e r r ä t e r i s c h e
V e r s c h w ö r u n g angezettelt habe. Die Unabhängige Sozialdemokratie stehe für ihn jenseits der Linie, auf die er alle anderen
Parteien gestellt habe. Und er werde sie dementsprechend behandeln.
Es stehe aktenmäßig fest, daß der Hauptagitator bei der Flotte im
Fraktionszimmer der Unabhängigen Sozialdemokraten gewesen sei
und den Abgeordneten Dittmann, Haase und Vogtherr seine Pläne
vorgetragen habe, die von ihnen gebilligt worden seien. Dieser
Angriff auf unsere Partei ist dem Reichskanzler schlecht bekommen.
Er verließ die Sitzung als ein Gestäupter.

Haase, Vogtherr und Dittmann zeigten auf, was hinter dem Gerede des Reichskanzlers und seiner Gehilfen stand. Bei der unabhängigen Fraktion sei ein Matrose erschienen, der sich darüber
beklagte, daß die Matrosen so wenig geistige Anregungen hätten
und um Ueberlassung von Literatur bat. Etwas später wurde bekannt, daß dieser Matrose wegen Verfolgung seiner politischen
Ideale von einem Kriegsgericht hingerichtet worden war und daß
eine Anzahl seiner Gesinnungsgenossen zu den furchtbarsten Zucht-
hausstrafen verurteilt worden waren. Die Redner der unabhängigen
Fraktion wiesen dann nach, wie bei der Marine systematisch jede
Bekundung des Friedenswillens unterdrückt werde, während man
den Annexionisten den weitesten Spielraum lasse. Selbst die Redner
der Mittelparteien konnten nicht umhin, der Regierung vorzuwerfen,
daß sie in ganz unverantwortlicher Weise gegen unsere Partei vorge-
gangen sei und insbesondere Ebert erklärte, daß seine Partei jeden
Tag begrüßen werde, der das deutsche Volke früher von dieser Regierung befreie. So endete der Angriff des Kanzlers auf die Unabhängige Sozialdemokratie mit seiner vollständigen Niederlage, und
es war eigentlich nur noch eine Frage der Zeit, wann dieser Kanzler
endlich verschwinden werde. Die Unabhängige Sozialdemokratie
aber hat sich gerade in dieser Zeit die Sporen verdient; wenn die
Erörterungen über die Friedensmöglichkeiten jetzt in schnelleren
Fluß kamen, so hatte sie durch ihre konsequente Politik ein nicht
geringes Verdienst daran.

Der Zusammenbruch.

Sozialdemokratischer Parteitag in Würzburg. — Die bolschewistische Herrschaft in Rußland. — Die Gewaltfriedensschlüsse von Brest-Litowsk und Bukarest. — Streikbewegungen in Oesterreich und Deutschland. — Dittmann wird auf die Festung geschickt. — Der Zusammenbruch der Mittelmächte. — Die revolutionären Forderungen der Unabhängigen Sozialdemokratie.

Die Führung der R e c h t s s o z i a l i s t i s c h e n P a r t e i hatte es für geraten gehalten, auf Mitte Oktober des Jahres 1917 einen P a r t e i t a g nach Würzburg einzuberufen. Sie brauchte sich nicht darum zu sorgen, daß dort ihre Politik heftige Anfeindungen erfahren würde. Was noch an Opposition zurückgeblieben war, hatte jeden Einfluß verloren, Scheidemann und Ebert, Kolb und Lensch beherrschten die Situation. So nahm denn der Parteitag den vorschriftsmäßigen Verlauf, die Politik vom 4. August wurde gebilligt, die heftigsten Angriffe auf die Unabhängige Sozialdemokratie und auf die „marxistische Scholastik" erfuhren kaum Widerspruch. Man schlug zwar auch einige kräftige Töne gegen die Regierung an, weil bisher von der versprochenen Neuorientierung so gut wie nichts in Erfüllung gegangen war; aber dieser Vorstoß konnte schon deshalb keine Wirkung auslösen, weil die rechtssozialistische Partei in allen entscheidenden Fragen mit dieser gleichen Regierung durch Gedeih und Verderb ging. Auch über die Möglichkeit einer Wiedervereinigung wurde gesprochen. Aber der Parteitag verstand sie so, daß alle von ihm hinausgeworfenen Genossen reumütig in den alten Parteipferch zurückkehren und die Instanzenpolitik nunmehr rückhaltlos anerkennen sollten. Dem Würzburger Parteitag wurde von der bürgerlichen Presse das Zeugnis ausgestellt, daß er brave Arbeit geleistet habe; was vom Standpunkt des Sozialismus und der Arbeiterklasse dazu zu sagen war, das wurde in einem A u f r u f ausgeführt, den das Zentralkomitee der Unabhängigen Sozialdemokratie bald danach veröffentlichte. Ueber die Frage der Einigung hieß es dort:

„Niemand ist mehr als wir von der N o t w e n d i g k e i t durchdrungen, die sozialdemokratischen Massen zu einer e i n h e i t l i c h e n F r o n t zusammenzuschweißen. Aber es muß eine Front g e g e n d e n g e - m e i n s a m e n F e i n d sein, nicht eine Front, die sich anschickt zum Abmarsch ins feindliche Lager.

Heute gibt es nur eine wahrhaft sozialdemokratische Partei in Deutschland: die Unabhängige Sozialdemokratische Partei!

Im Zusammenschluß aller Männer und Frauen, die sozialdemokratisch fühlen und denken, auch wenn sie heute noch aus Unkenntnis oder falschen Rücksichten im andern Lager stehen, gewinnt sie die Kraft, in

Uebereinstimmung mit der Internationale den F r i e d e n s s c h l u ß zu beschleunigen, die D e m o k r a t i e u n d d e n S o z i a l i s m u s zu verwirklichen.

Im Anschluß an die Unabhängige Sozialdemokratische Partei Deutschlands und unter ihrem Banner vollzieht sich heute praktisch die Einigung der deutschen Sozialdemokraten.

Inzwischen vollendeten sich auf der Weltenbühne die Schicksale der Völker. Michaelis wurde durch H e r t l i n g abgelöst, einen müden Grafen aus dem Zentrum, der nur noch die eine Fähigkeit aufbrachte, den Dingen ihren Lauf zu lassen. Von der Demokratisierung und vom Parlamentarismus, den der interfraktionelle Block herbeiführen wollte, war nicht viel mehr die Rede; Ludendorff regierte die Stunde, und lediglich in der Handhabung der Zensur trat eine geringfügige Erleichterung ein. Der P a p s t leitete eine Friedensaktion ein, und in E n g l a n d schien es eine Zeitlang, als ob sich unter Führung von Lansdowne eine stärkere Bewegung für den Frieden sammeln wollte. Beides blieb ergebnislos, ebenso wie ein Versuch des am Ende seiner Kraft angelangten O e s t e r r e i c h , durch Benutzung seiner dynastischen Beziehungen zu den royalistischen Kreisen Frankreichs einen billigen Frieden zu erlangen. In Deutschland blieben die regierenden Kreise, die nach wie vor von den Militärs beherrscht wurden, harthörig; sie glaubten nach der Weiterentwicklung der russischen Revolution noch immer nicht die Hoffnung aufgeben zu müssen, an das Ziel ihrer Wünsche zu kommen.

In R u ß l a n d war Anfang November die Regierung Kerenski gestürzt und durch die H e r r s c h a f t d e r B o l s c h e w i k i abgelöst worden. Das Kleinbürgertum, das bisher am Staatsruder saß, konnte seine Versprechungen, Frieden und Land dem Volk zu geben, nicht einlösen. Und es war nur logisch, daß die Bolschewiki, die die gleichen Losungen aufnahmen, nunmehr zu Vollstreckern der Revolution wurden. In der Beurteilung der Vorgänge in Rußland bestand in den Reihen der Unabhängigen Sozialdemokratie keine Einheitlichkeit. Die Spartakusanhänger sahen in der Machtergreifung der Bolschewiki nur die „Aktion". Die Kenner der Verhältnisse aber, und diejenigen, denen auch in aufgewühlter Zeit der wissenschaftliche Sozialismus, wie ihn Marx und Engels gelehrt haben, der sichere Kompaß bleibt, erkannten sofort die wahre Natur der neuen Umwälzung. Es handelte sich in Rußland nicht um eine proletarische Revolution in dem Sinne, daß die kapitalistische Wirtschaft durch eine höhere, die sozialistische, abgelöst wurde, sondern um eine A g r a r r e v o l u t i o n , deren Exekutive in den Händen des Proletariats lag. Den Bolschewiki war also die historische Aufgabe zugefallen, die Vorkämpfer des Kleinbauerntums zu werden, die feudalen, vorkapitalistischen Produktionsverhältnisse in der Landwirtschaft aufzulösen, das Privateigentum an Grund und Boden den Großgrundbesitzern zu entreißen und in die Hände der Bauern zu legen, und so erst die Grundlage dafür zu schaffen, daß der moderne Kapitalismus sich entwickeln konnte. Indem aber die Bolschewiki die ökonomischen Verhältnisse ihres Landes mißachteten und das wahre Wesen der dem Proletariat zugefallenen Aufgabe nicht er-

kannten, schufen sie in Rußland eine K a r i k a t u r a u f d e n
S o z i a l i s m u s und trugen damit zugleich Verwirrung und Auflösung in die Reihen des westeuropäischen Proletariats.

Die bolschewistische Regierung führte die Losungen der Kerenski-
Regierung aus, freilich auf negative Art. Sie riefen den in Soldaten-
röcken steckenden Bauern zu, sie sollten den Großgrundbesitz ent-
eignen. Und die Soldatenbauern verstanden das so, daß sie die
Front verließen und in ihre Dörfer eilten, um bei der Teilung des
Landes nicht zu spät und nicht zu kurz zu kommen. So zerfiel das
russische Heer, zurück blieb in der Hauptsache nur der Teil des
Proletariats, der keine Verbindung mehr mit dem Lande hatte. Damit
war auch die Erfüllung der zweiten Parole gesichert: die Herstellung
des Friedens. Was aber in diesem Falle soviel hieß, daß die
bolschewistische Regierung sich völlig dem Diktat der deutschen
Sieger fügen mußte. Die Bolschewisten hatten den d e m o k r a t i -
s c h e n F r i e d e n , die Anerkennung des unbedingten Selbstbestimmungsrechtes der Völker, gefordert. Sie erboten sich, alle
früher von Rußland okkupierten Gebiete bedingungslos wieder herauszugeben, sie wollten auch allen fremdstämmigen Völkern das
Selbstbestimmungsrecht über ihre künftige Staatsangehörigkeit zugestehen. Die deutsche Regierung lehnte das rundweg ab; denn das
hätte die weitere Konsequenz haben müssen, daß auch den fremd-
sprachigen Volksstämmen, die zu den Zentralmächten bisher gehörten, die gleichen Rechte eingeräumt werden mußten. Die
deutsche Regierung verweigerte sogar den Bewohnern der baltischen Gebiete das Recht, selbst über ihr künftiges Schicksal zu bestimmen, und mit aller Offenheit forderte sie die A n n e x i o n
e h e m a l i g e r r u s s i s c h e r G e b i e t e . Die deutsche Regierung rechnete mit der militärischen Ohnmacht der Bolschewisten,
und sie glaubte, ihnen alles bieten zu dürfen. Darin hat sie sich
denn auch nicht getäuscht.

Die deutschen Unterhändler provozierten die Bolschewisten so
lange, bis es zum A b b r u c h d e r V e r h a n d l u n g e n kam.
Nunmehr glaubten sie freie Hand zu haben. Sie unterstützten die
Loslösungsbestrebungen einiger ukrainischer Nationalisten, erklärten,
daß die U k r a i n e gar nicht zu Rußland gehöre, und schlossen mit
den von ihnen herausgesuchten Vertretern dieses Landes einen
Sonderfriedensvertrag ab. Die Alldeutschen hatten auf der ganzen
Linie gesiegt. Weite Gebiete des ehemaligen Kongreßpolens sollten
an Deutschland angegliedert werden, für die baltischen Provinzen
hatte man schon Fürsten und Herzöge aus den verschiedenen deutschen Dynastien bereit, und auch Oesterreich-Ungarn wollte sich
ein gehöriges Stück aus dem russischen Kuchen herausschneiden.
Der w a h r e S i n n d e s K r i e g e s hatte sich nun so deutlich gezeigt, daß keinerlei Zweifel über die Absichten der deutschen Kriegführung mehr bestehen konnten. Nur der rechte Flügel der rechtssozialistischen Partei glaubte immer noch an den Verteidigungskrieg,
und man schämte sich dort nicht, selbst die Gewaltpolitik gegenüber
dem wehrlosen Rußland mit nationalen Floskeln zu beschönigen.

Die Bolschewisten erklärten nunmehr, daß sie unter diesen Umständen auf die Unterzeichnung eines formellen Friedensvertrages

mit den Mittelmächten verzichten wollten und den Kriegszustand für beendet erklären würden. Die deutsche Regierung ging aber darauf nicht ein, sie verlangte die Unterzeichnung des von ihr vorgelegten Vertrages. Um ihrer Forderung größeren Nachdruck zu verleihen, kündigte sie den Waffenstillstand mit Rußland und ließ i h r e H e e r e w e i t e r m a r s c h i e r e n. Den Bolschewisten blieb nichts anderes übrig, als sich nunmehr damit einverstanden zu erklären, den Frieden unter den Bedingungen zu unterzeichnen, die von den Delegationen des Vierbundes in Brest-Litowsk gestellt worden waren. Der deutsche Vormarsch in Rußland wurde trotzdem nicht eingestellt; das geschah erst, als die Truppen der Mittelmächte sich alle Sicherungen verschafft hatten, deren die deutschen und die österreichischen Annexionisten bedurften.

Trotzdem also der G e w a l t c h a r a k t e r der Friedensverträge mit dem Osten feststand, konnten es die Rechtssozialisten nicht über sich bringen, ihnen ihre Zustimmung zu versagen. Ja, sie haben sogar dem Vertrag mit der Ukraine ihre Zustimmung gegeben. Sie begründetn das damit, daß es sich dabei doch immerhin um einen Verständigungsfrieden handele, und daß ihre Partei, die doch immer für den Frieden gearbeitet habe, sich jetzt nicht gegen ihn erklären könne, auch wenn der Vertrag nicht allen ihren Wünschen entspreche. Mit aller Schärfe ging dagegen L e d e b o u r mit der Annexionspolitik der Regierung im Reichstage ins Gericht. Den Rechtssozialisten sagte er, daß selbstverständlich jeder Mensch den Abschluß irgendeines Friedens wünsche. Es komme nur darauf an, welchen Frieden man abschließe. Die Bolschewisten hätten die Verhandlungen eingeleitet, um einen Frieden auf Grund des freien Selbstbestimmungsrechtes der Völker abzuschließen, und Herr von Kühlmann, der Außenminister, habe seine Bereitwilligkeit zu Verhandlungen auf dieser Grundlage erklärt. Hinter den Kulissen sei dann aber auf Annexionen hingearbeitet worden, und diesen Einflüssen sei Kühlmann gefolgt. Mit der Ukraine könne gar kein selbständiger Vertrag abgeschlossen werden, da es sich hier nicht um einen selbständigen Staat handele, sondern um einen Bestandteil der russischen Republik. Im übrigen wisse man noch gar nicht, wie sich die Verhältnisse in Rußland weiter gestalten würden; es stehe aber jetzt schon fest, daß die ukrainischen Unterhändler nicht im Namen des ukrainischen Volkes auftreten könnten. Der Vertrag mit der Ukraine solle der deutschen Heeresleitung nur den Vorwand liefern, um weitere Eroberungszüge vorzunehmen. Das Allerbedenklichste bei dem ukrainischen Friedensvertrag aber sei, daß er dem Selbstbestimmungsrecht der Völker vollkommen widerspreche, denn er beziehe sich auch auf Gebiete mit rein polnischer Bevölkerung. Die Vertreter der Polen hätten denn auch bereits erklärt, daß sie den Vertrag als eine Beraubung des polnischen Volkes empfänden. Der Sondervertrag mit der Ukraine sei überhaupt nur zu dem Zweck abgeschlossen worden, um aus dem Lande Getreide herauszuholen. Und nur aus diesem Grunde treibe man das ganze polnische Volk zur Feindschaft gegen das Deutsche Reich. In weiten Kreisen des deutschen Volkes sei jetzt die Erkenntnis aufgedämmert, daß diese Vergewaltigungs- und Annexionspolitik zum Verderben des Volkes führen müsse. Die große Streikbewegung, an der sich über eine halbe Million Arbeiter beteiligt hätten, sollte der Regierung endlich die Augen über die Lage öffnen. Aber die Arbeiterschaft erwarte weder von der deutschen Regierung, noch von den Regierungen der anderen Länder einen wirklich dauernden Frieden, sondern der Weltfriede werde erst kommen, wenn das Proletariat die politische Macht erobert habe.

Einige Tage später, am 27. Februar, rechnete auch H a a s e mit der Annexionspolitik der Regierung ab. Er wies nach, daß Rußland ein Gewaltfrieden aufgezwungen werden solle, wie er schlimmer nicht gedacht werden könne. In Polen und in den baltischen Provinzen habe der deutsche Militarismus ein Schreckensregiment aufgerichtet. Tausende von wehrlosen Arbeitern seien niedergemetzelt worden, weil sie das ihnen zugestandene Selbstbestimmungsrecht für sich in Anspruch nehmen wollten. Die revolutionäre Bewegung in Rußland solle mit deutschen Truppen unterdrückt werden. Mit der Ukraine sei zwar ein Vertrag abgeschlossen worden, das hindere das deutsche Militär aber nicht, das ganze Land zu besetzen und die Bevölkerung zu drangsalieren. Nach den Anschauungen, die in maßgebenden Kreisen Deutschlands herrschten, sei es sicher, daß wir zu einem Frieden in der nächsten Zeit nicht kommen würden. Und dieselbe Gewaltpolitik, die die auswärtige Politik beherrsche, wende man auch im Inlande an. Den Januarstreik habe man mit den brutalsten Mitteln zu unterdrücken gesucht. Aber erreicht worden sei dadurch nur, daß der Groll und die Erbitterung in den Arbeiterkreisen aufs höchste gestiegen seien. Die streikenden Arbeiter seien vom General Groener als „Hundsfotte" beschimpft worden, dieselben Arbeiter, deren man sich zur Herstellung des Kriegsmaterials bediene. Der politische Streik sei aber eine Waffe, die sich das Proletariat nicht entwinden lassen werde. Die unabhängige Fraktion insbesondere erkläre, daß sie mit den streikenden Arbeitern in engster Fühlung gestanden habe, und daß sie die Gedanken und Gefühle, die sie zum Streik getrieben hatte, durchaus teile. Die Arbeiter würden unablässig dafür eintreten, daß auch Deutschland demokratisiert und der Boden für eine sozialistische Gesellschaftsordnung geschaffen werde.

Auch R u m ä n i e n mußte sich bald dem Diktat der Mittelmächte beugen und den Zwangsfrieden von Bukarest annehmen. Die deutsche Regierung hatte den Wiener Annexionisten völlig freie Hand gelassen und unter dem Vorwand der Beschaffung von Sicherungen für die Donaumonarchie wurden Rumänien erhebliche Stücke des Landes entrissen.

Als diese Friedensverträge vor den R e i c h s t a g kamen, konnten die Annexionisten ihre volle Befriedigung dazu äußern, wenn sie freilich auch nicht verschwiegen, daß sie eigentlich noch mehr erwartet und besonders erhebliche K r i e g s e n t s c h ä d i g u n g e n erhofft hatten. Die Koalitionsparteien waren ein wenig verstimmt, denn weder die Verträge von Brest-Litowsk noch der von Bukarest stimmten mit der Juli-Resolution des vorigen Jahres überein, die sie mit so schöner Geste der Welt gezeigt hatten. Trotzdem aber stimmten sie diesen Gewaltfriedensschlüssen zu, oder sie enthielten sich zum mindesten der Abstimmung, mit der oberflächlichen Ausrede, daß es doch immerhin Friedensschlüsse seien. Indem sie aber kurz danach wieder einmal Kriegskredite in der von der Regierung gewünschten Höhe bewilligten, übernahmen sie die volle Verantwortung auch dafür. Das stellte L e d e b o u r im Reichstag am 19. März fest. Er sagte ganz richtig voraus, daß diese Friedensschlüsse auf die Dauer die schwersten Gefahren für den Weltfrieden, für das Deutsche Reich, für das deutsche Volk in ihrem Schoße enthielten. Er enthüllte bei dieser Gelegenheit auch die Bestrebungen der Monarchisten, aus den baltischen Provinzen deutsche Vasallenstaaten mit Prinzen aus regierenden Häusern Deutschlands an der Spitze zu machen.

Aber das arbeitende Volk wollte sich nicht länger täuschen lassen. Im Januar war ein großer Streik der ö s t e r r e i c h i s c h e n A r b e i t e r ausgebrochen, dem bald auch eine neue g r o ß e S t r e i k b e w e g u n g i n D e u t s c h l a n d folgte. Den äußeren Anlaß dazu gab diesmal nicht die Forderung nach Verbesserung der Ernährung, sondern mit besonderer Schärfe wurden jetzt politische Ziele aufgestellt. So lauteten die Forderungen der Berliner Arbeiter:

1. Schleunige H e r b e i f ü h r u n g d e s F r i e d e n s ohne Annexionen und Kriegsentschädigungen auf Grund des Selbstbestimmungsrechts der Völker, entsprechend den Ausführungsbestimmungen, die dafür von den russischen Volksbeauftragten in Brest-Litowsk formuliert worden sind;

2. Hinzuziehung der A r b e i t e r v e r t r e t e r aller Länder zu den Friedensverhandlungen;

3. ausgiebige N a h r u n g s m i t t e l v e r s o r g u n g durch Erfassung der Lebensmittelbestände in den Produktionsbetrieben wie in den Handelslagern zur gleichmäßigen Zuführung an alle Bevölkerungskreise;

4. der B e l a g e r u n g s z u s t a n d ist sofort aufzuheben, das Vereinsrecht tritt vollständig wieder in Kraft, ebenso das Recht der freien Meinungsäußerung in der Presse und in Versammlungen; die S c h u t z g e s e t z e für Arbeiterinnen und Jugendliche sind sofort wieder in Kraft zu setzen, alle Eingriffe der Militärverwaltung in die G e w e r k s c h a f t s t ä t i g k e i t sind rückgängig zu machen und neue zu verhindern;

5. die M i l i t a r i s i e r u n g d e r B e t r i e b e ist gleichfalls aufzuheben;

6. alle wegen p o l i t i s c h e r H a n d l u n g e n Verurteilten und V e r h a f t e t e n sind sofort wieder f r e i z u l a s s e n;

7. durchgreifende D e m o k r a t i s i e r u n g der gesamten Staatseinrichtungen Deutschlands und zwar zunächst die Einführung des gleichen, direkten und geheimen Wahlrechts für alle Männer und Frauen im Alter von mehr als 20 Jahren für den preußischen Landtag.

Der Streik nahm besonders in Berlin großen Umfang an. Die Regierung weigerte sich, mit den Vertretern der streikenden Arbeiter zu verhandeln, weil diese durch ihr Verhalten die Fortsetzung des Krieges beeinträchtigt hätten. Der Name A r b e i t e r r a t, den sich die Streikleitung beigelegt hatte, war den Militärs besonders zuwider; erinnerte er doch zu sehr an die russische Revolution, und darum wurde er kurzerhand verboten. Besonders heftig wurde die Unabhängige Sozialdemokratie angegriffen, weil man ihr nicht mit Unrecht zum Vorwurf machte, daß sie die Streikbewegung begünstige. Ende Januar nahm die Bewegung verschärften Charakter an, und die Streiks breiteten sich über das ganze Reich aus. In Berlin kam es zu S t r a ß e n d e m o n s t r a t i o n e n, bei denen auch Blut floß. Die

Militärs glaubten der Bewegung dadurch ihre Wirkung zu rauben, daß sie den verschärften Belagerungszustand verhängten und Standgerichte gegen die Streikenden errichteten. Ein Teil der rechtssozialistischen Presse, so die „Dresdener Volkszeitung" des nachmaligen Ministers Gradnauer, beeilte sich zu erklären, daß sie für den Streik keinerlei Verantwortung trage. Die Schuldigen an seinem Ausbruch seien an anderen Stellen zu suchen.

Bei solch loyaler Haltung konnte den Rechtssozialisten freilich nichts geschehen, um so schlechter aber ging es den „Hetzern" von der U. S. P. Groß war die Freude, als man den Reichstagsabgeordneten D i t t m a n n auf frischer Tat, nämlich nach einer Ansprache im Treptower Park fassen und vor ein Kriegsgericht schleppen konnte. Er wurde auch prompt wegen Landesverrats oder ähnlicher Dinge zu f ü n f J a h r e n F e s t u n g s h a f t verurteilt, nachdem der Staatsanwalt gar sechs Jahre Zuchthaus beantragt hatte. Erst der Zusammenbruch im Herbst gab ihm die Freiheit wieder.

Im Westen bereitete sich nun das l e t z t e A u f f l a c k e r n d e s K r i e g e s vor. Alle Welt wußte, daß die Deutschen eine große, Offensive durchführen wollten, um die Franzosen und Engländer schnell noch niederzuwerfen, bevor noch die Amerikaner, die nach den Aussprüchen deutschnationaler Parteiführer „weder fliegen noch schwimmen" konnten, auf den Kriegsschauplätzen den Ausschlag gaben. Die Juliresolution war ein wertloses Papier geworden, selbst die Rechtssozialisten mußten, wie H e r m a n n W e n d e l in der „Frankfurter Volksstimme", bekennen, daß sie vor einem S c h e r - b e n h a u f e n ihrer Politik ständen, oder wie man im „Vorwärts" im Mai lesen konnte: „Freiheit, nicht Eroberung wurde uns im August 1914 verheißen, und diese Verheißung wurde im Juli 1917 wiederholt. Eroberung, nicht Freiheit spricht die harte Sprache der Tatsachen zu uns im Mai 1918." Nichtsdestoweniger haben die Rechtssozialisten bis zum bitteren Ende bei der Regierungsstange gehalten, sie waren zu Gefangenen ihrer eigenen Illusionen geworden.

Unsere Genossen brauchten weder einen Scherbenhaufen zu beweinen, noch geplatzten Seifenblasen nachzutrauern. Im Juni war auch Herr von Kühlmann, der Leiter des Auswärtigen Amts, zum Teufel gejagt worden, trotzdem er sich bei den Friedensschlüssen im Osten nach Kräften bemüht hatte, die Wünsche der Annexionisten zu befriedigen. Immerhin hatte er sich in der Oeffentlichkeit einer gemäßigten Sprache befleißigt, um nicht die Hoffnungen auf einen Friedensschluß mit dem Westen noch gründlicher zu zerstören. Um so deutlicher war aber die Sprache, die die deutschen Militärs in den eroberten Gebieten des Ostens führten. Es wird eine ewige Schmach bleiben, wie das Volk in Finnland, im Baltikum, in Polen, in der Ukraine damals von den deutschen Behörden behandelt worden ist. Und die Redner der Unabhängigen Sozialdemokratie, H a a s e und L e d e b o u r, erwarben sich ein besonderes Verdienst dadurch, daß sie diese Dinge unverhüllt und ungeschminkt im Reichstag zur Sprache brachten.

Während Ludendorff an der Westfront die letzte Karte seines Vabanquespieles einsetzte, während immer neue Menschenmassen dem Kriegswahnsinn geopfert wurden, machte bei den Mittelmächten

die innere Auflösung reißende Fortschritte. O e s t e r r e i c h tau-
melte von einer Krise in die andere, die regierungstreuen Truppen
mußten von der Front zurückgerufen werden, damit sie die rebellisch
gewordenen Nationen, besonders die Tschechen, zur Raison brächten.
Nicht viel besser ging es D e u t s c h l a n d , wenngleich hier die
Flamme der Empörung mehr rauchte als leuchtete. Das Gemäuer
in dem Kriegsgebäude der Mittelmächte war morsch geworden, es
mußte zusammenfallen, wenn auch nur eine Lücke darin entstand.
B u l g a r i e n fiel zuerst, es mußte bedingungslos kapitulieren,
Deutschland konnte keine Rettung mehr bringen. O e s t e r r e i c h
und die T ü r k e i folgten bald nach. Die Donaumonarchie suchte
im letzten Augenblick noch durch die Loslösung von Deutschland
einen Sonderfrieden zu erlangen, der das bisherige Staatsgebilde
im wesentlichen erhalten sollte. Es war zu spät, die Schöpfung der
Habsburger fiel wie ein Kartenhaus in sich zusammen.

Als die Hiobsposten immer schneller einander folgten, da hatte
für das alte Regime auch in Deutschland die Stunde geschlagen.
Noch bis zuletzt suchten die Alldeutschen in ihrem Kriegswahn zu
verharren. Als die „Hindenburgfront" unter den Schlägen der
Fochschen Reservearmee, die nach den verlogenen Meldungen der
Obersten Heeresleitung gar nicht mehr bestehen sollte, zertrümmert
war, als die Italiener schon in den Alpen, die mazedonische Armee
der Alliierten vor Ungarn standen, wollten sie noch immer nicht einsehen, daß ihr Spiel endgültig verloren war. Aber auch für
Deutschland blieb nur noch der W e g d e r K a p i t u l a t i o n übrig,
und damit fiel auch das bisherige politische und militärische System.
Die Monarchisten suchten noch das letzte zu retten. Sie mußten
sich notgedrungen dazu bequemen, dem Parlamentarismus gewisse
Zugeständnisse zu machen, aber sie glaubten genug damit getan zu
haben, daß sie den P r i n z e n M a x v o n B a d e n an die Spitze
der neu sich gestaltenden Dinge beriefen und einige Liberale und
Rechtssozialisten in das Kabinett nahmen. Wilhelm II. und seine
Dynastie sollten auch künftig die Dekoration des Reichs bilden. In
dieser Situation erließ der P a r t e i v o r s t a n d der Unabhängigen
Sozialdemokratie folgenden Aufruf:

An das werktätige Volk Deutschlands!

Das System des Militarismus hat einen Schlag erhalten, von dem es
sich nicht mehr erholen wird. Der I m p e r i a l i s m u s ist bei uns z u -
s a m m e n g e b r o c h e n. Die Idee des Sozialismus und der Demokratie
ist siegreich auf dem Marsche. Die deutsche Regierung hat ein Waffen-
stillstandsangebot gemacht und das Programm des amerikanischen Präsidenten Wilson als Grundlage für Friedensverhandlungen angenommen.
Dieser Schritt war beschlossen, bevor die neue Regierung ans Ruder kam.

Das Friedensangebot kommt unsern unausgesetzten Friedensbestrebungen entgegen.

Die Unabhängige Sozialdemokratische Partei hat v o n A n f a n g a n
d i e K a t a s t r o p h e d e s I m p e r i a l i s m u s vorausgesehen. Sie ist
den Grundsätzen des Sozialismus und der Demokratie treu geblieben.
Sie hat a l s e i n z i g e P a r t e i gegen die Verträge von Brest-Litowsk
und den Vertrag von Bukarest gestimmt, die jetzt auch die anderen Parteien nicht mehr zu verteidigen wagen. Getreu unserer Ueberzeugung
als i n t e r n a t i o n a l e S o z i a l i s t e n haben wir in jeder Kriegslage

gegen die Vergewaltigung irgendeines Volkes gekämpft. Diese gibt uns das moralische Recht, auch jeden Versuch der Unterdrückung des deutschen Volkes zurückzuweisen.

Alle anderen Parteien sind durch den ehernen Gang der Ereignisse gezwungen, ihre Kriegsziele abzuändern. Sie müssen a b e r m a l s u m - l e r n e n , und sie haben bereits umgelernt. Nur die Unabhängige Sozialdemokratische Partei braucht nichts von ihrem Friedensprogramm aufzugeben. Das von ihr im Juli 1917 in Stockholm verfaßte Memorandum, das die Zensur damals unterdrückte und das von den übrigen Parteien, auch von der Sozialdemokratischen Partei angegriffen wurde, kommt jetzt zur Geltung.

Die P o l i t i k d e r S o z i a l d e m o k r a t i s c h e n P a r t e i , der Scheidemann und Ebert, der David und Lensch, ist ebenso z u s a m m e n - g e b r o c h e n wie die der herrschenden Klassen. Die Sozialdemokratische Partei war ohnmächtig und einflußlos, solange das Kriegsglück den Imperialisten günstig war, obwohl sie, oder richtiger: weil sie jede kapitalistische Regierung in ihrer Kriegspolitik unterstützte und ihr die Kriegskredite bewilligte. Nicht das geringste hat sie während der langen Kriegszeit für den Frieden, für die Freiheit, für den Schutz der Arbeiter und Arbeiterinnen gegen Ausbeutung erreicht.

In dem Moment, da die bürgerliche Gesellschaft in allen Fugen kracht, sind mehrere Sozialdemokraten, so Scheidemann und Bauer, zu Ministern gemacht worden. Die Sozialdemokraten sind damit auch offiziell zu R e g i e r u n g s s o z i a l i s t e n gestempelt.

Die Sozialdemokratische Partei ist in die Regierung berufen, um nach dem Zusammenbruch des Imperialismus d i e b ü r g e r l i c h e G e s e l l - s c h a f t z u s t ü t z e n . Sie hat die Aufgabe übernommen, die „nationale Verteidigung" zu organisieren und die bürgerliche „Ordnung" zu schützen. Sie hat die Forderung der internationalen Kongresse preisgegeben, daß die Katastrophe des Weltkrieges von der Sozialdemokratie ausgenützt werden müsse, a n S t e l l e d e s k a p i t a l i s t i s c h e n S y s t e m s d a s s o z i a l i s t i s c h e z u s e t z e n .

Das Programm, das die Sozialdemokratische Partei als Bedingung für ihren Eintritt in die Regierung aufstellte, war so bescheiden, daß es sogar verschiedenen bürgerlichen Zeitungen nicht weit genug ging. Nicht die Amnestie für politische Delikte, nicht einmal die Aufhebung des Belagerungszustandes werden verlangt, nicht die geringste sozialpolitische Forderung ist in ihm enthalten. Und obwohl die Sozialdemokratische Partei ihr Programm als Mindestprogramm bezeichnete, von dem sie nicht abhandeln lassen werde, hat sie den bürgerlichen Parteien und der Regierung doch in mehreren Punkten noch nachgegeben.

So schwächlich zeigt sich die Sozialdemokratische Partei schon bei ihrem Eintritt in die Regierung. Selbst eine vorgeschrittene bürgerliche Regierung müßte mindestens f o l g e n d e F o r d e r u n g e n ohne Aufschub verwirklichen:

„Sofortige R ä u m u n g der von den deutschen Truppen b e s e t z t e n G e b i e t e des ehemaligen russischen Reichs, Finnlands, der Ostseeprovinzen, Polens, der Ukraine, ferner Rumäniens und Bulgariens.

A b ä n d e r u n g der bereits geschlossenen F r i e d e n s v e r t r ä g e nach den Grundsätzen der Demokratie.

A m n e s t i e für alle wegen politischer Vergehen und Verbrechen verurteilter Zivilpersonen, Soldaten und Matrosen, Oeffnung der Gefängnisse und Zuchthäuser, namentlich für alle aus Anlaß von S t r e i k s wegen angeblichen Landesverrats Verurteilter, Niederschlagung der wegen politischer Vergehen und Verbrechen schwebenden Strafverfahren. Sofortige

Entlassung aller wegen politischer Vergehen zum Heere Eingezogenen. Löschung aller politischen Vermerke in den militärischen und polizeilichen Akten, insbesondere des Vermerks „B 18". Aufhebung der S c h u t z - h a f t und Entlassung aller Internierten. Aufhebung des B e l a g e r u n g s z u s t a n d e s. Freies Vereins- und Versammlungsrecht. Freiheit der Presse. Beseitigung aller Schranken für die Herausgabe neuer Zeitungen. Strenge Durchführung des Postgeheimnisses. Beseitigung der selbst nach dem bestehenden Rechts= zustande völlig unzulässigen öffentlichen und geheimen Briefkontrolle. Einführung des P r o p o r t i o n a l w a h l r e c h t s. Ausdehnung des Wahlrechts auf die F r a u e n. Uebertragung des gleichen, allgemeinen und direkten Wahlrechts durch Reichsgesetz auf alle Bundesstaaten. A u f h e b u n g des H i l f s d i e n s t g e s e t z e s. Wiederherstellung und Ausbau der Schutzbestimmungen für Frauen und Jugendliche. Einführung des a c h t s t ü n d i g e n M a x i m a l a r b e i t s t a g e s.

Sofortige A b ä n d e r u n g d e r V e r f a s s u n g in folgenden Punkten: Staatsverträge sind nur mit Zustimmung der Volksvertretung gültig. Ohne solche Zustimmung darf kein Krieg erklärt, kein Friede geschlossen werden. Jeder Minister ist zu entlassen, wenn dieses durch einen Mehrheitsbeschluß der Volksvertretung verlangt wird."

Als internationale Sozialisten erheben wir viel w e i t g e h e n d e r e F o r d e r u n g e n. Unser Ziel ist die s o z i a l i s t i s c h e R e p u b l i k. Sie allein ermöglicht es, die Welt von den Verwüstungen des Krieges zu erlösen.

Tiefe Umwälzungen gehen in allen Staaten vor sich. Die Welt erhält ein völlig anderes Antlitz. Aber es sieht nicht so aus, wie Cunow und Lensch, wie David und Renner jahrelang mit Selbstsicherheit gepredigt haben.

Bei diesem U m g e s t a l t u n g s p r o z e ß eine f ü h r e n d e R o l l e zu übernehmen, ist die historische Aufgabe des internationalen Proletariats. Begeisterung, Opferfreudigkeit und Geschlossenheit sind unbedingt zu ihrer Lösung erforderlich. Die Methoden des Regierungssozialismus führen nur zur Lähmung der selbständigen Betätigung der Arbeiterklassen und zur Stärkung der bürgerlichen Gesellschaft.

Die E i n i g k e i t d e s P r o l e t a r i a t s kann sich aber ebensowenig unter dem Banner des Zentrums, der Fortschrittlichen Volkspartei, der Nationalliberalen wie der Regierungssozialisten vollziehen.

Einigkeit u n t e r d e m u n b e f l e c k t e n B a n n e r d e r U n a b - h ä n g i g e n S o z i a l d e m o k r a t i s c h e n P a r t e i, des internationalen Sozialismus, muß die Parole des deutschen Proletariats sein.

Nur dann ist auch der F r i e d e g e s i c h e r t, nur dann ist die Zukunft des Proletariats und der Menschheit verbürgt.

Auf! Sammelt euch! Schließt die Reihen. Das Höchste gilt es zu erringen. Die Befreiung der Menschheit!

B e r l i n, den 5. Oktober 1918.

D i e P a r t e i l e i t u n g u n d d i e R e i c h s t a g s f r a k t i o n d e r U n a b h ä n g i g e n S o z i a l d e m o k r a t i s c h e n P a r t e i D e u t s c h l a n d s.

Aber selbst in dieser Situation brachte das Bürgertum noch nicht die Erkenntnis für das unbedingt Notwendige auf. Nur zögernd ging die Regierung des Prinzen Max von Baden an die Amnestierung der politischen Gefangenen heran, nur langsam begannen die Zuchthäuser und Gefängnisse sich zu entleeren. Erst die Novembertage gaben dem alten Regime den letzten Stoß. Immerhin kehrten D i t t m a n n, K a r l L i e b k n e c h t, R o s a L u x e m b u r g, viele andere Kämpfer des Proletariats in die Freiheit zurück, stürmisch von der Arbeiterschaft willkommen geheißen.

Die letzten Tage des Oktober brachten v ö l l i g e K l a r h e i t über die Lage. Nun erst wurde dem Volke bewußt, wie sehr es viereinhalb Jahre lang belogen und betrogen worden war. Am 24. Oktober hielt H u g o H a a s e im Reichstag gründliche Abrechnung mit der bisherigen Politik. Er stellte fest, daß der deutsche Imperialismus das blutige Spiel im vollen Umfang verloren habe. Wir empfinden, so rief er aus, über einen Frieden, der zwar den deutschen Kapitalismus in seiner Entwicklung stört, der aber den Kapitalismus der Entente stärkt, ihm andere Länder zur Ausbeutung überliefert, keine Befriedigung. Es wäre verbrecherisch, wenn man in Deutschland auch jetzt noch versuchen würde, die Lage zu verschleiern. Das deutsche Volk begreife nicht, daß nach den unzähligen Siegesmeldungen der vergangenen Jahre die deutsche Regierung jetzt bedingungslos kapitulieren müsse. Jetzt werde auch in den anderen Parteien erkannt, daß die Unabhängige Sozialdemokratie die wahre Sachlage am frühesten erkannt und das Volk über den Tatbestand aufzuklären versucht habe.

Es wäre anders um Deutschland bestellt, wenn nicht schon im Frühjahr 1915 die ersten Friedensfäden, die sich zwischen England und Deutschland anspannen, zerrissen worden wären. Damals habe aber selbst Dr. David, einer der Führer der Rechtssozialisten, behauptet, daß Haase die Interessen des Auslandes vertrete. Auch im Jahre 1916 bestand die Möglichkeit, einen Frieden der Verständigung zu schließen. Die Regierung habe damals die Bemühungen des Präsidenten Wilson ebenso durchkreuzt, wie sie im Herbst 1917 die Anstrengungen des Papstes um einen Frieden vernichtet hat. An dem Ergebnis dieser Entwicklung hätten alle Parteien mit Ausnahme der unabhängigen Fraktion schuld. Man dürfe nicht vergessen, daß die erste U-Boot-Resolution von Graf Westarp und Heydebrand bis zu Scheidemann und Ebert gefaßt und unterschrieben worden sei. Die Parteien, die hinter ihnen ständen, seien schon deshalb mitverantwortlich, weil sie bis zum letzten Augenblick dem alten System die Mittel zum Krieg bewilligt hätten. Wenn die Mehrheitsparteien sich jetzt auf ihre Friedensresolution vom 19. Juli 1917 beriefen, so müsse man sie daran erinnern, wie diese bei den Friedensverträgen von Brest-Litowsk und von Bukarest angewendet worden sei. Daß diese Friedensverträge einen Gewaltfrieden und nicht einen Rechtsfrieden bedeuten, das bestreite heute niemand. Jetzt aber gelte es, jede Zweideutigkeit unter allen Umständen zu vermeiden, weil Unaufrichtigkeit das stärkste Friedenshindernis bilde. Diese Klarheit lasse jedoch das Friedensangebot der jetzigen Regierung noch immer vermissen. Selbst Hindenburg und Ludendorff, die in diesem Kriege die politischen Beschlüsse bestimmt hätten, hätten jetzt zum Abschluß des Friedens geraten. Aber es gebe selbst jetzt noch Leute, wie den Grafen Westarp, die zur nationalen Verteidigung aufrufen und das Blutvergießen fortsetzen wollen. Ist aber einer unter Ihnen, so rief Haase der Reichstagsmehrheit zu, der daran glaubt, daß es möglich sei, nach einigen Monaten in besserer militärischer Lage dazustehn und dann einen günstigeren Frieden zu erlangen?

Haase erinnerte bei dieser Gelegenheit an das, was F r i e d r i c h
E n g e l s vorausgesagt hatte: es sei für Preußen-Deutschland kein
anderer Krieg möglich als ein Weltkrieg, bei dem ganz Europa kahl-
gefressen werden würde. „Die Verwüstungen des 30jährigen
Krieges zusammengedrängt in drei bis vier Jahren und über den
ganzen Kontinent verbreitet, Hungersnot, Seuche, allgemeine, durch
akute Not hervorgerufene Verwilderung der Heere wie der Volksmassen, rettungslose Verwirrung unseres künstlichen Betriebes in
Handel, Industrie und Kredit und am Ende ein a l l g e m e i n e r
B a n k r o t t , Z u s a m m e n b r u c h d e r a l t e n S t a a t e n und
ihrer traditionellen Staatsweisheit derart, d a ß d i e K r o n e n z u
D u t z e n d e n ü b e r d i e S t r a ß e n p f l a s t e r r o l l e n und
niemand sich findet, der sie aufhebt, absolute Unmöglichkeit, vorher-
zusehen wie das alles enden wird und wer als Sieger aus diesem
Kampfe hervorgehen wird. Nur e i n Resultat absolut sicher: d i e
a l l g e m e i n e E r s c h ö p f u n g und die Herstellung der Bedingungen des s c h l i e ß l i c h e n S i e g e s d e r A r b e i t e r -
k l a s s e." Jedes Wort ist zur Wahrheit geworden, so konnte Haase
jetzt feststellen, aber dennoch erklären wir:

Das deutsche Volk wird n i c h t u n t e r g e h e n — wird nicht unter-
gehen, wie auch dieser Friede aussieht. Aber freilich, die Errettung
kann dem deutschen Volke aus seiner Not, aus dem unerhörten Druck
nicht kommen in der gegenwärtig bestehenden Gesellschaftsordnung.
Die Produktivität der Landwirtschaft und der Industrie kann aufs höchste
gesteigert werden, wenn an Stelle der Wirtschaftsordnung, deren einzige
Triebfeder der Profit ist, die s o z i a l i s t i s c h e W i r t s c h a f t s -
o r d n u n g tritt. Die Vergesellschaftung der Produktionsmittel ist notwendig. Auf Rußland können Sie nicht hinweisen, weil die Zustände in
Deutschland ökonomisch viel reifer sind als in Rußland. In Deutschland
und in England — das gestehen auch bürgerliche Professoren, National-
ökonomen zu, — hat die Produktion einen solchen Reifegrad erreicht,
daß es möglich ist, ohne starke Erschütterung d i e k a p i t a l i s t i s c h e
O r d n u n g i n e i n e s o z i a l i s t i s c h e W i r t s c h a f t s o r d n u n g
ü b e r z u f ü h r e n.

Wie der Kapitalismus zusammengebrochen ist, wird dem Kapitalismus
auch bald seine Sterbestunde läuten. Die Götzendämmerung für das alte
System sehen wir. Aber schon zeigt sich d i e M o r g e n r ö t e e i n e r
n e u e n Z e i t. Die Ausbeutung des Menschen durch den Menschen
wird aufhören; nur Freie und Gleiche wird es dann geben. Von der
Kühnheit und Entschlossenheit der Arbeiter, namentlich auch der
deutschen Arbeiter, wie freilich der Arbeiter aller Länder, wird es abhängen, ob diese die Menschheit befreiende Umwälzung bald kommt,
oder ob wir n o c h s c h w e r e Z e i t e n bis dahin durchzumachen haben.
Wir haben V e r t r a u e n z u d e n A r b e i t e r n; wir sind überzeugt,
daß aus all dem Elend am letzten Ende doch hervorgehen wird d i e
v o l l e B e f r e i u n g d e r M e n s c h e n!

Einen Tag darauf hielt es die rechtssozialistische Fraktion für ange-
bracht, Herrn N o s k e als Redner vorzuschicken, der die Gelegenheit
wahrnahm, um die Kriegspolitik seiner Partei zu verteidigen und die
Unabhängige Sozialdemokatie aufs heftigste anzugreifen. Er behauptete, daß auch die Unabhängige Sozialdemokratie an dem traurigen
Ergebnis des Krieges mit schuld sei, denn sie habe ja am 4. August
1914 die Kriegskredite ebenso bewilligt, wie die Vertreter der rechtssozialistischen Partei. Es war deshalb notwendig, daß L e d e b o u r ,

der nunmehr zu Worte kam, noch einmal klarstellte, daß die damalige Minderheit in der Fraktion sich nur dem disziplinarischen Zwange beugte, als sie im Plenum für die Kriegskredite stimmte. Im übrigen aber zeigte Ledebour, wie windig es um den neuen Parlamentarismus stehe, wie er bis jetzt in Deutschland durchgeführt sei. Nicht die Regierung sei parlamentarisiert worden, sondern man habe einige Abgeordnete bureaukratisiert. Jetzt komme es darauf an, daß mit kräftigem Besen ausgefegt werde. Es sei absolut notwendig, daß an die Spitze der Staaten nicht nur andere Personen, sondern ganz andere Einrichtungen gesetzt würden. Das monarchische System, in dem das bureaukratisch-militärische Regierungssystem gipfelte, habe vollkommen abgewirtschaftet. Die Unabhängige Sozialdemokratie sei der Ansicht, daß das deutsche Volk aus dem furchtbaren Zusammenbruch sich nur dann eine glückliche Zukunft sichern könne, wenn es sich r e p u b l i k a n i s c h e E i n r i c h t u n g e n schaffe, die die verderbliche kapitalistische Produktionsweise durch die sozialistische ersetzen. Aus dem furchtbaren Unglück, das dieser Weltkrieg über alle Völker heraufbeschworen habe, erwachse für die Arbeiterschaft aller Welt die Notwendigkeit, ü b e r a l l d i e M a c h t z u e r - g r e i f e n , um den Sozialismus zur Durchführung zu bringen:

> Denn solange die kapitalistischen Einrichtungen bestehen, ist es ganz unmöglich, daß die furchtbaren Nachteile wettgemacht, daß sie ausgeglichen werden können. Allein die finanzielle Zerrüttung aller europäischen Länder, die der Krieg notwendigerweise zur Folge haben muß, und die sich in Friedenszeiten durchsetzen wird, d r ä n g t g e r a d e z u z u m S o z i a l i s m u s hin. Daß die bürgerlichen Klassen, die dabei ihre Sonderrechte verlieren würden, nicht dafür zu haben sind, ist mir nicht zweifelhaft. Aber die Proletarier aller Länder, nicht nur die Proletarier Deutschlands, nicht nur die bisherigen Proletarier, sondern alle diejenigen Männer und Frauen, die durch das Elend des Weltkrieges in das Proletariat hinabgestoßen wurden, werden sehr bald zu dieser Erkenntnis kommen und dann werden sie zu dem schreiten, was m i t d e m S o z i a l i s m u s auch endgültig der Welt d e n F r i e d e n bringen wird.

Wieder einen Tag darauf rechnete Genosse O s c a r C o h n mit dem Militarismus ab. Erst hatten nämlich Hindenburg und Ludendorff zum schleunigen Abschluß eines Friedens geraten, inzwischen besannen sie sich aber wieder eines anderen, und sie behaupteten, daß Heer und Flotte lieber bis zum letzten kämpfen würden, als den Waffenstillstands Wilsons, der die bedingungslose Unterwerfung verlangte, anzunehmen. Die Konservativen hatten bereits einen Aufruf erlassen, worin sie erklärten, daß unter Umständen Heer und Flotte auch gegen die Krone für die nationale Verteidigung sich etablieren würden. In diesem Augenblick war es nötig, die Schuld des monarchischen Systems für den grauenvollen gesellschaftlichen Zustand, wie es dieser Krieg war, festzustellen. Die bürgerlichen Parteien allerdings, so sagte Cohn dazu, hätten Monarchie und Militarismus gehätschelt aus Angst vor der Sozialdemokratie. In dieser historischen Situation gebe es aber kein Ausweichen mehr vor der Frage: K r i e g m i t d e n H o h e n z o l l e r n o d e r F r i e d e o h n e d i e H o h e n z o l l e r n ? Das stärkste Friedenshindernis in diesem Augenblick seien die Kräfte, die zwar die militärische Lage richtig sähen, aber, um ihre soziale Existenz und um das monarchisch-autokratische System aufrechtzuerhalten, nicht die Konsequenzen daraus zögen, sondern dazu bereit seien, den Rest unserer Volkskraft in den großen Schmelzkessel zu werfen, in der Hoffnung, sich noch ein paar Monate fristen zu können. Jetzt müsse die Bevölkerung aufgerufen werden, damit sie sich mit aller Kraft, die ihr zur Verfügung stehe, gegen die eigene Vernichtung zur Wehr setze. Der Hauptfeind des deutschen Volkes stehe i m Lande und nicht a u ß e r h a l b des Landes. Gegen diesen Hauptfeind würden sich Soldaten und Arbeiter zur Wehr setzen.

In diesem Gedanken bin ich und sind meine Freunde vereinigt m i t d e r g e s a m t e n I n t e r n a t i o n a l e d e r A r b e i t e r u n d B a u e r n. Wir sehen den Krieg nicht als nationales Problem an, wir vergessen auch in dem jetzigen Stadium der Lösung des Krieges nicht seinen Ausgangspunkt. Wie die Menschheit hineingetrieben worden ist in diesen Krieg durch die Mächte des Kapitalismus und Militarismus, Mächte, die internationaler Art, wenn auch national verschieden in ihrem Wirkungsgrade waren, so wird sich auch die internationale Menschheit — das ist ihre Pflicht — zusammentun gegen diese Mächte und auf den Weltimperialismus und Weltmilitarismus wird folgen und ihn überwinden d i e W e l t r e v o l u t i o n. Indem die deutschen Arbeiter sich d e r P f l i c h t z u r R e v o l u t i o n bewußt werden, werden es auch die Arbeiter anderer Länder. Diesen unseren Freunden jenseits der französischen, jenseits der italienischen, jenseits der übrigen Landesgrenzen reichen wir heute im Geiste die Hand. Wir stehen zu einander, miteinander, g e g e n d e n g e m e i n s a m e n F e i n d, d e n i n t e r - n a t i o n a l e n K a p i t a l i s m u s !

Die Tragödie war zu Ende. Sie schloß mit einer Komödie ab. Wilhelm und sein Sohn flohen nach Holland, Ludendorff entwich nach Schweden, die Bourgeoisie verkroch sich feige vor dem Zorn des Volkes. Es kamen die Novembertage, die der Arbeiterklasse die Erfüllung ihrer Sehnsüchte zu bringen schienen.

Die Tage des November.

Der Zusammenbruch. — Unterschiede zwischen Deutschland und
Rußland. — Schwierigkeiten rechts und links. — Die Antwort der
Gegenrevolution. — Die 1. Konferenz der A.- und S.-Räte. — Austritt
der Unabhängigen aus der Regierung. — Die Wahlen zur National-
versammlung. — Ermordung Kurt Eisners. — Der Märzparteitag der
U. S. P. D.

Wenn wir heute, drei Jahre nach den Ereignissen, auf die
Novembertage des Jahres 1918 zurückblicken, so wissen wir, aus
welchen Gründen der Z u s a m m e n b r u c h des alten politischen
und militärischen Systems nicht in die vollständige U m w ä l z u n g
der kapitalistischen Wirtschafts- und Staatsverfassung ausmünden
konnte. Die Arbeiterbewegung stellte kein geschlossenes Ganzes
dar. Sie war wohl nach dem Betruge der Kriegsjahre endlich erwacht, aber sie war nicht von dem klassengemäßen Bewußtsein
durchdrungen, daß es nur durch die Zusammenfassung aller Kräfte
möglich wäre, die sozialistischen Ziele zu erreichen. Auf dem linken
Flügel stand der Spartakusbund, der wie hypnotisiert auf das russische
Vorbild hinstarrte und sich auch für Deutschland den Ablauf der
Revolution nur so vorstellen konnte, wie wir es an Rußland erlebt
hatten: die Besitzergreifung der politischen und militärischen Macht
durch einen kühnen Vorstoß, ausgeführt von einer kleinen Schar
entschlossener Kämpfer und die rücksichtslose Ausübung der Diktatur
auch gegen den Willen der Mehrheit des Volkes, selbst gegen den
Willen der Mehrheit der Arbeiterklasse. Er erkannte nicht das
Wesen der Revolution, sondern sah nur deren Begleiterscheinungen.

Zwischen Deutschland und Rußland bestanden aber gewaltige
U n t e r s c h i e d e. In R u ß l a n d eine vollkommene Desorgani-
sation des wirtschaftlichen, militärischen und staatlichen Apparats;
weder das Bürgertum noch die Bauernschaft war als Klasse organisiert, denn weder die wirtschaftliche noch die politische Verfassung
des Landes unter der Herrschaft des Zaren hatte die Möglichkeit zur
Bildung von Parteien gegeben, die nach dem Zusammenbruch des
alten Regimes als Vertreterinnen bestimmter Klassen die politische
Macht an sich reißen und erhalten konnten. Den Bolschewiki kam
nun zu Hilfe, daß sie durch die Uebernahme der bürgerlichen Parolen
„Frieden und Land" sowohl die Bauern als auch die politisch noch im
Urzustande sich befindenden Arbeiter für sich gewinnen konnten.
Nur aus solchen Umständen ist es zu erklären, daß der Handstreich
der Bolschewiki im November 1917 gelang und daß sie durch die
Eroberung des Regierungsapparats in den beiden Hauptstädten

Petersburg und Moskau sich sofort die Herrschaft über ganz Rußland sichern konnten. Die Bolschewiki folgten nicht Karl Marx, sondern Michael Bakunin; und seitdem sind es auch anarchistische Prinzipien, von denen ihre Herrschgewalt durchdrungen ist. Sie können sich darin nur so lange behaupten, als sie unter dem Deckmantel kommunistischer Theorien die Entwicklung der vorkapitalistischen Epoche des Landes zu der Periode des Kapitalismus fördern. Die Gegensätze zwischen kommunistischen Thesen und wirtschaftlichen Tatsachen müssen die bolschewistische Herrschaft verschlingen, sobald das Bauerntum sich als Klasse organisiert hat und die Grundlagen der bäuerlichen Wirtschaft, das Privateigentum an Grund und Boden, von den Bolschewiki ernstlich bedroht wird. Die Hauptstütze der bolschewistischen Herrschaft ist denn auch nicht die organisierte Macht und die sozialistische Erkenntnis des Proletariats, sondern die dem Bauer und dem Arbeiter gemeinsame Abneigung gegen die früheren Träger der wirtschaftlichen und politischen Herrschaft. Besteht diese Gemeinsamkeit der Interessen nicht mehr, müssen die Bauern befürchten, durch die Verwirklichung der kommunistischen Theorien ihres Privateigentums beraubt zu werden, so hat die Sterbeglocke der bolschewistischen Herrschaft geschlagen. Darum sehen wir, wie die Kommunisten, um sich an der Herrschaft zu halten, gerade das Gegenteil von dem tun, was die Grundsätze des Sozialismus und was ihre eigenen Grundsätze von ihnen verlangen. Sie sichern den Bauern das Privateigentum an Grund und Boden, sie schaffen durch die Freigabe des Handels die Vorbedingungen für neue kapitalistische Entwicklungen, sie rufen das ausländische Kapital zur Ausbeutung der natürlichen Schätze ins Land. Die wirtschaftlichen Tatsachen erweisen sich eben als stärker, als alle anarchistisch-kommunistischen Glaubenssätze.

D e u t s c h l a n d ist ökonomisch reif für die Verwirklichung des Sozialismus. Aber die politischen Verhältnisse lagen hier 1918 noch weit ungünstiger als 1917 für Rußland. Das Land war wehrlos den Ansprüchen der Entente preisgegeben. Das Bürgertum, wenn es sich auch im ersten Schreck der Novembertage feige verkroch, besaß doch starke wirtschaftliche und politische Organisationen. Die Bauern waren konterrevolutionär gesinnt, die Proletarier im Waffenrock hatten die geistverwüstenden Kriegsjahre hinter sich, sie wollten zumeist nur wieder nach Hause und endlich zur Ruhe kommen. Die Eroberung der politischen Macht in Berlin bedeutete noch längst nicht die Beherrschung des ganzen politischen Apparats des Reichs. Die Ausrufung der Räteherrschaft in der Reichshauptstadt wäre noch lange nicht die Feststellung der Tatsache gewesen, daß die Herrschaft an das Proletariat übergegangen war. Die Parole: Alle Macht den Arbeiter- und Soldatenräten, konnte nicht verwirklicht werden, solange ihr selbst in Berlin nur eine Minderheit folgte, Millionen von Arbeitern aber teilnahmslos oder gar widerstrebend beiseite standen. Nur die Zusammenfassung aller proletarischen Kräfte auf ein Ziel, die Verwirklichung der sozialen Demokratie, konnte damals die Herrschaft der Arbeiterklasse sichern; nicht durch die Zertrümmerung der Produktivkräfte, wie in Rußland, sondern nur durch ihre Erhaltung und ihre Sozialisierung konnten die unendlichen Schwierigkeiten überwunden werden.

Hier aber türmten sich die Hindernisse von der anderen Seite auf. Die rechtssozialistische Führung war während der Kriegszeit eine zu enge Bindung mit der Bourgeoisie eingegangen, als daß sie sich jetzt so schnell hätte darauf besinnen können, daß die Urkraft des Proletariats nur in seiner Selbständigkeit als Klasse liege. Ihr erster Gedanke während des Zusammenbruchs war nicht die Verwirklichung des Sozialismus, sondern sie sann nur darauf, wie sie durch das Festhalten an der Koalition mit Liberalen und Klerikalen wenigstens einige Konzessionen aus dem Bankrott retten könnte. Bis zum 9. November reichen ihre Bemühungen, den offenen Ausbruch der Revolution zu verhindern und die Errichtung einer vom sozialistischen Geist beherrschten Gemeinschaft unmöglich zu machen. Heinrich Ströbel, den man gewiß als unparteiischen Zeugen ansprechen darf, da er ein Jahr später den Weg zu der rechtssozialistischen Partei wieder zurückfand, hat in seiner Schrift: „Die Kriegsschuld der Rechtssozialisten" die Situation des November folgendermaßen geschildert:

Vier Jahre lang hatten die Mehrheitssozialisten alle K r i e g s k r e d i t e b e w i l l i g t , die Legende des Verteidigungskrieges verbreitet, jede deutsche Kriegsbarbarei beschönigt und nur da zielbewußte Rücksichtslosigkeit betätigt, wo es galt, den Burgfrieden gegen die Auflehnung unabhängiger Parlamentarier, Redakteure und streikender Arbeitermassen zu schützen. Noch in den letzten Tagen vor der Berliner Revolution, als sich bereits die gesamte Marine erhoben und ganz Nordwestdeutschland die Republik proklamiert hatte, w a r n t e das Zentralorgan der Mehrheitler die Berliner Proletarier noch immer v o r j e d e r S t r a ß e n d e m o n s t r a t i o n. Als freilich die Berliner Arbeiter und Soldaten unbekümmert um die Warnungen des „Vorwärts" am 9. November in einem Anlauf den ganzen Ordnungsplunder über den Haufen geworfen und im Schloß und auf dem Reichstag die rote Fahne gehißt hatten, verstanden sich die Scheidemänner der veränderten Situation ebenso plötzlich anzupassen wie in den ersten Augusttagen des Jahres 1914. Wie sie damals militärfromme Patrioten geworden waren, so wurden sie jetzt innerhalb weniger Stunden martialistische Revolutionäre. Die Geschwindigkeit war freilich keine Hexerei, denn diesmal wenigstens handelte sichs wirklich nur um einen K o s t ü m - w e c h s e l .

Die Unabhängige Sozialdemokratie brauchte diesen Kostümwechsel nicht mitzumachen. Sie blieb, was sie von Anfang an gewesen war, die Partei des proletarischen Klassenkampfes und der sozialistischen Erkenntnis. Sie wurde weder von der Novemberrevolution überrascht, noch durfte sie sich einer Selbsttäuschung über deren Grundlage hingeben. Freilich hat auch sie Irrungen und Wirrungen durchzumachen gehabt, bis zwei Jahre danach die Spaltung von Halle auch die letzten Reste anarchistischen Denkens aus ihren Reihen entfernte. Aber was ihre offiziellen Kundgebungen in der damaligen kritischen Zeit offenbaren, den Geist marxistischen Wissens und Verstehens der Verhältnisse, das wird in der Geschichte der Arbeiterbewegung als ihr dauerndes Ruhmesblatt bestehen bleiben.

Am 12. November erließ die Partei diesen A u f r u f :

Parteigenossen!
Mit Freude und Stolz sprechen wir zu Euch!
Das scheinbar gegen alle Stürme festverankerte Gebäude des preußisch-deutschen Militarismus ist zusammengebrochen.

Die Kronen der deutschen Fürstenhäuser, die Krone des deutschen Kaisertums sind wie Glas zerschellt.

Verheißungsvoll tritt an Stelle der Monarchie die s o z i a l i s t i s c h e R e p u b l i k.

Das revolutionäre Volk hat kurzen Prozeß gemacht mit den Trägern der alten Regierungsgewalt, den Generalen und Bureaukraten. Es hat die Macht der Offiziere in der Armee, die Herrschaft der Junkerkaste in der Verwaltung, die Herrschaft des kapitalistischen Klüngels im öffentlichen Leben gebrochen und die Regierungsgewalt an sich gerissen.

Die T r ä g e r d i e s e r G e w a l t sind heute die A r b e i t e r - und S o l d a t e n - R ä t e.

In derselben Stunde, in der die Mauern der alten Verwaltung zertrümmert sind, ist der Grund gelegt für den gewaltigen Bau der n e u e n s o z i a - l i s t i s c h e n O r d n u n g. Jetzt gilt es mit dem Aufgebot aller schöpferischen Kräfte den Frieden zu sichern, die revolutionären Errungenschaften zu festigen, um mit der politischen auch die ökonomische Befreiung der Arbeiterklasse zu vollenden.

Die Unabhängige Sozialdemokratische Partei Deutschlands hat vom ersten Tage ihres Bestehens an das bevorstehende Ende des Militarismus und des Imperialismus verkündet und alles getan, um die r e v o l u t i o n ä r e n K r ä f t e d e r A r b e i t e r k l a s s e zu entfesseln. Heftig bekämpft von der Sozialdemokratischen Partei, die noch beim Ausbruch der Revolution verständnislos diesen Ereignissen gegenüberstand und die Vorkämpfer der Revolution schmähte.

Die Not der Stunde verlangte gebieterisch die Herstellung einer Regierung, die dem blutigen Gemetzel ein Ende machen, die begonnenen Waffenstillstandsverhandlungen zum Abschluß bringen und den F r i e d e n s i c h e r s t e l l e n sollte. Eine Regierung, die mit Nachdruck an die V e r - w i r k l i c h u n g d e r s o z i a l i s t i s c h e n G r u n d s ä t z e herantritt.

Dafür war aber eine Gewähr nur gegeben, wenn unsere Partei entscheidenden Einfluß auf die Regierung bekam, deshalb verlangten wir, das n e u e p o l i t i s c h e K a b i n e t t müsse ein r e i n s o z i a l i s t i s c h e s sein, in dem beide sozialdemokratischen Parteien zu gleichen Teilen mit gleichen Rechten vertreten sind.

Diese Regierung konnte die Gewalt nur aus den Händen der Arbeiter- und Soldaten-Räte empfangen. Die Regierung wurde deshalb auch erst in dem Augenblick konstituiert, als die erste Vollversammlung des Berliner Arbeiter- und Soldaten-Rats die Bildung eines provisorischen Kabinetts in dieser Zusammensetzung billigte.

Durchdrungen von dem festen Glauben an die D u r c h f ü h r b a r k e i t u n s e r e s E n d z i e l e s gehen wir an die schwere Arbeit der Beseitigung der Kriegsübel und des Kriegselends, an den Wiederaufbau der ₁ störten Volkswirtschaft, an die durchgreifende Umgestaltung aller Gebiete ₁nseres öffentlichen Lebens, an die Ausmerzung aller Machtpositionen der bisher herrschenden, besitzenden Minderheit.

Wirksam kann dieses nur geschehen, wenn die Arbeiter in Massen zu uns stehen und unsere Arbeit fördern.

Sobald die Parteigenossen von den revolutionären Posten, auf denen sie jetzt Wache halten, sich entfernen können, werden wir einen Parteitag einberufen. Dort sollen unsere Genossen entscheiden über die Schritte, die wir unternommen haben.

Und nun auf zu r a s t l o s e r A r b e i t! Sammelt das Proletariat unter dem Banner der Partei, die kühn und klar sehend die Massen zu dem revolutionären Ziel geführt hat, das nun erreicht ist.

Es lebe die grundsatztreue, revolutionäre Sozialdemokratie, die Unabhängige Sozialdemokratische Partei Deutschlands!

Es lebe die sozialistische Internationale!

Der Vorstand der Unabhängigen Sozialdemokratischen Partei Deutschlands.

Die Unabhängige Sozialdemokratie war also, auf das Drängen der
Soldaten- und Arbeiterräte, die stürmisch nach der E i n i g u n g
d e s P r o l e t a r i a t s riefen, in die Regierung der Volksbeauftragten
eingetreten; aber sie hatte dort von Anfang an mit den größten
Schwierigkeiten zu kämpfen. Links von ihr standen die Spartakusleute, die mit ihrer „Vorhut" die Revolution durchführen wollten
und denen die tatsächlichen wirtschaftlichen und politischen Verhältnisse nur dazu dienten, um sie zu mißachten; rechts stand die
Sozialdemokratische Partei, die nur widerwillig sich vom Bürgertum
gelöst und an das Proletariat angeschlossen hatte. Hinter sich aber
hatte sie kaum 100 000 organisierte Mitglieder; sie war noch keine
Landespartei, weite Gebiete des Reichs waren bisher von der unabhängigen Bewegung noch gar nicht berührt worden. Zu Anfang
besaß sie erst wenige Blätter, nur mit der größten Anstrengung
gelang es, bis zum Dezember ihre Zahl auf etwa zwanzig zu erhöhen.
Die Volksbeauftragten regierten nicht miteinander, sondern gegeneinander und es stand schon nach wenigen Tagen fest, daß es
bald wieder zum Bruche kommen würde.

Die Geister schieden sich vor allem in der Frage, wie der neue
Staat aufgebaut werden solle. Die Rechtssozialisten wollten die
alten Organe des Staates erhalten wissen und sie höchstens mit
Hilfe der formalen Demokratie umgestalten. Ihnen war die Revolution nur eine vorübergehende und dazu noch höchst unerfreuliche
Erscheinung; deshalb verlangten sie, daß die Arbeiter- und Soldaten-
räte wieder verschwinden sollten, sobald sie ihre Aufgabe, die alte
bürgerliche Ordnung wieder herzustellen, erfüllt hatten, und daß die
N a t i o n a l v e r s a m m l u n g über die endgültige Gestaltung des
Staats entscheiden sollte. Die Unabhängigen Sozialdemokraten dagegen forderten die A n e r k e n n u n g d e r R ä t e als der Organe
der Revolution; Demokratie und Rätesystem sollte nicht als Gegensatz aufgefaßt werden, sondern das Rätesystem als die Organisation
der werktätigen und produzierenden Bevölkerung würde die wahre
demokratische Verfassung des Landes sein. Kaum, daß das alte
Regime gestürzt war, so riefen die Rechtssozialisten schon nach der
Nationalversammlung; die Unabhängigen aber wollten der Arbeiterklasse erst Zeit lassen, von den Forderungen des Sozialismus soviel
wie nur immer möglich durchzusetzen. Die Regierung der Volksbeauftragten sollte durch Taten das Proletariat überzeugen, daß es
kein Zurück mehr gäbe. Die Demokratie, so formulierte das
H i l f e r d i n g in einer der ersten Nummer des neuen Organs der
Berliner Parteigenossen, der „Freiheit", müsse so verankert werden,
daß eine Reaktion unmöglich werde. Vor allem aber müßten wir
beweisen, daß wir nicht nur Demokraten, sondern auch Sozialisten
seien. Die Durchführung einer Reihe wichtiger sozialistischer
Uebergangsmaßnahmen sei ohne weiteres möglich, es müßten Stellungen geschaffen werden, die jedem kapitalistischen Gegenangriff

unangreifbar seien. Unsere Taten müfzten jetzt unsere Propaganda sein. In dieser Situation erliefz die Unabhängige Sozialdemokratie folgenden Aufruf:

Parteigenossen, Parteigenossinnen!
Die Ketten der politischen Unterdrückung sind zerbrochen, die Fesseln ökonomischer Ausbeutung nur gelockert. Auch sie müssen fallen. Die Arbeiter und Soldaten sind die Werkmeister der Umwälzung. In allen Arbeiter- und Soldaten-Räten liegt Kraft des Rechts der Revolution die politische Gewalt. Die Regierung übt sie aus, weil und solange sie das Vertrauen der Arbeiter- und Soldaten-Räte hat. Die Organisation der Arbeiter- und Soldaten-Räte erweitert und befestigt sich. Bezirksräte bilden sich an manchen Stellen. Bald wird ein Zentralrat für das ganze Deutsche Reich geschaffen werden.

Eine Zusammenfassung aller Kräfte ist erforderlich, damit aus den Ruinen neues Leben blühen kann, damit die deutsche Republik mit sozialistischem Inhalt erfüllt wird.

Die Bourgeoisie ruft mit verdächtiger Eile, nachdem sie sich vom ersten Schrecken der Revolution erholt hatte, tagein, tagaus nach der sofortigen Einberufung der Konstituante. Am lautesten gebärden sich dabei die alten Vertreter des Scharfmachertums, die wütendsten Feinde der Arbeiterklasse. Die Verräter des Volkswillens berufen sich jetzt mit einem Mal auf das Volk, aber sie wollen nicht den Ausdruck der Volksmeinung. Eine sofortige Zusammenberufung der Konstituante bedeutet Raub des Wahlrechts für Millionen, die seit Jahren täglich unter den gröfzten Entbehrungen dem Tod ins Auge geschaut haben.

Ist das der Dank an die Soldaten, dafz über die künftige Gestaltung, über das künftige Schicksal Deutschlands durch eine Wahl entschieden werden soll, von der ein grofzer Teil der Soldaten ausgeschlossen ist? Von einer konstituierenden Versammlung kann erst die Rede sein, wenn die Soldaten wieder in ihrer Heimat bodenständig geworden sind, wenn die Arbeiter erst eine feste Arbeitsstätte, ein Heim gefunden haben.

Von einer konstituierenden Versammlung kann erst die Rede sein, wenn es feststeht, dafz die Bevölkerung der auf Grund des Waffenstillstandes besetzten Gebiete frei und unbeeinflufzt wählen kann. Oder wird es jemand wagen, diesen das Wahlrecht zu entziehen?

Jeder Politiker weifz, dafz die technischen Vorbereitungen einer Wahl schon früher längere Zeit erforderten. Jetzt sind überall neue Listen für alle über 20 Jahre alten Frauen und Männer anzulegen. Es darf nicht vorkommen, dafz bei einem solch wichtigen Akte infolge Ueberstürzung Wahlberechtigte unregistriert bleiben und ihres Wahlrechts beraubt werden.

Eine Wahl hat nur dann Wert, wenn die Wähler auch über die ihr zugrunde gelegten politischen Fragen aufgeklärt werden. Millionen von Soldaten sind durch den sogenannten vaterländischen Aufklärungsdienst über die politischen Vorgänge dauernd belogen worden. Sie zu unterrichten, mufz Zeit bleiben.

Konstituante — ja, sie wird kommen, aber sie kann erst kommen, wenn alle technischen und politischen Voraussetzungen erfüllt sind, wenn in ihr wirklich der Wille des aufgeklärten Volkes ausgeprägt ist.

Die Scharfmacher im Lande wissen sehr gut, dafz die Wahl, wenn sie nicht zur Komödie gemacht werden soll, nicht in kürzester Zeit vorgenommen werden kann. Sie suchen die sozialistische Regierung zu diskreditieren und scheuen sich nicht, selbst das Ausland aufzupeitschen, dafz es nicht eher Frieden gewähren soll, bis die Konstituante zusammentritt. Sie werden so in der Zeit der gröfzten Not Friedensverhinderer.

Mitschuldig an diesem verbrecherischen Tun sind alle, die es still-schweigend oder ausdrücklich unterstützen. Merken die Rechtssozialisten noch immer nicht, daß sie die Geschäfte der Reaktion betreiben, wenn sie in das Geschrei der Arbeiterfeinde einstimmen?

Die Bourgeoisie verfolgt mit ihrem Kampfgeschrei noch einen anderen Zweck. Sie will alle tiefergreifenden sozialen Umgestal-tungen aufhalten, indem sie glauben machen will, daß die sozia-listische Regierung kein Recht habe, vor Zusammentritt der Konstituante Gesetze zu erlassen oder gar an die Sozialisierung der Betriebe vorher zu gehen. Die Regierung hat das Recht dazu, weil sich in ihr die gesetz-gebende Macht des souveränen Volkes verkörpert, und sie hat die Pflicht dazu, wenn sie die Massen, die die Träger der Revolution sind, nicht im Stich lassen will. Diese Pflicht gilt es nunmehr zu erfüllen.

Parteigenossen, Parteigenossinnen!

Seid auf dem Posten! Werbt mit dem größten Eifer neue Anhänger für unsere Partei. Je stärker unsere Partei ist, desto sicherer ist es, daß die Forderungen des Sozialismus verwirklicht werden.

Um die Errungenschaften der Revolution festzuhalten und auszubauen, gibt es kein wirksameres Mittel, als die Stärkung unserer Organisation, der Unabhängigen Sozialdemokratischen Partei. Während des ganzen Krieges hat unsere Partei die Kriegspolitik bekämpft, ihre Anhänger mit dem Geist des Sozialismus erfüllt. Ihre geschichtliche Aufgabe ist es, das Proletariat zu sammeln, zur Beseitigung jeder Klassenherrschaft, zur Auf-richtung der sozialistischen Gesellschaft.

Die Parteileitung der Unabhängigen Sozialdemo-kratischen Partei Deutschlands.

Die Bourgeoisie hatte zuerst als mit einer Selbstverständlichkeit damit gerechnet, daß es mit ihren Privilegien nunmehr für immer vorüber war. Kannte sie doch von allen biblischen Sprüchen den am besten, der da heißt „Auge um Auge, Zahn um Zahn", und wie sie bisher das Proletariat niedergetreten hatte, so erwartete sie jetzt umgekehrt, daß die Arbeiterklasse ihre bisherigen Unterdrücker ohne Gnade niederwerfen würde. Als nun aber gar nichts von dieser Art geschah, da sammelten sich nach den ersten Tagen der Verwirrung wieder jene Kräfte, die auf die Revolution mit der Gegenrevo-lution zu antworten gedachten. In Berlin wurde der Versuch unternommen, Herrn Ebert zum Reichspräsidenten zu machen, damit er als Platzhalter für den zurückzuholenden Monarchen diene. War bis jetzt die Umwälzung fast friedlich vor sich gegangen, so kam es nunmehr zu größeren Blutvergießen. Und als ob nichts geschehen sei, versuchte Herr Fehrenbach, der bisherige Reichstags-präsident, im Dezember den Reichstag einzuberufen, damit er die Ordnung völlig wieder herstelle.

Das Stärkeverhältnis der revolutionären Kräfte zeigte sich auf der ersten Konferenz der Arbeiter- und Soldatenräte Deutschlands, die Mitte Dezember in Berlin zusammentrat. Die Unabhängige Sozialdemokratie bildete nur eine Minderheit, der Spartakusanhang war auf eine lächerlich geringe Vertreterzahl angewiesen, die aber einen um so größeren Lärm machte. Die Masse der politisch ununterrichteten Soldatenräte hing dem Kongreß wie ein Bleigewicht an. Gerade wegen dieser unzu-verlässigen und unberechenbaren Zusammensetzung des Kongresses hätte man versuchen müssen, ihn, so gut es ging, für die noch zu lösenden Hauptaufgaben der Umwälzung zu verwenden. Man konnte unmöglich die Forderung aufstellen: alle Macht den Räten, diese Forderung aber nur in dem Falle anerkennen, wenn sie dem Willen einer Minderheit entsprach. Unter dem Einfluß der Braß, Koenen und Kurt Geyer stellte sich aber die Unabhängige Fraktion schmollend beiseite, als die Konferenz die Einsetzung eines Zentralrats beschloß, der den Berliner Vollzugsrat in seinen Machtbefugnissen ablösen sollte. Beide Körperschaften haben von da an nur noch ein Schattendasein geführt: der V o l l z u g s r a t , indem ihm keine neuen revolutionären Kräfte mehr zuflossen, und der Z e n t r a l - r a t , indem sich ihm die Mitarbeit der revolutionären Kräfte entzog. Das Feld blieb im Zentralrat ganz den Rechtssozialisten überlassen, ihre Tätigkeit erschöpfte sich darin, die Episode der Soldaten- und Arbeiterräte für Deutschland zu Ende zu bringen.

Die Konferenz hatte den Beschluß gefaßt, die Nationalversammlung einzuberufen, die Volksbeauftragten setzten dann den W a h l - t e r m i n auf den 21. Februar fest. Die Parteileitung der Unabhängigen Sozialdemokratie erließ am 27. Dezember dazu einen Aufruf, in dem es hieß:

Die Tage seit der Revolution haben gezeigt, daß die h i s t o r i s c h e A u f g a b e d e r P a r t e i damit n i c h t e r f ü l l t ist. Die Massen in Stadt und Land haben zwar erkannt, daß nur im vollständigen politischen und wirtschaftlichen Neuaufbau die Rettung für die ungeheuren Kriegsschäden zu finden ist. Aber die rechtssozialistische Führerschaft geht nur allzu zaudernd und zögernd ans Werk. Sie fürchtet den Bruch mit den bürgerlichen Parteien, mit denen sie solange in enger Gemeinschaft gelebt hat. Sie schreckt zurück vor der kühnen Fortführung der Revolution, vor den notwendigen Maßnahmen ihrer Sicherung und der Niederhaltung der Gegenrevolution.

Der Verlauf der Reichskonferenz der Arbeiter- und Soldaten-Räte hat erneut den Beweis erbracht, daß alle energischen und durchgreifenden Maßnahmen auf den Widerstand der Rechtssozialisten stoßen. Die wichtigen und unumgänglich notwendigen Forderungen der Soldaten begegneten ihrem Widerstreben, und die Ausführung der Beschlüsse ist bei dem Widerstand der Heeresleitung nicht gesichert. Die Anträge der Unabhängigen Sozialdemokratie auf Wahrung der Rechte des Zentralrates wurden von ihren Anhängern niedergestimmt. Die revolutionäre Energie wurde nicht gestärkt, sondern geschwächt. Die USPD. erhält so die Aufgabe, als T r ä - g e r i n e i n e r p r i n z i p i e l l e n s o z i a l i s t i s c h e n P o l i t i k für die Verwirklichung des Sozialismus in der revolutionären Epoche bis zum endgültigen Siege zu kämpfen. Die Partei verkennt nicht, daß die Hauptschlacht geschlagen werden muß zwischen dem vereinigten Bürgertum auf der einen Seite und dem Proletariat auf der andern Seite. Denn in diesem Wahlkampf handelt es sich nicht mehr um einzelne politische oder wirtschaftliche Forderungen der Arbeiterklasse, sondern es geht um die A u f - h e b u n g d e r K l a s s e n h e r r s c h a f t überhaupt, um die Ersetzung der kapitalistischen Ausbeutung durch die sozialistische Gesellschaft, der in Freiheit und Gleichheit verbundenen Menschheit. Soll aber dieses höchste Ziel, um das je gerungen worden ist, erreicht werden, so bedarf es der Vorkämpfer, die unbehindert um jede Rücksicht auf die Gegner, unbelastet von einer schuldbeladenen Vergangenheit die Wegbereiter des Neuen sein können. Um ungehindert diese Aufgabe erfüllen zu können, muß die USPD. in v o l l e r G e s c h l o s s e n h e i t u n d S e l b s t ä n d i g k e i t in den Wahlkampf eintreten.

Die Partei erwartet von allen ihren Genossen, daß sie mit ganzer Kraft die Zeit ausnützen zur Werbung für die sozialistischen Ideen, zur Aufrüttelung der Massen, zur Gewinnung neuer Kämpfer.

Inzwischen ging die Gegenrevolution zum A n g r i f f a u f d a s P r o l e t a r i a t über. Die rechtssozialistische Führung hatte mit dazu beigetragen, daß im alten Heere, das von den Fronten zurückströmte, und nun wieder im Innern erschien, die Kommandogewalt bei den bisherigen Inhabern verblieb. Und diese säumten nicht, die günstige Situation in ihrem Sinne auszubeuten. Die Spartakusanhänger gaben ihnen bald Gelegenheit dazu, um unter dem Vorwande, die republikanische Regierung vor dem Terror der Straße zu schützen, den eigenen Terror gegenüber der Arbeiterklasse aufzurichten. Wir können auch an dieser Stelle wiedergeben, was Ströbel in seiner Schrift über die nun folgende Periode der deutschen Revolution ausgeführt hat:

Mit der W i e d e r h e r s t e l l u n g d e s a l t e n M i l i t a r i s m u s begannen die bisher so unblutig verlaufenen Kämpfe der Revolution sofort einen m a ß l o s b r u t a l e n C h a r a k t e r anzunehmen. Ohne die Bedrohung der Revolution durch den neuerstandenen Militarismus, ohne die gegenrevolutionären Putschversuche der Offiziers- und Unteroffiziersgarden im Dezember hätte der Spartakismus niemals eine Bedeutung gewonnen. Und ohne das Massaker in der Chausseestraße, ohne die Niederschießung unbewaffneter Demonstranten, ohne die eifersüchtigen Intrigen gegen Eichhorn wäre die blutige Januarwoche unmöglich gewesen. Aber für den neuen Militarismus war dieser B ü r g e r k r i e g ja das „moralische Stahlbad", der einzige Nachweis seiner Existenzberechtigung. Er konnte nur groß werden und sich über das ganze Reich ausdehnen, wenn es an möglichst vielen Orten „Putsche" und „Aufstände" zu unterdrücken gab. Je brutaler man auftrat, desto eher konnte man mit neuen Ausbrüchen der Volkserbitterung rechnen. So verfuhr man denn nach diesem Rezept. Die sogenannte S p a r t a k u s - W o c h e, die Ermordung von Liebknecht, Rosa Luxemburg, Jogiches, der 32 Mariner, die Exekution gegen Bremen, Düsseldorf, Braunschweig, Magdeburg, die Bluttaten im Berliner Osten, in München, kurz, all die Taten des N o s k e - M i l i t a r i s m u s haben sich ja so tief in die Seele aller ehrlichen Demokraten und Sozialisten eingebrannt, daß eine lückenlose Auflösung der endlos langen Kette dieser Greuel wahrhaftig nicht vonnöten ist.

Für die Unabhängige Sozialdemokratie war nunmehr die Zeit gekommen, wo sie den B r u c h m i t d e n R e c h t s s o z i a l i s t e n vollziehen und a u s d e r R e g i e r u n g a u s s c h e i d e n mußte. Man hat damals den unabhängigen Volksbeauftragten zum Vorwurf gemacht, daß sie mit diesem Schritte zu lange gezögert hätten. Dieser Vorwurf war nicht berechtigt; sie mußten solange in der Regierung bleiben, als noch die Möglichkeit bestand, die Revolution zu schützen. Erst als die Beteiligung an der Regierung eine offene Parteinahme für die Gegenrevolution bedeutet hätte, schlug die Stunde, in der der Bruch vollzogen werden mußte. H u g o H a a s e hat über die damit abgeschlossene erste Phase der Revolution in der Neujahrsnummer der „Freiheit" ausgeführt, daß die Arbeit der unabhängigen Volksbeauftragten nicht nur bei den Rechtssozialisten Schwierigkeiten fand, sondern daß sie sich auch der Angriffe zu erwehren hatten, die von den eigenen Parteigenossen ausgegangen waren. Dadurch erschwerten sie deren Tätigkeit und trugen eine unheilvolle Verwirrung in die Reihen der Partei. Es werde auch künftig unbegreiflich erscheinen, daß namhafte Mitglieder der Partei darüber diskutieren konnten, ob die Beteiligung der Wahlen an der Nationalversammlung geboten sei. Hätte die U. S. P. auf dem Kongreß der Arbeiter- und Soldatenräte nicht trotz aller Warnungen den schweren taktischen Fehler begangen, den Zentralrat allein den Mehrheitssozialisten zu überlassen, so wäre jetzt eine andere politische Situation. Die Rechtssozialisten hätten aus der Regierung ausscheiden müssen, da selbst deren eigene Anhänger im Zentralrat keineswegs durchweg auf ihrer Seite standen. Dann erst hätte die U. S. P. die Möglichkeit gehabt, die sozialistischen Forderungen zu erfüllen und sich damit das Vertrauen der großen Massen, die bis dahin noch den Rechtssozialisten folgten, zu erwerben. Trotz der bisher begangenen Fehler aber habe die U. S. P. keinen Anlaß zum Verzagen, die Revolution sei noch nicht abgeschlossen und der Partei harrten noch große Aufgaben.

Um die Jahreswende traten die Spartakusanhänger aus der Unabhängigen Sozialdemokratie aus. Sie hatten damit wahr gemacht, was sie schon vor dem Gründungsparteitag in Gotha angekündigt hatten, daß sie nämlich die U. S. P. D. nur als schützendes Dach für sich benutzen wollten, das sie wieder verlassen würden, sobald die politische Situation für sie nicht mehr gefahrdrohend sei. Sie betrieben schon längst innerhalb der U. S. P. D. eine völlig selbständige Politik, ihre Wortführer wußten nichts Besseres zu tun, als die Politik der Partei ständig zu durchkreuzen. Mit dem Ausscheiden der Spartakusanhänger aus der Partei waren jedoch noch längst nicht alle halbsozialistischen und anarchistischen Elemente davongegangen; sie belasteten die Partei noch anderthalb Jahre lang, weniger mit dem Gewicht ihrer Gründe, als mit dem Schwall ihrer Phrasen. Erst im Oktober 1920 kam die endgültige Trennung auch von diesen Schichten, und damit die Herstellung einer einheitlichen und klaren Linie in Grundsätzen und Taktik.

Die Wahlen zur Nationalversammlung hatten der U. S. P. D. 2 186 305 Stimmen und 22 Mandate gebracht. Wenn sie damit auch weit hinter der rechtssozialistischen Partei zurückgeblieben war, die 11 112 450 Stimmen und 165 Mandate musterte, so konnte dieses Ergebnis doch nicht als ein ungünstiges Zeichen bewertet werden. Nur in wenigen Wahlbezirken besaß damals die Partei eine eigene Presse und eine schlagfertige Organisation. In vielen industriellen Bezirken, in manchen Großstädten waren nur wenige Stimmen abgegeben worden, denn dort bestand bisher nicht die Möglichkeit, aufklärend unter den Massen zu wirken. Wo dagegen Organisationen und Presse gearbeitet hatten, da stand die Mehrzahl der Arbeiterschaft zur Unabhängigen Partei; so in Berlin, in Mitteldeutschland, in Leipzig, in Thüringen und am Niederrhein.

Immerhin hatten die beiden sozialistischen Parteien 47 Prozent aller Wähler für sich gewonnen. Erwägt man, daß der Spartakusbund zur Wahlenthaltung aufgefordert hatte, daß viele Tausende von Proletariern im Soldatenrock noch nicht in die Heimat zurückgekehrt waren, so kann man wohl sagen, daß sich bei den Wahlen zur Nationalversammlung die Mehrheit des Volkes für die

Parteien der Arbeiterklasse erklärt hatte. Welche Aufgabe war nunmehr von diesen Parteien zu erfüllen? Sie mußten den Willen der Massen vollstrecken, die Front gegen die Bourgeoisie, gegen den Klassenstaat, gegen die kapitalistische Ordnung nehmen und sofort an die Verwirklichung der sozialistischen Forderungen gehen. Die rechtssozialistische Partei versagte auch diesmal wieder. Sie stellte ein Rechenexempel auf, bei dessen Lösung sich ergeben müsse, daß nur eine Koalitionsregierung mit bürgerlichen Parteien in Frage komme. Sie muteten dem Proletariat von vornherein zu, auf die Weiterführung der sozialen Revolution zu verzichten. Die Zeit bis zum Zusammentritt der Nationalversammlung nutzten denn auch die rechtssozialistischen Volksbeauftragten, die die Regierung inzwischen allein weiterführten, nach Kräften dahin aus, um die Revolution zu liquidieren und die Arbeiterschaft zu „Ruhe und Ordnung", will sagen, zur Anerkennung der alten wirtschaftlichen und staatlichen Verhältnisse zu zwingen. Sie wirkten in dieser Richtung positiv durch die Unterdrückung der Arbeiter- und Soldatenräte, der typischen Organisation des revolutionären Kampfes, und negativ dadurch, daß sie die Inangriffnahme der von der Konferenz der Arbeiter- und Soldatenräte geforderten Sozialisierung verschleppten und schließlich ganz verhinderten. Dieser Periode hat N o s k e , dieser wildgewordene Unteroffizier und Spießbürger, seinen Stempel aufgedrückt. Es ist nicht notwendig, alle Schandtaten gegen die Arbeiterklasse aufzuzählen, die mit dem Namen dieses Mannes gedeckt sind. Es genügt zu sagen, daß seine Ministerkollegen, daß die rechtssozialistische Parteileitung und schließlich auch die ganze Partei ihm oft genug ihr Vertrauen ausgesprochen und damit vor der Geschichte die volle Verantwortung für die berüchtigte Noskepolitik mit übernommen haben. Mit vollem Recht ist in einem Aufruf, den die Parteileitung der U. S. P. D. und die Unabhängige Fraktion der Nationalversammlung am 8. Februar veröffentlicht haben, gesagt worden, daß die V e r f ä l s c h u n g d e r R e v o l u t i o n nur möglich geworden sei, weil die Führer der Rechtssozialisten niemals den Mut zu einer sozialistischen Politik besessen hätten.

Die völlige Niederwerfung des Militarismus, so heißt es in dem Aufruf, war das erste Gebot der Revolution; die Rechtssozialisten haben es preisgegeben. Die Forderung des Kongresses der A.- und S.-Räte nach A b s c h a f f u n g d e r a l t e n K o m m a n d o g e w a l t und nach s o f o r t i g e m B e g i n n d e r S o z i a l i s i e r u n g haben sie mißachtet. Wie die Regierenden im alten Staate stützten sich die Ebert, Scheidemann, Noske, Landsberg in der „sozialistischen Volksrepublik" nur auf die Gewalt der Waffen. Gewalt war ihr einziges Mittel, streikende Arbeiter und revolutionäre Kämpfer zur Ruhe zu bringen. Im Namen von „Ordnung, Ruhe und Sicherheit" verweigerten sie Verhandlungen und gütlichen Ausgleich, bewaffneten sie Offiziere und Studenten, bewaffneten sie das Bürgertum gegen die Arbeiter und führten in Berlin und Bremen die schrecklichen Tage des Brudermordes herauf, den sie auch anderen Orten androhten.

Die Regierung der „Sozialistischen Volksrepublik" ist die Gefangene des von ihr ins Leben zurückgerufenen Militarismus. Sie muß es daher dulden, daß die persönliche Freiheit, das Hausrecht, die Gesundheit, das Leben der revolutionär gesinnten Arbeiter angetastet werden, schlimmer und frecher als jemals unter dem Belagerungszustand des alten Staates. Sie mußte es dulden, daß K a r l L i e b k n e c h t und R o s a L u x e m b u r g , die verhaftet und deshalb im Schutz der Regierung waren, von entarteten Sold knechten des neuen Militarismus e r m o r d e t, daß wehrlose Gefangene in größerer Zahl feige und hinterlistig erschossen wurden. Die Mörder gehen frei herum, gedeckt von den Generalen, den Herren der Regierung. Die revolutionären Kämpfer dagegen übergibt die sozialistische Regierung nicht einem revolutionären Tribunal, sondern den bürgerlichen Gerichten, die im Namen von „Ruhe, Ordnung und Sicherheit" S c h r e c k e n s - u r t e i l e aussprechen.

Wie der Militarismus, so triumphiert wieder der Kapitalismus. Wer immer geglaubt hat, daß noch vor dem Zusammentritt der National- versammlung die Grundlage für die Sozialisierung der Betriebe geschaffen würde, er ist bitter enttäuscht worden. S t ä r k u n g d e s K a p i t a l i s - m u s ist die Losung der Bourgeoisie, deren Diktat die rechtssozialistischen Führer auch hier gehorchen. Sie planen die Einführung des Arbeits- zwanges und der Aufrechterhaltung des kapitalistischen Systems. Sie ver- dächtigen die Arbeiter, die durch Unterernährung, Ueberarbeit, Kriegsleiden körperlich geschwächt und erschöpft sind, der Trägheit und der Arbeits- scheu. Aber sie dulden es, daß Kapitalisten trotz vorhandener Bestellungen und Rohstoffe die Produktion einschränken.

Wenn die Unabhängige Sozialdemokratie lediglich auf die Wahrung der Interessen der eigenen Partei bedacht gewesen wäre, so hätte sie mit dieser Entwicklung der Dinge durchaus zufrieden sein können. Ununterbrochen strömten ihr Scharen neuer Anhänger zu, unauf- hörlich stieg die Mitgliederziffer ihrer Organisationen, der Leser- kreis ihrer Presse. Es waren, wenn auch nicht die schlechtesten, so auch nicht immer die geschultesten Kräfte aus dem Proletariat, die zu ihr stießen. Neben sehr wertvollen Elementen drängte sich auch manche Spreu in die Reihen der Partei, die später, als die hoch- gespannten Erwartungen nicht in Erfüllung gingen und die Wogen der politischen Bewegung nicht mehr so hoch rollten, wieder von ihr ging, entweder, um in dem anarchistisch-kommunistischen Hexenkessel von links neue das Heil zu suchen oder wieder in die frühere Gleichgültigkeit zu versinken. Der Parteileitung erwuchs die Aufgabe, die neuen Kräfte zu schulen, agitatorische und journali- stische Befähigungen zu entwickeln, aus den mancherlei, sich oft widerstrebenden Ideen eine e i n h e i t l i c h e L i n i e d e r T a k t i k zu bilden. Zugleich aber mußten die Mittel beschafft werden, mit denen der Kampf zu führen war. Die Partei verfügte nicht über den alten Organisationsapparat, der bei den Rechtssozialisten zu finden war, es mußte fast alles von Grund auf neu geschaffen werden.

Schon bei den wenige Wochen nach den Wahlen zu der National- versammlung vorgenommenen W a h l e n f ü r d i e G e m e i n d e n zeigte sich, wie das Vertrauen der Arbeitermassen zu der Unab- hängigen Sozialdemokratie wuchs. Die rechtssozialistischen Stimmen gingen rapide zurück, dagegen wuchs die Stimmenzahl, die auf die Kandidaten der Unabhängigen Sozialdemokratie entfiel. In Berlin, wo die U. S. P. D. noch bei der Wahl zur Nationalversammlung hinter den Rechtssozialisten marschierte und an zweiter Stelle der Parteien stand, rückte sie jetzt an die Spitze vor. Auch bei den Wahlen in den Einzelstaaten zeigte sich das gleiche Bild.

Einen schweren Verlust erlitt die Unabhängige Sozialdemokratie am 21. Februar 1919 durch die E r m o r d u n g K u r t E i s n e r s, des bayerischen Ministerpräsidenten. Kurt Eisner mag kein Politiker von großem Wurf gewesen sein; aber er war ein wahrhaftiger und darum großer Mensch, einer der Edelsten und Reinsten, die je an der Spitze der deutschen Arbeiterbewegung gestanden hatten, ein Gegner der Lüge und der Gewalt. Sein Leben hatte der Arbeiterklasse gehört, und sein erstes Wort, als er in München die Revolution zum Siege geführt hatte, war: Einigung des Proletariats. Er war ein Prophet des neuen Geistes, der die Menschheit aus dem Dunkel unserer Tage hinführen sollte zu einer neuen höheren Gemeinschaft. So wurde er vom Münchener Proletariat geliebt, und so empfand das bayerische Proletariat die Ermordung Eisners als einen Schlag, der die ganze Arbeiterklasse treffen sollte. Nur so ist es zu erklären, daß die Tat des gräflichen Meuchelmörders eine Erregung auslöste, die in dem Versuche ausmündete, eine Räterepublik für Bayern zu begründen.

In den Stürmen dieser Zeit, die im einzelnen zu schildern an dieser Stelle zu weit führen würde, tagte in Berlin vom 2. bis zum 6. März 1919 der z w e i t e P a r t e i t a g d e r U n a b h ä n g i g e n S o z i a l - d e m o k r a t i e. Die Partei sollte sich selbst Rechenschaft ablegen über ihre bisherige Tätigkeit, sie sollte sich neues Rüstzeug schaffen für die in der kommenden Zeit zu erwartenden schweren Kämpfe. Es waren 180 Delegierte anwesend, dazu eine Reihe von Mitgliedern der Parteileitungen und auch mehrere ausländische Gäste. Im Ruhrrevier und in Mitteldeutschland waren gerade um diese Zeit große Streiks ausgebrochen und auch die Berliner Arbeiterschaft rüstete sich zum Generalstreik. In vielen Fällen war der Eisenbahnverkehr lahmgelegt, zeitweise blieb die Nationalversammlung, die sich nach Weimar verzogen hatte, ohne jede Verbindung mit der Außenwelt. In Berlin tobte der letzte Kampf zwischen den Ueberresten der Arbeiterwehren und der Söldlinge des Noske-Militarismus. Das alles wirkte auch hemmend auf den Parteitag ein, eine Anzahl Delegierte konnten entweder nicht erscheinen, oder sie mußten vorzeitig wieder abreisen, die Verhandlungen selbst verliefen in nervöser Spannung.

Zwei Strömungen rangen auf dem Parteitage um die Oberhand. Die eine Auffassung ging von den realen wirtschaftlichen und politischen Tatsachen aus; ihr Hauptsprecher war H u g o H a a s e. Er verlangte, daß klare Trennungslinien gezogen werden sollten, sowohl gegen die reformistische Politik von rechts, wie gegen die putschistische Taktik von links. Ebenso wie es eine Illusion sei, daß man durch die Zusammenarbeit mit der Bourgeoisie die Forderungen des Sozialismus erfüllen könne, so sei es unmöglich, wie es der Spartakusbund glaube, daß eine kleine entschlossene Schar die politische Macht erobern und dauernd sichern könne. Die Unabhängige Sozialdemokratie müsse auf Grund der sozialistischen Erkenntnis die Massen des Proletariats für sich gewinnen und sie in den Kampf um den Sozialismus führen. Dann werde die Herrschaft des Proletariats, seine Diktatur kommen.

E r n s t D ä u m i g, der als Wortführer der anderen Auffassung das Korreferat hielt, verlangte, daß die Partei zugunsten des Rätesystems abdanke. Er baute für diesen Zweck ein sehr künstliches Gedankengebäude auf, das nur an dem einen, allerdings entscheidenden Fehler litt, daß es die tatsächlichen wirtschaftlichen und politischen Verhältnisse unberücksichtigt ließ. Das Rätesystem kann nie das Z i e l des Sozialismus sein, sondern es darf nur ein M i t t e l zur Umwälzung der kapitalistischen Produktionsweise in die sozialistische bilden. Däumigs Ausführungen gipfelten aber darin, daß er dieses Mittel zum Zwecke machen wollte, und von diesem Standpunkt aus zur Verneinung des Parlamentarismus, zur Absage an die politische Partei, zur Verachtung der mühevollen agitatorischen Kleinarbeit in der Arbeiterschaft kam. Viel wäre der Unabhängigen Sozialdemokratie und der Arbeiterbewegung im ganzen erspart geblieben, wenn Ernst Däumig und seine Freunde damals schon den Mut der Konsequenz gehabt und sich dem Spartakusbunde angeschlossen hätten. Dort war aber nur eine kleiner Haufe von Arbeitern zu finden, während in der unabhängigen Sozialdemokratie die Massen des revolutionären Proletariats sich vereinigten. Und so blieben denn Däumig und seine Gesinnungsgenossen so lange in der Partei, bis im Herbst 1920 der Machtspruch von Moskau ihrem zweideutigen Spiele ein Ende setzte.

Ueber den S t a n d d e r O r g a n i s a t i o n konnten L u i s e Z i e t z und W i l h e l m D i t t m a n n günstiges berichten. Vor der Revolution zählte die Partei ungefähr 100 000 Mitglieder, in den wenigen Monaten seitdem war ihre Zahl auf über 300 000 gestiegen, unter denen sich ungefähr 70 000 Frauen befanden. An Parteizeitungen zählte die U. S. P. D. 45, Rudolf Breitscheid gab als unabhängige Wochenschrift den „Sozialist" heraus. Das Fundament der Partei war also gegeben, die organisatorische Voraussetzung für die Ausbreitung der Bewegung geschaffen.

Die Gegensätze zwischen den beiden in der Partei herrschenden Auffassungen kamen noch bei einer anderen Frage, bei der Stellung zu den G e w e r k s c h a f t e n, zum Ausdruck. R o b e r t D i ß - m a n n verlangte, daß die oppositionellen Kräfte, die die Gewerkschaften wieder auf den Boden des Klassenkampfes zurückführen wollten und die die von den Gewerkschaftsleitungen mit den Unternehmern abgeschlossene Arbeitsgemeinschaft ablehnten, in den Organisationen bleiben und an deren Revolutionierung arbeiten sollten. R i c h a r d M ü l l e r dagegen, von dem man bei jeder Gelegenheit eine neue, sich bald als falsch erweisende Prophezeiung hören konnte, sagte diesmal voraus, daß die Gewerkschaften nicht bestehen bleiben, sondern daß sie vom Rätesystem aufgesaugt werden würden. Wer also das Rätesystem wolle, der müsse die Gewerkschaften ablehnen. Diese Auffassung hat Richard Müller und seine Freunde später, als sie schon bei den Kommunisten waren und die Spaltungsarbeit auch in den Gewerkschaften mit dem größten Eifer betrieben, nicht daran gehindert, zu behaupten, daß sie die bewährtesten Freunde der Gewerkschaften seien.

Das Ergebnis der Beratungen des Parteitages wurde in folgende p r o g r a m m a t i s c h e K u n d g e b u n g zusammengefaßt:

Unter Aufrechterhaltung der leitenden Gedanken des grundsätzlichen Teils des E r f u r t e r P r o g r a m m s erklärt der Parteitag:

Im November 1918 haben die revolutionären Arbeiter und Soldaten Deutschlands die Staatsgewalt erobert. Sie haben aber ihre Macht nicht befestigt und die kapitalistische Klassenherrschaft nicht überwunden. Die

Führer der Rechtssozialisten haben den Pakt mit den bürgerlichen Klassen erneuert und die Interessen des Proletariats preisgegeben. Sie treiben eine Verwirrungspolitik mit den Worten „Demokratie" und „Sozialismus".

In der kapitalistischen Gesellschaftsordnung sind demokratische Rechtsformen Truggebilde. Solange der politischen Befreiung nicht auch die wirtschaftliche Befreiung und Unabhängigkeit gefolgt ist, besteht keine wahre Demokratie. Die S o z i a l i s i e r u n g , wie die Rechtssozialisten sie betreiben, ist ein Gaukelspiel. Sie begnügen sich, unter Schonung der kapitalistischen Interessen, mit einer „gemischt-wirtschaftlichen" Bewirtschaftung und sogar nur mit der „öffentlichen Kontrolle" der nach ihrem eigenen Urteil für die sofortige Vergesellschaftung reifen Betriebe.

Das klassenbewußte Proletariat hat erkannt, daß sein Befreiungskampf nur von ihm allein und nicht nur mit den bisherigen Organisationen durchgeführt werden kann, sondern daß dazu auch eine n e u e p r o l e t a - r i s c h e K a m p f o r g a n i s a t i o n erforderlich ist.

Im R ä t e s y s t e m hat sich die proletarische Revolution diese Kampforganisation geschaffen. Sie faßt die Arbeitermassen in den Betrieben zu revolutionärem Handeln zusammen. Sie schafft dem Proletariat das Recht der Selbstverwaltung in den Betrieben, in den Gemeinden und im Staate. Sie führt die Umwandlung der kapitalistischen Wirtschaftsordnung in die sozialistische durch.

In allen kapitalistischen Ländern entwickelt sich das Rätesystem aus den gleichen wirtschaftlichen Bedingungen und wird zum Träger der proletarischen Weltrevolution.

Die g e s c h i c h t l i c h e A u f g a b e d e r U. S. P. ist es, die Bannerträgerin des klassenbewußten Proletariats in seinem revolutionären Befreiungskampf zu sein. Die Unabhängige Sozialdemokratische Partei stellt sich auf den Boden des Rätesystems. Sie unterstützt die Räte in ihrem Ringen um die wirtschaftliche und politische Macht. Sie erstrebt die D i k t a t u r d e s P r o l e t a r i a t s , des Vertreters der großen Volksmehrheit, als notwendige Vorbedingung für die Verwirklichung des Sozialismus. Erst der S o z i a l i s m u s bringt die Beseitigung jeder Klassenherrschaft, die Beseitigung jeder Diktatur, die wahre Demokratie.

Um dieses Ziel zu erreichen, bedient sich die U. S. P. aller politischen und wirtschaftlichen Kampfmittel, e i n s c h l i e ß l i c h d e r P a r l a - m e n t e. Sie verwirft planlose Gewalttätigkeiten. Ihr Ziel ist nicht die Vernichtung von Personen, sondern die Beseitigung des kapitalistischen Systems.

Die n ä c h s t e n F o r d e r u n g e n d e r U. S. P. D. sind:

1. Einordnung des R ä t e s y s t e m s in die Verfassung. Entscheidende Mitwirkung der Räte bei der Gesetzgebung, Staats- und Gemeindeverwaltung und in den Betrieben.

2. Völlige A u f l ö s u n g d e s a l t e n H e e r e s. Sofortige Auflösung des durch Freiwilligenkorps gebildeten Söldnerheeres. Entwaffnung des Bürgertums. Errichtung einer Volkswehr aus den Reihen der klassenbewußten Arbeiterschaft. Selbstverwaltung der Volkswehr und Wahl der Führer durch die Mannschaft. Aufhebung der Militärgerichtsbarkeit.

3. Die V e r g e s e l l s c h a f t u n g d e r k a p i t a l i s t i s c h e n U n - t e r n e h m u n g e n ist sofort zu beginnen. Sie ist unverzüglich durchzuführen auf den Gebieten des Bergbaues und der Energie-Erzeugung (Kohle, Wasser, Kraft, Elektrizität), der konzentrierten Eisen- und Stahlproduktion, sowie anderer hochentwickelter Industrien und des Bank- und Versicherungswesens. Großgrundbesitz und große Forste sind sofort in gesellschaftliches Eigentum zu überführen. Die Gesellschaft hat die Aufgabe, die gesamten wirtschaftlichen Betriebe durch Bereitstellung aller technischen und wirtschaftlichen Hilfsmittel, sowie Förderung der Genossenschaft zur höchsten Leistungsfähigkeit zu bringen. In den Städten ist das private

Eigentum an Grund und Boden in Gemeindeeigentum zu überführen und ausreichende Wohnungen sind von der Gemeinde auf eigene Rechnung herzustellen.

4. Wahl der Behörden und der Richter durch das Volk. Sofortige Einsetzung eines Staatsgerichtshofes, der die Schuldigen am Weltkriege und an der Verhinderung eines zeitigeren Friedens zur Verantwortung zu ziehen hat.

5. Der während des Krieges geschaffene Vermögenszuwachs ist voll wegzusteuern. Von allen größeren Vermögen ist ein Teil an den Staat abzuführen. Im übrigen sind die öffentlichen Ausgaben durch stufenweis steigende Einkommens-, Vermögens- und Erbschaftssteuern zu decken. Die Kriegsanleihen sind zu annullieren unter Entschädigung der Bedürftigen, der gemeinnützigen Vereine, Anstalten und der Gemeinden.

6. Ausbau der sozialen Gesetzgebung. Schutz und Fürsorge für Mutter und Kind. Den Kriegerwitwen und -waisen und den Verletzten ist eine sorgenfreie Existenz sicherzustellen. Den Wohnungsbedürftigen sind überflüssige Räume der Besitzenden zur Benutzung zu übergeben. Grundlegende Neuordnung des öffentlichen Gesundheitswesens.

7. Trennung von Staat und Kirche und Trennung von Kirche und Schule. Oeffentliche Einheitsschule mit weltlichem Charakter, die nach sozialistisch-pädagogischen Grundsätzen auszugestalten ist. Anspruch jedes Kindes auf die seinen Fähigkeiten entsprechende Ausbildung und die Bereitstellung der hierzu erforderlichen Mittel.

8. Einführung eines öffentlich-rechtlichen Monopols für Inserate und Uebertragung an die Kommunalverbände.

9. Herstellung freundschaftlicher Beziehungen zu allen Nationen. Sofortige Aufnahme der diplomatischen Beziehungen zur russischen Räterepublik und zu Polen. Wiederherstellung der Arbeiter-Internationale auf dem Boden der revolutionären sozialistischen Politik im Geiste der internationalen Konferenzen von Zimmerwald und Kiental.

Die U. S. P. D. ist der Ueberzeugung, daß durch die Zusammenfassung aller proletarischen Kräfte, die sie erstrebt, der vollständige und dauernde Sieg des Proletariats beschleunigt und gesichert wird. Das Bekenntnis in Wort und Tat zu den Grundsätzen und Forderungen dieser Kundgebung ist aber die notwendige Voraussetzung der Einigung der Arbeiterklasse.

Diese Kundgebung spiegelt die zwiespältigen Tendenzen, von denen die Partei noch erfüllt war, deutlich wieder. Sie lehnt sich an das alte Erfurter Programm an, versucht jedoch auch den in der Revolution aufgetauchten Forderungen Rechnung zu tragen, indem sie das Rätesystem und die Diktatur des Proletariats als die von der Partei zu erstrebenden Ziele nennt. Insofern haben die späteren Kritiker dieser Kundgebung recht gehabt, als sie darauf hinwiesen, daß man entweder das eine oder das andere fordern müsse. Sie haben aber darin unrecht gehabt, daß sie das Rätesystem und die Diktatur des Proletariats als die letzten Errungenschaften des Proletariats verkündeten, während doch auch diese beiden Forderungen, wie der Parlamentarismus und die Gewerkschaftsbewegung, nur Mittel zu dem Zwecke sein dürfen, den Sozialismus zu verwirklichen. Grundsätzliche und taktische Fragen wirbelten noch durcheinander; diese Unklarheit bildete den eigentlichen Grund für die Streitigkeiten, mit denen sich die Partei bis zum Oktober nächsten Jahres noch befassen mußte.

Die Gegensätze prallten noch einmal bei der W a h l d e r P a r t e i - v o r s i t z e n d e n aufeinander. Haase hatte 154, Däumig 109 Stimmen erhalten. Da aber Däumig bei der Wahl zur Nationalversammlung erklärt hatte, daß er es ablehne, mit Haase auf einer Liste zu kandidieren und weil er auch während der Verhandlungen des Parteitages immer wieder betonte, daß er in seinen Auffassungen gänzlich von denen Haases abweiche, so lehnte dieser die Wahl ab. Es folgten längere Verhandlungen in den Landsmannschaften, bis man eine neue Regelung fand. Nunmehr lehnte Däumig seine Aufstellung zur Kandidatur des Parteivorsitzenden ab und es wurden schließlich H a a s e und C r i s p i e n gewählt.

Das Leipziger Aktionsprogramm.

Der Höhepunkt der Entwicklung. — Ungarn und Bayern. — Der zweite
Rätekongreß. — Erfolgreicher Kampf für Abschluß des Friedens. —
Moskauer Spaltungsrezepte. — Die Frage der Internationale. — Die
Reichskonferenz der U. S. P. D. — Ermordung von Hugo Haase. —
Der Parteitag von Leipzig.

Vor ungeheure Aufgaben war das internationale Proletariat gestellt. Der Krieg hatte die Weltwirtschaft in einen Trümmerhaufen
verwandelt und beide Teile, die Sieger wie die Besiegten, zu Leid-
tragenden gemacht. Die Hauptlasten des Krieges wurden nun auf
die Arbeiterklasse gewälzt, sie konnte sich dagegen nur wehren, indem
sie das Banner des Sozialismus aufpflanzte und den Kampf um die
Umgestaltung der Produktionsverhältnisse aufnahm. Eine wahrhaft
tragische Situation wurde nun für das Proletariat dadurch geschaffen,
daß es weder die Einheitlichkeit der Front wiederfand, noch sich
selbst in seinen fortgeschrittensten Teilen über die nun einzuschla-
genden Wege klar war. Der Streit, der bald in der Unabhängigen
Sozialdemokratie einsetzte, drehte sich äußerlich um die Frage, ob
Rätesystem oder Parlamentarismus, ob Diktatur oder Demokratie,
Revolution oder Reform. Der tiefere Gegensatz war aber begründet
in der verschiedenartigen Auffassung darüber, ob der Kampf mit
r u s s i s c h e n oder mit w e s t e u r o p ä i s c h e n M e t h o d e n zu
führen sei, oder genauer: ob für alle Länder, gleichviel welche
staatlichen und wirtschaftlichen Verfassungen sie aufwiesen, die
Taktik von einem einzigen Schema bestimmt werden solle, oder ob sie
sich nach den jeweils gegebenen politischen und ökonomischen Verhältnissen richten müsse. Diese gegensätzlichen Auffassungen haben
am Ende der Periode, die wir jetzt schildern müssen, den weiteren
Aufstieg der U. S. P. D. gehemmt und sie schließlich durch die
Spaltung im Herbst 1920 dazu gezwungen, die Organisierungs- und
Aufklärungsarbeit von einem schwächeren Punkte aus von neuem
zu beginnen.

Noch aber, im Frühjahr 1919, eilte die Partei dem H ö h e p u n k t
i h r e r E n t w i c k l u n g zu. Von Woche zu Woche steigerte sich
die Zahl ihrer Mitglieder, vermehrte sich die Leserschar ihrer Presse.
Die bürgerliche Welt fürchtete nicht die kleine kommunistische Sekte,
wenn sie auch noch so trotzige Gebärden machte, sondern die Unabhängige Sozialdemokratie war es mit ihrer unermüdlichen sozialistischen Erziehungsarbeit, die die bange Sorge der Bourgeoisie erregte.
Einen besonderen Schlag glaubten ihre militärischen und juristischen

Werkzeuge dadurch zu führen, daß sie L e d e b o u r während der Januarkämpfe verhaften und ihn dann monatelang im Gefängnis schmachten ließen. Wenn es nach den Wünschen der bürgerlichen Henkersknechte gegangen wäre, so hätte man Ledebour dasselbe Schicksal bereitet, das Karl Liebknecht, Rosa Luxemburg, Jogiches und unzählige andere revolutionäre Kämpfer getroffen hatte. Der Prozeß, der sich an diese Verhaftung anschloß und der im Mai und Juni vier Wochen lang vor einem Schwurgericht geführt wurde, endete mit der Freisprechung Ledebours von der Anklage der Bildung eines bewaffneten Haufens, des Landfriedensbruchs und eines Verbrechens gegen das Sprengstoffgesetz. Der Bericht über den Verlauf dieser Gerichtsverhandlung ist stenographisch festgehalten und dann besonders veröffentlicht worden. Es genügt deshalb, wenn wir zusammenfassend feststellen, daß der Prozeß aus einer Anklage gegen Ledebour zu einer Anklage gegen die Regierung Ebert-Scheidemann, gegen die von ihr geförderte Gegenrevolution, gegen den neuen Militarismus und das eng mit ihm verbundene politische Spitzelsystem wurde. Das eine verdient noch besonders hervorgehoben zu werden, daß Ledebour vor den Geschworenen trotz seines hohen Alters und der vorausgegangenen monatelangen Untersuchungshaft seine Sache als Mann und wahrhafter Revolutionär führte.

Holten sich die reaktionären Elemente bei dieser Gelegenheit eine gründliche Niederlage, so fielen ihnen an zwei anderen Punkten größere Erfolge zu. Das war in U n g a r n und in B a y e r n. Unter Verkennung der objektiven wirtschaftlichen und politischen Verhältnisse ließ sich ein Teil des ungarischen Proletariats dazu verleiten, als Protest gegen den dem Lande drohenden Gewaltfrieden die Räterepublik auszurufen. Ihre Herrschaft dauerte nur so lange, als das den alliierten Machthabern gefiel. Von der rumänischen Soldateska auf der einen, von den nationalistischen Mordbanden auf der anderen Seite angegriffen, aller wirtschaftlichen Hilfsmittel entblößt, mußte die Räterepublik nach wenigen Wochen kapitulieren und einer Herrschaft des weißen Schreckens Platz machen. In Bayern hatte sich der Arbeiterschaft aller Richtungen nach der Ermordung Kurt Eisners eine maßlose Erregung bemächtigt, die nach politischer Aktion drängte. Was Eisner bis dahin gelungen war, die proletarischen Kräfte auf einen Punkt zu konzentrieren, und sie den gegebenen wirtschaftlichen und politischen Verhältnissen anzupassen, das war nun auf einmal vergessen. Unverantwortlicher Putschismus, unklare Schwarmgeisterei und anarchistische Ideologie gewannen über einen Teil der Arbeiterschaft die Oberhand. Bald gesellten sich auch politische Geschäftemacher und politische Ignoranten dazu, um die Bewegung völlig zu diskreditieren. Noch schneller als in Ungarn brach das Räteexperiment in Bayern zusammen. Unter dem Oberbefehl von Noske sammelten sich die Weißen Garden ganz Deutschlands, um einen Generalsturm auf München zu unternehmen. Mit allen Mitteln der modernen Kriegskunst, aber auch mit allen ihren Schrecken und mit ihrer ganzen Barbarei wurde die Räteherrschaft niedergeworfen, Tausende von Arbeitern wurden massakriert, Landauer, Leviné, noch andere von den Besten des revolutionären Proletariats dahingemordet. Bald schlug in Bayern der Pendel von der extremsten Linken nach der extremsten Rechten aus; die Räteherrschaft wurde abgelöst durch das Kahr-Poehner-Regiment, das noch jahrelang jede freie Bewegung der Arbeiter mit den brutalsten Mitteln unterdrückte.

Aehnliches wiederholte sich in diesen Monaten in zahlreichen anderen Orten und bei vielen ähnlichen Gelegenheiten ohne Unterlaß. Die Noskegarden waren ununterbrochen in Bewegung, um jede selbständige Regung der Arbeiterklasse niederzuwerfen. Bald war es Hamburg, bald Braunschweig, wo die „Ordnung" wiederherzustellen war, in dieser Woche bot Leipzig, in der andern Hannover oder Breslau den Noskegeneralen die Gelegenheit, den Belagerungszustand zu verhängen und die grauenvollsten Szenen in der Verfolgung der Arbeiterschaft aufzuführen. Mit unbeschränkter Machtvollkommenheit, so stellte damals ein Aufruf der Unabhängigen Sozialdemokratie fest, herrschte die Gardekavallerie-Schützendivision unter der Leitung des Noskefreundes General Lüttwitz. Tausende von Personen, zum größten Teil Arbeiter und Arbeiterinnen, wurden verhaftet, hunderte grausam hingemordet, wehrlose Gefangene roh mißhandelt.

Streikende Arbeiter, so wird in dem Aufruf festgestellt, werden mit Maschinengewehren unter Entziehung der Lebensmittel bedroht. Streikbrechergarden werden von der Regierung gebildet, um das Streikrecht, das elementarste Recht der Arbeiter, für das sie ohne Unterschied der Parteianschauungen seit Jahrzehnten gekämpft haben, niederzuknütteln. Der Boden des Gesetzes wird mit vollem Bewußtsein verlassen. Der Belagerungszustand wird über immer weitere Gebiete verhängt. Die Klassen der Bevölkerung werden mit verschiedenem Maße gemessen. Den Bürgerlichen und Offizieren wurde in Berlin erlaubt, auf den Straßen Demonstrationen zu veranstalten. Die Arbeiter dagegen werden in der Ausübung ihres Versammlungsrechts verhindert. Noch niemals im Deutschen Reiche, selbst unter dem reaktionärsten Regime des alten Kaisertums nicht, sind die Arbeiter so verächtlich behandelt worden.

Im Zeichen dieser fortschreitenden Reaktion trat am 8. April 1919 der Zweite Rätekongreß zusammen. Es waren auf ihm 130 Rechtssozialisten, 55 Unabhängige, denen sich auch eine neun Köpfe starke österreichische Delegation anschloß, 20 Soldatenräte und einzelne Vertreter anderer Parteigruppen, darunter ein Kommunist, anwesend. Wie gering der Einfluß der Räte geworden war, stellte sich heraus, als er das Verlangen stellte, Genossen Ledebour aus der Haft zu entlassen. Die Regierung ebensowenig wie die Justiz kümmerte sich um diese Forderung. Die Beratungen befaßten sich in der Hauptsache mit der Frage, wie das Rätesystem weiter auszubauen sei. Die Rechtssozialisten vertraten lediglich die Forderung der Schaffung einer zweiten Kammer, die aus den Räten gebildet werden sollte. Die Alleinherrschaft der Räte, die Rätediktatur, lehnten sie ab. Die Unabhängigen, für die Däumig sprach, verlangten dagegen, daß die Räte die höchste Macht im Staate ausüben sollten und daß die Regierung ihre Direktiven vom Rätekongreß zu empfangen habe. Der Kongreß machte sich, wie nicht anders zu erwarten war, die Auffassungen der rechtssozialistischen Fraktion zu eigen, und das bedeutete nichts anderes, als daß der Rätegedanke für Deutschland vorläufig begraben war.

Anfang Mai gaben endlich die Alliierten ihre F r i e d e n s b e d i n - g u n g e n f ü r D e u t s c h l a n d bekannt. Sie machten auf die bürgerlichen Parteien und auch auf die Rechtssozialisten einen nieder- schmetternden Eindruck. Hatte man sich nicht auf die berühmten 14 Punkte des amerikanischen Präsidenten Wilson berufen, als man vor einem halben Jahre um Frieden bat? Und nun enthielten die Be- dingungen der Entente so gar nichts vom Selbstbestimmungsrecht der Völker, von der Versöhnung der Nationen und von all den andern schönen Dingen, die in den 14 Punkten versprochen waren. Für die Unabhängige Sozialdemokratie kam das Diktat der Alliierten nicht überraschend. Sie hatte immer vorausgesagt, daß der Krieg, wenn er nicht mit einer Verständigung enden würde, nur in einen Frieden der Gewalt und der Niederwerfung ausgehen könne. Sie hatte da- mals, als die deutsche Regierung den Russen und den Rumänen ihre Gewaltfrieden aufzwang, angekündigt, daß die Entente, wenn das Spiel zugunsten Deutschlands umschlagen sollte, sich diese Ge- waltfriedenschlüsse zum Beispiel nehmen würde. Und so war es jetzt gekommen. Die bürgerlichen Parteien allerdings, und mit ihnen die Rechtssozialisten, die die volle Verantwortung für diese Entwick- lung zu tragen hatten, sie jammerten jetzt darüber, daß ihr Glaube enttäuscht, daß ihr Vertrauen auf Wilson verraten worden sei. Die Deutschnationalen forderten, daß der Krieg von frischem beginnen sollte und die Militaristen wetzten schon das Schwert, um neues Ent- setzen über die Welt zu verbreiten. Die Demokraten glaubten klüger zu handeln, wenn sie die passive Resistenz gegenüber den Entente- forderungen vorschlugen; sie meinten, wenn man die alliierten Heere das Ruhrgebiet, Berlin, Hamburg, Mitteldeutschland, alle Stätten der Arbeit und des Handels besetzen lasse, dann werde die Entente schon einsehen, daß von Deutschland nichts zu holen sei, und erst dann würden sie billigere Bedingungen zu stellen bereit sein.

Die Unabhängige Sozialdemokratie wandte sich sofort gegen diese Politik der Torheit und des Verbrechens, und ihrem Einfluß, der da- mals unbestritten war, ist es zu danken, daß das Bürgertum, das die Verantwortung für den Krieg trug, nunmehr auch die Verantwortung für den Frieden übernehmen mußte. Die Partei rief sofort das Prole- tariat zum Kampfe für den Frieden auf. Sie stellte fest, daß sie unab- lässig den Abbruch des Krieges schon gefordert hatte, als noch keine der kriegführenden Gruppen das Uebergewicht über die andere er- langt hatte. Damals aber hatte das alte Regime, unterstützt von allen Parteien mit alleiniger Ausnahme der USPD. die Gewaltfrieden von Brest-Litowsk und Bukarest abgeschlossen und dadurch den Haß gegen Deutschland vermehrt. In dem Aufruf hieß es weiter:

Wir haben keine Hoffnung, daß die Entente-Imperialisten, die auf die Friedensverhandlungen den maßgebenden Einfluß haben, die Bedingungen wesentlich erleichtern werden, zumal die Zusammensetzung der Regierung und der Friedensdelegation den anderen Regierungen kein Vertrauen ein- flößen kann. Selbst wenn bei den eingeleiteten Verhandlungen erhebliche Veränderungen nicht erreicht werden sollten, so bleibt doch letzten Endes n i c h t s a n d e r e s ü b r i g , a l s s i c h d e m Z w a n g e z u f ü g e n u n d d e n V e r t r a g z u u n t e r z e i c h n e n . Nichtunterzeichnung be- deutet die Zurückhaltung unserer Kriegsgefangenen, die Besetzung unserer Rohstoffgebiete, die Verschärfung der Blockade, bedeutet Arbeitslosigkeit,

Hungersnot, Massensterben, bedeutet eine entsetzliche Katastrophe, die erst recht den Zwang zur Unterzeichnung herbeiführt. Es sind die Proletarier, die am fürchterlichsten unter den Folgen zu leiden hätten.

Der Frieden, so hart und drückend er auch immer sein mag, ist die notwendige Voraussetzung für die Lebensmöglichkeit sowie für den Aufbau unseres Gesellschafts- und Wirtschaftslebens, im Geiste des revolutionären Proletariats.

Wie der Friede von Brest-Litowsk und Bukarest nur von kurzer Dauer gewesen ist, so wird nach unserer Ueberzeugung auch der Friede von Versailles durch die revolutionäre Entwicklung zunichte gemacht werden.

Die Unabhängige Sozialdemokratie ließ es nicht bei Worten bewenden, sondern sie rief das Proletariat zur Tat auf. Und sie hatte die Genugtuung, daß die Arbeiterklasse ihren Ruf verstand und in gewaltigen Kundgebungen von der Regierung die Unterzeichnung des Friedens verlangte. In der Nationalversammlung gebrauchte Scheidemann das Wort von der Hand, die verdorren solle, die diesen Vertrag unterschreibe. Haase dagegen stellte als Verpflichtung derjenigen Parteien, die die Kriegspolitik unterstützt hatten, auch den Abschluß des Krieges herbeizuführen fest. Durch sechs Wochen zog sich der Kampf um den Friedensvertrag hin. Scheidemann mußte zurücktreten, denn mit einer verdorrten Hand hätte er nicht länger regieren können. Eine andere Regierung wurde gebildet, nachdem sich auch die Rechtssozialisten und ein Teil des Bürgertums zu der Ueberzeugung durchgerungen hatten, daß die Unterzeichnung des Friedensvertrages eine absolute Notwendigkeit sei. In einem Aufruf konnte die USPD. feststellen, daß es nur der Wachsamkeit und Entschlossenheit der revolutionären Arbeitermassen, die sich in wachsender Zahl um die Unabhängige Sozialdemokratie scharten, zu danken sei, wenn das Furchtbare verhütet wurde, das die Verantwortlichen für den Krieg über das deutsche Volk zu verhängen gedachten.

Befestigte sich durch diese erfolgreiche Arbeit das Vertrauen der Arbeiterschaft in die Unabhängige Sozialdemokratie in ständig zunehmendem Maße, so mußte die rechtssozialistische Partei die Wirkungen ihrer Politik bald am eigenen Leibe spüren. In der Pfingstwoche hielt sie ihren Parteitag in Weimar ab. Schon in den Mitgliederversammlungen, die sich mit den Beratungsgegenständen des Parteitags beschäftigten, machte sich eine tiefe Unzufriedenheit bemerkbar, besonders mit dem Kurse, der unter dem Namen der Noske und Heine gesteuert wurde. Wiederholt wurde dort geäußert, man müsse sich schämen, mit Leuten von dieser Gattung in einer Partei zu sitzen. Zahlreich waren die Anträge an den Parteitag, die heftige Kritik an der bisherigen Politik übten. Freilich wurde die Kritik nicht von großen und schöpferischen Gedanken bewegt, sondern sie hängte sich mehr an einzelne und äußere Erscheinungen, ohne den Mut zu finden, die Rückkehr zum Klassenkampf, das Aufsagen des Bündnisses mit der Bourgeoisie zu fordern. Auf dem Parteitag selbst setzte sich diese verdrossene Stimmung in hoffnungslose geistige Versumpfung und Teilnahmslosigkeit um. Die großen Probleme, die die Revolution aufgeworfen hatte und die die Arbeiterbewegung in ihren Tiefen aufwühlten, weckten dort nur ein schwaches Echo. Die wenigen Leute, die, wie Cohen für die Rätefrage, oder wie Wissell mit seinem Plan einer Gemeinwirtschaft, immerhin noch etwas Neues zu sagen hatten, stießen auf allgemeine Verständnislosigkeit. Der Parteitag hatte im Hause der Nationalversammlung getagt, und diese äußerliche Gemeinschaft drückte sich auch in der beiden Körperschaften gemeinsamen Ideenlosigkeit aus. Kein Wunder, daß sich der Parteitag mit der Gewaltpolitik Noskes solidarisch erklärte und ihn dadurch aufmunterte, die bisherigen Geleise weiter zu benutzen.

Noske und die Seinen ließen sich das denn auch nicht zweimal sagen. So hatte die Unabhängige Sozialdemokratie auf den 21. Juli g r o ß e ö f f e n t l i c h e K u n d g e b u n g e n veranstaltet, gemeinsam mit den Sozialisten Frankreichs, Italiens und anderer Länder, um für den Willen der Arbeiterklasse zum Weltfrieden, zur Völkerversöhnung zu zeugen. Noske verbot diese Kundgebungen, womit er freilich nicht die deutsche Arbeiterschaft schädigte, sondern die Gewaltpolitik der deutschen Rechtssozialisten vor der ganzen Welt aufs neue bloßstellte. Die Versammlungen wurden dann in die Säle verlegt, wo sie unter ungeheurer Beteiligung der Arbeiterschaft Berlins in voller Ruhe, aber auch in fester Entschlossenheit, den einmal gewählten Weg weiterzugehen, verlaufen konnten.

Ein anderer Gewaltstreich Noskes richtete sich gegen den V o l l z u g s r a t d e r B e r l i n e r A.- u n d S.- R ä t e. Kurz vorher waren die Rechtssozialisten aus dieser Körperschaft ausgetreten und hatten sich einen besonderen Vollzugsrat beigelegt. Noske glaubte die Gelegenheit nicht vorübergehen lassen zu sollen, um jetzt den entscheidenden Streich gegen die Arbeiterräte, das letzte Bollwerk aus der Revolution, zu führen. Er ließ den Vollzugsrat aus den Räumen In den Zelten, die ihm von der Regierung selbst zugewiesen worden waren, gewaltsam vertreiben und die Lokalitäten militärisch besetzen. Außerdem untersagte er ihm die Ausschreibung von Neuwahlen zu den Arbeiterräten im Wirtschaftsgebiet Groß-Berlins. An der Stellung, die der Vollzugsrat im öffentlichen Leben noch einnahm, hat dieser Streich Noskes nicht viel geändert. Es waren andere Kräfte, die sie untergruben, es war nicht zuletzt die eigene Schuld des Vollzugsrats, daß er schließlich ganz aus dem Gesichtskreise der Arbeiterbewegung ausscheiden mußte.

Andere Kräfte als die Gewaltpolitik Noskes und die erstarkende gegenrevolutionäre Bewegung waren es auch, die das stolze Gebäude der Unabhängigen Sozialdemokratischen Partei unterminierten und zum Einsturz zu bringen suchten. Die K o m m u n i s t i s c h e P a r t e i, die Nachfolgerin des Spartakusbundes, befand sich in voller Zersetzung und Auflösung. Aus dem öffentlichen Leben war sie fast gänzlich ausgeschieden, und selbst der Spartakusschreck vermochte keine Wirkung mehr auszuüben. Die russische Sowjetregierung brauchte aber für ihre außenpolitischen Zwecke starke Parteien im Auslande, und da mit den bisherigen Methoden keine größere Anhängerschaft für die kommunistisch-anarchistischen Ideen zu gewinnen war, so schlug man jetzt andere Wege ein. Diese Wege sollten über die Spaltung derjenigen revolutionären Parteien gehen, die sich bisher der kommunistischen Internationale nicht angeschlossen hatten. Das erste Ziel ihres Angriffs war die Unabhängige

Sozialdemokratische Partei Deutschlands. Einem Kurier der Kommunistischen Partei Deutschlands wurde auf einer Reise nach Rußland an der litauischen Grenze ein Brief abgenommen, der mit W. Machowski unterzeichnet und an Bucharin und Tschitscherin, zwei der bekanntesten Bolschewisten, gerichtet war. Die wichtigsten Stellen daraus mögen als historisches Zeugnis dafür, von welcher Seite die spätere Spaltung der Unabhängigen Sozialdemokratie eingeleitet wurde, hier ihren Platz finden. In dem Briefe hieß es:

„Hierbei lenke ich nochmals Ihre Aufmerksamkeit auf den Umstand, daß bei der Beurteilung und den Verhandlungen mit den Unabhängigen eine scharfe Trennung zwischen den Anhängern H i l f e r d i n g - H a a s e und D ä u m i g - M ü l l e r zu machen ist. Letztere Strömung kann man f e h l e r l o s k o m m u n i s t i s c h bezeichnen, und wenn sie irgendwie mit den offiziellen Führern der Kommunisten auseinandergeht, so nur in der Taktik und Methode der Erlangung ihrer Ziele — der Diktatur des Proletariats mit Hilfe der Rätemacht. Nach dem Ausscheiden der Scheidemänner und Demokraten aus dem Berliner Vollzugsrat hat ein offener Kampf zwischen den Kommunisten und Unabhängigen begonnen. Ich füge hinzu, daß im Berliner Rat die Unabhängigen alle zur Strömung Müller-Däumig gehören und von irgendeinem Einfluß Haase-Hilferding keine Rede sein kann. Viele Mitglieder der Kommunistischen Partei und ebenso die Mehrzahl der Mitglieder der Fraktion der Kommunistischen Partei des Berliner Rats haben ihre Unzufriedenheit mit der Taktik der Z. K. (Kommunistischen) Partei zum Ausdruck gebracht, die mit der gesamten Unabhängigen Partei Kampf führt, ohne zwischen Haase und Däumig zu unterscheiden . . . Mir persönlich scheint es, daß die Bewegung in Deutschland durch eine Uebereinstimmung der Tätigkeit der K o m m u n i s t e n m i t d e n l i n k e n U n - a b h ä n g i g e n und eine Beilegung des Kampfes mit der Unabhängigen Partei nur gewinnen kann. Das schließt natürlich nicht den K a m p f g e g e n d i e S t r ö m u n g H a a s e - H i l f e r d i n g aus. Dieser muß fort- g e s e t z t w e r d e n. Däumig und Müller, die selbst gegen sie kämpfen, schaffen dadurch eine Plattform, auf der eine Verständigung herbeigeführt werden kann. Die zu Ihnen kommenden Genossen wollen sich mit Ihnen beraten, ehe sie einen Beschluß fassen.“

Diese Anweisung deckte sich allerdings mit der Losung, die der K o n g r e ß d e r M o s k a u e r I n t e r n a t i o n a l e im März 1919 ausgegeben hatte. Dort hieß es in einer Resolution über die II. Internationale:

„Das „Zentrum“ (Sozial-Pazifisten, Kautskyaner, Unabhängige) besteht vom Beginn des Krieges an auf „Einheit“ mit den Sozial-Chauvinisten. Nach der Ermordung von Liebknecht und Luxemburg predigt das „Zentrum“ weiterhin die gleiche „Einheit“, d. h. die Einheit der Arbeiterkommunisten mit den Mördern der kommunistischen Führer Liebknecht und Luxemburg . . .

Es ist u n b e d i n g t n o t w e n d i g , d i e r e v o l u t i o n ä r s t e n E l e - m e n t e v o m „Z e n t r u m“ a b z u s p a l t e n , was nur durch schonungslose Kritik und Bloßstellung der Führer des „Zentrums“ zu erreichen ist.“

Nach diesem Rezept haben dann die Moskauer Diktatoren und ihre deutschen Stipendiaten gearbeitet, bis das Werk vollbracht und die Unabhängige Sozialdemokratie gespalten war. Es hatte sich in der Tat in der Partei ein sogenannter linker Flügel gebildet, dessen Häupter Däumig, Richard Müller, Kurt Geyer und Walter Stoecker waren. Er nahm Fühlung mit den kommunistischen Häuptlingen und arbeitete unausgesetzt an der „Diskreditierung“ der bisherigen Führer der Partei. Man mag annehmen, daß sie ihr Spiel zwar mit Hinterlist und

Heimtücke, aber doch aus Ueberzeugung getrieben haben; zum mindesten kam ihnen selbst nicht zum Bewußtsein, daß sie damit gegenrevolutionäre Arbeit leisteten. Vor der Geschichte werden sie jedoch als diejenigen dastehen, die der Arbeiterklasse hundertfach größeren Schaden zufügten, als es den Noske und Heines, den Generalen Lüttwitz und Märcker je gelungen war. Wenn die revolutionäre Bewegung, nachdem sie durch das stolze Anwachsen der Unabhängigen Sozialdemokratie und deren Konsolidierung einen prächtigen Aufschwung genommen hatte, wieder zum Versumpfen verurteilt war, so trägt die Schuld daran jene von Moskau ausgegangene Unduldsamkeit, die das geistige Leben der Arbeiterbewegung nur in die eine Schablone pressen wollte, die von ihnen selbst ausgegeben worden war.

Die e r s t e P h a s e d e r R e v o l u t i o n war in Deutschland zum Abschluß gekommen. Was aus der Novemberzeit an Errungenschaften noch übriggeblieben war, mußte von der Arbeiterschaft mit Zähnen und Klauen verteidigt werden. Die veränderte Situation erforderte auch eine veränderte Taktik der Unabhängigen Sozialdemokratie. Das wollte aber der sogenannte linke Flügel nicht einsehen, der sich unter Revolution nur gewaltsame Erhebungen, bewaffnete Zusammenstöße, offenen Bürgerkrieg und ähnliche Dinge vorstellen konnte, die von jeher das geistige Arsenal aller Revolutionsromantiker gebildet hatten. Die politischen Arbeiterräte hatten ihre Bedeutung vollständig verloren; die Müller und Däumig aber beschimpften jeden als Verräter, der nicht unbedingt an dem „reinen Rätegedanken" als den alleinseligmachenden Glauben der Revolution festhielt. Die Kämpfe um den Einfluß auf den Staat wurden längst wieder in den Parlamenten ausgefochten; das hatte selbst die kommunistische Partei veranlaßt, ihre bei der Gründung der Partei ausgegebene Parole der Wahlenthaltung wieder aufzugeben. Der „linke Flügel" dagegen hoffte von Monat zu Monat auf einen neuen revolutionären Ausbruch, und darum überschüttete er jeden mit Hohn und Spott, der dafür eintrat, daß die Arbeiterklasse sich auch des Parlamentarismus als einer Waffe in ihrem Kampfe bediente. Die Gewerkschaften waren wieder zu den Hauptträgern der wirtschaftlichen Bewegung der Arbeiterschaft geworden; die Richtung Müller aber verlangte, daß man ihnen fernbleibe und abseits der großen Organisationen der Arbeiterschaft im luftleeren Raum eine wirtschaftliche Räteverfassung aufstelle.

Der Hauptgegenstand des Streits war aber die Frage der I n t e r n a t i o n a l e. Seit der Beendigung des Krieges waren wiederholt Versuche gemacht worden, die internationalen Beziehungen der Arbeiterklasse wieder herzustellen. Es mußte jetzt alles darauf ankommen, das revolutionär gesinnte Proletariat der ganzen Welt auf einem einheitlichen Boden zu versammeln und die reformistischen und nationalistischen Elemente zu isolieren. Die Bolschewiki hatten aber aus innen- und außenpolitischen Gründen keine Zeit, um den Ablauf dieses Prozesses abzuwarten. Sie gründeten eine n e u e I n t e r n a t i o n a l e, die sie die dritte nannten und die schon durch ihren Sitz in Moskau zeigte, daß sie einen starren dogmatischen, auf die kommunistischen Heilslehren eingeschworenen Charakter tragen sollte. Die Unabhängige Sozialdemokratie hatte dagegen an zwei

Konferenzen in Genf und Luzern teilgenommen, und es war ihr gelungen, eine wertvolle Vorarbeit für den W i e d e r a u f b a u   d e r I n t e r n a t i o n a l e in wahrhaft revolutionärem und sozialistischem Sinne zu leisten. Worauf es ankam, das hatte H i l f e r d i n g in Luzern ausgeführt. Der künftige Kongreß der Internationale sollte darüber entscheiden, ob sie sich auf den Boden der revolutionären sozialistischen Entwicklung stellen wolle. Bis dahin sollte die Unabhängige Partei ihre Stellungnahme offenlassen:

Wenn die Internationale auf einer Grundlage errichtet wird, die tatsächlich die revolutionären Kräfte des Proletariats zusammenfaßt und sie zu gemeinsamen Aktionen steigert, d a n n   w i r d   d i e s e   n e u e   I n t e r n a t i o n a l e   d a s   s e i n ,   w a s   w i r   i m m e r   g e h o f f t   h a b e n , dann wird wahr werden können, weil die Situation sich unterdessen revolutionär gestaltet hat, was wir von der 2. Internationale immer gesungen haben, dann wird es möglich sein, daß die Internationale die Menschheit sein wird. Die Befreiung der Menschheit ist aber eine Sache des Kampfes. Die Internationale muß Kampfesorganisation werden, und sie kann nicht in ihren Reihen Glieder haben, die in diesem Kampfe nicht auf der Seite des Proletariats, sondern auf der Seite der Bourgeoisie, gegen das Proletariat stehen.

Von dieser Zusammenfassung des gesamten revolutionären Proletariats zu einer geschlossenen Kampfesfront gegen die Bourgeoisie wollten nun allerdings weder die Götter in Moskau noch ihre Nachbeter in Deutschland etwas wissen. K u r t   G e y e r lehrte, daß Revolutionen nur durch „entschlossene Minderheiten" gemacht werden könnten, und er verlangte, daß das in dem neuen Programm der Partei dadurch zum Ausdruck komme, daß die hinter der Forderung der Diktatur des Proletariats stehenden Worte: „des Vertreters der großen Volksmehrheit" gestrichen werden sollen. Im Parlament dürfe keine Kleinarbeit geleistet werden, denn das würde nur Kräftevergeudung bedeuten. Ueberhaupt sei die Beteiligung an Wahlen nur eine Schwächung der revolutionären Stoßkraft. Die Situation in Deutschland sei „vorrevolutionär". Die USP. müsse also im Rätesystem die Hauptwaffe im Kampf um den Sozialismus erblicken, während sie die anderen Kampfmittel einschließlich der Parlamente als Hilfsmittel dieses Kampfes betrachte. Das Ziel müsse sein, die rechtssozialistische Partei niederzukämpfen und eine Vereinigung mit den Kommunisten zu suchen. Es sei notwendig, daß der kommende Parteitag offen ausspreche, daß die II. Internationale für die USPD. erledigt sei. Die USP. müsse den Anschluß an Moskau suchen, denn grundsätzlich trenne sie nichts mehr von der III. Internationale.

Geyers Angriffe kamen kurz vor der R e i c h s k o n f e r e n z , die die USPD. im September 1919 veranstaltete. H a a s e stellte dort in seinem Referat über die politische Lage fest, daß im Proletariat eine gewisse Ermüdung eingetreten sei, und daß selbst die Kommunisten mit der Möglichkeit rechneten, daß die revolutionäre Stimmung noch weiter abflaue. Es sei daher ganz falsch, daß Geyer einen neuen Ausbruch der Revolution schon für die nächsten Monate als ganz sicher ankündige und von der Partei verlange, sie möge ihre Taktik darauf einstellen. Man dürfe nicht alles auf eine Karte setzen, sondern mit allen Möglichkeiten rechnen. Sei die Zeit vor den Wahlen noch nicht reif für die Diktatur des Proletariats, so dürfen wir keinesfalls die Wahlen boykottieren. Die Massen würden eine antiparlamentarische Taktik auch gar nicht begreifen. Die Aufgabe der Partei müsse es sein, das revolutionäre Bewußtsein zu stärken, die Situation richtig zu erkennen, sie aber auch auszunutzen. G e y e r , der als Korreferent zu Worte kam, milderte jetzt seine Angriffe wesentlich. Er wolle lediglich verhindern, daß ein Kompromiß zwischen Rätesystem und Parlamentarismus beschlossen und der Kampf für die Revolution abgeschwächt werde. In der Diskussion stellte sich heraus, daß die Anschauungen Geyers bei den Vertretern der Partei keine Gegenliebe fanden, und daß die überwiegende Mehrheit der Reichskonferenz dazu entschlossen war, alle Mittel, auch den Parlamentarismus, im Kampfe für die Ziele des Proletariats anzuwenden.

Der zweite Gegenstand der Beratungen der Reichskonferenz war das Problem der I n t e r n a t i o n a l e . H i l f e r d i n g , der über die Luzerner Konferenz berichtete, verlangte, daß die USP. sich nicht von der Arbeiterbewegung des Westens, wo im Kampfe mit dem entwickelten Kapitalismus sich das Schicksal des Sozialismus entscheiden werde, leichthin isoliere. Er erwartete von der sozialrevolutionären Entwicklung eine Umgestaltung der nationalen Parteien, die die Errichtung einer von wahrhaft sozialistischem Geiste erfüllten Internationale ermöglichen würde. S t o e c k e r dagegen verlangte, daß die Trennung von den sozialreformistischen Parteien in der zweiten Internationale sofort vollzogen und der Anschluß an die III. Internationale vorgenommen werde. Der Hinzutritt anderer Parteien zu Moskau, wie der norwegischen und schweizerischen, stände bevor, deshalb sei zu erwarten, daß die III. Internationale ihres rein bolschewistischen Charakters bald entkleidet werde. Ueber diese Frage wurde nicht diskutiert, und da die Reichskonferenz auch keine Beschlüsse fassen konnte, so mußte die Entscheidung darüber auf den für die nächste Zeit einzuberufenden Parteitag verschoben werden.

In der Konferenz konnte D i t t m a n n berichten, daß das W a c h s - t u m d e r B e w e g u n g in den voraufgegangenen Monaten geradezu sprunghaft gewesen sei. Es habe aber einen Mangel an Schulung bewiesen, daß dort, wo die Hinzugekommenen sich vornehmlich aus früheren Unorganisierten rekrutierten, das Verlangen nach Aktionen vielfach am stärksten gewesen sei. Es sei versucht worden, die Räte mit der Parteiorganisation in engere Beziehungen zu bringen. Ueber erste Anfänge sei man dabei nicht hinausgekommen. Eine große Anzahl von Zeitungen war neu gegründet worden. Die Zentrale der Partei mußte erweitert werden, da die Ansprüche, die an sie gestellt wurden, ständig wuchsen.

Einen unersetzlichen Verlust erlitt die Partei durch die E r m o r - d u n g i h r e s F ü h r e r s H u g o H a a s e . Am 8. Oktober 1919 hatte ein wahnsinniger oder irregeleiteter Arbeiter mehrere Revolverschüsse auf Haase abgegeben, als dieser gerade im Begriffe war, den Reichstag zu betreten. Zuerst schienen die Verletzungen nicht gefährlich zu sein, aber es trat Blutvergiftung hinzu, und nach wochenlanger Krankheit wurde Hugo Haase am 6. November, ein Jahr nach dem Zusammenbruch des alten Regimes, aus diesem Leben abberufen. Es ist bis jetzt noch nicht ermittelt worden, ob der Mordbube aus politischen Gründen gehandelt hat oder ob er nur den Eingebungen einer verzerrten Phantasie gefolgt war. Wenn auch das Bürgertum, bei dem auch von seiner Seite anerkannten lauteren Charakter Haases, nicht in offene Freude über den Tod des Führers der Unabhängigen Sozialdemokratie ausbrechen konnte, so verhehlte die bürgerliche Presse doch nicht ihre Genugtuung darüber, daß das revolutionäre Proletariat eines seiner Besten beraubt war. Die Beisetzung der Ueberreste von Hugo Haase gestaltete sich zu einer mächtigen und dabei ergreifenden Kundgebung für die Gedanken der Unabhängigen Sozialdemokratie, als deren Verkörperung Hugo Haase in den Vorderreihen des Kampfes gestanden hatte. Das Schönste über den toten Führer hat Rudolf Hilferding am Tage seiner Bestattung in der „Freiheit" geschrieben; es möge hier seinen Platz finden:

Die tiefste Fähigkeit Haases war die G a b e d e r S e l b s t e n t ä u ß e - r u n g. Die Charakteranlage, die den Menschen zum wahrhaft guten Handeln befähigt, nennt Schopenhauer die Agapé, das Mitleid. Es ist jene Gabe, die den Menschen fremdes Leid als eigenes empfinden läßt, die bewirkt, daß die Kluft zwischen dem Ich und Du überbrückt wird.

Die Agapé war der Grundcharakter Haases. Für ihn gab es daher nicht die Schranke des Engpersönlichen, egoistischen Wirkens. Dieser Mann konnte nur Befriedigung finden in dem S c h a f f e n f ü r d i e A l l g e m e i n h e i t, in der sozialen Arbeit, in der Hilfe für alle Leidenden.

Was er als Führer geleistet hat, gehört der Geschichte an und wird von ihr gewürdigt werden. Sein unerschütterlicher Charakter ließ ihn nie abirren von den Grundsätzen des Sozialismus und bewahrte ihn vor den Versuchungen eines grundsatzlosen Opportunismus. Jede Demagogie war diesem Wahrhaftigen fremd, und fern blieb diesem Ueberlegenen politische Phantastik. Klug und abwägend im Rat, tapfer und entschlossen bei der Tat, war er zum großen politischen Führer berufen.

Und als der Krieg kam, als die Kultur zusammenstürzte, die Humanität ein Fremdwort wurde, da erhob sich Haase zur Größe des Sprechers der beleidigten, erniedrigten Menschheit, zu historischer Größe. Der K a m p f g e g e n d e n K r i e g, das Morden, die Lüge, war ihm nicht nur Sache des Verstandes, es war ihm Sache des Herzens. Litt er doch alle Leiden als eigene, und nie war seine Leidenschaft größer, nie seine Anklage heißer, nie die Verteidigung der Menschheit glühender. In jenen schweren und finsteren Zeiten hat uns allen Haase den Glauben an die Menschheit, den Glauben an den Sieg des weltbefreienden Sozialismus erhalten.

In den schwierigsten Zeiten hat dann Haase, dessen Charakter ihm in immer steigendem Maße das instinktive Vertrauen der Massen erwarb, d i e P a r t e i z u s a m m e n g e h a l t e n, vom Abgrund des Putschismus wie vom Graben des Opportunismus zurückgehalten, sicher geleitet von der marxistischen Einsicht in die historisch-ökonomische Bedingtheit aller und gerade der revolutionären Politik.

Nun ist er von uns gegangen, der u n e r s e t z l i c h e B e r a t e r, der beste und edelste Mensch, der kampferprobte Führer. In schlimmen Zeiten geht er von uns, in denen die Partei, in denen die Arbeiterklasse, in denen dieses unglückliche Deutschland mehr als je dieses einzigen Mannes bedurft hätte. Er geht von uns in dem Augenblicke, wo seine Autorität größer, sein Wort geachteter als je gewesen ist. Er geht von uns zu einer Zeit, wo das Proletariat mehr denn je der klugen, sicheren Führung bedarf und wo es nottut, die Flammen der revolutionären Entschlossenheit, des proletarischen Trotzes mit der sozialistischen Erkenntnis zu vereinen, bis zu dem Augenblick, wo sie zur gewaltigen, den Sieg verbürgenden Kraft wird. Unersetzlich ist dieser Verlust, der so sinnlos und unfaßbar uns zugefügt worden ist.

Die Schatten dieses Verlustes lagen über den Vorbereitungen zum Parteitag der Unabhängigen Sozialdemokratie, der vom 30. November bis zum 6. Dezember in Leipzig zusammentrat. Es galt diesmal die Resultate aus der bisherigen Entwicklung zu ziehen und die Taktik für die kommende Zeit festzustellen. Es waren erst neun Monate seit dem Märzparteitag vergangen; aber seitdem hatte sich die wirtschaftliche und politische Lage Deutschlands vollständig geändert und der Charakter der Revolution ein anderes Gesicht bekommen. Die Bourgeoisie war wieder in den Besitz ihrer alten Machtmittel gelangt, sie beherrschte den militärischen und bureaukratischen Apparat, sie verstand es auch, die demokratischen Methoden für ihre Zwecke zu gebrauchen. Weiter Kreise der Arbeiter hatte sich eine gewisse Kampfesmüdigkeit bemächtigt, ihre Verelendung war zwar fortgeschritten, aber das vermochte nicht, die Aktivität der Arbeiterklasse zu steigern. Das auf dem Märzparteitag beschlossene Programm entsprach dem damaligen Stande der revolutionären Bewegung, die in sich unklar und gespalten war und deshalb einen entsprechenden Ausdruck in der Kundgebung der Partei fand. Jetzt aber mußte die Partei auch für ihre programmatischen Beschlüsse jene Klarheit finden, die sie berechtigte, die Führerin des Proletariats zu sein.

Dittmann, der auf dem Parteitag den Geschäftsbericht der Zentralleitung gab, konnte auf das ununterbrochene Wachstum der Partei hinweisen. Was der Märzparteitag sich zur Aufgabe gestellt habe, sei inzwischen weiter verfolgt worden: die Sammlung des deutschen revolutionären Proletariats auf dem Boden des Klassenkampfes. Hatte die Partei im März rund 300 000 Kämpfer in ihren Reihen, so zählte sie jetzt deren mehr als dreiviertel Millionen. Im Laufe des Sommers sei eine reiche Broschürenliteratur entstanden und eine Anzahl Flugblätter über aktuelle politische Fragen in Massen herausgegeben worden. Die Partei zähle jetzt 55 Tageszeitungen im Reiche, trotzdem infolge der Not an Papier und des Mangels an Materialien die Schwierigkeiten zur Gründung neuer Blätter außerordentlich groß gewesen waren. Zur Unterstützung der Redaktionen war ein Pressebureau errichtet worden, dem ein eigener Parlamentsdienst angegliedert wurde. Für die Frauen erschien die „Kämpferin", für die jungen Arbeiter die „Freie Jugend". Als Hilfsmittel für die Arbeit in den Kommunen gab die Partei eine besondere Zeitschrift, die „Sozialistische Gemeinde", heraus. Dieses Jahr war aber nicht nur mit Erfolgen gefüllt, sondern es war zugleich ein Jahr der Opfer. Die besten Kämpfer des Proletariats waren niedergemetzelt oder in Zuchthäuser geworfen. Die edelsten Führer der Arbeiterklasse waren durch Mörderhand gefallen. Niemals hatte die Klassenjustiz so gewütet wie in diesem Jahr. Nunmehr müsse die Organisation der USP. zu einem Bollwerk des proletarischen Klassenkampfes gemacht werden, denn nur dadurch komme man zu einer Einigung des gesamten sozialistischen Proletariats.

Nachdem Dittmann einen Bericht über die Arbeiten für ein neues Organisationsstatut gegeben hatte, kam es zu einem Zwischenfall, der die Situation in der Partei scharf beleuchtete. Es wurde festgestellt, daß einige Mitglieder der Partei, wie Stoecker und Geyer, g e h e i m e V e r h a n d l u n g e n mit L e v i, dem Vorsitzenden der Kommunistischen Partei, geführt und sich von ihm Instruktionen für ihr Verhalten auf dem Parteitage geholt hatten. Die Spaltungsabsichten der Kommunistischen Internationale, deren Vertreter Paul Levi war, waren also bereits soweit gediehen, daß sie ihren Niederschlag schon auf dem Parteitag der Unabhängigen Sozialdemokratie fanden. Es wurde bei dieser Gelegenheit auch festgetellt, daß sich bereits der „linke Flügel" eine besondere Organisation gegeben hatte, der im Sinne der Moskauer Auftraggeber arbeitete und im ganzen Reiche Anschluß zu finden suchte.

Zu einem neuen Zusamenstoß mit der kommunistischen Zelle in der Partei kam es nach einem kurzen Referat E m a n u e l W u r m s über die S t e u e r f r a g e. Wurm hatte ein Steuerprogramm aufgestellt, das der Arbeiterklasse ermöglichen sollte, innerhalb der kapitalistischen Wirtschaft sich gegen die Angriffe des Kapitals zur Wehr zu setzen. Daß eine Gesundung des Wirtschaftslebens und damit auch eine gesunde Steuerpolitik erst erreicht werden könnte, wenn die Arbeiterklasse die politische Macht erobert hatte, darüber hatte Wurm keinen Zweifel gelassen. Nichtsdestoweniger fühlten sich die Vertreter des „reinen Rätegedankens" veranlaßt, eine Revision der Steuertaktik der Partei in der Richtung zu verlangen, daß man sich an der Steuergesetzgebung im kapitalistischen Staat überhaupt nicht beteiligen, sondern es ihm selbst überlassen solle, wie er seine Lasten zu decken plane. In welcher Form auch die Steuern aufgebracht würden, immer sei im kapitalistischen Staat die Arbeiterklasse der leidtragende Teil. Auch hier zeigten sich also die anarchistischen Tendenzen der kommunistischen Auffassungen, nach denen der Arbeiter überhaupt nichts zur Besserung seiner Lage im kapitalistischen Staate unternehmen brauche, sondern daß er lediglich auf den Umsturz der kapitalistischen Ordnung hinarbeiten müsse, um damit mit einem Schlage aller seiner Sorgen entledigt zu sein. Der kommunistische Flügel hatte mit seinem Vorstoß immerhin soviel erreicht, daß das gründliche Steuerprogramm Wurms auf dem Parteitage nicht beraten wurde; die Kommission, die sich mit dieser Frage beschäftigen sollte, hat ihre Arbeiten niemals beendet.

Den Höhepunkt der Beratungen bildete das Referat C r i s p i e n s über P r o g r a m m u n d T a k t i k d e r P a r t e i. Er gab erst eine Darstellung über die weltpolitische Lage, wie sie sich während des Krieges und nach dessen Beendigung entwickelt hatte. Er schilderte dann die Geschichte der bisherigen Programme der sozialistischen Bewegung, deren letztes Ergebnis das Erfurter Programm von 1891 war. Das Märzprogramm der Unabhängigen Sozialdemokratie konnte nur eine knappe Darstellung der wichtigsten sozialrevolutionären Grundsätze geben, jetzt aber erfordere der Stand des proletarischen Klassenkampfes eine gründlichere Arbeit. Für den grundsätzlichen Teil des Programms, das einer späteren Durcharbeitung vorbehalten blieb, gab Crispien vorläufig einige Leitgedanken. Die praktische Anwendung dieser Grundsätze und der sich daraus ergebenden Forderungen wurde in einem Aktionsprogramm festgelegt, das schließlich der Parteitag zum Beschluß erhob. Das Leipziger Aktionsprogramm hat folgenden Wortlaut:

Die proletarische Revolution hat zwei große Epochen: den Kampf um die Eroberung der politischen Macht und ihre Behauptung für die Uebergangszeit vom Kapitalismus zum Sozialismus.

Die Befreiung der Arbeiterklasse kann nur das Werk der Arbeiterklasse selbst sein, weil alle anderen Klassen, trotz der Interessengegensätze untereinander, auf dem Boden des Privateigentums an Produktionsmitteln stehen und die Erhaltung der Grundlagen der kapitalistischen Gesellschaft zum gemeinsamen Ziel haben.

Die Interessen der Arbeiterklasse sind in allen Ländern gleich. Mit der Ausdehnung der kapitalistischen Weltwirtschaft wird die Lage der Arbeiter eines jeden Landes immer abhängiger von der Lage der Arbeiter in den anderen Ländern. Die Befreiung der Arbeiterklasse erfordert also den internationalen Zusammenschluß und den gemeinsamen Kampf der Arbeiter der ganzen Welt. In dieser Erkenntnis fühlt und erklärt die Unabhängige Sozialdemokratische Partei Deutschlands sich eins mit den klassenbewußten Arbeitern aller Länder. Dem imperialistischen Kapitalismus setzt das klassenbewußte Proletariat aller Länder den internationalen Sozialismus entgegen.

Die Eroberung der politischen Macht durch das Proletariat leitet die Befreiung der Arbeiterklasse ein. Zur Durchführung dieses Kampfes bedarf die Arbeiterklasse der Unabhängigen Sozialdemokratie, die rückhaltlos auf dem Boden des revolutionären Sozialismus steht, der Gewerkschaften, die sich zum unverfälschten Klassenkampf bekennen und zu Kampforganisationen der sozialen Revolution umzugestalten sind, und des revolutionären Rätesystems, das die Arbeiter zum revolutionären Handeln zusammenfaßt.

Die Unabhängige Sozialdemokratische Partei steht auf dem Boden des Rätesystems. Sie unterstützt alle Bestrebungen, die Räteorganisation schon vor der Eroberung der politischen Macht als proletarische Kampforganisation für den Sozialismus auszubauen und in ihr alle Hand- und Kopfarbeiter zusammenfassen und sie zu schulen für die Diktatur des Proletariats.

Die politische Herrschaftsorganisation des kapitalistischen Staates wird mit der Eroberung der politischen Macht durch das Proletariat zertrümmert. An ihre Stelle treten die politischen Arbeiterräte als Herrschaftsorganisation des Proletariats. Sie vereinigen in sich Gesetzgebung und Verwaltung. Ihre Wirksamkeit bedeutet die Umwandlung und Neugestaltung des kapitalistischen staatlichen Verwaltungsapparates, einschließlich der Gemeinden; sie bedeutet aber auch die Verwirklichung des Selbstbestimmungsrechtes der Arbeiterklasse und ihren Zusammenschluß zwecks Abschaffung jeglicher Klassenherrschaft. Die Unabhängige Sozialdemokratische Partei setzt der Herrschaftsorganisation des kapitalistischen Staates die proletarische Herrschaftsorganisation auf der Grundlage des politischen Rätesystems entgegen, dem bürgerlichen Parlament, als dem Ausdruck des Machtwillens der Bourgeoisie, den revolutionären Rätekongreß. Die Umwandlung der kapitalistischen Wirtschaftsanarchie in die planmäßige sozialistische Wirtschaft erfolgt durch das wirtschaftliche Rätesystem.

Zur Ueberwindung des Kapitalismus und zur Verwirklichung der sozialistischen Gesellschaft sind folgende Maßnahmen zu treffen:

1. Die Auflösung jedes konterrevolutionären Söldnerheeres, Auflösung aller militärischen Zivil- und Polizei-

formationen, Einwohnerwehren in Stadt und Land, Technischen Nothilfe, Polizeitruppen, Entwaffnung des Bürgertums und der Grundbesitzer. Errichtung einer revolutionären Wehr.

2. Umwandlung des Privateigentums an Produktionsmitteln in gesellschaftliches Eigentum. Die Vergesellschaftung ist unverzüglich durchzuführen auf den Gebieten des Bank- und Versicherungswesens, des Bergbaues und der Energieerzeugung — Kohle, Wasser, Kraft, Elektrizität —, der konzentrierten Eisen- und Stahlproduktion des Transport- und Verkehrswesens sowie anderer hochentwickelter Industrien.

3. Großgrundbesitz und große Forste sind sofort in gesellschaftliches Eigentum zu überführen. Die gesamten landwirtschaftlichen Betriebe sind durch Bereitstellung aller technischen und wirtschaftlichen Hilfsmittel, durch Förderung der Genossenschaft zur höchsten Leistungsfähigkeit zu bringen. Urbarmachung von Oedland.

4. In den Städten und vorwiegend industriellen Gemeinden ist das Privateigentum an Grund und Boden in Gemeindeeigentum zu überführen; ausreichende Wohnungen sind von den Gemeinden herzustellen.

5. Planmäßige Regelung des Ernährungswesens.

6. Vergesellschaftung des gesamten öffentlichen Gesundheitswesens.

7. Vergesellschaftung aller öffentlichen Erziehungs- und Bildungseinrichtungen. Oeffentliche Einheitsschule mit weltlichem Charakter. Die Schule ist nach sozialistisch-pädagogischen Grundsätzen auszugestalten, die Erziehung mit der materiellen Produktion zu verbinden.

8. Erklärung der Religion zur Privatsache. Völlige Trennung von Staat und Kirche. Erklärung der kirchlichen und religiösen Gemeinschaften zu privaten Vereinigungen, die ihre Angelegenheiten selbständig ordnen.

9. Sozialistische Steuerpolitik durch progressive Einkommens-, Vermögens- und Erbschaftssteuer zur Bestreitung aller öffentlichen Ausgaben, soweit diese durch Steuern zu decken sind. Abschaffung aller indirekten Steuern, Zölle und sonstigen wirtschaftspolitischen Maßnahmen, welche die Interessen des Proletariats den Interessen einer bevorzugten Minderheit opfern.

10. Abschaffung aller Gesetze, welche die Frau in öffentlicher und privatrechtlicher Beziehung dem Manne gegenüber benachteiligen.

11. Einführung eines öffentlich-rechtlichen Monopols für das Anzeigen- und Werbewesen und Uebertragung an die Kommunalverbände.

12. Umgestaltung des gesamten öffentlichen Rechtswesens nach sozialistischen Grundsätzen.

13. Arbeitspflicht für alle Arbeitsfähigen. Schutzmaßnahmen zur Erhaltung der Arbeitskraft.

14. Herstellung freundschaftlicher Beziehungen zu allen Völkern. Sofortige Anbahnung von Bündnissen mit sozialistischen Republiken.

Die Diktatur des Proletariats ist ein revolutionäres Mittel zur Beseitigung aller Klassen und Aufhebung jeder Klassenherrschaft, zur Erringung der sozialistischen Demokratie. Mit der Sicherung der sozialistischen Gesellschaft hört die Diktatur des Proletariats auf, und die sozialistische Demokratie kommt zur vollen Entfaltung.

Die Organisation der sozialistischen Gesellschaft erfolgt nach dem R ä t e s y s t e m. In der sozialistischen Gesellschaft kommt auch das Rätesystem in seinem tiefsten Sinn zur höchsten Geltung. Der tiefste Sinn des Rätesystems ist, daß die Arbeiter, die Träger der Wirtschaft, die Erzeuger des gesellschaftlichen Reichtums, die Förderer der Kultur, auch die verantwortlichen Träger aller rechtlichen Einrichtungen und politischen Gewalten sein müssen.

Um dieses Ziel zu erreichen, bedient sich die Unabhängige Sozialdemokratische Partei planmäßig und systematisch gemeinsam mit den revolutionären Gewerkschaften und der proletarischen Räteorganisation a l l e r   p o l i t i s c h e n ,   p a r l a m e n t a r i s c h e n   u n d   w i r t - s c h a f t l i c h e n   K a m p f m i t t e l. Das vornehmste und entscheidende Kampfmittel ist die Aktion der Masse. Die Unabhängige Sozialdemokratie verwirft gewaltsames Vorgehen einzelner Gruppen und Personen. Ihr Ziel ist nicht die Vernichtung von Produktionsinstrumenten, sondern die Beseitigung des kapitalistischen Systems.

Die   g e s c h i c h t l i c h e   A u f g a b e   d e r   U n a b h ä n g i g e n   S o z i a l d e m o k r a t i s c h e n   P a r t e i ist es, der Arbeiterbewegung Inhalt, Richtung und Ziel zu geben und dem revolutionären Proletariat in seinem Kampfe für den Sozialismus Führerin und Bannerträgerin zu sein.

Die Unabhängige Sozialdemokratische Partei ist der Ueberzeugung, daß durch die   Z u s a m m e n f a s s u n g   d e r   p r o l e t a r i s c h e n   M a s s e n , die sie erstrebt, der vollständige und dauernde Sieg des Proletariats beschleunigt und gesichert wird. In diesem Sinne erstrebt die Unabhängige Sozialdemokratische Partei auch die Schaffung einer revolutionären aktionsfähigen Internationale der Arbeiter aller Länder.

Das Bekenntnis in Wort und Tat zu den Grundsätzen und Forderungen d i e s e s Programms ist die Voraussetzung zur Einigung der Arbeiterklasse.

Nur durch die   p r o l e t a r i s c h e   R e v o l u t i o n kann der Kapitalismus überwunden, der Sozialismus verwirklicht und damit die Befreiung der Arbeiterklasse durchgeführt werden.

Zu stürmischen und zeitweise sehr häßlichen Szenen kam es, als man an die Beratung des nächsten Punktes, die Frage der I n t e r - n a t i o n a l e , ging. Die Redner der beiden Richtungen waren Hilferding und Stoecker. H i l f e r d i n g ging von ökonomischen Feststellungen aus und verlangte, daß die Partei ihren Zusammenhang mit dem westeuropäischen Proletariat nicht verlieren dürfe. Die Entscheidungskämpfe zwischen Kapital und Arbeit würden in den hochindustriell entwickelten Ländern geschlagen werden und nicht in dem wirtschaftlich rückständigen Rußland. Bei aller Sympathie mit dem russischen Proletariat, das in opferreichen Schlachten die Bourgeoisie niedergeworfen habe, das von der Internationale des Kapitals hart bedrängt werde, von der Internationale der Arbeit aber noch nicht die notwendige Unterstützung gefunden habe, dürfe man doch nicht die Fühlung mit dem Proletariat der Weststaaten verlieren, auch wenn dessen revolutionäre Auffassung hinter der des russischen Proletariats zurückstehe. Stoecker dagegen verlangte den sofortigen Anschluß an die Moskauer Internationale und die Loslösung von den

Arbeiterparteien der anderen Länder, soweit sie sozialreformerischen Charakter trügen. Die anderen Parteien, die auf dem Standpunkt der Unabhängigen Sozialdemokratie ständen, würden deren Beispiel von selbst nachfolgen. Einen vermittelnden Vorschlag machte L e d e b o u r ; man solle die endgültige Beschlußfassung noch hinausschieben, um mit den revolutionären Sozialisten und Kommunisten aller Länder den Bau einer neuen, wirklich revolutionären und aktionsfähigen Internationale zu beginnen. Wir dürften jetzt nicht nach Moskau gehen und uns von dem westländischen Proletariat isolieren, sondern wir müßten alles tun, um das Proletariat aller Länder zur revolutionären Aktion aufzurufen und zusammenzufassen.

Da es nicht möglich war, in offener Sitzung des Parteitages zu einer Verständigung zu gelangen, wurden die Verhandlungen stundenlang vertagt, um den beiden Gruppen der Delegierten Gelegenheit zur internen Aussprache zu geben. Es schien fast so, als ob eine weitere Zusammenarbeit gar nicht mehr möglich sei. Schließlich gelang es aber, für eine Resolution, die die Unterschrift von Parteileitung und Kontrollkommission trug, die Mehrheit des Parteitages zu gewinnen. In dieser Resolution wurde m i t d e r II. I n t e r n a t i o n a l e e n d g ü l t i g g e b r o c h e n und weiter verlangt, daß durch die Sammlung der sozialrevolutionären Parteien aller Länder eine Internationale der Tat geschaffen werde. Zugleich aber gab sie der Partei die notwendige Bewegungsfreiheit, um zu verhüten, daß ihr die Gesetze des Handelns von Moskau vorgeschrieben wurden. Damit war die Möglichkeit zur Schaffung einer die ganze Welt umfassenden Internationale des revolutionären Proletariats gegeben. Wenn es nicht dazu gekommen ist, so darf die Schuld daran nicht bei der Unabhängigen Sozialdemokratie gesucht werden.

Die Spaltung der Partei ist damals noch verhütet worden. Es zeugte von der ihr innewohnenden Stärke, daß sie die heftigen Auseinandersetzungen ertragen konnte, ohne auseinanderzufallen. Das neue Aktionsprogramm hatte der Partei eine Plattform gegeben, auf der sich das ganze Proletariat sammeln konnte. Es hat auch zunächst seine Wirkung getan, bis durch das Moskauer Diktat der Aufschwung der Unabhängigen Sozialdemokratie gehemmt und der deutschen Arbeiterbewegung unsäglicher Schaden zugefügt wurde.

Das Werk von Moskau.

Die Demonstration vor dem Reichstag. — Der Streit um die Betriebsräte. — Der Kapp-Putsch. — Tod von Emanuel Wurm. — Großer Erfolg bei den Reichstagswahlen. — Das Antwortschreiben aus Moskau. — Polnisch-russischer Krieg. — Die 21 Bedingungen. — Die Reichskonferenz. — Der außerordentliche Parteitag von Halle. — Rededuell Sinowjew-Hilferding. — Die Spaltung.

Die Partei hatte ein P r o g r a m m f ü r d i e A k t i o n, sie hatte eine Fahne, die der Arbeiterklasse in ihrem Befreiungskampfe veranschweben sollte. Was das Proletariat in jenen Tagen erfüllte, wonach es sich sehnte und wofür es stritt, das war im Aktionsprogramm der Unabhängigen Sozialdemokratie niedergelegt. Seine Form und sein Inhalt entsprachen den Forderungen jener Zeit; es glühte in ihm der Trotz der Revolution, es war erfüllt von dem Gedanken sozialistischer Erkenntnis. Es knüpfte an die Bedürfnisse des Tages an, ließ sich aber nicht zu reformistischen Zugeständnissen an die kapitalistische Ordnung herbei. Es stellte ein Kampfesziel auf, ohne sich in utopische Spielereien zu verlieren. Es war das Ergebnis eines Revolutionsjahres und dessen Erfahrungen berechtigte es, jeder Revolutionsromantik Valet zu sagen.. So wurde es einstimmig und unter stürmischem Beifall der Delegierten vom Leipziger Parteitage angenommen, so wurde es von der Parteipresse, von den geistig regsamsten und kampfeslustigsten Teilen des Proletariats begrüßt. Das Aktionsprogramm war nicht für die Ewigkeit bestimmt. Aber es gab die Richtung an, in denen sich die Kämpfe der Arbeiterklasse in der kommenden Zeit bewegen mußten. Wenn eine Vereinigung des Proletariats überhaupt möglich war, so konnte sie nur auf der Grundlage erfolgen, die durch das Leipziger Aktionsprogramm der Unabhängigen Sozialdemokratie gegeben war.

Die Voraussetzung für diese Wirkung des Aktionsprogramms mußte sein, daß die drei Organisationen, die als T r ä g e r d e r s o z i a l e n R e v o l u t i o n anzusprechen waren, gemeinsam, mit Vertrauen und in Treue zueinander, an dessen Verwirklichung arbeiteten. Das waren die Partei, die Gewerkschaften und die Räteorganisationen. Es zeigte sich aber bald, daß die Vertreter des „reinen Rätegedankens" alles andere im Sinne hatten, als mit den beiden anderen Organisationen als gleichwertigen Faktoren zu arbeiten. Ihnen war das Rätesystem zum Fetisch, zum Selbstzweck geworden. Sie hatten den G l a u b e n an den Rätegedanken, und diesen Glauben hielten sie für den allein seligmachenden. Ein Glaubensstreiter aber ist blind für jede andere Meinung, er erkennt keine Lehrsätze an, sondern hält sich nur an sein Dogma. So entrüstete sich E r n s t D ä u m i g lebhaft darüber, daß L e d e b o u r in seiner Besprechung des Parteitags der parlamentarischen Arbeit die ihr gebührende Bedeutung beigemessen hatte. Mochte Däumig sich ein halbes Jahr später recht gern an der Verteilung der Reichstagsmandate beteiligen, so war er damals noch recht antiparlamentarisch gesinnt, und er und seine Freunde waren leicht dazu geneigt, jeden aus der Liste der revolutionären Kämpfer zu streichen, der nicht an den „reinen Rätegedanken" als die höchste Potenz in der Arbeiterbewegung glaubte.

Das alles gab aber nur den äußeren Anlaß, um die Kluft in den Auffassungen in der F r a g e d e r I n t e r n a t i o n a l e aufs neue aufzureißen. Der sogenannte linke Flügel war verstimmt darüber, daß sein Wunsch, den Anschluß an Moskau sofort zu vollziehen und damit den westeuropäischen Arbeiterparteien den Rücken zu kehren, nicht sofort in Erfüllung gegangen war. Seine Verbindung mit den Moskauern war schon so eng, daß er den vom Parteitag zum Beschluß erhobenen Antrag Ledebours, erst mit den andern sozialrevolutionären Parteien gemeinsam den Anschluß an die kommunistische Internationale vorzunehmen, fast als eine Ehrenkränkung ansah. Und so wurde Ledebour von Däumig als ein Vertreter jener „reformistischen und opportunistischen Tradition" der alten Partei bezeichnet, die noch nicht völlig aus den Köpfen vieler Parteigenossen geschwunden sei.

Wohin die deutsche Arbeiterklasse geführt worden wäre, wenn sie sich vorbehaltlos der Führung der Apostel des „reinen Räteglaubens" anvertraut hätte, das sollte sich bald an einem überaus traurigen Ereignis zeigen. Die Regierung hatte das Betriebsrätegesetz vorbereitet, durch das den revolutionären Räten völlig der Garaus gemacht werden sollte. Es verstand sich von selbst, daß die Arbeiter sich diesen Rest der Errungenschaften aus den Novembertagen nicht ohne Widerstand rauben lassen wollte. Als der Reichstag am 13. Januar 1920 mit den Beratungen des Betriebsrätegesetzes beginnen wollte, wurden die Berliner Arbeiter von der Leitung der Partei und der Rätebewegung zu einer großen D e m o n s t r a t i o n v o r dem Parlamentsgebäude aufgerufen. Die Führung bei dieser Kundgebung und damit auch die Verantwortung für ihren Verlauf hatten die Spitzen der Räteorganisation. Es ergab sich aber bald, daß sie wohl auf dem Papier recht schöne Tabellen für den Aufbau des Rätesystems aufstellen konnten, daß sie aber unfähig waren, eine wirkliche Organisation der Massen vorzubereiten. Zu Hunderttausenden waren die Berliner Arbeiter vor dem Reichstagsgebäude erschienen. In musterhafter Ordnung hatten sie die Betriebe verlassen und waren demonstrierend durch die Straßen gezogen. Die Leiter der Kundgebung aber hatten nicht dafür gesorgt, daß sie ein Ziel und einen wirkungsvollen Abschluß fand. Stundenlang standen die Massen vor dem Reichstag; bald hatten sich provozierende Elemente in ihre vordersten Reihen gedrängt, und nun fand die Polizei Gelegenheit, wieder einmal ein f u r c h t b a r e s B l u t b a d unter den Arbeitern anzurichten. Zahllos waren die Opfer, die den Schüssen der Militärpolizei zum Opfer fielen. Mit Maschinengewehren hatte die bürgerliche Ordnung einen neuen Sieg über das Proletariat errungen.

Die Blutschuld, die seit diesem Tage besonders an den Händen des rechtssozialistischen Polizeimnisters Heine klebt, soll gewiß nicht verkleinert werden. Wir brauchen uns auch das Geschrei der rechtssozialistischen Presse aus jenen Tagen nicht zu eigen zu machen, die aus den Vorgängen des 13. Januar einen Putschversuch konstruieren zu können glaubte und einiges von den „intellektuellen Urhebern" der greuelvollen Vorgänge faselte. Nichtsdestoweniger bietet die geschichtliche Wahrheit die Feststellung, daß damals die Vertreter des „reinen Rätegedankens", die Künder der zukünftigen Organisation der Arbeiterklasse, einen gänzlichen Mangel an Organisationsfähigkeit bewiesen haben. Nur dem Solidaritätsgefühl des sogenannten rechten Flügels hatten sie es zu verdanken, daß diese Tatsache damals nicht sofort festgestellt wurde.

Mit besonderer Heftigkeit kamen die in der Partei herrschenden zwei Auffassungen dann wieder bei der A n w e n d u n g d e s B e -t r i e b s r ä t e g e s e t z e s zum Ausdruck. Wenn die Betriebsräte zum Nutzen der Arbeiterschaft wirken sollten, so mußten sie gemeinsam mit den Gewerkschaften arbeiten. Nicht allein, daß mit dem Abflauen der revolutionären Stimmung in der Arbeiterklasse die Bedeutung der Gewerkschaften wieder zunahm, war es doch von vornherein klar, daß die gewaltige Mehrzahl der Betriebsräte den Weisungen folgen würden, die ihnen von gewerkschaftlicher Seite gegeben wurden. Auch dieser Erkenntnis suchten sich die Vertreter des „reinen Rätegedankens" zu verschließen. Sie verfochten die Auffassung, daß für die im revolutionären Proletariat wurzelnden Räte besondere Organisationen geschaffen werden müßten, die den Kern für spätere revolutionäre Erhebungen und die Grundlage für die kommende Umwälzung der kapitalistischen Produktionsweise bilden sollten. Derartige „wirtschaftliche" Räteorganisationen sind später auch in einigen Bezirken des Reichs gebildet worden, so in Mitteldeutschland und im Ruhrgebiet, ohne daß es ihnen gelungen wäre, eine größere Bedeutung als die einer Spielerei zu erlangen. In Berlin hat noch einige Monate lang die Betriebsrätezentrale in der Münzstraße eine gewise Rolle gespielt, freilich nicht als Trägerin und Förderin des Rätegedankens, sondern als Keimzelle für den Spaltungsprozeß in der Unabhängigen Sozialdemokratie.

Als Zwischenspiel sei vermerkt, daß sich im Februar 1920 der k o m m u n i s t i s c h e S p l i t t e r den Luxus einer S p a l t u n g gestattete. Unter der Führung von Paul Levi wurde eine Reihe von Bezirksorganisationen aus der Kommunistischen Partei ausgeschlossen, weil sie deren Mauserung zum Parlamentarismus nicht mitmachen wollten. Diese Hinausgeworfenen haben sich dann eine neue Partei geschaffen, die K o m m u n i s t i s c h e A r b e i t e r - p a r t e i.

Hatten die bisherigen Vorgänge in der revolutionären Entwicklung Deutschlands die Kräfte der Arbeiterbewegung zersplittert und sie dadurch ihrer Aktionsfähigkeit immer mehr beraubt, so sollte ein Ereignis jetzt die Möglichkeit ihrer Zusammenfassung schaffen. Das war der K a p p - P u t s c h vom 13. März 1920. Noch am Vorabend dieser militärischen und nationalistischen Revolte saß Noske seelenvergnügt mit seinen Offizieren aus der Reichswehr beisammen und ließ sich von ihnen berichten, daß ihr Trachten nur darauf eingestellt sei, die Republik und deren Regierung zu schützen. Wenige Stunden später waren die Mannen des Korvettenkapitäns Ehrhardt, die Landsknechte aus dem Baltikumabenteuer und ähnliche Elemente, die durch Noskes Fürsorge Zeit und Mittel erhalten hatten, sich auf neue Taten zu rüsten, in den Berliner Regierungsgebäuden und die Herren Ebert, Noske und ihre Kollegen aus der Regierung mußten Hals über Kopf aus der Reichshauptstadt entfliehen. Die r e c h t s - s o z i a l i s t i s c h e Politik hatte zum zweitenmal ihren B a n k r o t t erlitten. Der Noskekurs, der zur Bewaffnung der Gegenrevolution, zur Wiederaufrichtung des Militarismus geführt hatte, war schwächlich zusammengebrochen. Nun stand die ganze Arbeiterklasse einmütig und geschlossen auf, um sich diejenigen Rechte zu sichern, die zur Durchführung ihrer Ansprüche notwendig waren. Arbeiter, Angestellte und Beamte, gleichviel welcher Partei sie angehörten, sie alle traten in den G e n e r a l s t r e i k ein, ohne daß dafür eine besondere Vorbereitung notwendig gewesen wäre. Und nun galt es, diese Situation für das Proletariat nutzbar zu machen. Wenn eine einheitliche politische Führung der Arbeiterklasse dagewesen wäre, mit einem bestimmten Ziele und mit einem einheitlichen Willen, so wäre damals manches erreicht worden. Die Kommunisten aber gaben zuerst die Parole gegen den Generalstreik aus und ließen erst, als sie merkten, daß kein Mensch auf sie hörte, von ihrer Tölpelhaftigkeit ab. Und die Rechtssozialisten glaubten die Bewegung dahin deuten zu können, daß sie aus der Sorge um die damalige Regierung entstanden sei. So erklärt es sich, daß die Leitung des Gewerkschaftsbundes sich an die Spitze der Bewegung stellen und ihr einen ihr gemäßen Stempel aufdrücken konnte. Sie stellte eine Reihe von Forderungen auf, ihre berühmten a c h t P u n k t e , die ohne Zweifel zur Reinigung des politischen Lebens geführt und der Arbeiterschaft den ihr gebührenden Platz zugewiesen hätten, wenn sie durchgeführt worden wären. Das scheiterte auf der einen Seite an der Passivität der rechtssozialistischen Partei und auf der anderen Seite an der von den Kommunisten und dem sogenannten linken Flügel der Unabhängigen Partei gepredigten Enthaltsamkeit von allem wirklichen politischen Einflusse. So kam es, daß die Bewegung, die so prachtvoll einsetzte und eine so erfreuliche Einheit zeigte, schließlich im Sande verlief, ohne bedeutende Spuren zu hinterlassen. Der einzige Leidtragende war Noske, dessen Dasein als Wehrminister mit dem Kapp-Putsch beendet war; das hat seine Partei nicht daran gehindert, ihn für seine Verdienste um die Gegenrevolution mit einer oberpräsidialen Pfründe zu belohnen.

Der Kapp-Putsch zitterte noch einige Wochen lang im R u h r - r e v i e r und in M i t t e l d e u t s c h l a n d nach. Im Westen war es den Arbeitern aller Richtungen gelungen, die Freikorps aus dem Felde zu schlagen und sich mit Waffen zu versehen. Sie hielten den ganzen Bezirk besetzt und stellten eine ansehnliche Macht dar. Aber die Bewegung war isoliert, und es war leicht vorauszusehen, daß sie in einem Blutbade enden würde, wenn sie nicht rechtzeitig abzubrechen war. Schon rüstete sich die Reichswehr, um mit ihren alten Methoden noch einmal die Niederwerfung der Arbeiterschaft zu versuchen. In die Bewegung selbst hatten sich anarchistische Elemente eingeschlichen, denen nicht an der Verwirklichung bestimmter sozialistischer Forderungen, sondern mehr an der Befriedigung persönlicher Bedürfnisse gelegen war. Dem Einflusse der Unabhängigen Sozialdemokratie ist es zu danken, daß die Bewegung, wenn auch nicht mit einem vollen Erfolg der Arbeiterschaft, so doch mit einem Ergebnis liquidiert wurde, das einen neuen Aderlaß an der Arbeiterklasse verhütete.

Einen neuen schmerzlichen Verlust erlitt die Partei, erlitt die Arbeiterbewegung mit dem Tode von E m a n u e l W u r m. Ein Menschenalter hatte er seine Kenntnisse und seine Fähigkeiten in den Dienst des Proletariats gestellt. Auf den Gebieten der Wirtschaft und der Steuergesetzgebung war er eine unbestrittene Autorität. Frühzeitig schon hatte ihn die alte Partei auf die vordersten Posten gestellt, und niemals haben die Arbeiter eine Enttäuschung an ihm erlebt. Er war kein hinreißender Redner. Aber wenn er sprach, dann fesselte er seine Hörer durch den Inhalt seiner Ausführungen, dann gewann er die Aufmerksamkeit durch die Fülle seiner Kenntnisse. In der Partei, im Parlament war er ein unermüdlicher Arbeiter. Er besaß den Willen zur Tat, und er vermochte, wie nur wenige außer ihm, sozialistische Erkenntnis mit der Einsicht in die Möglichkeiten des Tages zu verbinden. Sein Tod riß in die Partei eine schmerzlich empfundene Lücke.

Der Kapp-Putsch und seine Folgen hatten die Kräfte der Partei außerordentlich in Anspruch genommen, sie aber zugleich sammeln und nutzen gelehrt. Mochten nach dem Abbruch des Kampfes gewisse Mißstimmungen übriggeblieben sein, weil besonders der sogenannte linke Flügel der Meinung war, der Kampf hätte von der Partei auch isoliert von der übrigen Arbeiterschaft weitergeführt werden müsen, so drängte doch die Notwendigkeit, auf dem nächsten Kampffelde geschlossen aufzutreten, diese Differenzen bald wieder in den Hintergrund. Die nun zu verrichtende Arbeit galt den N e u - w a h l e n f ü r d e n R e i c h s t a g. Die Partei eröffnete den Wahlkampf mit einem A u f r u f, in dem sie den Arbeitern sagte, daß sie ihre Interessen gemeinsam wahren, daß sie sich nicht gegeneinander ausspielen und mißbrauchen lassen dürften. Aus dem Zusammenbruch, in den die Welt durch Kapitalismus und Militarismus geführt worden sei, gebe es nur eine Rettung, den Kampf für den Sozialismus. Mit ihrem Programme sammle die Unabhängige Sozialdemokratie die Massen des Proletariats, sie vertrete es jetzt auch im Wahlkampf. Gegen das einheitlich und geschlossen handelnde Proletariat in Deutschland keine Macht aufkommen. Als sofort zu erfüllende U e b e r g a n g s m a ß n a h m e n wurden dann gefordert:

1. E n t w a f f n u n g u n d A u f l ö s u n g aller konterrevolutionären Formationen. Mannschaftsersatz aus den Reihen der organisierten Arbeiterschaft, politisch zuverlässige Führer.

2. A u f h e b u n g d e s A u s n a h m e z u s t a n d e s. Freilassung aller verhafteten Revolutionskämpfer und umfassende Amnestie.

3. Bestrafung aller an dem K a p p s c h e n U m s t u r z beteiligten Gegenrevolutionäre und der für das Hinmorden von revolutionären Kämpfern Verantwortlichen.

4. Durchführung der S o z i a l i s i e r u n g , beginnend auf dem Gebiete des Bergbaus und der Energieerzeugung — Kohle, Wasser, Kraft, Elektrizität —, Weiterführung der Sozialisierung der konzentrierten Eisen- und Stahlproduktion, des Transport- und Verkehrswesens sowie anderer hochentwickelter Industrien, umfassende Kommunalisierung.

5. Ueberführung des G r o ß g r u n d b e s i t z e s und der g r o ß e n F o r s t e n in gesellschaftliches Eigentum. Die gesamten landwirtschaftlichen Betriebe sind durch Bereitstellung aller technischen und wirtschaftlichen Hilfsmittel, durch Förderung der Genossenschaft zur höchsten Leistungsfähigkeit zu bringen.

6. Sicherung der L e b e n s m i t t e l v e r s o r g u n g der städtischen Bevölkerung. Schärfste Bekämpfung des Lebensmittelwuchers.

7. Ausbau der S o z i a l g e s e t z g e b u n g , Anpassung der Löhne, Gehälter, Renten und Unterstützungen an die Kosten der Lebenshaltung. Wirksame Schutzmaßnahmen zur Erhaltung der Arbeitskraft.

8. F r e u n d s c h a f t l i c h e B e z i e h u n g e n z u a l l e n V ö l k e r n . Frieden mit Rußland. Erfüllung der sich aus dem Friedensvertrag ergebenden Verpflichtungen.

Der Wahltag vom 6. Juni brachte der Partei einen g l ä n z e n d e n E r f o l g . Sie war mit einem Ruck an die zweite Stelle gerückt, nicht viel mehr fehlte, daß sie die rechtssozialistische Partei überflügelte. Die SPD. erhielt 5 614 452 Stimmen und 112 Mandate, die USPD. 4 894 317 Stimmen und 81 Mandate. Die Unabhängige Sozialdemokratie, der man in der ersten Zeit ein so ungünstiges Prognostikon gestellt hatte, war zu einer achtunggebietenden Macht geworden, sie drängte danach, zu der e n t s c h e i d e n d e n Macht zu werden.

Bald sollte die Partei vor ein neues Problem gestellt werden. Die bisherige Koalition war außerordentlich geschwächt aus dem Wahlkampf hervorgegangen. Den Rechtssozialisten war für den Augenblick die weitere Lust am Zusammenregieren mit den Bürgerlichen vergangen, und sie glaubten ihre Stellung dadurch verbessern zu können, daß sie die Unabhängige Sozialdemokratie zur Teilnahme an i h r e r K o a l i t i o n einluden. Das Zentralkomitee der USPD. antwortete darauf, daß die Partei nicht in eine Regierung eintreten könne, die sich die Wiederaufrichtung der kapitalistischen Ordnung zum Ziele gesetzt und zur Niederhaltung des Proletariats den Militarismus neu belebt habe. Der Eintritt der USPD. in eine solche Regierung würde eine Unterstützung der konterrevolutionären Politik und einen Verrat an den Interessen der Arbeiterschaft bedeuten. Zur Erkämpfung ihres Zieles, der Beseitigung der kapitalistisch-militärischen Klassenherrschaft sei die USPD. zu Beginn der Revolution in eine gemeinsame Regierung mit der rechtssozialistischen Partei eingetreten. Sie habe sich gezwungen gesehen, aus der Regierung auszutreten, um an der von den Rechtssozialisten betriebenen Politik nicht mitschuldig zu werden. Für die USPD. könne also n u r e i n e s o z i a l i s t i s c h e R e g i e r u n g in Betracht kommen, in der sie die Mehrheit habe, den bestimmenden Einfluß ausübe, und in der ihr Programm die Grundlagen der Politik bilde.

Diese Absage an die Koalitionspolitik führte zu einer außerordentlich scharfen Kampagne der Rechtssozialisten gegen die Partei, der sie die Schuld daran gab, daß nunmehr eine ganz bürgerliche Regierung gebildet werden müsse. Auch in den eigenen Reihen herrschte einige Mißstimmung darüber, daß es nicht wenigstens zu Verhandlungen über die Regierungsbildung gekommen war. Rückschauend können wir sagen, daß die Taktik des Zentralvorstandes nicht ganz glücklich gewesen ist. Sie hätte bestimmte Forderungen aufstellen müssen, auf deren Durchführung sie bestehen konnte. Die bürgerlichen Parteien wären sicherlich nicht eine Koalition mit einer Partei eingegangen, die das Leipziger Aktionsprogramm als die Grundlage ihrer Politik betrachtete. Und wenn auch die Rechtssozialisten die Zusammenarbeit auf Grund dieses Programms abgelehnt hätten, so war vor aller Welt festgestellt, daß sie die Schuld an dem Nichtzustandekommen einer rein sozialistischen Regierung trugen.

Ende Juni begab sich eine A b o r d n u n g d e r P a r t e i, Crispien, Dittmann, Däumig und Stoecker, n a c h M o s k a u, um an den Beratungen des Kongresses der Internationale teilzunehmen und über den Anschluß der USPD. zu verhandeln. Vorher berichtete das Zentralkomitee darüber, was es zur Ausführung des Leipziger Beschlusses in der Frage der Internationale getan hatte. Es waren Verbindungen mit allen Parteien des Auslandes, die sozialrevolutionären Charakter trugen, angeknüpft worden, um mit ihnen gemeinsam der III. Internationale beizutreten. Es kamen eine Reihe von Antworten, die das Vorgehen der USP. zumeist billigten und die Abhaltung einer Konferenz zur Besprechung der weiteren Schritte vorschlugen. Nur aus Moskau kam keine Antwort, und um die Verhandlungen mit der III. Internationale nicht zu erschweren, lehnte die Parteileitung die Veranstaltung einer Konferenz ohne Moskau ab. Der Kapp-Putsch brachte eine Unterbrechung dieser Verhandlungen. Die Kräfte der Partei waren in der inneren Politik so in Anspruch genommen, daß die Regelung der internationalen Beziehungen nicht gefördert werden konnte. Endlich im April kam ein Antwortschreiben des Moskauer Exekutivkomitees, das aber, was das hinterhältige Verhalten dieser Exekutive deutlich kennzeichnet, in erster Linie an „alle Arbeiter Deutschlands", in zweiter Linie an die „Reichszentrale der Kommunistischen Partei Deutschlands" und erst in dritter Linie an den „Vorstand der Unabhängigen Sozialdemokratischen Partei" gerichtet war.

In diesem Antwortschreiben war im Widerspruch mit den Tatsachen behauptet worden, daß die USPD. die Kundgebungen des Moskauer Exekutivkomitees unterschlagen und den Anschluß an die III. Internationale sabotiert habe. Das Zentralkomitee der Partei mußte erst den Wahlkampf vorübergehen lassen, ehe es sich dazu äußern konnte. Es stellte nun fest, daß das Moskauer Exekutivkomitee in ganz unmarxistischer Weise behaupte, die Massen der Partei ließen sich von einem Häuflein opportunistischer Führer irreführen, und es müßten erst diese Führer beseitigt werden, ehe die USP. in die III. Internationale aufgenommen werden könne. Durch solche Methode werde, statt sachliche Kritik zu üben, der G e i s t d e r S p a l t u n g in eine Partei hineingetragen, die den Anspruch darauf erheben könne, als Repräsentantin des revolutionären Proletariats zu gelten. Die Partei habe durch ihre ganze bisherige Tätigkeit bewiesen, daß sie von revolutionärer Tatkraft erfüllt sei, und die

Teilnahme an der ersten Revolutionsregierung, die das Exekutivkomitee der USP. jetzt zum Vorwurf mache, habe nur den Forderungen des gesamten Proletariats entsprochen. Das Antwortschreiben des Exekutivkomitees stelle überhaupt eine Sammlung von schiefen oder gänzlich unwahren Darstellungen und Anklagen dar. Die Durchführung der sozialen Revolution vollziehe sich nicht überall nach den Bedingungen, die die Bolschewisten in Rußland gefunden hätten, sondern sie hingen ab von den Verhältnissen jedes einzelnen Landes. Die USPD. habe durch den Bruch mit der II. Internationale bewiesen, daß sie mit deren reformistischen Parteien nichts zu tun haben wolle. Das Schreiben der Zentralleitung schließt mit der Hoffnung, daß es der nach Moskau gesandten Kommission gelingen werde, mit guten Ergebnissen für die Schaffung einer geschlcssenen internationalen Front des klassenbewußten revolutionären Proletariats aller Länder heimzukehren.

Diese Hoffnung ist gründlich enttäuscht worden. Was die Kommission mitbrachte, das war nicht die Einigung des revolutionären Proletariats der ganzen Welt, sondern ihre Zersplitterung, nicht die Stärkung der sozialrevolutionären Parteien in allen Ländern, sondern deren Spaltung. Wie kam es aber, daß die Moskauer Exekutive so gänzlich alle marxistischen Lehren und jede sozialistische Erkenntnis beiseite schob und mit anarchistischen Methoden ihre eigene Isolierung von dem kampfentschlossenen Proletariat der Westländer durchsetzte? Das war begründet in der i n n e n - wie a u ß e n p o l i t i s c h e n S t e l l u n g d e r S o w j e t r e g i e r u n g , deren ausführendes Organ die III. Internationale werden sollte.

Im Frühjahr 1920 glaubte die Entente zum letzten entscheidenden Schlage gegen Sowjetrußland ausholen zu können. Nachdem die russischen Arbeiter und Bauern die gegenrevolutionären Bewegungen der Koltschak, Denikin und Judenitsch niedergeworfen hatten, bediente man sich jetzt des polnischen Imperialismus als Werkzeug. Polen erhob Ansprüche auf weite Gebiete des eigentlichen Rußlands, und es fand sich bald ein Vorwand, um einen Krieg vom Zaune zu brechen. Es gelang den Sowjetarmeen, die Polen zurückzuschlagen, im Sommer 1920 standen die bolschewistischen Truppen vor Warschau und an der ostpreußischen Grenze. Eine Zeitlang schien es, als ob Sowjetrußland den Frieden diktieren, als ob es ihm gelingen werde, die bolschewistischen Methoden auch in Polen zur Durchführung zu bringen und die Revolution getreu nach russischem Vorbild nach Deutschland zu tragen. Diese Pläne fanden die lebhafteste Unterstützung bei den deutschen Nationalisten; es fanden sich zahlreiche Stimmen aus den reaktionären Parteien, die den Abschluß eines Bündnisses mit Sowjetrußland verlangten und an dessen Seite den Revanchekrieg gegen die Entente beginnen wollten. Das war der N a t i o n a l b o l s c h e w i s m u s . Für jeden einsichtigen Politiker war es aber klar, daß eine solche Politik nur zum sicheren Untergange Deutschlands führen konnte. Die Entente hätte sofort die wichtigsten wirtschaftlichen Gebiete besetzt, um sie niemals wieder herauszugeben, und Deutschland wäre zum Kriegsschauplatz geworden. Der Ausgang eines neuen Gemetzels aber wäre nicht zweifelhaft gewesen.

Von dieser Situation wurde die Haltung der Unabhängigen Sozialdemokratie bestimmt. Sie mußte alle Anstrengungen machen, um zu verhüten, daß der Krieg nach Deutschland hineingetragen wurde, zugleich aber hatte sie dafür zu sorgen, daß Transporte von Truppen oder von Kriegsmaterial zur Unterstützung der Polen verhindert wurden. Dieser Pflicht hat sich die Partei mit vollem Erfolge entledigt, was freilich nicht hinderte, daß die Ententeunterstützungen für Polen andere Wege als den nächsten durch Deutschland wählten. Der polnisch-russische Krieg endete nicht mit einem Sieg der Roten Armeen. Die militärischen Führer der Sowjetregierung hatten wohl zuviel gewagt, als sie in das Herz Polens vorstießen. Sie erlitten eine Reihe von Niederlagen, mußten den Rückzug antreten, und das führte schließlich zu einem Frieden, der an den politischen Verhältnissen im Osten nicht viel änderte, insbesondere aber die Sowjetisierung Polens in weite Fernen rückte.

Auf dem Höhepunkt der Erfolge der Sowjetregierung wurde das Schreiben des Exekutivkomitees an die USPD. abgesandt, und im Glanze der kriegerischen Unternehmungen durfte sich auch der Moskauer Kongreß abspielen, an dem die Kommission der USPD. teilnahm. Dieser siegessicheren Stimmung entsprachen denn auch die Forderungen, die an den Anschluß der Unabhängigen Sozialdemokratie an die III. Internationale geknüpft wurden. Sei haben den Anlaß zur Spaltung der Partei gegeben, sie haben es dahin gebracht, daß die revolutionäre Bewegung der deutschen Arbeiterklasse auf lange Zeit hinaus geschwächt wurde.

Die Kommission brachte ein ganzes Bündel von Bedingungen, Statuten, Beschlüssen und Thesen mit. Die Hauptrolle dabei spielten die 21 Bedingungen zur Aufnahme in die kommunistische Internationale. Zuerst waren sich alle vier Delegierten darüber einig, daß ein Teil dieser Bedingungen für deutsche Verhältnisse unannehmbar seien. Däumig und Stoecker ließen sich aber von den gewiegten Intriganten in Moskau dafür gewinnen, für die Annahme sämtlicher Bedingungen in Deutschland einzutreten, was nichts anderes bedeutete, als den Hinauswurf einer Anzahl solcher Genossen aus der Partei zu verlangen, mit denen sie bis dahin in vollem Einvernehmen gehandelt hatten. Das war ein Bruch von Treu und Glauben, wie ihn sich in gleicher Weise höchstens die Rechtssozialisten während des Krieges gegenüber der Opposition haben zuschulden kommen lassen. Als die Bedingungen in Deutschland bekannt wurden, riefen sie im größten Teile der Partei geradezu Entsetzen hervor. Was hier verlangt wurde, hatte so wenig mit dem Wesen der sozialistischen Bewegung zu tun, daß es die Verleugnung der bisher so erfolgreichen Arbeit der Partei bedeutet hätte, wollte man sich ihnen vorbehaltlos unterwerfen.

Die Diktatur einer auserwählten Führerkaste, die für russische Verhältnisse passend erscheinen mochte, sollte auch in Deutschland durchgeführt werden. Wer nicht die Moskauer Heilslehren blindlings und unbedingt anerkannte, der wurde als reformistischer Ketzer und als Zentrist verschrieen und zum Hinauswurf aus der kommunistischen Kirche verdammt. Die einzige Form der Revolution sollte der bewaffnete Bürgerkrieg sein, und um ihn durchzuführen, sollte neben der legalen Organisation noch eine illegale mit allen Hilfsmitteln einer längst überholten Revolutionsromantik ausgestattet werden. Eine Anzahl der hervorragendsten Führer der internationalen Arbeiterbewegung, wie Turati in Italien, Kautsky und Hilferding in Deutschland, Longuet in Frankreich, Hillquith in Amerika sollten ausgeschlossen werden. Alle Parteien sollten sich zur Zertrümmerung der Gewerkschaften und zum Kampfe gegen die Amsterdamer Gewerkschaftsinternationale verpflichten. Kein Beschluß sollte durchgeführt werden, wenn er nicht vorher von Moskau sanktioniert war. Wer die Bedingungen und Leitsätze Moskaus jetzt ablehne, müsse aus der Partei ausgeschlossen werden.

Däumig und Stoecker traten in der Parteipresse für die Annahme der Bedingungen ein, wobei sie es freilich vermieden, auf Einzelheiten einzugehen. Crispien und Dittmann dagegen zeigten auf, wie notwendig es sei, sich die Bedingungen genau anzusehen, bevor man sich für ihre Annahme entscheide. Dittmann insbesondere hielt sich für verpflichtet, einige nähere Mitteilungen über die wahren Zustände in Rußland zu machen, damit die deutschen Arbeiter sich selbst ein Urteil darüber bilden konnten, ob die kritiklose Nachahmung des russischen Vorbilds auf Deutschland zu empfehlen sei.

Auf Anfang September rief die Parteileitung eine R e i c h s - k o n f e r e n z aus den Vertretern der Parteibezirke nach Berlin ein, die eine Vorberatung über die in der Frage der Internationale zu fassenden Beschlüsse vornehmen sollte. Die endgültige Entscheidung darüber hatte ein Parteitag zu treffen. Auf der Reichskonferenz kam es bereits zu heftigen Zusammenstößen zwischen den Freunden und den Gegnern der Moskauer Bedingungen. Wenn auch auf dieser Tagung keine Beschlüsse gefaßt wurden, so war doch der Eindruck der Ausführungen von Crispien und Dittmann so stark, daß man annehmen konnte, daß die übergroße Mehrheit der Vertreter sich gegen die Annahme der Bedingungen ausgesprochen haben würde. Stoecker und Däumig fielen dagegen gänzlich ab. Es war klar, daß bei unbeeinflußter Aussprache, bei lückenfreier Unterbreitung des Materials und bei genauer Darstellung der Verhältnisse die gewaltige Mehrheit der Partei sich für die Ablehnung der Bedingungen aussprechen und versuchen würde, neue Verhandlungen mit Moskau anzuknüpfen. Das aber mußte verhindert werden und nun setzte ein Spiel ein, das in der Geschichte der Arbeiterbewegung und wahrscheinlich auch in der Geschichte der politischen Parteien kein Seitenstück mehr hat.

Der sogenannte linke Flügel der Partei stellte sofort die organisatorische Verbindung mit der Kommunistischen Partei her. Mit russischem Material reichlich unterstützt, konnte er sofort die einseitige Beeinflussung der Parteigenossen beginnen. Das ganze Reich wurde mit Korrespondenzen überschwemmt, überall entstanden Sonderorganisationen, keine Parteiversammlung konnte mehr stattfinden, ohne daß die Gegner der Bedingungen von organisierten Radaumachern mit den gröbsten Beleidigungen überschüttet und sogar tätlich angegriffen wurden. Nur mit Ekel erinnert man sich an diese Zeit des wüstesten Bruderkampfes, und es sei daher gestattet, mit diesen wenigen Andeutungen darüber hinwegzugehen. Das tollste Stück aus diesem Treiben war wohl, daß vier Mitglieder des Zentralvorstandes, Däumig, Stoecker, Adolf Hoffmann und Koenen, in der „Roten Fahne", also in dem Zentralorgan einer immer noch gegnerischen Partei, einen Aufruf „An die Parteimitglieder" veröffentlichten. Das war, wie sieben andere Mitglieder des Zentralkomitees sofort feststellten, die stärkste Belastungsprobe, der die Partei in dieser Situation ausgesetzt war, die Parteigenossen sollten die Partei schützen und sich ihre Waffen im Befreiungskampfe des Proletariats nicht zerbrechen lassen.

Der außerordentliche Parteitag der Unabhängigen Sozialdemokratie, der endlich Klarheit schaffen sollte, war auf den 12. Oktober nach Halle einberufen worden. Den Befürwortern der Moskauer Bedingungen kam dieser Termin zu früh. Und das hatte seine guten Gründe. Zunächst wollten sie Zeit gewinnen, um den Verleumdungs- und Vergiftungsfeldzug in der Partei bis aufs äußerste auszudehnen, dann aber hofften sie auf Hilfe von außen. Sie wußten im voraus, daß der Parteitag eine ähnliche Stimmung zeigen würde, wie die Reichskonferenz, wenn die Delegierten sich aus den Ausführungen der vier Kommissionsmitglieder allein ein Urteil bilden sollten. Darum riefen sie das Moskauer Exekutivkomitee an, und da man dort sofort erkannte, welche Bedeutung eine Spaltung der Unabhängigen Sozialdemokratie haben müsse, entsandte es deren Vorsitzenden Sinowjew nach Deutschland.

Die Hallische Organisation, die zum überwiegenden Teil aus Befürwortern der 21 Bedingungen bestand, hatte dafür gesorgt, daß die Besucher des Parteitages den Eindruck empfingen, als ob man sich auf einer kommunistischen Veranstaltung befände. Die Embleme stellten zumeist Verherrlichungen des Sowjet-Regimes vor, die Kommunistische Partei hatte einen großen Schriftenvertrieb organisiert. An den für die Presse bestimmten Tischen wimmelte es von fragwürdigen Gestalten, die sich als Vertreter kommunistischer Blätter ausgaben. Im Saale war die Scheidung bereits vollzogen: auf der einen Seite saßen die Delegierten, die die USP. erhalten wissen wollten, auf der anderen Seite jene Leute, die ihren Uebergang zu den Kommunisten bereits vollzogen und hier nur noch ihre formelle Scheidung von der Partei vorzunehmen hatten. Die Anhänger der beiden Richtungen hielten gesonderte Besprechungen ab, in denen die Taktik festgestellt und die zu fassenden Beschlüsse vorbereitet wurden; die öffentliche Beratung hatte lediglich noch den einen Zweck, die durch die Bestimmungen des Organisationsstatuts gebotenen Formen zu wahren.

Es wurde allgemein erwartet, daß es bereits bei der Eröffnung des Parteitages und bei der Feststellung der Tagesordnung zu der entscheidenden Kraftprobe kommen würde. Aber der sogenannte linke Flügel, die Neukommunisten, wie sie jetzt treffend genannt wurden, hatten sich auf Anraten ihrer Moskauer Auftraggeber dazu entschlossen, keinen Anlaß zu geben, um die Verhandlungen auffliegen zu lassen, bevor noch die Entscheidung über die Frage der Internationale gefällt war. Dazu kam noch etwas anderes. Die Neukommunisten erwarteten Herrn Sinowjew, und da er bei Eröffnung des Parteitags in Halle noch nicht eingetroffen war, so übten sie zuerst noch verhältnismäßige Zurückhaltung. Allerdings platzten schon beim ersten Punkt der Tagesordnung, bei dem Bericht der Zentralleitung, den L u i s e Z i e t z gab, die Meinungen heftig aufeinander. Und wenn es nach den Heißspornen der Neukommunisten gegangen wäre, so wäre es schon hierbei zum Bruche gekommen. Die Regie von Adolf Hoffmann und Emil Eichhorn verstand es aber immer rechtzeitig, die Wogen der Erregung bei ihren Anhängern zu besänftigen.

Der eigentliche Zweck des Parteitags war die Beschlußfassung über Annahme oder Ablehnung der Aufnahmebedingungen für die III. Internationale. Referenten waren wie auf der Reichskonferenz die vier Mitglieder der nach Moskau entsandten Kommission, also Crispien, Däumig, Dittmann und Stoecker. Crispien und Dittmann waren nicht nur rednerisch, sondern auch inhaltlich den beiden andern weit überlegen. Und es stand fest, daß nach diesen Referaten die Moskauer Richtung in eine unglückliche Lage geraten war. Endlich aber erschien Gregor Sinowjew, der dazu bestimmt war, die Schlacht für Moskau zu retten. Er wurde von seinen Getreuen wie ein König von seinen Untertanen empfangen.

Das Referat S i n o w j e w s stellte nun ohne Zweifel materiell gesehen eine gewaltige rednerische Leistung dar. Der Vorsitzende des Moskauer Exekutivkomitees beherrschte vollkommen den Geist der deutschen Sprache, wenngleich er zuweilen nach einem Ausdruck suchen mußte, was aber nur geeignet erschien, der Rede einen pikanten Beigeschmack zu geben. Er ist damals als einer der größten Demagogen des Jahrhunderts bezeichnet worden. Und damit ist ihm sicherlich kein Unrecht geschehen. Er verstand es, eine Reihe von Allgemeinheiten zu sagen, über die es unter Sozialisten keine Meinungsverschiedenheit gab. Aber indem er sie in eine Umrahmung stellte, die nach Moskauer Eigengewächs aussah, konnte er bei unkritischen und kenntnislosen Zuhörern den Eindruck erwecken, als ob in der Tat zutreffe, was die Leiter der Moskauer Internationale immer wieder behauptet hatten, daß nämlich die „Hilferdinge" Verräter am Proletariat seien. Vier Stunden lang prasselte der Redestrom auf die Hörer nieder. Sinowjew sprach über sehr vieles, was die Arbeiterklasse bewegte. Aber auf die 21 Bedingungen ging er nur so nebenher ein. Das Wichtigste an der Rede war die Frage an die USP., welche Aenderungen sie an den Bedingungen wünsche; damit hatte Moskau sein Spiel selbst entlarvt, denn wenn es selbst schon die Hand zu einer Aenderung seiner Bedingungen bieten wollte, wie konnte es dann noch jemanden zum Hinauswurf aus der III. Internationale verurteilen, der eben das erreichen wollte, nämlich eine Aenderung der Bedingungen?

Die Rede Sinowjews übte auf seine Anhänger einen tiefen Eindruck aus. Sie glaubten schon den Sieg in der Tasche zu haben, sie erwarteten, daß der Vorsitzende der Moskauer Exekutive auch manchen von der anderen Richtung überzeugt haben würde. Es sind auch wirklich zwei oder drei Delegierte zu den Kommunisten abgeschwenkt; dafür aber erlebte der der USP. treugebliebene Teil des Parteitags, daß einige der besten und ältesten Kämpfer aus der Arbeiterbewegung, wie P a u l H e n n i g in Halle, nun erst recht dem Moskauer System eine Absage erteilten. Der sogenannte rechte Flügel verlangte nunmehr, daß ihm nach dem vierstündigen Referat von Sinowjew gleichfalls ein Referent zugestanden werden solle. Diesem Verlangen mußten die Neukommunisten nachgeben, wenn sie sich nicht vor aller Welt ins Unrecht setzen wollten. Es sprach also nach Sinowjew H i l f e r d i n g. Die Bedeutung dieses Rededuells lag darin, daß zum erstenmal in Deutschland sich ein Vertreter des russischen Bolschewismus, der zu Bakunins Lehren zurückgekehrt war, und ein Vertreter des westeuropäischen Sozialismus, der auf Marx fußte, einander gegenübertraten. Sinowjews Gedankengänge waren ganz auf das Wesen der russischen Revolution eingestellt. Er wollte mit Absicht nicht sehen, wie verschiedenartig die wirtschaftlichen und die politischen Verhältnisse in den einzelnen Ländern der Welt sind, und daß von dieser Verschiedenartigkeit der materiellen Verhältnisse auch die Verschiedenheit der politischen Taktik abhängig sein muß. Die bolschewistische Lehre geht davon aus, ganz wie es der Anarchismus tut, den Bakunin lehrte, daß die proletarische Revolution nur eine gewaltsame Umwälzung sein könne, mit Bürgerkrieg, Straßenkampf, Barrikadenbau und Terror. Daß schon Marx nachgewiesen hat, daß die soziale Revolution ganz andere Formen annehmen könne, als sie die bürgerlichen Revolutionen gezeigt haben, und daß beispielsweise die Durchsetzung des Maximalarbeitstages in England ein Vorgang von ungeheurer revolutionärer Bedeutung war, das war den Kommunisten ganz aus dem Gedächtnis entschwunden.

Hilferding, unbestritten einer der fähigsten Vertreter des wissenschaftlichen Sozialismus, wies nach, daß die Befreiung der Arbeiterklasse nicht einfach dadurch sich vollziehen könne, daß man die Erfahrungen eines bestimmten Landes auf andere Länder übertrage. Der Prozeß der Revolutionierung der Massen könne nur vorangetrieben werden durch eine Politik, die die Massen nicht spalte um irgendwelcher Formen willen, sondern die die Massen vor ganz konkrete Ziele stelle und sie im Kampfe um diese Ziele vorwärtstreibe. Was die Arbeiterklasse brauche, sei eine Taktik, die auf alle Eventualitäten gefaßt sei, die geistig, organisatorisch und politisch bereit sei, wenn die revolutionäre Situation eintrete, sie auszunutzen und das Proletariat zum Siege zu führen. Und auf die Frage, welche Aenderungen die USP. an den Bedingungen vorzunehmen wünsche, antwortete er: „Wir wollen in der Internationale eine kameradschaftliche, vertrauensvolle Zusammenfassung aller Kräfte der Arbeiterklasse in allen Ländern." Habe aber Sinowjew überhaupt die Legitimation, ein solches Angebot zu machen, nachdem er diejenigen, mit denen er jetzt verhandeln wolle, bisher als Gauner, als Schurken, als Verräter beschimpft habe? In Wirklichkeit bedeute dieses Angebot nur ein neues Täuschungsmanöver, auf das die Vertreter der USP. nicht eingehen würden.

Was nunmehr auf dem Parteitag noch folgte, das war lediglich eine weitere Verlängerung der Spaltungsqualen. M a r t o w, von der Sozialdemokratischen Arbeiterpartei Rußlands, ließ eine Ansprache verlesen, die durch ihre Kennzeichnung des brutalen bolschewistischen Systems einen tiefen Eindruck auf die Zuhörer machte. L o s o w s k y , der Vertreter der russischen Gewerkschaften, übte sich in so kräftigen Beschimpfungen der Amsterdamer Gewerkschafts-Internationale, daß es während seiner Rede zu stundenlangen Unterbrechungen kam. Es folgte nunmehr die Abstimmung über die von den beiden Flügeln vorgelegten Resolutionen. Für die Annahme der Bedingungen erklärten sich 236 Delegierte, 156 Delegierte stimmten mit Nein. C r i s p i e n als Vorsitzender des Zentralkomitees gab darauf die Erklärung ab, daß diejenigen Delegierten, die für die Aufnahmebedingungen gestimmt hatten, dadurch ihren U e b e r t r i t t i n e i n e a n d e r e P a r t e i v o l l z o g e n und aus der USPD. ausgetreten seien. Diese Versammlung habe aufgehört, Parteitag der USPD. zu sein. Trotz des unzweifelhaften Rechts der Mitglieder der USPD., die die Aufnahmebedingungen abgelehnt haben, allein in diesem Saale weiter zu tagen, fordere er diese jetzt noch allein vertretungsberechtigten Delegierten der USPD. auf, zur Vermeidung eines etwaigen Kampfes um das Lokal, diesen Saal zu verlassen und den Parteitag der USPD. an einem andern Tagungsort fortzusetzen. Diese Erklärung rief einen Sturm der Entrüstung bei den Neukommunisten hervor. Sie belegten die Delegierten der USP., die jetzt den Saal verließen, mit den unflätigsten Schimpfworten; Sinowjew aber, der Vertreter der Moskauer Internationale, stand mit breitem Lächeln an ihrer Spitze und sah befriedigt der Vollendung seines Werkes zu. Was für die deutsche Arbeiterklasse ein Trauerspiel war, das erschien ihm wie eine Komödie!

Der Parteitag wurde tags darauf in einem andern Lokale fortgesetzt. Die Resolution Ledebour, die die Ablehnung der 21 Bedingungen enthielt, wurde einstimmig angenommen. Es wurde weiter beschlossen, daß noch die politische Lage und die Aufgaben der USPD. und außerdem die Frage der künftigen Organisation behandelt werden sollten. Vorher protestierte auf Antrag von T o n i S e n d e r der Parteitag gegen die Beschimpfungen der Amsterdamer Gewerkschafts-Internationale durch Sinowjew und Losowsky. Nach einem Vortrage von C r i s p i e n über die p o l i t i s c h e L a g e folgte eine angeregte Diskussion, die sich mit den Aufgaben befaßte, die von der Partei nach dem Ausscheiden der Neukommunisten zu lösen seien. Ein von Crispien vorgelegtes „M a n i f e s t der Unabhängigen Sozialdemokratie an das deutsche Proletariat" wurde einstimmig angenommen. Es hat folgenden Wortlaut:

Die Entscheidung ist gefallen. Ein Teil der Delegierten zu dem vom Zentralkomitee der U. S. P. D. einberufenen Parteitag hat seinen Austritt aus der Partei vollzogen und ist i n d a s k o m m u n i s t i s c h e L a g e r ü b e r g e g a n g e n. Die revolutionäre Arbeiterbewegung ist durch diese Spaltung für den Augenblick geschwächt worden. Statt Zusammenfassung aller Kräfte im Kampf für die Eroberung der Macht und für die Verwirklichung des Sozialismus haben die Kommunisten unter dem Druck von außen die revolutionäre Massenpartei des deutschen Proletariats zerfetzt und i h r e K r a f t z e r s p l i t t e r t. Die U. S. P. D. hat stets unerschütterlich und unter großen Opfern den Kampf f ü r d i e G r u n d s ä t z e d e s r e v o l u t i o n ä r e n i n t e r n a t i o n a l e n S o - z i a l i s m u s geführt. Sie ist entstanden im Kampfe gegen die Preisgabe der sozialistischen Prinzipien durch die Reformsozialisten, und sie hat schon während des Krieges in Zimmerwald und Kienthal für eine Internationale der revolutionären Tat zur Beendigung des imperialistischen Krieges und zur Niederringung des Kapitalismus gewirkt.

Während der Revolution setzte sich die Partei ein für die D i k t a t u r d e s P r o l e t a r i a t s bis zur endgültigen Sicherung der proletarischen Herrschaft und der Beseitigung aller politischen und ökonomischen Machtpositionen der Bourgeoisie. Die Politik der U. S. P. D. wurde vereitelt durch die Rechtssozialisten. Sie hielten an der K o a l i t i o n m i t d e m B ü r g e r t u m fest, politisch, indem sie ihnen die Ministerien überließen, die sofortige Einberufung der Nationalversammlung forderten und der Ablösung der proletarischen Diktatur durch den bürgerlichen Parlamentarismus die Wege ebneten; ökonomisch, indem sie an Stelle der sofortigen Verwirklichung des Sozialismus in den entscheidensten Wirtschaftszweigen die Politik der Arbeitsgemeinschaft mit dem kapitalistischen Unternehmertum fortsetzten.

Auf der anderen Seite haben die Kommunisten in dieser Entwicklungszeit die gemeinsamen Aktionen des revolutionären Proletariats aus Eigensüchtelei durch die sklavische N a c h a h m u n g r u s s i s c h e r M e t h o d e n durchkreuzt und geschwächt. Die U. S. P. D. hat solchen sinnlosen Putschereien, hat konfusen syndikalistischen und antiparlamentarischen Parolen stets ihre Politik der Sammlung aller Energien der Arbeiterklasse zum Kampf für die Eroberung der politischen Macht entgegengestellt. Erfüllt von dem Bewußtsein, daß die Krise des Kapitalismus von der Arbeiterklasse zum r e v o l u t i o n ä r e n V o r s t o ß ausgenutzt werden muß, aber auch im Besitz der marxistischen Einsicht in die ökonomischen Bedingungen des Kampfes, vertrat sie in jeder Phase der revolutionären Entwicklung das Gesamtinteresse der Bewegung gegenüber der rechtssozialistischen Kompromißpolitik wie gegenüber der kommunistischen Revolutionsmache.

In diesem Kampfe wurde die U. S. P. zur r e v o l u t i o n ä r e n M a s s e n p a r t e i und die Hoffnung war begründet, unter ihrer Fahne das gesamte Proletariat zu sammeln, zu einigen, und es so bereit zu machen für den Entscheidungskampf gegen den Kapitalismus. In diesem Augenblick wurde d i e P a r t e i ü b e r f a l l e n. Die russischen Kommunisten fordern zu ihrer Unterstützung die sofortige Entfachung des Bürgerkrieges und der Revolution in allen Ländern, ohne Rücksicht auf die Verschiedenheit der ökonomischen und politischen Voraussetzungen für das Proletariat und ohne Rücksicht auf die Folgen. Die d e u t s c h e n K o m m u n i s t e n sind infolge ihrer Politik eine e i n f l u ß l o s e S e k t e geblieben, zu schwach, um als revolutionärer Stoßtrupp gebraucht zu werden. Deshalb sollten die Massen in die U. S. P. D. unter die kommunistische Diktatur kommen. Damit aber diese Diktatur widerstandslos ausgeübt werden könne, m u ß t e d i e U. S. P. g e s p a l t e n w e r d e n. Alle, die den kommunistischen Wahn erkannt hatten, die russischen Methoden auf Deutschland uneingeschränkt zu übertragen, mußten ferngehalten werden. Daher die Bedingungen und Thesen der Moskauer Internationale, die die Spaltung der Arbeiterparteien fordert, um über den verbleibenden Rest uneingeschränkt herrschen zu können. Die U. S. P. D. hätte mit der Annahme der 21 Bedingungen nicht nur ihr Wesen geopfert, sondern auch die Zukunft der revolutionären Arbeiterbewegung in Deutschland. Diese wäre rettungslos ausgeliefert worden den Bedürfnissen der russischen kommunistischen Partei. Die deutsche Arbeiterbewegung wäre d a s O b j e k t e i n e r H a s a r d p o l i t i k geworden, auf die sie keinen selbständigen Einfluß mehr gehabt hätte.

Das durfte nicht geschehen und das wird nicht geschehen. D i e U.S.P.D. bleibt b e s t e h e n als die deutsche r e v o l u t i o -

näre, sozialistische Partei! Sie muß bestehen bleiben, weil nur sie imstande ist, die Aufgaben zu lösen, die die revolutionäre Situation der Arbeiterklasse stellt.

Wir halten fest an unserem Leipziger Aktionsprogramm. Wir erstreben mit allen Mitteln die Eroberung der politischen Macht und ihre Behauptung durch die Diktatur des Proletariats. Wir führen den Kampf weiter gegen die rechtssozialistische Politik des Reformismus, der Koalition mit den bürgerlichen Parteien und den Arbeitsgemeinschaften mit dem Unternehmertum.

Wir lehnen es aber ab, die Arbeiterschaft mit täglich wechselnden Parolen in neue Putsche hineinzuhetzen und durch Täuschung über die wirklichen Machtverhältnisse unerfüllbare Illusionen zu wecken. Das Proletariat führt in Deutschland einen harten und schweren Kampf gegen einen gutgerüsteten, gutorganisierten, starken Gegner, der ihm einig und geschlossen entgegentritt. In diesem Kampf kann die deutsche Arbeiterklasse nur den Sieg in einem zähen Ringen erobern, wenn sie selbst einig ist. Geeint kann das Proletariat nicht werden durch Einigungszentralen, voreilige Schaffung politischer Arbeiterräte und andere Organisationsspielereien oder durch ausgeklügelte Parolen. Einig kann das Proletariat nur werden im revolutionären Kampf um Ziele, die aus seiner Klassenlage, aus seinem Klassenbewußtsein sich mit Notwendigkeit ergeben. Deshalb muß das Proletariat in den Kampf um konkrete Ziele, die ihm reale Machterweiterung bringen, geführt werden. Nur in diesen Kämpfen, die mit zunehmender Energie, zunehmender Geschlossenheit und Einigkeit geführt werden müssen, werden die Massen zum Entscheidungskampf um die Eroberung der politischen Macht gesammelt werden. Im Vordergrund dieser Kämpfe muß aber immer die Verwirklichung des Sozialismus stehen.

Deshalb fordern wir in der gegenwärtigen Situation die proletarische Massenaktion zur sofortigen Inangriffnahme der Sozialisierung in den entscheidenden Wirtschaftszweigen, insbesondere den Kampf um die sofortige Sozialisierung im Bergbau.

Wir fordern angesichts der schweren ökonomischen Krise die Arbeiter und Angestellten auf zum Kampf um die Erweiterung der Rechte der Betriebsräte zur Erringung der Produktionskontrolle.

Die wichtigste Aufgabe ist gegenwärtig der Kampf gegen die Arbeitslosigkeit. Da die Arbeitslosigkeit die untrennbare Begleiterscheinung des kapitalistischen Wirtschaftssystems ist, so ist die Verwirklichung des Sozialismus die wirksamste Hilfe für die Arbeitslosen.

Wir fordern das Verbot der Stillegung der Betriebe, ihre Fortführung zur Herstellung von Bedarfsgegenständen des Massenkonsums.

Wir fordern zur Linderung der augenblicklichen Not ausreichende Arbeitsgelegenheit für die Arbeitslosen und durchgreifende Erhöhung der Unterstützung bis zur Garantie des Existenzminimums, das unter Mitwirkung der Gewerkschaften und Betriebsräte festzusetzen ist.

Unsere Vertreter in den Gemeinden müssen eine energische Kommunalisierungspolitik betreiben, insbesondere eine sozialistische Wohnungspolitik, unterstützt durch eine Sozialisierung des Baugewerbes und der Bauhilfsindustrien und der Forsten.

Wir fordern die sofortige rücksichtslose Erhebung der Besitz- und Vermögenssteuern, die Durchbrechung der bürgerlichen Finanzpolitik durch die sofortige Sozialisierung der entscheidenden Produktionszweige.

Wir fordern a u s r e i c h e n d e s o z i a l e F ü r s o r g e, insbesondere für die Kriegsbeschädigten und Hinterbliebenen, Arbeitsinvaliden und Altersrentner.

Die Partei ist sich bewußt, daß die Erfüllung aller dieser Forderungen des Proletariats eine Machtfrage ist, die nicht durch parlamentarische Entscheidungen gelöst werden kann. Die g e s a m t e p o l i t i s c h e u n d ö k o - n o m i s c h e M a c h t d e r A r b e i t e r k l a s s e muß in diesen Kämpfen zur Anwendung gelangen. Deshalb müssen auch die ökonomischen Organisationen der Hand- und Kopfarbeiter m i t r e v o l u t i o n ä r e m G e i s t e r f ü l l t werden. Deshalb verpflichtet die Partei ihre Vertreter in den Gewerkschaften und Betriebsräten, unablässig die Politik der Arbeitsgemeinschaften zu bekämpfen. Sie lehnt alle paritätischen Selbstverwaltungskörper ab und erblickt in einer von diesen getragenen „Planwirtschaft" auf kapitalistischer Grundlage eine schädliche Illusion, die die Arbeiterklasse von dem Kampf um den Sozialismus ablenkt. G e - w e r k s c h a f t e n u n d B e t r i e b s r ä t e müssen sich vor allem als Organisation zur Verwirklichung des Sozialismus betrachten. Die Gewerkschaften werden diese Aufgabe um so besser erfüllen, je mehr sie sich auch organisatorisch für die Kämpfe stärken. Deshalb unterstützen wir die Umwandlung der Gewerkschaften in Industrieorganisationen und lehnen jede Zersplitterung und Spaltung der Gewerkschaften auf nationaler oder internationaler Basis mit aller Entschiedenheit ab.

Getreu ihrer bisherigen Haltung r u f t d i e U. S. P. D. a l l e A r b e i t e r a u f, sich im Kampf um sie zu scharen!

Die Entwicklung seit dem 9. November hat den B a n k e r o t t d e s R e f o r m s o z i a l i s m u s besiegelt. Seine Politik hat der Bourgeoisie zur Herrschaft geholfen, das Proletariat gelähmt. Die k o m m u - n i s t i s c h e P a r t e i aber hat ebenfalls die Politik des wissenschaftlichen Sozialismus aufgegeben und verfällt immer mehr dem A b e n - t e u r e r t u m durch putschistische Aktionen von Minderheiten, die Revolution erzwingen zu wollen. Diese Politik führt nur zur neuen Zersplitterung und zu gefährlichen Niederlagen.

Die U. S. P. D. ruft die Arbeiterklasse auf g e g e n d e n O p p o r t u - n i s m u s r e c h t s u n d d e n P u t s c h i m i s m u s l i n k s zur Führung einer energischen Politik, die den Kampf um konkrete Ziele der Arbeiterklasse steigert bis zur Entscheidung um den Besitz der politischen Macht.

E s l e b e d i e U n a b h ä n g i g e S o z i a l d e m o k r a t i e D e u t s c h l a n d s !

E s l e b e d e r i n t e r n a t i o n a l e r e v o l u t i o n ä r e S o z i a l i s m u s !

Schließlich wurde noch durch Bestimmungen Vorsorge dafür getroffen, daß die Abspaltung der Neukommunisten mit möglichst geringen Schwierigkeiten überwunden werde. In seinem Schlußwort stellte D i t t m a n n unter Zustimmung des Parteitages fest, daß es schmerzlich sei, mit einem Teil derjenigen, mit denen man bisher als Parteigenossen in Reih und Glied gestanden habe, jetzt Kämpfe ausfechten zu müssen. Es bleibe aber nichts anderes übrig, wenn man die notwendige Klärung im deutschen Proletariat schaffen wolle. Jetzt müsse alles getan werden, um die innere Zerrissenheit des deutschen Proletariats, die durch die von Moskau verursachte Spaltung der USPD. aufs neue verschärft worden sei, zu überwinden. Jeder Parteigenosse müsse dafür sorgen, daß die Sammlung des deutschen revolutionären Proletariats unter dem Banner der USPD. so schnell wie möglich zur Tat werde.

Ausblick.

Es ist eine Binsenwahrheit, daß große Bewegungen nicht von einzelnen Personen gemacht werden können, sondern daß sie von historischen Notwendigkeiten getragen sein müssen. So ist auch die Unabhängige Sozialdemokratie das legitime Kind ihrer Zeit, nicht der Bastard irgendwelcher Quertreiber und Unzufriedener, wie es eine Zeitlang von der Rechten her behauptet wurde. Vielleicht hätte sich die Zerreißung der deutschen Arbeiterbewegung verhindern lassen, wenn man den verschiedenen Anschauungen in ihr während des Krieges einen größeren Spielraum gewährt hätte. Auch in den Arbeiterparteien anderer Länder gingen die Meinungen über die Kriegspolitik auseinander; aber wie in Frankreich und in Oesterreich gelang es dort doch, die Einheit der politischen Organisation der Arbeiterklasse zu bewahren und sie bis in die Nachkriegszeit hinein zu erhalten. Es wäre müßig, danach zu fragen, wie die politische Entwicklung sich in Deutschland vollzogen haben würde, wenn die Spaltung nicht gekommen wäre, wie ja überhaupt die Geschichte nicht dazu dient, um über ihren Verlauf nachträglich zu jammern, sondern um daraus die Lehren für unsere zukünftige Arbeit zu schöpfen. Aber ohne Zweifel wäre die Stellung der deutschen Arbeiterklasse heute viel stärker, wenn sie eine geschlossene politische Einheit darstellte.

Soll das nun soviel sagen, daß die Unabhängige Sozialdemokratie nunmehr ihre historische Aufgabe erfüllt habe und jetzt wieder verschwinden müßte, um der einen großen sozialistischen Partei Platz zu machen? Es hieße den Sinn der großen Bewegung, die sich in der Unabhängigen Sozialdemokratie verkörpert, gänzlich verkennen, wenn wir diese Frage mit Ja beantworten wollten. Man lese doch nach, was erst die Opposition in der alten sozialdemokratischen Partei und hernach die Unabhängige Sozialdemokratie in ihren zahlreichen Aufrufen und Kundgebungen gesagt hat: sie wollte das Proletariat auf dem Boden des Klassenkampfes sammeln, sie wollte, daß es seine Kämpfe nach den Grundsätzen der sozialistischen Erkenntnis führe, sie wollte kurzum, daß der Gegensatz zwischen bürgerlicher und proletarischer Auffassung nicht verwischt werde, sondern den Arbeitern in unauslöschlicher Erinnerung bleibe. Denn so oft auch Bourgeoisie und Proletariat eine Einheitsfront gebildet oder einen Burgfrieden geschlossen haben, sei es in nationalen, sei es in sozialen Fragen: immer waren die Arbeiter die Geprellten, stets hat das Bürgertum seine Vorteile daraus gezogen, noch jedesmal ist die kapitalistische Wirtschaftsordnung aus einer Periode des Zusammenarbeitens zwischen Bourgeoisie und Proletariat gestärkt hervorgegangen. Wir aber wollen doch den Kapitalismus nicht verewigen, sondern ihn durch den Sozialismus ersetzen, und wenn je, so hat in Zeiten gewaltiger wirtschaftlicher und politischer Umwälzungen das Wort Geltung, daß d i e B e f r e i u n g d e r A r b e i t e r n u r i h r e i g e n e s W e r k sein kann.

Wie aber immer die Zukunft der Unabhängigen Sozialdemokratie sich gestalten mag, sie kann von der geschichtlichen Bühne nicht eher abtreten, bevor nicht die von ihr vertretenen Grundsätze verwirklicht sind. Kein Mitglied der Unabhängigen Sozialdemokratie hat den Wunsch, die Partei als Selbstzweck aufrechtzuerhalten, auch über die Stunde hinaus, in der ihre geschichtliche Aufgabe erfüllt ist: das von sozialistischem Blute erfüllte Herz der Arbeiterbewegung zu sein. Solange aber rechts von ihr noch große Arbeiterschichten eine politische Gemeinschaft mit dem Bürgertum aufrechterhalten, solange links von ihr noch verwirrte Massen sich anarchistischen Glaubenssätzen hingeben, solange hat die Unabhängige Sozialdemokratie den Platz zu behaupten, auf den sie von der Geschichte gestellt worden ist.

Je weiter die Zeiten des Krieges unserer Erinnerung entschwinden, desto eher dürfte der Zeitpunkt kommen, an dem die Grundsätze der Unabhängigen Sozialdemokratie zu den G r u n d s ä t z e n d e r g a n z e n d e u t s c h e n A r b e i t e r k l a s s e geworden sein werden. Die wirtschaftliche und die politische Entwicklung werden von selbst die Fehler korrigieren, die während des Krieges begangen wurden. Schon wird der Ruf nach der E i n h e i t s f r o n t d e s P r o l e t a r i a t s immer stärker, schon hämmern die harten Tatsachen allen Arbeitern die Erkenntnis ein, daß sie in geschlossener Front dem Bürgertum gegenübertreten müssen, wenn sie überhaupt noch einen Weg aus dem Chaos unserer Tage finden wollen. Noch ist dieser Drang nach der Wiederherstellung der politischen Einheit mehr von unbewußtem Fühlen, als von einem klaren Wollen erfüllt. Aber die wirtschaftlichen Verhältnisse drängen die Arbeiter immer mehr auf den Boden des Klassenkampfes, und immer deutlicher wird es, daß der Neuaufbau der Welt nicht in gemeinsamer Arbeit von Bourgeoisie und Proletariat geleistet werden, sondern nur im Kampf der Klassen gegeneinander erstehen kann.

Die weitere Entwicklung der wirtschaftlichen und auch der politischen Verhältnisse und damit auch die der Arbeiterbewegung in Deutschland wird voraussichtlich abhängen von der Entwicklung dieser Verhältnisse in den anderen Ländern. Da dürfte es zunächst darauf ankommen, wie sich die künftigenGeschicke Rußlands gestalten. Ohne daß wir den heroischen Kampf, den die russischen Arbeiter und Bauern geführt haben, irgendwie verkleinern wollen, so wissen wir heute doch, daß sich in dem ehemaligen Zarenreiche die Dinge anders gestaltet haben, als kommunistische Glaubensseligkeit bis vor kurzem noch annehmen mochte. Wie aber auch die politische Verfassung Rußlands in der nächsten Zeit aussehen wird, das eine ist sicher, daß dort Aufgaben wirtschaftlicher Art in geradezu riesenhaftem Ausmaße zu leisten sind. Deutschland dürfte schon aus geographischen Gründen dazu berufen sein, bei dem Wiederaufbau Rußlands eine hervorragende Rolle zu spielen. Auch die anderen östlichen und südöstlichen Staaten Europas haben noch Großes zu leisten, wenn sie die Verwüstungen des Krieges überwinden wollen. Auch hier dürfte die deutsche Industrie einen beträchtlichen Anteil nehmen, und von ihrem Beschäftigungsgrad wird die Lage der Arbeiter bestimmt werden.

Vorläufig aber ist Deutschland gezwungen, um die R e p a r a - t i o n s v e r p f l i c h t u n g e n zu erfüllen, seine industriellen Leistungen auf das höchste zu steigern und seinen Export ununterbrochen auszudehnen. Das ist bisher nur dadurch gelungen, daß die deutsche Industrie auf dem Weltmarkt ihre Waren zu wesentlich niedrigeren Preisen als die übrigen kapitalistischen Länder anbieten konnte, was wiederum eine Folge der in Deutschland gezahlten unsäglich niedrigen Löhne ist. Die deutsche Wirtschaft bewegte sich bisher zwischen Prosperität und Krise auf und ab. Ob schon in der nächsten Zeit eine Stetigkeit der Konjunktur zu erwarten ist und ob bald der Zeitpunkt kommen wird, an dem die deutschen Arbeiter den Kampf um die Erhöhung ihrer Lebenslage bis wenigstens auf den Stand der Arbeiterklasse in den andern kapitalistischen Ländern aufnehmen können, ist noch ungewiß. Aber dieser Kampf wird kommen, und ob er mit Erfolg wird durchgeführt und weitergetragen werden können bis zur Verwirklichung sozialistischer Forderungen, das wird von der Tiefe der sozialistischen Erkenntnis und von der Stärke des Willens in der deutschen Arbeiterschaft abhängen.

Hier aber ist das Gebiet, auf dem die Unabhängige Sozialdemokratie sich in erster Linie betätigen muß. Es dürfen nicht noch einmal die Tage vom August 1914 und vom November 1918 wiederkehren, in denen die Zeit ein kleines Arbeitergeschlecht fand. Die Massen des Proletariats mit dem Geiste des wissenschaftlichen Sozialismus zu erfüllen, sie mit Klarheit und Wollen zu durchdringen, ihren Kämpfen führend voranzugehen, das wird auch künftig die Aufgabe der Unabhängigen Sozialdemokratischen Partei Deutschlands sein.

REGISTER
(Die Zahlen bedeuten die Seiten im Buch)

A. Sachregister

234

B. Personenverzeichnis

Gedruckt in der Berliner Druckerei G. m. b. H., Berlin C. 2, Breitestr. 8/9.